Philip Kotler
Donald Haider · Irving Rein

Standort-Marketing

Philip Kotler
Donald Haider · Irving Rein

Standort-Marketing

Wie Städte, Regionen und Länder
gezielt Investitionen,
Industrien und Tourismus anziehen

Deutsch von Ilse Davis Schauer

ECON Verlag
Düsseldorf · Wien · New York · Moskau

Gewidmet

Nancy Kotler
Jean   Haider
Lynn Miller

Inhalt

Danksagung

Die Autoren möchten sich bei all denen bedanken, deren Beiträge dieses Buch erst möglich gemacht haben. Unser Dank gilt Neil Kotler vom Smithsonian Institute für seine aufmerksame Durchsicht des Manuskripts und seine wertvollen redaktionellen Vorschläge. Wir bedanken uns auch bei David Gertner für seine kritische Durchsicht des Manuskripts und die Unterstützung bei unseren Nachforschungen; Rick Andrews für seine Nachforschungen und die Anregungen über Imagemarketing; Jennifer Scott für ihre Hilfestellung bei den Forschungsarbeiten, bei der Textverarbeitung und der Erstellung des Buches; und Meredith Cass, die uns ebenfalls in unseren Nachforschungen unterstützte.

Ethan Markowitz bearbeitete das Manuskript und leistete mit seinen Anmerkungen wertvolle Hilfe. Lynn Miller hat das Manuskript in seiner endgültigen Form bearbeitet und damit entscheidend zu seiner Verbesserung beigetragen. Ed Mills verdanken wir wertvolle inhaltliche Anregungen.

Zu Dank verpflichtet sind wir auch Mark Bloom, Susan Booth, Paul Frank, Tony Gama-Lobo, Abel Lezcano und Mark Rothschild, die uns bei unseren Recherchen Hilfestellung leisteten. Ein wertvoller Beitrag waren für uns auch die Nachforschungen über Wisconsin von Kelly Abate, Jill Chessen, Kevin Gore, Jane Keller, Kris Kosup, Scott Nehs und Rolf Nelson.

Die Autoren bedanken sich bei Prentice Hall Inc. für die Erlaubnis, Teile des Buches *Marketing-Management: Analyse, Planung und Kontrolle* des Autors Philip Kotler in Kapitel 7 des vorliegenden Buches verwenden zu dürfen.

Auch Robert M. Ady, Präsident von PHH Fantus, gebührt unser Dank für seine aufmerksame Beratung.

Problem-
Standorte

1

Immer mehr Standorte – Städte, Regionen und ganze Nationen – stehen dauerhaft auf der Krankenliste. »Fast zwei Drittel der 50 Staaten und nahezu drei Viertel der über 5000 Städte der USA« sind nach Angaben der Ratingagentur Standard & Poor's mit einem gravierenden Haushaltsdefizit konfrontiert.[1] In ihrer jährlichen Finanzübersicht stellte die »National League of Cities« fest, daß fast alle Standorte unter einem Ungleichgewicht zwischen Einnahmen und Ausgaben leiden, das Entlassungen und einen Abbau der öffentlichen Leistungen zur Folge hat.[2]

Das letzte Stadium dieser kranken Standorte ist schließlich der finanzielle Bankrott. New York kam Mitte 1975 einem solchen Zusammenbruch gefährlich nahe, erholte sich dann aber erstaunlich schnell mit Hilfe eines Bundeszuschusses und der Verabreichung einer strengen finanzpolitischen Medizin. Mit der Kehrtwendung vom gigantischen Defizit zum Haushaltsüberschuß war es indessen gegen Ende der achtziger Jahre wieder vorbei: New York sah erneut den Zusammenbruch seines ökonomischen Herzstücks – den Finanzsektor und die Immobilienbranche –, die Abwanderung der großen Arbeitgeber, steigende Kriminalität und den Abbau öffentlicher Leistungen.

Cleveland konnte 1978 seinen Zahlungsverpflichtungen nicht mehr nachkommen; Philadelphia mußte Anfang der neunziger Jahre finanziell saniert werden, und Bridgeport, die größte Stadt des Staates Connecticut, suchte 1991 den Schutz des bundesstaatlichen Konkursgesetzes. Aufgrund seines massiven Haushaltsdefizits von 10 Millarden Dollar war Kalifornien, der größte und wohlhabendste Staat Amerikas, gezwungen, seine öffentlichen Bediensteten und Gläubiger mit Schuldscheinen zu bezahlen, bis schließlich ein äußerst sparsamer staatlicher Haushaltsplan verabschiedet wurde.

Doch die Standortkrankheit beschränkt sich keineswegs nur auf die Vereinigten Staaten. Im Jahr 1988 erklärte der Bürgermeister von Rio de Janeiro seine Stadt als zahlungsunfähig.[3] Nach dem Bau von Brasiliens neuer Hauptstadt Brasília Ende der fünfziger Jahre und der Abwanderung des Finanzsektors nach São Paulo mußte Rio den Verlust von Arbeitsplätzen und Steuereinnahmen hinnehmen. Die Hoffnung auf Erholung durch verstärkten Tourismus aus den USA und Europa erwies sich als Fehlschlag, nachdem enttäuschte Rio-Besucher die Stadt als Eldorado der Taschendiebe und Gauner erlebt hatten.

Zum Krankheitsbild gehören indes nicht nur die finanzielle Verfassung, sondern auch die wirtschaftlichen Rahmenbedingungen. Die Nationen erleben zyklisch wiederkehrende und auch länger andauernde Perioden wirtschaftlicher Schwäche – Handelsungleichgewichte, steigende Schulden, hohe Inflationsraten, Arbeitslosigkeit und unstabile Währungen. Ganze Regionen können von einer chronischen Depression erfaßt werden – wie zum Beispiel Nordengland, Westfrankreich, Süditalien und Appalachia in den Vereinigten Staaten. Der wirtschaftliche Niedergang eines Standortes, der sich in der Regel in Bevölkerungs- und Einkommensrückgang, in hohen Arbeitslosenzahlen und abnehmender Investitionsbereitschaft ausdrückt, ist häufig mit dem Schicksal bestimmter, für den jeweiligen Standort typischer Industrien oder Industriekonglomerate, Ressourcen und Produkte verknüpft – Öl im Südwesten, Autos und Maschinen im Mittelwesten und Landwirtschaft im »Farm Belt« der Südstaaten. Manchmal steht und fällt das Schicksal der Regionen und Standorte mit bestimmten Branchen, während anderswo die industrielle Talfahrt eher mit technologischem Wandel und verschärftem Wettbewerb zu tun hat. Dies trifft vor allem auf die Computer-, Halbleiter- und Raumfahrtindustrie an der West- und Ostküste der Vereinigten Staaten zu.

Doch die relative Krankheit oder Gesundheit eines Standortes bemißt sich nicht allein an finanziellen oder ökonomischen Faktoren.[4] Standorte sind mehr als Haushaltspläne und mehr als Marktplätze für den Tausch von Waren und Dienstleistungen. Es gehören Menschen dazu, Kulturen, historisches Erbe, materielle Güter und Entwicklungspotentiale. Heutzutage werden Standorte anhand einer Vielzahl von Kriterien beurteilt, bewertet, gemessen: Wo gründet man ein Geschäft, wo läßt man sich nach der Pensionierung nieder, wo sollen die Kinder aufwachsen, wo findet man einen Lebenspartner, wohin fährt man in Urlaub, wo soll eine Tagung stattfinden, und wohin geht man zum Essen? Die Suche nach einem Platz, an dem es sich gut leben läßt, der Investitionen und Besuche wert ist, schließt Erwägungen über seine Lebensqualität, über seinen Charme, seine Kultur und sein Umfeld ein; es ist die dauernde Suche nach Neuem und Lebendigem, der Wunsch, sich von Unzufriedenheit und Depression zu befreien.

In diesem Buch befassen wir uns mit den Problemen von Standorten, die nach einer besseren Zukunft suchen. Wie Nationen, so können auch Standorte ihren Verfall abwenden, eine Wiedergeburt und Revitalisierung erleben, wenn sie dies auf dem Boden einer strategischen Marktplanung tun. Die fünf kleinen Drachen Ostasiens – Südkorea, Taiwan, Hongkong, Singapur und Thailand – sind Beispiele einer solchen Renaissance; in diesem Fall konzentrieren sich Strategien, Marketing und Planung auf ganze Nationen; doch auch manchen Städten ist es gelungen, ihrem Schicksal durch konzertierte Planung und professionelle Umsetzung eine neue Richtung zu geben: St. Paul, Glasgow, Indianapolis und Baltimore, um nur einige Namen zu nennen. Nehmen wir zum Beispiel St. Louis, das in den Siebzigern eine schwere, von manchen als katastrophal bezeichnete Krise durchlebte. Fünfzehn Jahre später präsentiert sich St. Louis als urbanes Wunder, als Renaissancestadt, in der alte Fabrikgelände saniert, leerstehende Häuser restauriert, der Stadtkern neu aufgebaut und revitalisiert wurde. Die ethnische Vitalität der Stadt, ihr kulturhistorisches Erbe und ihre architektonische Pracht wurden wiederentdeckt und verleihen St. Louis einen neuen Schwung, der überall, bis in die umliegenden Regionen, spürbar ist.

Wir werden in diesem Buch Beispiele vorstellen, die die Erneuerung und Erholung von Standorten in den Vereinigten Staaten, Kanada, Europa und Asien belegen. Es sind Weltstädte und kleine Gemeinden, ältere Produktionszentren und tiefste Provinz. Nicht nur diejenigen Standorte haben Probleme, deren Schlüsselbranchen und Schlüsselbetriebe vom Niedergang bedroht sind, sondern auch alle diejenigen, die glauben, morgen werde es mehr oder weniger so wie heute sein. Die Ressourcen, die Werte und Vorteile, über die ein Standort heute verfügt, bieten in einem Jahrzehnt nicht unbedingt dieselben Chancen. Dies ist ein Buch über Veränderungen und die Reaktionen darauf. Es möchte zeigen, wie sich ein Standort mit strategischer Marktplanung gegen eine unsichere Zukunft wappnen kann.

Im vorliegenden Kapitel wird das Szenario anhand von vier Fragen vorbereitet:

(1) Was geschieht mit den Standorten?
(2) Warum haben Standorte Probleme?
(3) Was tun Standorte, um ihre Probleme zu lösen?
(4) Was sollten Standorte tun, um diese Probleme zu lösen?

Was geschieht mit den Standorten?

Fast alle Standorte haben Probleme, aber manche mehr als andere. Ihre Situation variiert über ein Kontinuum. Sterbende oder chronisch geschwächte Standorte sind am schlimmsten dran; ihnen fehlen die für eine Erholung notwendigen Ressourcen. Es können Kleinstädte sein oder Städte, die ihre Kernbranchen oder wichtigsten Arbeitgeber eingebüßt haben und nun von Arbeitslosigkeit geplagt sind, deren Erscheinungsbild von aufgegebenen Läden und verlassenen Werkshallen geprägt ist. Menschen und Betriebe wandern ab, und damit versiegen Steuerquellen, die zur Bezahlung von Schulen, Krankenhäusern und anderen öffentlichen Diensten gebraucht werden. Kriminalität und Drogen überwuchern das Leben in diesen Städten und beschleunigen ihren Verfall. East St. Louis, Illinois und Newark (New Jersey) sind beredte Zeugen solcher verwüsteten Orte. Sie werden schließlich nur durch Subventionen am Leben erhalten, oder sie grenzen einzelne Stadtteile aus, die zu Geisterstädten degenerieren.

Es gibt auch Orte, die an akuter Depression leiden, bei denen jedoch ein gewisses Erholungspotential vorhanden ist. Städte wie Detroit, Philadelphia und New York haben schwierige Phasen durchlebt. Dabei ist die schlechte Nachricht, daß ihre Verschuldung und ihre Probleme zunehmen; die gute Nachricht andererseits, daß ihr historischer und kultureller Reichtum und ihr politischer Wert eine Wende herbeiführen könnten, die allerdings visionäre Führung voraussetzt.

Andere Standorte sind von Konjunkturzyklen geprägt. Aufgrund ihres spezifischen Industriemix und der besonderen Zusammensetzung ihrer Wachstumsbetriebe reagieren sie hochsensibel auf wirtschaftliche Auf- und Abschwungphasen. So verlor Boston nach dem Zweiten Weltkrieg seine Textil- und Schuhindustrie, die aus Kostengründen in den Süden abwanderte. Die wirtschaftliche Wiederbelebung Bostons hing überwiegend mit der Konzentration auf den regionalen Dienstleistungs- und Finanzsektor zusammen, in dessen Umfeld sich die High-Tech-Branche und Wachstumsfirmen ansiedelten. Doch das Massachusetts-Wunder entpuppte sich als Fata Morgana, als die Computerindustrie kollabierte, der Immobilienmarkt stagnierte und Arbeitsplätze im Dienstleistungssektor gestrichen wurden. Auch die energieexportierenden Staaten und Zentren im Südosten, Texas und Oklahoma, verkörpern die zyklischen Auf- und Abschwungsphasen.

Auf der Sonnenseite gibt es einige Orte, deren Strukturwandel positiv verlief. Mit massiven Investitionen gelang es diesen Städten, neue Voraussetzungen für ihre Standortqualität zu schaffen: Indianapolis präsentiert sich als das Amateursportzentrum der Nation. Baltimore lancierte ein ehrgeiziges Projekt zur Sanierung seines Hafengebiets und verbesserte dadurch seine Zukunftschancen beträchtlich. Glasgow/Schottland verwandelte sich von einer rußigen Industriestadt in ein lebendiges europäisches Kulturzentrum. Und über St. Paul, Minnesota, sagt ein Beobachter: »Vor fünfzig Jahren beschrieb eine Zeitschrift St. Paul als eine Stadt, die ›Blüte, Reife und Tod bereits hinter sich hat.‹« Doch zumindest was den Tod St. Pauls anbelangt, erwies sich diese Aussage als stark übertrieben.

Schließlich gibt es einige Orte, die zu den »Happy-few« gehören. Sie erfreuen sich einer ausgezeichneten finanziellen Gesundheit und ziehen weiterhin Touristen, Bewohner und Geschäftsleute an. In einigen Städten wie zum Beispiel Venedig, Florenz, Paris und Wien hat sich daran seit Jahrhunderten nichts geändert. In den Vereinigten Staaten sind es Städte wie Santa Fe/New Mexico und Santa Barbara, San Francisco und San Diego. Doch selbst diesen Auserwählten bleiben Probleme nicht erspart: Umweltverschmutzung, Verkehrsüberlastung, Wassermangel und andere moderne Plagen. Nicht die Suche nach neuen Wachstumsmöglichkeiten bereitet Schwierigkeiten, sondern das Gegenteil: Sie müssen verhindern, daß unkontrolliertes Wachstum ihren Reichtum zerstört.

Warum geraten Standorte in Schwierigkeiten?

Wie immer die ökonomischen Bedingungen für einen Standort sein mögen, es ist unvermeidbar, daß diese Bedingungen sich verändern. Alle Standorte unterliegen internen Auf- und Abstiegszyklen ebenso wie externen Schocks und Kräften, auf die sie keinen Einfluß haben. Diese beiden Kräfte, die den Wandel bewirken, wollen wir nun näher betrachten.

Interne Kräfte, die einen Standort in Schwierigkeiten bringen

Viele Standorte erleben eine Wachstumsperiode, die dann von einer rückläufigen konjunkturellen Phase abgelöst wird; dieser Vorgang kann sich mehrere Male wiederholen. Die Wachstumsperiode endet unweigerlich, denn im Wachstum selbst liegt bereits der Keim für seine eigene Zerstörung. Auch die Periode des Niedergangs kann einen Stillstand erreichen, doch aus anderen Gründen. Die Prozesse, die der Auf-und-Abstiegs-Dynamik zugrunde liegen, können unabhängig vom jeweiligen Konjunkturzyklus auftreten, werden jedoch unter Umständen durch plötzliche Veränderungen des ökonomischen Klimas beschleunigt.

Abbildung 1.1 zeigt die gut dokumentierte Wachstumsdynamik einer Stadt. Stellen Sie sich eine ursprünglich attraktive Stadt vor. Vielleicht ist sie mit expandierenden Wachstumsbranchen gesegnet, durch ihr besonderes Klima oder ihre natürliche Schönheit begünstigt; vielleicht besticht sie durch ihr historisches Erbe. Angenommen, es existieren sehr gute Arbeitsmöglichkeiten und eine entsprechend hohe Lebensqualität, dann wird diese Stadt unweigerlich neue Einwohner, Besucher, Geschäfte und Investitionen anziehen. Der Zustrom von Menschen und Ressourcen läßt die Immobilienpreise steigen, belastet die bestehende Infrastruktur und den Sozialhaushalt.

Die Stadt wird nun höhere Steuern von ihren Bürgern und Betrieben fordern, damit die steigenden Transport-, Kommunikations- und Energie-

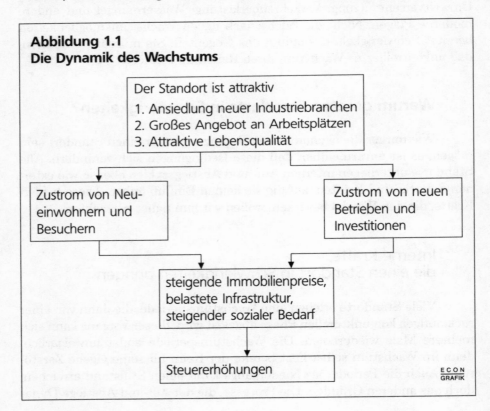

Abbildung 1.1
Die Dynamik des Wachstums

Der Standort ist attraktiv

1. Ansiedlung neuer Industriebranchen
2. Großes Angebot an Arbeitsplätzen
3. Attraktive Lebensqualität

Zustrom von Neueinwohnern und Besuchern

Zustrom von neuen Betrieben und Investitionen

steigende Immobilienpreise, belastete Infrastruktur, steigender sozialer Bedarf

Steuererhöhungen

ECON GRAFIK

kosten bezahlt werden können. Nun ziehen jedoch die ersten Bewohner und Firmen in die Außenbezirke, um Kosten einzusparen. Sie ziehen damit Steuereinnahmen ab. Und so kann gerade die Attraktivität eines Standortes Kräfte für ihre eigene Zerstörung freisetzen.

Bevor Disney die Bühne betrat, war Orlando ein friedliches und verschlafenes Städtchen. Heute hat diese am schnellsten wachsende Stadt der USA jede Kontrolle über ihr Wachstum verloren. Der Stadtkern wurde nie wirklich entwickelt, die einstige natürliche Schönheit der Stadt von Einkaufszentren, Neubauten und chaotischen Verkehrsbedingungen überlagert. Der Mangel an Schulen zwingt Kinder in immer größere Klassen, teilweise werden sie in »rollenden« Behelfsräumen unterrichtet. Seattle, ebenfalls eine Stadt von hoher Attraktivität, hat mit Verkehrsüberlastung und Umweltverschmutzung zu kämpfen. Vor kurzem verabschiedete die Stadt strenge Bauverordnungen für den inneren Stadtbereich, um den Zustrom der Firmen und Anwohner einzudämmen, die vor den kaum mehr bezahlbaren Lebenskosten in Los Angeles fliehen.

Sobald ein Standort an Attraktivität verliert, werden Kräfte freigesetzt, die die Situation weiter verschlimmern (s. Abbildung 1.2 zur Dynamik des Zerfalls). Ansässige Großbetriebe oder Branchen stagnieren vielleicht oder wandern aufgrund von Managementfehlern, erodierender Infrastruktur, dem Beginn einer allgemeinen Rezession oder aus Kostengründen ab. Die Unternehmensgewinne und die Zahl der Arbeitsplätze sinken, die Immobilienpreise fallen, und die Infrastruktur verschlechtert sich. Diese Prozesse beschleunigen die Abwanderung von Bewohnern und Betrieben und führen zu drastischen Einbußen im Tourismus und im Tagungsgeschäft. Die Banken verschärfen ihre Kreditpolitik und erhöhen damit die Anzahl der Konkurse.

Die wachsende Arbeitslosigkeit hat steigende Kriminalität und zunehmenden Drogenmißbrauch sowie einen Anstieg der sozialen Kosten zur Folge. Das Image der Stadt verschlechtert sich zusehends. Nun erhöht die Regierung die Steuern, damit die Infrastruktur verbessert und die Sozialausgaben bezahlt werden können, doch die zusätzlichen Steuerbelastungen beschleunigen nur die Abwanderung von Ressourcen.

Philadelphia ist ein typisches Beispiel einer solchen Verfallsdynamik. Die Stadt erlebte 1976 mit der 200-Jahres-Feier zur Unterzeichnung der Unabhängigkeitserklärung einen Höhepunkt. Der historische Bezirk wurde restauriert, die Stadt und ihre Bürger strahlten Optimismus aus, und die Touristen kamen scharenweise. In den achtziger Jahren setzte ein Bauboom ein, der den Stadtkern weiter belebte. Doch parallel dazu flohen viele Bewohner der mittleren Einkommensklassen vor den Steuererhöhungen und einer ineffektiven Stadtpolitik in die Vororte. Zurück blieb eine reduzierte Steuerbasis, mit der eine immer größer werdende unterprivilegierte, von Kriminalität, Obdachlosigkeit, Drogen und Aids bedrohte Bevölkerung unterstützt werden mußte. Weitere Steuererhöhungen folgten, und weitere Einwohner und Unternehmen verließen die Stadt. Die Anleihen der Stadt wurden schlechter bewertet und zwangen Philadelphia zur Ausgabe qualitativ minderwertiger Anleihen (»Junk bonds«) mit höheren Kreditkosten und darüber hinaus zum Kampf um weitere staatliche Subventionen. Die mit den Gewerkschaften geschlossenen Tarifverträge verhinderten Personalkürzungen in der städtischen Administration. 1990 sah sich Philadelphia mit einem 229-Millionen-Dollar-Defizit und der Aussicht auf Bankrott konfrontiert, was nichts weniger bedeutete, als daß »die Regierung zu einem Stillstand kommen könnte ... Müllabfuhr, Polizei, Feuerwehr – nichts würde mehr funktionieren«.[5]

Auch kleinere Städte und Ortschaften sind nicht vor dem Verfall geschützt, vor allem wenn sie nur über eine einzige Einkommensquelle verfügen. Wenn diese versiegt, trocknet auch der Ort aus. Die Jüngeren verlassen die Stadt nach Schulabschluß, und langsam weist der Ort alle Anzeichen einer Rentnergemeinde auf.

Externe Kräfte, die einen Standort in Schwierigkeiten bringen

Ein Standort kann auch durch äußere Einflüsse, die jenseits seiner Kontrolle liegen, erschüttert werden. Zu den Kräften, die das wirtschaftliche Gleichgewicht am empfindlichsten stören, gehören der rapide technologische Wandel, der globale Wettbewerb und politische Machtverlagerungen.

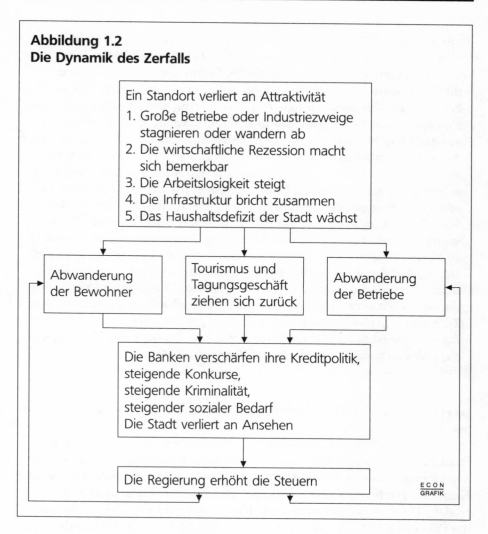

Abbildung 1.2
Die Dynamik des Zerfalls

Ein Standort verliert an Attraktivität

1. Große Betriebe oder Industriezweige stagnieren oder wandern ab
2. Die wirtschaftliche Rezession macht sich bemerkbar
3. Die Arbeitslosigkeit steigt
4. Die Infrastruktur bricht zusammen
5. Das Haushaltsdefizit der Stadt wächst

Abwanderung der Bewohner

Tourismus und Tagungsgeschäft ziehen sich zurück

Abwanderung der Betriebe

Die Banken verschärfen ihre Kreditpolitik,
steigende Konkurse,
steigende Kriminalität,
steigender sozialer Bedarf
Die Stadt verliert an Ansehen

Die Regierung erhöht die Steuern

ECON
GRAFIK

Rapider technologischer Wandel

Die technologischen Entwicklungen bewirken die tiefgreifendsten Veränderungen in der Art, wie Menschen leben, arbeiten, reisen und kommunizieren. Das Amerika des 19. Jahrhunderts war eine Agrarwirtschaft, die auf der Kraft menschlicher und mechanischer Arbeit beruhte. Das Amerika des 20. Jahrhunderts war eine Produktionswirtschaft mit hochentwickelten mechanischen und elektrotechnischen Kräften. Auf dem Weg ins 21. Jahrhundert wandelt sich Amerika zu einer Informations- und Dienstleistungs-

Die Kleinstadt New York Mills/Minnesota (750 Einwohner) sieht ihrem schleichenden Verfall entgegen. Bereits Mitte der fünfziger Jahre, als wichtige Handelsfirmen in die größeren Städte abwanderten, gründeten die Stadtpolitiker hier ein Schiffsunternehmen und siedelten es in der Nähe eines Aluminiumdesigners an. Die Lund Boat Company erwies sich als Hit, die Stadt stabilisierte sich und gewann neue Einwohner. Es entstand eine große Siedlung mit mobilen Eigenheimen, und auch in den Außenbezirken wurden neue Wohnsiedlungen gebaut. Doch in den nächsten beiden Jahrzehnten begannen die Einwohnerzahlen wieder zu schrumpfen, nachdem die Molkerei ihren Betrieb eingestellt hatte und von einer einzigen Ausnahme abgesehen alle Autohändler die Stadt verließen. Hinzu kam, daß die Bewohner nach dem Bau einer Schnellstraße, die rings um die Stadt führte, nun bequemer in einem neuen, 13 Meilen außerhalb der Stadt gelegenen Discountladen einkaufen konnten. Nach einem Plan der Stadtpolitiker sollte die Hauptstraße wieder im finnischen Stil – so wie es früher gewesen war – renoviert werden, doch die Bevölkerung verweigerte hierzu auch nach jahrelangen Debatten ihre Zustimmung. Heute ist die Stadt in einer prekären Situation. Zwar mit hoher Lebensqualität, doch ähnlich wie die Geisterstadt Heinola, ein paar Meilen weiter westlich, vom Aussterben bedroht.

gesellschaft, die hauptsächlich mit elektronischer und Computerkraft arbeitet.

Es ist unvermeidlich, daß der Technologiewandel sich auf bestimmte Branchen in einem Prozeß auswirkt, den Joseph Schumpeter die »kreative Zerstörung« nannte. Die Erfindung des Automobils ersetzte Pferde und Kutschen und führte andererseits zum Bau von Superschnellstraßen, Tankstellen, Drive-in-Restaurants und -Kinos und zum explosiven Wachstum der Ölindustrie. Durch den Fortschritt in der Petrochemie entstanden neue Synthetikprodukte wie zum Beispiel Nylon oder Rayon, die ihrerseits zu einer rückläufigen Nachfrage nach Baumwolle und Wolle führten und diejenigen Staaten auf Dauer schwächten, deren Wirtschaft von der Produktion natürlicher Fasern abhängig war. Der technologische Fortschritt in der Produktion, im Kommunikations- und Verkehrswesen – am besten veranschaulicht durch die Mikroelektronik – wurde zur treibenden Kraft der Weltwirtschaft. Vor noch einem Jahrzehnt wurden drei Viertel der gesamten wissenschaftlichen Information der Welt in den USA produziert; die

Zahl ist heute auf 50 Prozent gesunken und wird sich im nächsten Jahrzehnt wahrscheinlich noch einmal halbieren.[6] Die meisten der neugeschaffenen Jobs fallen im Sektor »Thoughtware« an, zu dem die Computer-Software, Finanzwesen, der Erziehungs- und Ausbildungssektor, die Medizin, Telekommunikation, das Ingenieurwesen, die Entwicklung und Verbreitung von Datenbanken ebenso gehören wie innovative Vertriebssysteme, Innovationen im Versicherungswesen, neue Formen der Krankenhausverwaltung und Abfallverwertung.[7] Wissenschaft und Technologie bestimmen den Markt, und ihre Anwendung wirkt sich auch auf die Beschäftigungssituation aus. Kein Wunder also, daß die Regierungen neue Verantwortungen für die Förderung, Ermutigung, Finanzierung und Erzeugung neuer Technologien und ihrer Anwendungen übernehmen müssen.

Jede Stadt spürt heute die Auswirkungen der revolutionären Entwicklungen in Technologie und Kommunikation mit allen ihren Konsequenzen. Faxgeräte, Laptops, Telekonferenzen ermöglichen es den Unternehmen, sich an Orten mit niedrigeren Kosten oder attraktiveren Arbeitsbedingungen anzusiedeln. Die alte Vorstellung, wonach Manhattan das Finanzzentrum, Los Angeles die Filmstadt und Detroit die Stadt des Autos ist, gilt nicht mehr. Die Finanzzentren befinden sich heute in New Jersey und Kansas City, die Filmproduktionen in Orlando und in der Tschechoslowakei, die Automobilherstellung in Tennessee und Mexiko.

Noch vor dreißig Jahren gab es in den USA kein einziges ausländisches Automobilwerk. Als erste errichteten die Japaner in den Vereinigten Staaten eine große Anzahl von Betriebsstätten mit dem Ziel, Einfuhrquoten zu vermeiden und aus den lokalen Marktfaktoren Nutzen zu ziehen. Sie siedelten ihre Fabriken – von denen einige gemeinsam mit amerikanischen Herstellern erbaut wurden – vorzugsweise in ländlichen Gegenden an, stellten Arbeiter ein, die nicht gewerkschaftlich organisiert waren, und arbeiteten mit modernsten Herstellungsverfahren. Die amerikanische Automobilindustrie wird heute durch Kapital aus dem Ausland wiederaufgebaut, und durch dieses Fremdkapital verändert sich das Gesicht der Gemeinden, in denen der Wiederaufbau stattfindet.

Globaler Wettbewerb

Im 19. Jahrhundert war der Wettbewerb in Amerika aufgrund des noch unentwickelten Transport- und Kommunikationswesens hauptsächlich lokal und regional ausgerichtet. Im Amerika des 20. Jahrhunderts und insbesondere in den siebziger Jahren begann der Wettbewerb, sich global auszudehnen. Im letzten Jahrzehnt dieses Jahrhunderts ist das Leben einer jeden Kommune von der beginnenden Weltwirtschaft und ihren Konsequenzen für die lokale Wirtschaft und die Lebensqualität geprägt. Ehemals unabhängige lokale, regionale und nationale Wirtschaftssysteme werden zu wechselseitig abhängigen Teilen einer integrierten Weltwirtschaft. Die Folge ist, daß sich der globale Wirtschaftswettbewerb mit den rapiden Fortschritten der weltweiten Kommunikation im Transport- und Finanzwesen verknüpft und das Tempo und die Intensität der wirtschaftlichen und sozialen Veränderungen noch in den kleinsten und abgelegensten Orten beschleunigt.

In unserer neuen Weltwirtschaft ist jeder einzelne Standort gezwungen, mit jedem anderen Standort um wirtschaftliche Vorteile zu konkurrieren. Dazu lancieren manche Standorte Besuchsfahrten, um Wirtschaftsunternehmen und Industrieanlagen, Konzern- und Spartenzentralen, Investitionskapital, Touristen, Tagungsleiter oder Sportteams anzulocken, von denen sie sich eine Zunahme an Arbeitsplätzen, Einkommen, Handel, Investitionen und Wachstum versprechen.

Standorte sind heute nicht mehr lediglich der äußere Rahmen für wirtschaftliche Aktivitäten. Vielmehr muß sich heute jede Gemeinde zu einem Güter- und Dienstleistungsanbieter entwickeln, zu einem vorausschauenden Marktteilnehmer und Verkäufer seiner Produkte und seines Standorts. Denn Standorte sind in der Tat Produkte, deren Identität und Wert aufgebaut und vermarktet werden müssen. Ein Standort, der es versäumt, sich erfolgreich zu plazieren, riskiert wirtschaftliche Stagnation und Niedergang.

So kommen also heute zu den alten Realitäten der Wirtschaftszyklen die neuen Realitäten des globalen Wettbewerbs hinzu. Auch den planwirtschaftlich organisierten Gesellschaften bleibt der Wettbewerbsdruck nicht erspart. Tatsächlich versuchen heute, Ende des 20. Jahrhunderts, ehemals kommunistische Regierungen, die jahrzehntelang einer sozialistischen Ideologie, geschlossenen Märkten und einer zentralen Planwirtschaft anhingen, verzweifelt, den nationalen Bankrott aufzuhalten und eine Marktwirtschaft oder zumindest eine gemischte Plan- und Marktwirtschaft aufzubauen. Nationen müssen heute ebenso wie Städte, Staaten und Regionen Investitionsstrategien für ihre Standorte entwickeln, die sie erfolgreich ins 21. Jahrhundert leiten.

Die Vereinigten Staaten und andere Nationen sind in eine neue Wirtschaftsära eingetreten, zu deren Erklärung ältere ökonomische Theorien, Modelle und Bewertungen – einst für die industrielle Schornsteinära entwickelt – nicht mehr ausreichen. Angesichts steigender Inflations- und Arbeitslosenraten büßten die Politiker viel von ihrem Vertrauen in die bisherigen Geld- und Finanzrezepte ein. Der keynesianische Konsens, auf den sich die Entscheidungsträger während des größten Teils des 20. Jahrhunderts stützten, hat in einer Zeit der unabhängigen Wirtschaften an Potenz verloren. So bleiben uns nur wenige der alten Orientierungen und Wegweiser, die uns in der neuen Ära helfen, die wirtschaftliche Ordnung wiederherzustellen. Abbildung 1.3 stellt die größten Unterschiede zwischen den alten und den neuen Wirtschaftsordnungen gegenüber. Die Standorte, deren Industrien und Betriebe nach den alten wirtschaftlichen Modellen operieren, sehen schwere Zeiten entgegen.

Die neuen globalen Kräfte durchdringen jeden einzelnen Standort. Sehen wir uns die folgenden Beispiele an:

- Nach Schätzungen des U. S. Bureau of Labor Statistics verloren zwischen 1983 und 1988 zehn Millionen Beschäftigte ihren Arbeitsplatz aufgrund von Betriebsschließungen und Freisetzungen, meist als Folge des internationalen Wettbewerbs. Es ist damit zu rechnen, daß jeder beliebige Standort innerhalb von zehn Jahren zirka 50 Prozent seiner Arbeitskräfte infolge von Umstrukturierungen, Umklassizierungen oder Redundanzen verlieren wird. Mit anderen Worten, allein um die Zahl der Beschäftigten auf dem gegenwärtigen Niveau zu halten, muß ein Standort jedes Jahrzehnt die Hälfte aller Jobs ersetzen. Diese Veränderungen erhöhen den Druck auf die Kommunen, vorhandene Betriebe zu erhalten und neue hinzuzugewinnen.[8]
- Über 80 Prozent aller in den USA produzierten Waren – zweimal soviel wie im Jahr 1970 – stehen im Wettbewerb mit Produkten aus dem Ausland; gleichzeitig stiegen die von US-Bürgern seit 1970 gekauften Auslandsprodukte um mehr als das Doppelte an.[9]
  Einen engbegrenzten, isolierten Produktmarkt gibt es nicht mehr; daher müssen heute alle Firmen, ob groß oder klein, exportorientiert und mit Blick auf den internationalen Wettbewerb denken. Die Kommunen müssen ihre ansässigen Unternehmen zum Ex-

Abbildung 1.3
Merkmale alter und neuer Wirtschaftssysteme

Merkmal	Alt	Neu
Umfang	heimisch	weltweit
treibende Kraft	Massenproduktion	Technologie, Innovation
Ressourcen	Kapital	Wissen, Information
Jobs	stabile große Firmen	dynamische, kleinere Firmen
Organisationsform	zentralisiert/ hierarchisch	Matrix, fließend, dezentralisiert
Märkte	stabil	fließend
Arbeitskräfte	ungelernt, ohne Ausbildung	ausgebildet, qualifiziert, adaptiv
Aufgaben	einfach, körperlich	komplex, intellektuell partizipatorisch
Technologie	mechanisch	elektronisch, biologisch
Schwerpunkt	Vorausschaubarkeit	Innovation, Kreativität
Informationsfluß	vertikal	horizontal, wechselseitig
Potential	begrenzt, festgelegt	fließend, Rotation, mobil
Betrieb/ Regierung	minimale Intervention	Kooperation, Partnerschaft
Symbol	Fabrikschlot	Computer

Quelle: Vgl. Rosabeth Moss Kanter, *The Change Masters* (New York: Simon & Schuster, 1983), Kap. 2.

ECON
GRAFIK

port ermutigen, denn die Devisengewinne werden benötigt, um die wachsenden Auslandsimporte bezahlen zu können.

- Der Volkswirtschaftler David Hale stellte fest, daß sich die Quellen für neue Arbeitsplätze wesentlich verlagert haben.[10] Während im vergangenen Jahrzehnt viele Großunternehmen ihren Personalbestand verringerten, stiegen Neugründungen sprunghaft an, und die Anzahl der Selbständigen ging spiralenförmig in die Höhe. Seit 1980 gingen in den 500 größten amerikanischen Unternehmen mehr als vier Millionen Arbeitsplätze verloren, während durch Kleinbetriebe zwanzig Millionen neue Arbeitsplätze geschaffen wurden. Die Förderung von Kleinunternehmen würde eine Umkehr der früheren Betonung auf den Erhalt und die Gewinnung von Großbetrieben notwendig machen. Wenn Kleinbetriebe der Motor für die Arbeitsplatzbeschaffung sind, sollten Standorte alle die Dinge fördern, die deren Wachstum vorantreiben: Unternehmergeist, die Kommerzialisierung neuer Technologien, Errichtung von Forschungszentren und Übungsfirmen, Anreize zur Gründung von Kleinunternehmen und das Anlocken von Risikokapital. In der Rezession von 1990 bis 1992 ging die Anzahl der Kleinunternehmensgründungen wegen neu eingeführter Beschränkungen und höherer Kosten zurück und damit auch die Zunahme an Neueinstellungen.
- Unternehmen denken immer häufiger daran, ihre Produktionsstätten nicht mehr allein im Inland, sondern international anzusiedeln; dies führt zur Gründung von Gemeinschaftsunternehmen, zu Auslandsakquisitionen innerhalb einer Produktkette und zu einer weltweiten Integration von Forschungs-, Entwicklungs-, Einkaufs-, Produktions- und Marketingaktivitäten. Fast die Hälfte des Weltexports von nichtlandwirtschaftlichen Produkten stammt von Firmen, die in einem multinationalen Netz miteinander verknüpft sind; ein knappes Viertel dieser Exporte besteht aus dem Austausch zwischen Einheiten einzelner weltweit operierender Konzerne. Die Unternehmen sind mobil, fähiger denn je und weit mehr als die Standorte selbst in der Lage, sich den veränderten Bedingungen ihres Umfelds anzupassen.[11]
- Der wachsende Bewegungsspielraum der Unternehmen verstärkt die Fluktuation auf dem Arbeitsmarkt und trägt viel zur Mobilität der Arbeitnehmer bei. Ein sicherer Arbeitsplatz bei ein und demselben Arbeitgeber und die goldene Uhr zur Pensionierung im Alter von

65 Jahren gehören der Vergangenheit an. Heute gibt pro Jahr schätzungsweise jeder fünfte seinen Job auf – eine Fluktuation von mehr
als zwanzig Millionen – aufgrund von Pensionierung, Entlassung
oder Arbeitsplatzumklassifizierung.[12] Die Kraft des Wettbewerbs
hat die Arbeitswelt verändert und auch den Investitionsrahmen der
Arbeitgeber in Weiterbildungsmaßnahmen. Die Schulungskosten
werden von schrumpfenden Produktionszyklen, erhöhten Anforderungen an technische Berufe und einer Ausdünnung im Mittelma-
nagement hochgetrieben. Dementsprechend diagnostiziert PHH
Fantus, daß bis zum Jahr 2000 ein Fertigungsunternehmen, das in
den USA eine neue Anlage errichten will, 20 000 Dollar pro Neuein-
stellung in die betriebliche Weiterbildung investieren muß.

Machtverschiebungen innerhalb der Verwaltung

Der technologische Fortschritt und der globale Wettbewerb setzten
ausgiebige Debatten auf allen Verwaltungsebenen – Stadt, Staat und Nation – darüber in Gang, inwieweit staatliche Interventionen angesichts
kränkelnder Standorte und Industrien angezeigt seien. Doch das Tempo,
mit dem Märkte sich veränderten und verlagerten, war weitaus schneller als
die Fähigkeit der Politiker, angemessen darauf zu reagieren; aufgrund der
fortschreitenden Globalisierung der Märkte spalteten sich die Auffassungen über die Rolle der Regierungen in zumindest drei verschiedene Lager:
Eine Gruppe – die Protektionisten – favorisiert hohe Quoten und Zolltarife,
um die etablierten Industrien und Standorte – in der Regel handelt es sich
um niedergehende Industrien – vor Arbeitsplatzverlusten durch die ausländische Konkurrenz zu schützen. Die zweite Gruppe – die Regierungsakti-
visten – plädiert für die aktive Einmischung der Regierung in die Industriepolitik, um künftige Wachstumsbranchen zu unterstützen. Die dritte Gruppe –
die Freihändler – befürwortet den freien Markt und wendet sich sowohl
gegen staatlichen Protektionismus als auch gegen die Einmischung der
Regierung in die Industriepolitik.

In den siebziger Jahren diskutierten die amerikanischen Politiker
darüber, ob die Bundesregierung massiver bei den Märkten intervenieren
solle, um schwache Standorte und Industriezweige zu stützen und neue
Industriezweige zu fördern. Doch gegen Ende der achtziger Jahre verloren
diese Debatten an Schwung, nicht nur wegen der staatlichen Ressourcenbeschränkungen und des riesigen Defizits des Bundeshaushaltes, sondern
auch aufgrund der pragmatischen Einsicht, daß es äußerst schwierig ist,
zukünftige Wachstumsbranchen in einer Zeit rapider wirtschaftlicher Ver-

änderungen überhaupt erst zu diagnostizieren. Zu Beginn der Rezession von 1990 bis 1992 kehrte die Industriepolitik unter dem Motto »Wachstumsstrategien für die neunziger Jahre« mit der Aussicht zurück, daß sie auf breiter Ebene erneut diskutiert würde.[13]

Größere Offenheit seitens der US-Wirtschaft, eine hochgradige Kapitalmobilität und flexible Wechselkurse änderten die Effektivität der volkswirtschaftlichen Strategien zur Steuerung der Binnenwirtschaft. US-Politiker bestätigten freimütig, daß jede politische Strategie die wichtigen Handelspartner und Gläubiger berücksichtigen müsse. Robert Reich von Harvard, in den siebziger Jahren ein bekannter Befürworter der Industriepolitik, bestätigte diesen Wandel verspätet mit der Bemerkung, der nationale Staat sei als veraltetes Modell nicht mehr in der Lage, die ökonomische Anpassung der einzelnen Staaten und Regionen zu handhaben, und im übrigen zu groß, dies effektiv zu tun.[14]

In der Reagan-Administration wurde die Verantwortung des Staates gegenüber den lokalen Wirtschaften aus einem neuen Blickwinkel betrachtet. Während in den Sechzigern die Bundesregierung größere finanzielle und programmatische Verantwortung für die einzelnen Bundesstaaten und Regionen übernommen hatte, wurden Ende der siebziger Jahre die direkten Finanzhilfen des Bundes für diese Regierungen gekürzt, die nun eigenständig für die Finanzierung ihrer Schulen, des Gesundheitswesens und für die Bereitstellung von Sozialleistungen sorgen mußten. In der Folge gerieten viele Kommunen zusehends in Schwierigkeiten, die notwendigen Ressourcen für die Finanzierung ihrer öffentlichen Einrichtungen aufzubringen – ein Zustand, der sich durch die landesweite Rezession in den Jahren 1990 bis 1992 noch verstärkte.

Der Kernpunkt ist, daß die Standorte von den externen Kräften im Zusammenhang mit rapiden technologischen Veränderungen, globalem Wettbewerb und der Machtverlagerungen innerhalb der Regierung sehr stark beeinflußt wurden. Nicht nur müssen die Gemeinden effektiv auf diese Bedrohungen reagieren, sondern auch ihre Fähigkeit verbessern, deren Auftreten voraussehen.

Was tun Standorte, um ihre Probleme zu lösen?

Kranke Standorte reagieren unterschiedlich auf diese Entwicklungen. Einige tun gar nichts – sei es aus Führungsschwäche oder weil sie sich resigniert mit ihrem Schicksal abfinden. In der Meinung, Geld sei die

Lösung des Problems, kämpfen die meisten um zusätzliche Ressourcen und beantragen Finanzspritzen bei ihren jeweiligen Regierungen, statt systematisch ihren Problemen auf den Grund zu gehen. Andere geben mehr Anleihen aus und erhöhen die Steuern. Schließlich versuchen sie, die lokalen Haushaltskosten zu senken: Rechnungen werden nicht pünktlich bezahlt, städtische Angestellte entlassen, und es wird, wie in jüngster Zeit geschehen, durch die Privatisierung öffentlicher Dienste versucht, Geld einzusparen.

Zusätzlich zum sparsamen Umgang mit ihren Finanzmitteln initiieren viele Gemeinden aggressive Programme, um den Tourismus und die Industrie anzulocken. Ihre Handelskammern und Institutionen für Wirtschaftsentwicklung jagen hinter den Spitzenmanagern potentieller Unternehmen her, die sie mit großzügigen Anreizen für sich zu gewinnen suchen. New Jersey und Connecticut beispielsweise grasen New York City nach Unternehmenshauptquartieren, Fabriken, Investitionen, Besuchern und Touristen ab. Wisconsin, Indiana und Michigan kämpfen erbittert um Sommerurlauber aus Chicago. Süd-Dakota konkurrierte mit Minnesota um die Ansiedlung von Fleischverarbeitungsfabriken und Dienstleistungsanbietern, wobei Süd-Dakota als Sieger hervorging. Kentucky schlug einige andere Bundesstaaten aus dem Feld und konnte japanische Automobilhersteller durch Steuererleichterungen und andere Anreize dafür gewinnen, ihre neue Produktionsstätte in seinem Staat zu bauen. Weniger erfolgreich waren dagegen einige Kommunen in Kalifornien mit ihrem Angebot, ein großes technologisches Forschungs-und-Entwicklungs-Zentrum für sich zu gewinnen, denn das zuständige Unternehmenskonsortium auf dem Halbleitergebiet entschied sich statt dessen für den Standort Austin/Texas. Der eskalierende Wettbewerb der einzelnen Staaten um die Ansiedlung von Unternehmen hat indessen alle Anzeichen eines Nullsummenspiels oder, noch schlimmer, eines Negativsummenspiels, in dem letztendlich auch der Gewinner verliert.

Die Kommunen tun außerdem ihr möglichstes, um zu verhindern, daß sich ansässige Firmen auf der Suche nach billigeren Arbeitskräften oder niedrigeren Steuern oder höheren Anreizen anderswo niederlassen. New York City ist ein Beispiel dafür, wie um den Erhalt von Unternehmen gekämpft wird:

Dateline, New York City, November 1988: Nach dem Verlust von Unternehmenshauptquartieren – 1980, Union Carbides (4000 Arbeitsplätze); 1987, J. C. Penny (4000 Arbeitsplätze); Mobil (1600 Arbeitsplätze) und mehr als 10000 Back-office-Jobs großer Finanzinstitute wie zum Beispiel Merrill Lynch, Bankers' Trust, Paine Webber und Donaldson, Lufkin und Jenrette – bietet New York City der Chase Manhattan Bank die Rekordsumme von 235 Millionen Dollar an finanziellen Belohnungen (*rewards*) über einen Zeitraum von 25 Jahren, damit 5000 Arbeitsplätze nicht in New Jersey, sondern in Brooklyn angesiedelt werden. New York hat – um die Wettbewerbsvorteile anderer Konkurrenten wie zum Beispiel niedrigere Lohnkosten zu kompensieren – die hohe Kunst des Risikospiels entwickelt, um damit seine Unternehmen zu erhalten: 1984: 50 Millionen Dollar für Shearson Lehmann (1984); 1987: 100 Millionen Dollar für NBC; 1988: 85 Millionen Dollar für Drexel Burnham und ein noch offenzulegender Betrag für Citicorp im Jahr 1988. Entsprechend der Strategie der Stadt hat seither jede in New York ansässige Firma, ob groß oder klein, die Chance, ein attraktives Anreizpaket auszuhandeln, sofern sie sich nur jenseits der 96. Straße in Manhattan oder den vier anderen Stadtbezirken ansiedelt.[15]

Die Kommunen versuchen außerdem, ihre Wettbewerbsposition zu verbessern, indem sie kostenaufwendige Attraktionen finanzieren, die ihren Standort für Unternehmen und Touristen interessanter machen sollen. Dabei wird angenommen, daß das, was für Standort A funktioniert, auch für Standort B gilt. Die Planung von Fußgängerzonen und Einkaufszentren im Stadtkern, Festivals an den Flußufern, der Bau von Sportstadien, Museen, Forschungs- und Tagungszentren sind nur einige Beispiele dessen, was häufig als Allheilmittel für kranke Standorte betrachtet wird. Im allgemeinen bestehen diese Strategien aus punktuellen Ad-hoc-Aktionen, mit denen eine einzige Lösung für ein vielschichtiges Problem gefunden werden soll. Leider produzieren viele dieser Ad-hoc-Investitionen mehr Ausgaben als Einnahmen. Memphis/Tennessee beispielsweise startete den Bau einer »großen amerikanischen Pyramide«, die ihr Sportstadion beherbergen sollte, und findet sich heute mit einer gähnend leeren zweiunddreißig Stockwerke hohen Pyramide wieder, die bis auf ein Basketball-Stadion nichts beherbergt. Betrachten wir Flints/Michigan fehlgeschlagenen Versuch einer Revitalisierung:

In den achtziger Jahren begann für Flint/Michigan eine wirtschaftliche Talfahrt. Nachdem General Motors (GM) aufgrund rückläufiger Nachfrage Produktionen stillgelegt hatte, mußte die Zukunft der Stadt neu überdacht werden, wenn auch Flint noch immer die Stadt war, in der die meisten GM-Mitarbeiter lebten. Ein Plan sah vor, Flint als Ferienort für Kurz- und Wochenendurlauber aus dem Mittelwesten zu lancieren. Die Stadt finanzierte einen gigantischen Vergnügungspark und gab ihm den Namen »Autowelt«. Ein neues Hyatt-Hotel wurde gebaut und die Einkaufsgegend im Stadtkern teilsaniert. Alles klang gut und scheiterte schnell. »Autowelt« erwies sich als schwächliche Disney-Imitation. Das neue Hotel und die halbherzige Sanierung des Einkaufsgebiets waren für ein glaubwürdiges neues Image zu mager. Und die umliegenden verarmten Bezirke schreckten die Besucher ab. Schließlich schloß das Hotel. Heute besteht der Stadtkern Flints hauptsächlich aus aufgegebenen Läden, einigen Bars und Pornokinos. Die Probleme Flints wurden in Michael Moores Film »Roger und ich« dramaturgisch verarbeitet, einem pseudodokumentarischen Film, der im wesentlichen die Behandlung GMs gegenüber der Stadt Flint und Flints verfehlte Versuche, auf die Krise zu reagieren, diffamierte.

Parallel zu den obengenannten Schritten intensivieren die Standorte ihre Ausgaben für Kommunikation und Imageaufbau. Sie bringen positive Geschichten und Anzeigen in Umlauf und verhindern negative neue Geschichten, die ihr Elend beschreiben. Dabei meinen sie, Marketingprogramme zu realisieren, während sie in Wirklichkeit nur Promotionsprogramme durchführen. Marketing liefert einen weitaus umfassenderen Rahmen der Problemlösung, wovon die Promotion nur ein kleiner Teil ist.

Manche Gemeinden bewältigen die Krise, indem sie ernsthafte marktorientierte Strategieplanung betreiben. Dabei werden private und öffentliche Personen in eine Spitzenkommission gewählt, die die Probleme und ihre zugrundeliegenden Ursachen identifiziert, eine Analyse der realen und potentiellen Möglichkeiten vornimmt und eine langfristige Vision darüber erarbeitet, was die Kommune auf Dauer darstellen und erreichen kann. Dabei erkennen sie, daß eine Kommune ein Export-Import-Zentrum ist und ihr Überleben, wenn nicht gar ihr Wohlstand, davon abhängt, genau zu evaluieren, was produziert und exportiert werden kann, um genügend Gewinne zu erzielen und für die Produkte und Dienstleistungen zahlen zu können, die von anderswoher importiert werden müssen.

Nur wenige Städte hatten in den siebziger Jahren größere Probleme als Cleveland/Ohio. Das Image der Stadt war auf Dauer von inkompetenter Führung, finanziellem Versagen, Streiks der städtischen Arbeiter und einem hoffnungslosen Ausbildungssystem gekennzeichnet. Schließlich lancierten die Bürger Clevelands, die sich für unfähig hielten, neue Firmen oder Touristen anzuziehen, eine »New-Cleveland«-Kampagne. »Die Kampagne hatte sich drei Zielsetzungen vorgenommen:

- die Stärken und das Entwicklungspotential Clevelands zu identifizieren und zu dokumentieren;
- die Ergebnisse glaubwürdig, kreativ und effektiv zu kommunizieren;
- das lokale, regionale und internationale Vertrauen in Cleveland wiederherzustellen und zu verbessern.«[16]

Mit Hilfe führender Unternehmen und Politiker wurden neue Bauvorhaben im bisher vernachlässigten Zentrum der Stadt verwirklicht; die Infrastruktur wurde durch Investitionen in das Verkehrssystem verbessert und damit der Zugang zur City erleichtert. Mit Postwurfsendungen, Broschüren und Flugblättern, die jeweils an ausgesuchte Meinungsführer und Käuferschichten gerichtet waren, machte Cleveland sein Sanierungsprogramm publik und gewann aufgrund dieser und weiterer Initiativen den »All-America-City«-Preis der Jahre 1982 und 1984. Vor allem aber begann sich mit dem Zuzug neuer Betriebe die öffentliche Meinung zugunsten Clevelands zu ändern, die Bürger gewannen Vertrauen in die Stadt und ihre Zukunft.

Was kann ein einzelner Standort tun, um seine Probleme zu lösen?

Die zentrale Aussage dieses Buches ist, daß Verlagerung und Veränderung eines Standortes schneller erfolgen als die Fähigkeit der Gemeinde, auf diese zu reagieren. Die Käufer von Waren und Dienstleistungen, die ein Standort anbietet (das heißt unter anderem Wirtschaftsunternehmen, Touristen und Investoren), sind gegenüber den Verkäufern eines Standortes (das heißt lokale Kommunen, Regionen und andere Standorte, die wirtschaftliches Wachstum anstreben) eindeutig im Vorteil. Die Aufgabe des Standortmarketing ist es, die Gemeinden und Regionen darin zu bestärken, sich Veränderungen anzupassen, Chancen zu ergreifen und ihre Vitalität zu erhalten.

Dieses Buch stellt einen neuen Ansatz vor – das strategische Standort-Marketing – zur Revitalisierung der Städte, Regionen und Nationen.
Strategisches Marketing verlangt nach der Planung einer Gemeinde, die
imstande ist, die Bedürfnisse der Bevölkerung und bestimmter Zielgruppen
zu befriedigen. Standort-Marketing ist dann erfolgreich, wenn alle Teilnehmer – Bürger, Arbeitnehmer und Firmen – aus ihrer Gemeinde Befriedigung schöpfen und wenn die Erwartungen von Besuchern, neuen Firmen
und Investoren erfüllt werden. Im Kern umfaßt das Standort-Marketing die
folgenden vier Aktivitäten:

- Planung der richtigen Mischung der kommunalen Besonderheiten
  und Dienstleistungen;
- attraktive Anreize für existierende und potentielle Käufer und die
  Benutzer ihrer Waren und Dienstleistungen;
- effiziente und leicht zugängliche Lieferung der Produkte und Dienstleistungen;
- Imageaufbesserung, um die Qualitäten und Werte des Standortes
  zu betonen.

Die wichtigsten Elemente des strategischen Standort-Marketings
werden in Abbildung 1.4 dargestellt. Zunächst gilt es, eine aus Bürgern,
Geschäftsleuten, lokalen und regionalen Politikern bestehende Planungsgruppe zu ernennen, die der Wichtigkeit der Zusammenarbeit zwischen
dem öffentlichen und dem Privatsektor und der Notwendigkeit, alle Beteiligten in die Gestaltung der Zukunft des Standortes einzubeziehen, Rechnung trägt. Die Planungsgruppe selbst hat eine dreifache Aufgabe: Erstens
muß sie die Bedingungen, die wichtigsten Probleme und Problemursachen
einer Kommune diagnostizieren und definieren. Zweitens muß sie eine
Vision zur langfristigen Lösung der Probleme entwickeln, die auf einer
realistischen Einschätzung der Werte, Ressourcen und Möglichkeiten dieser Kommune beruhen. Drittens muß sie einen langfristigen Aktionsplan
erstellen, der verschiedene Zwischenschritte der Investition und der Transformation enthält.
Die langfristige Lösung sieht die Verbesserung von vier wichtigen
Marketingfaktoren vor, die für jede Kommune gelten: Erstens muß sie die
grundlegenden Dienstleistungen garantieren und die Infrastruktur den Bedürfnissen der Bürger, Betriebe und Besucher anpassen. Zweitens müssen
neue Attraktionen geschaffen werden, um die Lebensqualität zu erhöhen
und damit Unternehmen am Ort zu halten und neue Investitionen, Betriebe

Abbildung 1.4
Die Ebenen des Standort-Marketing

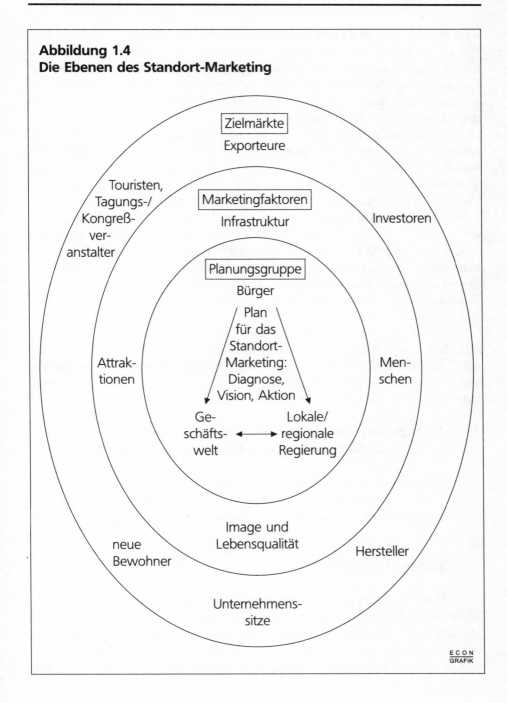

oder Bewohner anzuziehen. Drittens muß die Kommune ihre spezifischen Vorteile und ihre Lebensqualität durch aussagefähige Image- und Kommunikationsprogramme bekannt machen. Schließlich muß der Standort die Unterstützung der Bürger, Politiker und Institutionen gewinnen, denn nur ein gastfreundlicher und enthusiastischer Standort kann neue Unternehmen, Investitionen und Besucher anziehen.

In der endgültigen Analyse wirken sich diese vier Marketingfaktoren auf den Standorterfolg bei der Anlockung der fünf potentiellen Zielmärkte aus: die Hersteller von Waren und Dienstleistungen, Unternehmenshauptquartiere und Regionalniederlassungen, Investoren und Exportmärkte, Tourismus und Gastronomie und neue Bewohner.

Das Schicksal eines Standortes hängt letztlich von der Zusammenarbeit zwischen öffentlichem und privatem Sektor ab – Teamarbeit der Regierungseinheiten, Wirtschaftsunternehmen, privater und staatlicher Verbände und Marketingorganisationen. Im Gegensatz zum rein kommerziellen oder Produktmarketing erfordert das Standort-Marketing die aktive Unterstützung privater und öffentlicher Institutionen, Interessenverbände und Bürger.

Das Potential eines Standortes wird weniger durch seine geographische Lage, sein Klima oder seine natürlichen Ressourcen bestimmt als durch menschlichen Willen, Fähigkeiten, Energien, Werte und Organisationen. Damit ein Standort erfolgreich wird, muß er die folgenden fundamentalen Aufgaben erfüllen:

1. analysieren, was im breiteren Umfeld geschieht;
2. die Bedürfnisse, Wünsche und das Verhalten seiner Zielgruppen verstehen;
3. eine realistische Zukunftvision des Standortes entwerfen;
4. einen Handlungsplan erarbeiten, der diese Vision realisiert;
5. in jeder Phase den bereits erzielten Fortschritt auswerten.

Zusammenfassung

Kein Standort ist wie der andere, und so wird jeder auf seine eigene Weise seine Strategie wählen, seine Ressourcen nutzen, seine Produkte definieren oder seine Pläne in die Realität umsetzen. Standorte unterscheiden sich in ihrer Geschichte, Kultur, in ihrer politischen Führung und insbesondere darin, wie die öffentlich-privaten Beziehungen gestaltet werden. Dementsprechend muß ein Standort und seine Marketing-Fachleute erkennen, daß es keine einfachen Allheilmittel, Doktrinen, Rezepte oder magische Elixiere gibt, und werden sich statt dessen von einer Mischung aus Wirtschaftstheorien, demographischen und industriellen Trends und Prognosen, von politischem Verständnis, Fallbeispielen und praktischer Erfahrung leiten lassen. Wir sind überzeugt, daß das *strategische Standort-Marketing* den adaptivsten und produktivsten Ansatz zur Lösung der Standortprobleme darstellt.

Wie Standorte sich vermarkten

2

Wir haben gesehen, daß Standorte zunehmend miteinander konkurrieren: um Touristen, Unternehmen und Investitionen. Mittlerweile gehört Standort-Marketing zu den führenden wirtschaftlichen Aktivitäten und ist in einigen Fällen der dominierende Motor für das Wohlergehen einer Kommune.

Betrachen wir einige Beispiele:

- Nach intensivem Städtewettbewerb erhielt Atlanta/Georgia den Zuschlag für die Olympischen Sommerspiele 1996. Für Atlantas Geschäftswelt und Bürger bedeutet das einen geschätzten Wert von über 3 Milliarden Dollar. Der Kampf um die Olympischen Spiele im magischen Jahr 2000, den schließlich Sydney gewann, wurde nicht minder verbissen geführt.
- Der Kampf um den Supracollecting-Supercollider* entfachte einen heftigen Wettbewerb der amerikanischen Staaten untereinander, denn das Projekt verhieß dem Gewinner eine beträchtliche Anzahl neuer Arbeitsplätze in der High-Tech-Forschung und Tausende von Jobs im Baugewerbe. Alle Staaten taten ihr Bestes, um die besuchenden Regierungsbeamten zu beeindrucken. Das typische Empfangskomitee bestand aus einer Blaskapelle, Hubschrauberflügen über mögliche Standorte, Banketten, Museumsbesuchen und über der Main Street wehenden Willkomenssspruchbändern. Sie investierten Mittel zur Erstellung von Berichten über die Umweltauswirkungen, in die Beeinflussung von Washington, D. C., und in PR-Maßnahmen, die sich an die lokale und nationale Öffentlichkeit wandten. Nach einem Millionen-Dollar-Versprechen aus staatseigenen Mitteln und nachdem es seinen nicht unwesentlichen

---

* Geplantes Projekt zum Bau des größten Teilchenbeschleunigers der Welt (Anm. d. Ü.)

Einfluß auf Washington, D. C., geltend gemacht hatte, ging Texas schließlich als Sieger hervor.

- Indianapolis gewann den intensiven Wettstreit um den United-Airlines-Wartungs-Standort. Bei der Endausscheidung wurden unterschiedliche Auffassungen über die Führung des Wettkampfes deutlich. Während Louisville seine Teilnahme wegen unlauteren Wettbewerbs zurückzog, kommentierte der Vertreter Oklahomas: »Wir liefen ein gutes Rennen, aber wir kamen nicht ans Ziel.«[1]

Lange Zeit hatte die interne Wirtschaftsentwicklung der Standorte, Staaten, Regionen und Nationen Priorität, und erst im letzten Jahrzehnt erweiterten einige von ihnen diese kleinräumige Sicht zu einer übergreifenderen Strategie, die auch den Ausbau des Außenhandels und die Gewinnung von Investoren und Besuchern einbezog. Aus den wirtschaftlichen Ad-hoc-Kampagnen wurden hochentwickelte Marketingstrategien, die auf die Wettbewerbsfähigkeit der Märkte abzielten, sich an spezifische Käufergruppen richteten und die Ressourcen der Kommunen so positionierten, daß sie den besonderen Käuferwünschen und Bedürfnissen entsprachen.

Die Organisation von Programmen zur Entwicklung und Vermarktung eines Standortes erfordert gründliche Kenntnisse und ein umfassendes Verständnis der Zielmärte. In diesem Kapitel wenden wir uns drei Fragen zu.

1. Welches sind die wichtigen Zielmärkte für das Standort-Marketing?
2. Wie werden Standorte von den Marketingstrategen vermarktet?
3. Wer sind die wichtigsten Leute im Standort-Marketing?

Welches sind die wichtigen Zielmärkte für das Standort-Marketing?

Fast alle Standorte sind wachstumsorientiert. Das heißt jedoch nicht Wachstum um jeden Preis. Beim Standort-Marketing wird zwischen drei Zielgruppen unterschieden: Privatleute und Unternehmen, die für den Standort wertvoll sind und auf die sich das Standort-Marketing hauptsächlich richtet; Privatleute und Unternehmen, die zwar nicht die Zielgruppe darstellen, aber dennoch von Interesse sein könnten; und Privatleute und

Unternehmen, die weniger wünschenswert sind und auf deren Zuzug verzichtet werden könnte. Zur letzten Gruppe gehören zum Beispiel ehemalige Strafgefangene, Drogenhändler, Spieler, Prostituierte und unseriöse Unternehmen. Doch auch diese Gruppen, zum Beispiel Spieler, könnten für Standorte wie Las Vegas oder Atlantic City von Bedeutung sein.

Ein Standort, der eine bestimmte Käuferkategorie, beispielsweise Touristen, anlocken will, muß diese Gruppe sorgfältig analysieren. So ist zum Beispiel Finnland eher an Wintertouristen interessiert als an Sommerurlaubern, da die finnischen Ferienorte um diese Zeit ohnehin überfüllt sind; es wäre mit wohlhabenden Touristen aus der Schweiz glücklicher als mit armen Touristen aus Ungarn; es hätte gern mehr Besucher aus Australien, hat aber größere Chancen bei Besuchern aus England.

Oder betrachten wir eine Stadt wie Florenz, die ihren Wohlstand dem Tourismus verdankt. Mit seinen einzigartigen Renaissance-Kunstwerken zieht Florenz vor allem Besucher an, die an Kunst, Geschichte und Kultur interessiert sind. Doch auch diese Zielgruppe ist komplex und setzt sich nicht nur aus den unterschiedlichsten Alters- und Einkommensgruppen zusammen, sondern auch aus unterschiedlichen Berufsgruppen wie Kunstkuratoren oder europäischen Historikern mitsamt ihren Berufsverbänden und Konferenzen; Kunststudenten, die Michelangelo, Donatello und andere der großen Meister der Malerei und Skulptur studieren; vielleicht auch Geschäftsleute, die mit Kunst, Farbenherstellung oder Graphik zu tun haben und die in Florenz Geschäftsfreunde treffen oder eine neue Verkaufsniederlassung gründen wollen.

Oder denken Sie an New York mit seinem riesigen Areal an leerstehenden Büros nach der Abwanderung wichtiger Unternehmen der Dienstleistungsbranche. Sicherlich sind einheimische und ausländische Wirtschaftsunternehmen – im Finanz- und Immobiliensektor, im Verlagswesen, Tourismus und Kongreßgeschäft oder die visuelle und darstellende Kunst – ein wichtiger Zielmarkt der Stadt; doch dieser Zielmarkt ist noch breiter gestreut. New York ist auch Sitz der Vereinten Nationen und einer Reihe internationaler Organisationen. Sollte New York nun versuchen, die Hauptquartiere weiterer großer Non-profit-Organisationen anzuziehen, zum Beispiel Hilfsorganisationen, die eng mit den Vereinten Nationen zusammenarbeiten, oder eher Institutionen, die mit Drogenmißbrauch, Obdachlosigkeit und Verbrechensbekämpfung befaßt sind?

Alles in allem kann ein Standort die folgenden vier großen Zielmärkte anwerben:

Abbildung 2.1
Die vier wichtigsten Zielmärkte

1. Besucher
   a. Geschäftsbesuche (Tagungen, Konferenzen, Betriebsbesichtigungen, Einkauf und Verkauf)
   b. Privatbesuche (Tourismus)

2. Bewohner und Arbeitnehmer
   a. Spezialisten (Wissenschaftler, Ärzte usw.)
   b. qualifizierte Arbeiter und Angestellte
   c. höhere Einkommensklassen
   d. Investoren
   e. Unternehmer
   f. ungelernte Arbeiter (Einheimische, Gastarbeiter usw.)

3. Industrie und Wirtschaft
   a. Schwerindustrie
   b. »saubere« Industrie (Montage, High-Tech, Dienstleistungsunternehmen usw.)
   c. Unternehmer

4. Exportmärkte
   a. Inlandsmarkt außerhalb des Standortes
   b. internationale Märkte

ECON
GRAFIK

1. Besucher,
2. Bewohner und Arbeitnehmer,
3. Handel und Industrie und
4. Exportmärkte

(siehe Abbildung 2.1). Wir wollen im folgenden kurz auf diese Zielmärkte eingehen und sie dann in den Kapiteln 8, 9, 10 und 11 näher beleuchten.

Besucher

Dieser Markt setzt sich aus Geschäftsleuten und Privatbesuchern zusammen. Geschäftsleute besuchen einen Standort, um Geschäfts- oder Tagungstermine wahrzunehmen, eine Betriebsstätte zu besichtigen, um etwas zu kaufen oder zu verkaufen. Private Besucher sind Touristen, die den Ort besichtigen, oder Reisende, die Freunde oder Familienangehörige besuchen wollen.

Jeder Besucher gibt Geld für Essen, Übernachtung, den Kauf einheimischer Produkte und anderer Waren und Dienstleistungen aus. Diese Ausgaben haben einen Multiplikatoreffekt auf die Einkommen, die Beschäftigungssituation und die gewerblichen Steuereinnahmen. Sehr wahrscheinlich sind diese Einnahmen höher als die Aufwendungen zur Bereitstellung der entsprechenden Dienstleistungen. Je größer also die Anzahl der Besucher und je geringer die Aufwendungen pro Besucher, um so größer das Nettoeinkommen des Standortes. Oder je länger der Aufenthalt der Besucher, um so höher ihre Ausgaben. Daher wird ein Standort seine Marketingbemühungen eher auf diejenigen Besucher richten, deren Aufwendung pro Tag am höchsten und deren Aufenthalt am längsten ist.

Viele Standorte eröffnen Fremdenverkehrsämter und Tagungsbüros zur gezielten Anwerbung ihrer Besucher. In Großstädten sind dies meist eigene Organisationen, die miteinander um öffentliche Mittel konkurrieren. In Chicago ist beispielsweise der Chicago Tourism Council für den Fremdenverkehr zuständig, während das Chicago Convention and Visitors Bureau sich um den Kongreß- und Tagungsbereich kümmert. Dabei beansprucht jede Organisation für sich, höhere Nettoeinnahmen als die Wettbewerber zu erzielen.

So behauptet das Chicago Convention and Visitors Bureau, daß die Ausgaben eines typischen Messebesuchers pro Aufenthalt die eines Touristen um 500 Prozent übersteigen; deshalb, so das Argument, stehe ihnen der Löwenanteil der öffentlichen Mittel zur Förderung ihrer Aktivitäten zu.[2]

Fremdenverkehrsämter müssen entscheiden, wie ihre verfügbaren Mittel auf die konkurrierenden Urlaubsziele innerhalb ihres Zuständigkeitsbereichs verteilt werden sollen. In der kanadischen Provinz Britisch-Kolumbien konkurrieren beispielsweise potentielle Touristenorte um einen begrenzten Pool aus Zuschüssen, Krediten und professioneller Beratung durch das Ministry for Municipal Affairs. In Philadelphia/USA kämpfen 54 Tourismusagenturen um Zuschüsse im Wert von 7,7 Millionen Dollar.[3]

Weiterhin ist zu überlegen, ob der große Markt von Kurzzeittouristen, die weniger Einnahmen versprechen, oder der kleinere Markt der Langzeittouristen, durch die größere Einnahmen erzielt werden, angesprochen werden und wieviel in Werbemaßnahmen für Touristen aus der eigenen Region gegenüber Touristen aus anderen Teilen des Landes oder dem Ausland investiert werden soll. So zieht Chicago beispielsweise überwiegend Touristen aus dem Mittelwesten an; ein kleinerer Teil kommt von der Ostküste, weniger von der Westküste und noch weniger aus dem Ausland, hier vor allem aus Irland. Griechenland, dessen Wirtschaft zum großen Teil vom Tourismus abhängt, beobachtet zum Beispiel die langfristigen Veränderungen in der Zusammensetzung seiner Touristen sehr sorgfältig: Es identifiziert im Rahmen des Marktplanungsprozesses die Herkunftsorte von Besuchern aus über 35 Ländern.

Die einzelnen Besucherkategorien müssen zudem nach Prioritäten geordnet werden: Israel zum Beispiel muß entscheiden, wieviel seiner Mittel jeweils für die Anwerbung jüdischer Besucher, jüdischer Siedler, christlicher Pilger, moslemischer Pilger, professioneller und Amateurarchäologen, Historiker und anderer Gelehrter verwendet werden.

Die Kongreßveranstalter wiederum müssen bei der Mittelverwendung bedenken, wieviel jeweils für die Verbesserung ihrer Tagungs- und Kongreßzentren und wieviel für die Werbung für diese Einrichtungen bei speziellen Industriebranchen, Wirtschaftsunternehmen und Wirtschaftsverbänden aufgewandt werden soll. So eignet sich beispielsweise eine Stadt mit einem schmalen Kontingent an Tagungsstätten oder Hotels weniger für große Tagungen wie zum Beispiel die von der Construction Industry Manufacturers Association veranstaltete CONEXPO, die National Restaurants Show oder die Jahrestagung der National Association of Medical Equipment Suppliers. Selbst bei den Tagungen kleinerer Berufs- und Wirtschaftsverbände müssen die Kommunen mit anderen Tagungsveranstaltern aus Städten ähnlicher Größe konkurrieren. Tagungen und Kongresse werden meist zwischen drei und zehn Jahren im voraus gebucht, und dementsprechend sorgfältig müssen Strategie und Marketing überlegt werden. Bei hochkarätigen Ereignissen, wie zum Beispiel dem Superbowl* oder den Olympischen Spielen, sind die Standortwettbewerbe besonders heftig. Strategisches Marketing spielt daher eine Schlüsselrolle.

Es liegt eine gewisse Ironie in der Tatsache, daß die Einwohner der um Touristen werbenden Städte häufig geteilter Meinung über die Vorteile

---

* Siegerpokal-Spiel in der Football-Endausscheidung (Anm. d. Ü.).

großer Touristenströme sind. Von den Kritikern werden dabei die folgenden, durch Besucher entstehenden sozialen Kosten genannt:

1. *Verursachung von Umweltschäden durch Mißbrauch öffentlicher Einrichtungen:* In Finnland gibt es beispielsweise Ressentiments gegen deutsche Urlauber, die häufig in großer Anzahl anreisen, auf Zeltplätzen kampieren, Müll hinterlassen und wenig ausgabefreudig sind.

2. *Unerwünschte Besucher:* Amsterdam gilt als sehr tolerant und zieht Unmengen von »Blumenkindern« und Drogenkonsumenten an; die Folge ist steigende Kriminalität.

3. *Touristenandrang vor allem während der Hauptsaison, dadurch Überlastung der Einrichtungen, die normalerweise von den Einheimischen benutzt werden:* An der französischen Riviera mehren sich zum Beispiel Beschwerden der dort lebenden Bevölkerung, die wegen des Touristenansturms und des Reiseverkehrs ihre Strände im August kaum noch selbst nützen können.

4. *Zunahme von Billiglohnjobs in der Dienstleistungsbranche – vor allem im Restaurant- und Gaststättengewerbe – und damit Verlust besserbezahlter Jobs:* Andreas Papandreou, ehemaliger Premierminister Griechenlands, sprach sich gegen eine weitere Förderung des Tourismus aus, um zu verhindern, daß aus Griechenland eine »Nation von Kellnern« wird.

Entscheidend ist, daß zur Förderung des Tourismus Zielsetzungen und Strategien entworfen werden und nicht aufs Geratewohl geplant wird. Sobald sich ein Standort für eine Besucherkategorie mit einem bestimmten Volumen entschieden hat, kann der Bau der entsprechenden Infrastruktur- und anderer Einrichtungen in Angriff genommen werden. Dazu müssen die Erwartungen der Besucher an die verschiedenen Reiseziele und Ferienorte gründlich untersucht werden. Zu viele Kommunen bauen eine Infrastruktur ohne vorherige ausreichende Analyse der Touristenzielgruppen auf; die Folge sind halbleere Hotels und ungenutzte Einrichtungen.

Bewohner und Arbeitnehmer

Den zweiten wichtigen Zielmarkt eines Standortes stellen seine Bewohner und Arbeitnehmer dar. So kann es für manchen Standort vielleicht sinnvoll sein, die Zahl seiner ungelernten Arbeitskräfte zu vergrößern. Deutschland und Frankreich rekrutierten über viele Jahre ungelernte Arbeiter aus der Türkei, Algerien und Marokko. Andere Standorte mit einer alternden Bevölkerung – beispielsweise Wien oder Schweden – sind bemüht, den Anteil der jungen Bevölkerung zu erhalten oder zu vergrößern. Einige kleinere Städte in den USA kämpfen verzweifelt um den Zuzug von Ärzten und Zahnärzten, um die medizinische Versorgung der Bevölkerung zu sichern.

Andererseits sind manche Orte so attraktiv, daß sie den Strom an Zuwanderern kaum bewältigen und mangels adäquater Einrichtungen nicht unterbringen können. Manche Standorte lancieren Nullwachstums- oder »Demarketing«-Programme, um den Bevölkerungszuwachs zu stoppen. Es gibt bereits Standorte, die mit gezielten Negativkampagnen die weitere Zuwanderung verhindern wollen. Oregon zum Beispiel ließ Slogans in Umlauf bringen wie: »Sommer in Oregon ist, wenn der Regen wärmer wird.«

Um spezifische Bevölkerungs- oder Arbeitnehmergruppen anzuziehen, muß ein Standort geeignete Anreize schaffen. Für junge Familien könnte beispielsweise die Qualität der Schulen oder die öffentliche Sicherheit maßgebend sein, wohingegen bei älteren Haushalten eher kulturelle Vorzüge und Erholungsmöglichkeiten im Vordergrund stehen.

Wirtschaft und Industrie

Wirtschaft, Industrie und wirtschaftliche Investitionen stellen die dritte Kategorie der Zielmärkte. In der Regel versucht ein Standort, neue Betriebe und Wirtschaftsbranchen anzuziehen, um damit Arbeitsplätze für seine Bürger zu schaffen und Einnahmen für seine Haushaltskasse zu erzielen. In der Vergangenheit suchten Standorte vorwiegend »Schornsteinindustrien« wie zum Beispiel die Stahl- und Automobilbranche; heute hat sich das Interesse mehr auf »saubere« Branchen verlagert wie den Banksektor oder die High-Tech-Industrie. Den meisten liegt zudem viel daran, bestehende Unternehmen zu halten oder deren Expansion zu fördern.

Standorte müssen die Kriterien verstehen, die der Standortentscheidung eines Unternehmens zugrunde liegen. In der Regel bewerten Firmen einen potentiellen Standort nach seinem wirtschaftlichen Klima und den gesetzlichen Bestimmungen; nach der Qualität der Arbeitskräfte, der Infrastruktur wie die Nähe und Erreichbarkeit des Flughafens, nach den Verkehrs- und Transportbedingungen, der Qualität des Schulsystems und anderer Bildungsinstitutionen und nach der Lebensqualität. Außerdem spielen für Wirtschaftsunternehmen auch besondere Anreize wie Steuervergünstigungen, billige Grundstückspreise, Infrastruktursubventionen und Zuschüsse für Schulungseinrichtungen eine Rolle. Einige Staaten wie beispielsweise Wisconsin betreiben aggressives Marketing, um Geschäfte und Unternehmen anzuziehen.

Ein Standort hat vier Möglichkeiten, sein wirtschaftliches Fundament zu erhalten und zu stärken: Erstens müssen bereits vorhandene Branchen und Unternehmen erhalten bleiben, zumindest die wünschenswerten. Für New York ist dies ein großes Problem, insofern als verschiedene Großkonzerne damit drohen – oder ihre Drohung bereits realisierten –, wichtige, arbeitsintensive Funktionen auszulagern und in kostengünstigeren Gebieten anzusiedeln. Häufig spielen Unternehmen das »Halt-mich«-Spiel: »Wenn ihr unsere Bedingungen nicht erfüllt, gehen wir.« In der heutigen Zeit ist dies durchaus keine leere Drohung.

Heute nimmt die Konkurrenz der Standorte zunehmend den Charakter »feindlicher Übernahmen« an; der Einsatz wird zusehends erhöht. Es ist essentiell, daß ein Standort den Wert, den er für ansässige Firmen darstellt, neu überprüft. Sollen die wichtigen Industrien und Unternehmen am Ort bleiben, dürfen nicht willkürlich die Unternehmenssteuern erhöht oder die Bereitstellung moderner Dienstleistungen vernachlässigt werden. Das heutige Spiel der finanziellen Anreize ist ein zweischneidiges Schwert. Wenn ein Standort nicht genügend zu bieten hat, um ein Unternehmen zu halten, wird er es verlieren; wenn er zuviel bezahlt, wird er es ebenfalls verlieren.

Zweitens muß ein Standort sich um Pläne und Hilfestellungen bemühen, die es den ansässigen Betrieben erleichtern zu expandieren. Auf diese Weise können durch den größeren Radius der Absatzmärkte zusätzliche Einnahmen und Arbeitsplätze innerhalb der lokalen Wirtschaft geschaffen werden. So kann eine Stadt beispielsweise Schulungsprogramme für die Weiterqualifizierung von Managern und Arbeitern fördern, die Transport-, Kommunikations- und Energieinfrastruktur verbessern, die Vergabe von Bankkrediten an ansässige Betriebe erleichtern sowie spezielle, auf bestimmte wirtschaftliche Zielgruppen zugeschneiderte Einrichtungen bereitstellen.

Forward Wisconsin: Zielgruppen-Marketing zur Erzielung eines Wettbewerbsvorteils

Forward Wisconsin ist eine privat finanzierte Wirtschaftsförderungsgesellschaft, die ein hochentwickeltes Marketingkonzept betreibt. In den USA ist Wisconsin für sein ungewöhnlich aggressives Marketingprogramm bekannt, das häufig erfolgreicher operiert als das seiner Nachbarn. Der Erfolg von Forward Wisconsin beruht auf einem zielgerichteten Ansatz, der Wisconsin als erstrebenswerten Standort für Unternehmen positioniert und folgende sechs Zielgruppen definiert:

Spezifische Industriesektoren: Branchen wie zum Beispiel die Biotechnologie, Nahrungsmittelverarbeitung und das Druckereigewerbe, die besonders von den Stärken des Staates profitieren.

Schnell wachsende Firmen: Firmen, die sich rapide vergrößern und neue Anlagen benötigen.

Wichtige geographische Zielgruppen: Entscheidend sind die umliegenden Staaten, mit denen traditionell grenzüberschreitender Handel gepflegt wird. Auch die Ost- und Westküste mit ihrer sich verschlechternden Lebensqualität werden als geeignete Zielgruppen betrachtet.

Bewohner Wisconsins: Das Programm wendet sich an Führungskräfte, die in Wisconsin leben oder dort ihren Urlaub verbrachten, und findet über Fremdenverkehrsorganisationen die entsprechenden Namen heraus.

Spezialitätengeschäfte: Hiermit wird versucht, Spezialitätengeschäfte in Wisconsin anzusiedeln.

Potentielle Zuwanderer: Firmen in der Umstrukturierung, mit neuen Führungskräften oder Unternehmen, die sich im Mittelwesten ansiedeln wollen.

Forward Wisconsin führt Direct-mailing- und Telemarketing-Kampagnen durch, sucht den persönlichen Kundenkontakt und organisiert Messen und besondere Veranstaltungen, um seine Ziele zu erreichen. Die durchgeführten Aktivitäten sind schon mengenmäßig beeindruckend: In einem einzigen Marketingjahr werden 40 000 persönlich adressierte Briefe versandt und Telefonate mit 3000 Firmen geführt; das Unternehmen nimmt an den unterschiedlichsten Veranstaltungen teil, angefangen als Gastgeber bei einem Konzert des Milwaukee-Symphonieorchesters bis zu persönlichen Besuchen durch ihr Wirtschaftsförderungsteam in erfolgsversprechenden Orten wie Minneapolis-St. Paul und Chicago.

Sollte also Forward Wisconsin je Ihre Stadt besuchen, raten wir Ihnen, Ihre Kinder zu verstecken.

Quelle: Marketing Plan of Forward Wisconsin

Drittens müssen Standorte die Startbedingungen für Unternehmensgründungen erleichtern. David Birch vom M.I.T. wies nach, daß die meisten der in den USA neu geschaffenen Arbeitsplätze durch Neugründungen und nicht durch Expansion bestehender Unternehmen entstanden.[4] Daher ist es wichtig, die Bedingungen zu verstehen und zu begünstigen, die für ein Unternehmen interessant sind. Es müssen leistungsfähige Agenturen zur Beratung und Schulung von Kleinunternehmen gegründet und ansässige Banken ermutigt werden, Kredite für Unternehmensgründungen zu günstigen Bedingungen zu vergeben; es gilt, Eigenkapitalanlagen zu fördern, Kontakte zwischen Investoren und Unternehmern zu knüpfen, die Errichtung von Forschungszentren voranzutreiben, öffentliche Aufträge sichern zu helfen und Anreize für Firmengründungen bereitzustellen.

Staat zu verkaufen

Iowa hat ein Problem: Seine Einwohnerzahl schrumpft. Zwischen 1975 und 1985 ging es mit der Landwirtschaft des Staates dramatisch bergab, was einen Rückgang im Baugewerbe und damit an nichtlandwirtschaftlichen Arbeitsplätzen und Bauaufträgen zur Folge hatte. Obwohl Iowa über eines der bestentwickelten privaten und öffentlichen Schulsysteme der USA verfügt, wanderten die Schulabsolventen wegen des Mangels an Arbeitsmöglichkeiten in andere Staaten ab. Niemand war überrascht, als Iowa eine massive Industrialisierungskampagne initiierte. 1987 legte die Regierung Iowas ein Schulungs- und Anreizprogramm für Neugründungen auf, das die Aufhebung von Steuern auf Ausrüstungsgüter, die Aufhebung der privaten Vermögenssteuer (einschließlich Anlagevermögen), Steuererleichterungen bei neu eingerichteten Arbeitsplätzen und neuen FuE-Einrichtungen sowie Zinserleichterungen auf Unternehmenskredite umfaßt. Außerdem verzichtet Iowa auf die Einheitsbesteuerung auf Gewinne von Kapitalgesellschaften, es bietet ein Arbeitsrechtsgesetz, Abzugsfähigkeit der Bundeseinkommensteuern, üppige Finanzierungsbedingungen für Schuldverschreibungen zum Zwecke gewerblicher Erschließung, einen einzigen Steuersatz für Unternehmensgewinne und eine Außenhandelszone.

»Die Struktur des Iowa Industrial New Jobs Training Program (INJTP) ermöglicht es den Arbeitgebern, Auszubildende ihrer Wahl überall in der Welt auszubilden und Lohn- und Sozialkosten zu 50 Prozent für den Zeitraum eines Jahres erstattet zu bekommen.«

Für Iowa gibt es keine lernunfähigen Arbeitnehmer, keine zu niedrige Steuerstruktur und keine zu hohen Kosten.

Quellen: Diana C. Woods untersuchte das Marketing-Paket von Iowa im Juni 1988 an der Northwestern University. Zitat aus der Werbung für das »Division for Job Training«, Des Moines, Iowa, März 1992.

Viertens kann ein Standort aggressiv um auswärtige Unternehmen oder deren Betriebsanlagen werben. Fast alle Staaten haben ein Amt für Wirtschaftsförderung oder eine Non-profit-Gesellschaft, deren Aufgabe es ist, auswärtige Unternehmen ausfindig zu machen und sie zu Standortinvestitionen zu ermuntern. In einigen Fällen ist es fragwürdig, ob die von den Standorten gebotenen Anreize tatsächlich lohnend sind:

- Sechs Staaten konkurrierten erbittert um ein neues japanisches Automobilwerk. Tennessee ging als Sieger hervor, nachdem es ein ganzes Bündel an Konzessionen angeboten hatte. Monatelang trafen sich Regierungsbeamte mit den japanischen Delegierten und gewährten eine Vergünstigung nach der anderen. Sie bewilligten Verbesserungen der Fernstraßen und ein neues Kanalisationssystem. Sie versprachen Steuererleichterungen, verbilligte Sätze bei der öffentlichen Stromversorgung; sie boten sogar samstägliche Sprachkurse und Fahrunterricht an. Schließlich war der Deal perfekt.[5]
- Kentucky engagierte sich in einem heftigen Wettstreit um die Toyota Motor Corporation. Über 125 Millionen Dollar wurden investiert – 55 Millionen Dollar davon allein an Zuschüssen zur Mitarbeiterqualifizierung –, um Toyota zum Bau eines Automobil-

werks in Georgetown zu bewegen. Einschließlich aller Steueranreize belief sich die Gesamtrechnung auf über 350 Millionen Dollar. Der Staat und die örtlichen Politiker verteidigen diese Kosten vehement mit der Begründung, die gegenwärtigen und zukünftigen Vorteile würden bei weitem die Konzessionen überwiegen.

- 1985 investierte Fort Wayne/Indiana 15 Millionen Dollar in ein Transportzentrum für Burlington Air Express, was Burlington jedoch nicht hinderte, sich im Jahr 1989 noch anderweitig um finanzielle Zuschüsse zu bemühen. Schließlich stellte noch im selben Jahr Toledo/Ohio 50 Millionen Dollar für den Bau einer Highway-Anbindung, für Verbesserungen der Rollbahn und die Errichtung einer unternehmenseigenen zentralen Anlage zur Verfügung. Diese Subventionen beliefen sich auf mindestens 125 000 Dollar pro Arbeitsplatz! Natürlich begannen sich die Steuerzahler allmählich zu fragen, ob es sich bei diesen Konzessionen um notwendige Investitionen oder um exorbitante Geschenke handelt. Nachdem die Schlacht an Toledo verloren war, meinte dazu Bürgermeister Fred Helmke: »Wir sind Mitspieler im Standortwettbewerb, aber wir sind keine Trottel.«[6]

Mittlerweile wird der Einsatz so in die Höhe getrieben, daß jede neue Konzession Ausgangspunkt für die nächste Verhandlung ist. Das Ergebnis ist eine Anreizinflation und ein negatives Nullsummenspiel, von dem nur die Japaner profitieren. Die Unternehmen anderer Länder treten nun in deren Fußstapfen und setzen ebenfalls auf die Konzessionspyramide der Standortanbieter.

Die Standorte müssen sich den besten Mix der vier Strategien zum industriellen Aufbau auswählen und Art und Mischung der für sie interessanten Branchen definieren. Zum Beispiel sind viele Standorte bestrebt, die Ansiedlung umweltverschmutzender oder auch unseriöser Branchen und Sektoren zu verhindern, die wenig wünschenswerte Einwohner und Besucher mit sich bringen (zum Beispiel Glücksspiel und Prostitution). In Grenzstädten wie San Antonio/Texas wird zunehmend darüber diskutiert, ob billige Arbeitsplätze oder aber moderne Technologien und besserbezahlte Jobs in den Mittelpunkt gerückt werden sollten. Es muß entschieden werden, ob eine diversifizierte Wirtschaft aufgebaut oder eine Konzentration auf wenige spezialisierte Branchen erfolgen soll. Während Großstädte wie Chicago, Philadelphia und Boston dank ihrer diversifizierten Wirtschaftsstruktur florieren, bevorzugen andere Städte – zum Beispiel Rochester/

Minnesota (Gesundheitswesen, Computer), Nashville/Tennessee (Gesundheitswesen, Rüstung und Musik) oder Pittsburgh/Pennsylvania (Computer-Software, Roboter und medizinische Technologie) – eine einzige oder wenige Spezialbranchen. Diversifizierung mag zwar eine vernünftige Strategie sein, doch die meisten Kommunen können sich diesen Luxus nicht leisten und sind daher auf Marktnischen und spezialisierte Märkte angewiesen.

Exportmärkte

Ein vierter Zielmarkt ist der Export – die Fähigkeit einer Stadt oder einer Region, diejenigen Waren und Dienstleistungen zu produzieren, die andere Standorte, Menschen und Unternehmen erwerben möchten. Der Export ist die Lebensader von Stadtstaaten wie zum Beispiel Singapur und Hongkong, deren natürliche Ressourcen zu begrenzt sind, um alles für die Bedürfnisbefriedigung ihrer Bürger Notwendige selbst herzustellen, und deren Bevölkerung zu klein ist, um alle von ihnen erzeugten Waren und Dienstleistungen selbst zu konsumieren. Das Wohlergehen solcher Standorte ist massiv von der Ausfuhr ihrer Produkte abhängig, da mit den Exportgewinnen die Einfuhr von benötigten Rohstoffen und anderen Gütern finanziert wird.

Dennoch sind Singapur und Hongkong die Regel und nicht die Ausnahme. Alle Städte, Staaten und Nationen müssen Güter, die sie benötigen, wie zum Beispiel Autos, Computer und Kleidung, importieren. Sie sind daher gezwungen, Waren und Dienstleistungen auch für den Export zu produzieren. Jeder Standort muß seine ansässigen Firmen dazu ermuntern, ihre Produkte nicht nur lokal, sondern auch auf den einheimischen und internationalen Märkten anzubieten.

Einige Standorte konnten starke Markennamen und ein aussagekräftiges Markenimage für ihre Produkte und Dienstleistungen etablieren: Italien ist für seine hochwertigen Modeartikel bekannt; das Etikett »Made in Japan« genießt das Vertrauen der Konsumenten in japanische Automobile und Unterhaltungselektronik.

Auch in den USA sind einige Staaten mit Markenprodukten erfolgreich; dazu zählen Orangen aus Florida, Käse aus Wisconsin, Bourbon aus Kentucky und Kartoffeln aus Idaho. Gelingt es einem Standort, einen starken Markennamen für eine bestimmte Produktlinie zu etablieren, läßt sich dieses positive Image unter Umständen auch auf andere ähnliche Produktlinien übertragen.

Andererseits genießt die Produktqualität mancher Standorte einen recht traurigen Ruf, der sich auch auf den Export auswirkt. Die jugoslawische Automarke Yugo hat sich beispielsweise in den USA schlecht verkauft, da Jugoslawien im allgemeinen mit schlechter Produktqualität assoziiert wird. Ford hatte in den USA Absatzschwierigkeiten mit seinem in Mexiko hergestellten Modell aufgrund des schwachen Images, das Mexiko in den USA genießt (ironischerweise ließ Ford gerade die hochklassigen Modelle in Mexiko bauen). Allgemein gesprochen können Städte, Regionen oder Nationen ihr Image so beeinflussen, daß den Herstellern der Export ihrer Produkte entweder erleichtert oder erschwert wird.

Die Standorte sind gut beraten, wenn sie für die Diversifikation ihrer Industrien und Zielmärkte sorgen, soweit dies machbar ist. Kleinere Orte haben häufig keine andere Wahl, als sich auf einen bestimmten Markt zu konzentrieren. Ein Beispiel hierfür sind die Karibischen Inseln mit ihrer nahezu ausschließlichen Konzentration auf den Tourismus; sie besitzen wenige andere Ressourcen, die es an Attraktivität mit ihrer Sonne und Sand aufnehmen können.

Der Export kann durch staatliche Exportorganisationen auf verschiedene Weise gefördert werden: zum Beispiel durch Zuschüsse an ansässige Betriebe oder besondere Versicherungen zur Reduzierung des Unternehmerrisikos. Weiterhin können Schulungsprogramme finanziert und technische Hilfe bereitgestellt werden, um die Firmen mit den Exportbedingungen vertraut zu machen. Durch PR-Maßnahmen kann das Image des Standorts in den Zielexportmärkten verbessert werden. Die staatlichen Exportorganisationen können die einheimischen Produkte auf Handelsmessen im Ausland vorstellen, zur Unterstützung ihrer lokalen Branchen Auslandsbüros eröffnen und lokale Führungskräfte auf Handelsmissionen ins Ausland begleiten, um Kontakte zu knüpfen und Aufträge hereinzuholen.

Wie können Standortanbieter ihren Standort vermarkten?

Zum Aufbau ihrer industriellen Basis und der Förderung des Exports wenden Standorte zunehmend vier umfassende Strategien an, um Besucher und Bewohner anzuziehen: Imagemarketing, Attraktionsmarketing, Infrastrukturmarketing und Werbung für die in einem Ort lebenden Menschen (s. Abbildung 2.2). In den folgenden Abschnitten werden wir diese Strategien eingehender untersuchen.

Abbildung 2.2
Wichtige Akteure im Standort-Marketing
LOKALE AKTEURE

Im öffentlichen Sektor:
1. Bürgermeister und/oder Stadtverwaltung
2. Stadtplanung
3. Referat für Wirtschaftsförderung
4. Fremdenverkehrsamt
5. Kongreßveranstalter
6. Öffentliche Information
7. Infrastruktur-Verwaltung (Transport, Ausbildung, sanitäre Anlagen)

Im privaten Sektor:
1. Immobilienmakler und Immobilienfirmen
2. Finanzinstitute (Geschäftsbanken, Hypothekenbanken, Pensionskassen)
3. Elektrizitäts- und Gaswerke
4. Handelskammer und andere ansässige Wirtschaftsorganisationen
5. Gastronomie und Einzelhandel (Hotels, Restaurants, Kaufhäuser, Geschäfte)
6. Reiseveranstalter
7. Gewerkschaften
8. Taxiunternehmen
9. Architekten

Regionale Akteure
1. Regionale Wirtschaftsförderungsgesellschaften
2. Regionale Touristenverbände
3. Regierungsbeamte auf Bezirks-/Bundesstaatsebene

Nationale Akteure
1. Politiker
2. Verschiedene Ministerien
3. Gewerkschaften

Internationale Akteure
1. Konsulate und Botschaften
2. Internationale Handelskammern

ECON
GRAFIK

Imagemarketing

Für eine Imagestrategie wird über eine Werbeagentur oder PR-Firma ein starkes positives Bild des betreffenden Standortes identifiziert, entwikkelt und verbreitet. Dies ist meist die preiswerteste Strategie, da keine Gelder in die Bereitstellung zusätzlicher Attraktionen oder für die Verbesserung der Infrastruktur investiert werden müssen, sondern lediglich etwas über seine Eigenschaften an andere »kommuniziert« wird.

Selbstverständlich hängen sowohl die Kosten als auch die Effektivität der Imagestrategie vom gegenwärtigen Image und den tatsächlichen Gegebenheiten eines Standortes ab. Hierbei sind die folgenden sechs Ausgangssituationen denkbar:

1. Positives Image:

Manche Städte, Regionen und Länder sind mit einem positiven Image gesegnet. Stratford-on-Avon, Venedig, Santa Fe und Singapur rufen bei fast allen Menschen positive Assoziationen hervor. Selbst bei bestehenden Mängeln oder auch wenn sie nicht allen als Firmenstandort oder als Wohnort behagen, ist es ein leichtes, sie in ein günstiges Licht zu rücken. In diesen Fällen ist weniger eine Imageänderung gefragt als eine Imageverstärkung und die Verbreitung an zusätzliche Zielgruppen.

2. Schwaches Image:

Manche Standorte sind kaum bekannt, entweder weil sie zu klein sind, weil es ihnen an Attraktionen mangelt oder weil sie keine Werbung betreiben. Um auf sich aufmerksam zu machen, müssen sie also ihre Attraktivität erhöhen und für sich werben. Andere Standorte verfügen vielleicht über besondere Attraktionen, sind aber mit Werbekampagnen zurückhaltend, aus Furcht, sonst von Touristen überrannt zu werden. So ziehen es zum Beispiel verschiedene Küstenstädte in Maine und Oregon vor, ihre natürlichen Sehenswürdigkeiten nicht publik zu machen, weil der Wunsch nach Nullwachstum stärker ist als das wirtschaftliche Interesse und sie deshalb nur begrenzt in Erscheinung treten wollen.

3. Negatives Image:

Viele Standorte sind mit einem negativen Image geschlagen: Detroit ist die Verbrecherstadt, Miami die Stadt von Miami Vice, Kolumbien/ Südamerika das Drogenzentrum, der Libanon ist vom Krieg zerrissen, die Bevölkerung Bangladeschs verelendet. Diese Standorte möchten, wenn überhaupt, jede Verbreitung ihres Images einschränken. Weniger Aufmerksamkeit wäre ihnen lieber als mehr; gerne würden sie einige bislang verborgene Glanzlichter entdecken und mit der Lancierung eines neuen Images das bisherige überdecken. Nord-Dakota zum Beispiel erwog, das »Nord« aus seinem Namen wegen der scheinbar negativen Assoziationen zu streichen – ein kalter, abweisender Staat, der rapide sowohl Bewohner als auch Unternehmen verliert. Doch die Lancierung eines neuen Images wird wohl kaum gelingen, wenn die Gründe für das alte Image sich nicht ändern.

4. Gemischtes Image:

Das Image der meisten Standorte setzt sich aus positiven und negativen Elementen zusammen. Viele Menschen wollen San Francisco wegen seiner vielen Sehenswürdigkeiten besuchen, doch einige fürchten es als Stadt der Drogen und der Homosexualität. Washington, D. C., ist eine wunderschöne Stadt, jedoch mit explosiv ansteigender Kriminalität, so daß es in dieser Hinsicht bereits mit Detroit zu vergleichen ist. Eine Italienreise ist ein einziges Vergnügen, solange man nicht gerade in einen Streik der Fluglinien, Eisenbahn, Polizei, Hotels und Museen gerät. Standorte mit gemischtem Image betonen in ihren Kampagnen normalerweise eher die positiven und vermeiden die negativen Aspekte.

5. Widersprüchliches Image:

Manche Standorte vermitteln ein widersprüchliches Image insofern, als ihre Besonderheiten unterschiedlich gewertet werden. So halten manche die Virgin Islands für ein sicheres touristisches Reiseziel, während andere sie – in Erinnerung an die Touristenmorde vor einigen Jahren – für einen gefährlichen Ort halten. Pittsburgh gilt wegen seiner Kohle- und Stahlindustrie als wenig umweltfreundlich, andere preisen es gerade wegen seiner sauberen Luft. Los Angeles, in den Achtzigern Brennpunkt von Smog, Verkehrschaos und Kriminalität, entwickelte seinen Stadtkern, führte die Straßenbahn wieder ein und reformiert seine Polizei. Die Strategie rückt die positiven Elemente in den Mittelpunkt, um die negativen und nicht mehr zutreffenden vergessen zu machen. Doch Imageumkehrungen sind schwierig, wie sich das in Los Angeles durch die negative Berichterstattung nach den Rassenkrawallen zeigte.

6. Überattraktives Image:

Manche Standorte sind so attraktiv, daß gerade dies ihnen zum Nachteil gereichen kann, wenn sie sich weiterhin auf diese Weise positionieren. In San Diego etablierte sich eine Gruppe, die Citizens for Limited Growth, die sich gegen die Flut von neuen Bewohnern wehrt, um so die Verkehrsprobleme, überfüllte Schulen, Wasserverschmutzung und andere Wachstumsprobleme zu bekämpfen. In Albuquerque und Santa Fe/New Mexico engagieren sich Gruppen für Nullwachstum. Petaluma/Kalifornien erlangte Berühmtheit durch eine zeichensetzende Entscheidung des Obersten Gerichtshofs, der dem weiteren Wachstum einen Riegel vorschob, indem der Bau zusätzlicher Wasserversorgungs- und Abwassereinrichtungen limitiert wurde. In einigen wenigen Fällen schufen und verbreiteten Städte bewußt ein Negativbild ihrer selbst, um Besucher und Glücksjäger fernzuhalten, zum Beispiel indem sie sich selbst als gastunfreundlich und die Wetterbedingungen ebenfalls als ungastlich darstellen.

Einige Standorte sind offenbar der Ansicht, daß zu einer guten Imagekampagne unbedingt auch ein cleverer Slogan gehört. Das Logo »Big Apple« von New York City oder »Land of 10 000 Lakes« von Minnesota erschien überall, vom Nummernschild der Autos bis zu Jackettaufklebern. Zwar kann ein eingängiges Schlagwort Aufmerksamkeit auf sich ziehen, aber es kann nicht die gesamte Arbeit einer Imagekampagne ersetzen. Denn die Gültigkeit dieses Images muß auf vielerlei Weise und über unterschiedliche Kanäle verbreitet werden, wenn es erfolgreich sein und Wurzeln schlagen soll.

Tatsächlich ist es schwierig, einen geeigneten Slogan zu erfinden, denn die meisten Standorte sind multidimensional. Auf einer Tagung, die 1989 in Chicago stattfand, diskutierten siebzig Marketingprofis ein Image für Chicago; dabei kamen Slogans ins Gespräch wie »Museum der Weltklasse«, »die nettesten Einwohner«, »bedeutende Universitäten«, »Mekka der Architektur«, »Amerikas Riviera«, »die Stadt, die mir gefällt«, »für immer«. Diese Begriffe mögen jeweils ihre Berechtigung haben, doch das macht die Wahl nicht leichter, zumal keiner imstande ist, den Charakter und die Reichtümer dieser Stadt zu transportieren. Wie sehr Chicago sich auch bemüht, das alte Image als Gangsterparadies der zwanziger Jahre und die Narben des unrühmlichen Massakers am St.-Valentins-Tag zu verstecken, so wird diese dunklere Seite Chicagos doch durch TV-Sendungen wie »Die Unberührbaren«, Sightseeing-Tours in ehemalige Gangsterkneipen und auch dadurch manifestiert, daß einige legendäre Mafiosi hier residierten. Es gibt allerdings auch, zum Beispiel Hawaii, die versuchen gerade dieses Negativimage zu vermarkten.

Ein Image läßt sich nur schwer entwickeln und ist ebenso schwer zu ändern. Hierfür ist eine Analyse darüber erforderlich, wie die Einwohner und Besucher einen Standort wahrnehmen, wobei die tatsächlichen ebenso wie die fiktiven Elemente, die Schwächen und Stärken identifiziert werden müssen; Inspiration ist dafür notwendig und die Konzentration auf eines oder mehrere miteinander konkurrierender Bilder; aus Tausenden von Möglichkeiten muß eine Wahl getroffen werden, so daß die Bewohner, die Geschäftswelt und andere dieses gemeinsame Bild ausstrahlen; weiterhin ist ein beträchtlicher finanzieller Aufwand für die Imageverbreitung erforderlich.

Attraktionen

Imageaufbesserung allein reicht jedoch nicht aus, um das Wohlergehen eines Standortes zu sichern. Ein Standort muß spezifische Eigenheiten aufweisen, um seine Bewohner zufriedenzustellen und Besucher anzulokken. Manche Standorte sind in der glücklichen Lage, natürliche Sehenswürdigkeiten zu besitzen, wie zum Beispiel die Stadt Bellogio am Comer See, Aspen mit seiner Gebirgskette oder Hawaii mit seinem immerwährenden sommerlichen Klima. Andere Standorte profitieren von ihrem erinnerungswürdigen Erbe oder von historischen Bauten wie Athen mit dem Parthenon, Vicksburg mit den Herrensitzen der ehemaligen Südstaatenaristokratie oder Bangkok mit seinen exotischen Tempeln und Statuen. Wieder andere Städte haben architektonische Sehenswürdigkeiten von Weltruhm wie der Eiffelturm und der Arc de Triomphe in Paris, das Empire State Building in New York, das Tadsch Mahal in Indien oder die berühmte Gateway Arch in St. Louis. Und natürlich gibt es weniger spektakuläre Sehenswürdigkeiten wie die herrlichen Parks von Minneapolis, die Seen Chicagos oder die Straßencafés an den Pariser Boulevards. Der Anziehungskraft eines Ortes ganz besonders zuträglich sind Flüsse, Seen oder das Meer. Fast alle an Wasserstraßen gelegene Städte entwickeln heute ihre See- und Flußufer für den Fremdenverkehr oder als Erholungsgebiete.

Viele Städte bemühen sich um neue Sehenswürdigkeiten; sie möchten mit »Kronjuwelen« glänzen. Ein Beispiel dafür ist die Stadionmanie, von der mindestens zwei Dutzend Städte in den USA befallen sind; sie zeigt sich vor allem im Bau neuer Sportstadien, die – vorzugsweise als Kuppelbau – entweder für heimische Sportteams oder in der Hoffnung, auswärtige Sportler anzulocken, entworfen werden. Doch die neugebauten Stadien in Memphis/Tennessee und Jacksonville/Florida leiden zum Beispiel an Überkapazität; noch warten beide Städte auf den Zuzug großer Sportteams und kosten den Steuerzahler in der Zwischenzeit Millionen.

Andere immer wieder vorgeschlagene Attraktionen sind: der Bau gigantischer Tagungszentren, der Stadtkern als Ladengalerie, am Wasser gelegene Festplätze, aufsehenerregende Skulpturen, Museen oder Vergnügungsparks, große Einkaufsstraßen. Die Realisierung dieser Projekte ist kostspielig und geschieht häufig eher aus Ratlosigkeit als aufgrund bewußter Überlegungen. Stets ist das Ergebnis ungewiß, zuweilen ein Eigentor. Die Mittel gehen aus, noch ehe das Stadion fertiggestellt ist, die Ladengalerien im Stadtkern ziehen eher weniger als mehr Menschen an, und es werden sogar Rufe laut nach einer »Abrüstung der Ladengalerien«. (Die Auswertung solcher »Standortverbesserungen« sind in Kapitel 5 beschrieben.)

Die Infrastruktur

Sicherlich sind weder Image noch Sehenswürdigkeiten die volle Antwort auf das Problem der Standortentwicklung, denn weder das eine noch das andere kann bestehende Defizite kompensieren oder verdecken. Das tatsächliche Fundament muß auf der Infrastruktur aufbauen. In jedem Standort wird gearbeitet: Bürger, Besucher und Betriebe wollen mobil sein, statt im Stau zu stecken. Sie wollen ausreichende und preiswerte Energie statt Stromausfälle. Sie erwarten von den Schulen qualifizierten Unterricht und gut ausgebildete Schüler statt steigende Lese- und Schreibschwächen und vorzeitige Schulabgänger. Eine Stadt muß garantieren, daß ihre Bürger sich sicher und ohne Angst um ihr Leben in der Öffentlichkeit bewegen können. Wasser muß trinkbar sein, die Bauvorschriften müssen eingehalten, für Erholungsgebiete gesorgt und gute Hotels und Restaurants zur Verfügung gestellt werden.

Haitis Voodoo-Image

Haiti hat gleich ein vierfaches Imageproblem – Armut, Gewalt, Aids und Voodoo –, das lange Zeit durch eine undemokratische und unfähige Regierung gefördert wurde. Das Negativimage Haitis ist so stark, daß die Insel von nur etwa 30000 Touristen jährlich besucht wird. Haiti gehört zu der Handvoll Länder, die als Vierte Welt betrachtet werden; umgeben von Touristenmekkas wie die Bahamas, Puerto Rico und die Virgin Islands, hat es zudem eine starke Konkurrenz direkt vor der Haustür.

Zu den Vorzügen Haitis gehören sein beständiges warmes Klima, eine herrliche Gebirgslandschaft und drei von Menschenhand geschaffene Attraktionen: der Urlaubsort Port-au-Prince, die massive Festungszitadelle und der weltgrößte Markt unter freiem Himmel. Diese Ressourcen könnten das Fundament für eine wirkungsvolle Imagekampagne sein, vorausgesetzt, es gelingt, das mächtige Negativimage zu überwinden.

Was könnte Besucher nach Haiti ziehen? Mit dem Slogan »Haiti verzaubert« wurde eine Tourismuskampagne gestartet, die es sich zum Ziel gesetzt hatte, die negative Wahrnehmung der Insel – Haiti als Ort magischer Rituale – positiv zu verkehren. Die Kampagne richtete sich an den erlebnishungrigen Touristen, der nach Alternativen zum stereotypen Sonne-Sand-Meer-Urlaub sucht. Der Slogan erschien auf allen Touristenplakaten und Broschüren und war Teil einer Werbekampagne in Zeitungen und Zeitschriften.

Zwar hielt sich der Erfolg in Grenzen, war aber dennoch ein Schritt zur Imageverbesserung: Haiti fing an zu verstehen, daß ein Image analysiert, entwickelt und verbreitet werden muß. Durch weitere Forschung und durch die Reaktion des Marktes könnte die Einsicht wachsen, wie potentielle Märkte gewonnen werden können. Leider verstärkten die politischen Unruhen der jüngsten Zeit das negative Image und setzten zumindest für eine Weile den Erfolg aller zukünftigen Kampagnen aufs Spiel.

Quelle: Michael Giuliano erforschte die Imagekampagne Haitis im Juni 1988 an der Northwestern University. Interview mit Collette Jefferies, Haiti Government Tourismus Bureau, 5. Januar 1992.

Menschen

Die vierte Marketingstrategie bezieht sich auf die Menschen, die an einem gegebenen Standort leben. Sie kann verschiedene Formen annehmen. South Carolina wirbt mit der Freundlichkeit und Bodenständigkeit seiner Bewohner, um auf diese Weise Pensionäre aus den Nordstaaten zum Umzug zu bewegen. Texas stellt die Professionalität seiner Arbeitskräfte in den Vordergrund, um Wissenschaft und Forschung anzuziehen. Salt Lake City, bekannt wegen des großen Anteils der dort lebenden Mormonen, wirbt mit der hohen Moral und Einsatzbereitschaft seiner Arbeiter und will damit bestimmte Industrien anlocken. South Dakota verweist auf seine billigen und verläßlichen Arbeitnehmer, um Versicherungen und medizinische Einrichtungen für sich zu gewinnen.

Andere Gegenden leiden unter dem entgegengesetzten Problem, nämlich dem schlechten Ruf, der seinen Bewohnern anhaftet. Der typische New Yorker zum Beispiel gilt als rücksichtslos, grob, wenig hilfsbereit und unfreundlich. Die Fluggesellschaft Southwestern Airlines versprach beispielsweise, New York nicht anzufliegen, falls dies die Rekrutierung von New Yorkern bedeuten würde. In anderen Städten – Oakland/Kalifornien und Newark/New Jersey – besteht das Handikap darin, daß die hohe Kriminalität auf gefährliche Einwohner schließen lassen könnte. Im Südwesten wird Jugendlichen gelegentlich abgeraten, sich an einem College in Kalifornien zu bewerben, mit der Begründung, dort sei das Eldorado von Pseudokünstlern, Surfern und unkonventionellen Lebensstilen.

Bei der Auswahl der Zielmärkte muß berücksichtigt werden, wie die Bewohner eines Standortes wahrgenommen werden, denn deren Image hat Auswirkungen auf das Interesse der potentiellen Zielmärkte. Aus diesem Grund sollten Standorte ihre Bürger zu rücksichtsvollem und freundlichem Verhalten gegenüber Besuchern und Zugezogenen motivieren. Beruflich qualifizierte und gut ausgebildete Bürger tragen zudem dazu bei, daß der Standort die Bedürfnisse der Zielmärkte befriedigen kann.

Nun wird das »Attraktivitätsdilemma« deutlicher. Wenn ein Standort die Wahl hätte, würde er zuerst das Fundament bauen (die Infrastruktur), dann einige Attraktionen hinzufügen, seine Bürger zu Freundlichkeit und beruflicher Qualifikation ermutigen und schließlich für die Verbreitung dieses Images sorgen. Wenn es jedoch um Infrastruktur und Finanzen schlecht bestellt ist, sind auch keine Mittel zur Verbesserung dieser Infrastruktur oder zum Bau von Attraktionen verfügbar. Die Folge ist, daß ein Standort aufgrund seiner begrenzten Mittel zunächst an seinem Image

arbeitet und möglicherweise seine Bewohner zu mehr Freundlichkeit an-
regt. Im Grunde ist dies ein »Bootstrap«-Ansatz*, der oft scheitert. Das
Fundament muß erneuert werden, aber die Mittel dafür fehlen.

Wer sind die größten Anbieter von Standorten?

Wer verwurzelt die Standort-Marketing-Aktivitäten nun in den zuvor
erwähnten Zielmärkten? Wie sich herausstellt, sind Legionen von Einzelper-
sonen und Organisationen mit dieser Arbeit befaßt. Man findet sie auf lokaler, regionaler und nationaler Ebene (s. Abbildung 2.2). Im folgenden konzentrieren wir uns auf die lokalen Akteure im öffentlichen und privaten Sektor.

Akteure des öffentlichen Sektors

Meist sind gewählte Stadtpolitiker für die Standort-Marketing-Aktivitäten verantwortlich. Das Standort-Marketing kann auf Druck des Privatsektors zustande kommen, zum Beispiel wenn die wirtschaftlichen Aktivitäten stagnieren, die Arbeitslosigkeit steigt, die Gäste in den Hotels
ausbleiben. Die Verantwortung liegt jedoch beim Bürgermeister der Stadt,
der Stadtverwaltung, den Bezirksabgeordneten und anderen führenden
Organisatoren des öffentlichen Sektors. Es muß ein Planungsreferat oder
eine Wirtschaftsförderungsagentur eingerichtet werden, um Strategien und
Pläne für das Standort-Marketing zu entwickeln. Diese Organisationen
wirken entscheidend an dem Tourismus-, Industrie- und Exportmix mit,
den es aufzubauen gilt. In Zusammenarbeit mit den Repräsentanten der
Öffentlichkeit entwickeln und implementieren sie Pläne zum Transportwesen, zur Ausbildung, Freizeit und Erholung.

Häufig verbessert sich die Lage einer Stadt dramatisch, wenn der
richtige Bürgermeister im Amt ist. Der frühere Bürgermeister von Baltimore, William Schaefer, spielte bei der Stadtentwicklung Baltimores, zu der
auch der Bau einiger wichtiger Attraktionen gehörte, eine zentrale Rolle.
Indianapolis verdankt seinen erneuten wirtschaftlichen Aufschwung vor allem seinem Bürgermeister Richard Lugar und dessen Nachfolger, William

---

* Der Begriff »Bootstrap-(Schnürsenkel-)Approach« hat sich mittlerweile auch im
  deutschsprachigen Raum eingebürgert und meint »sich selbst an den Haaren aus dem
  Sumpf ziehen« (Anm. d. Ü.).

Hudnut, die die Stadt als Hauptstadt des Amateursports positionierten. Bürgermeister George Latimer von St. Paul/Minnesota half entscheidend mit, das Image der Stadt als arme Verwandte von Minneapolis aufzuwerten und St. Paul in eine eigenständige vitale Gemeinde zu verwandeln. Natürlich werden solche Veränderungen selten im Alleingang erreicht. Doch fähige Bürgermeister haben und inspirieren Visionen, ernennen kompetente Führungskräfte für die betreffenden Organisationen und schaffen es, die lebenswichtige Unterstützung vieler Akteure des privaten Sektors zu gewinnen.[7]

Akteure des privaten Sektors

In anderen Fällen ist der Privatsektor die treibende Kraft. So initiierten und realisierten private Geschäftsleute die Revitalisierung der holländischen Insel Curaçao vor der Küste Venezuelas, wobei der Löwenanteil Eduardo Halabi zugeschrieben werden muß, einem wohlhabenden Immobilien- und Restaurantbesitzer, dem es gelang, zwei große amerikanische Hotelketten für den Bau neuer Hotels auf der Insel zu gewinnen. Es überrascht nicht, daß Leute aus der Immobilienbranche ein vitales Interesse an der wirtschaftlichen Situation haben und eine entscheidende Rolle bei der Unterstützung positiver Aktionen spielen. Entsprechend sind Hotels und Restaurants zusammen mit Einzelhändlern und anderen Geschäftsleuten über die jeweiligen Handelskammern und Berufsverbände beteiligt; auch die Finanzinstitute sind vital daran interessiert; ihre Mittel und ihr Vertrauen sind notwendig, um die Planung und Durchsetzung der Marketingpläne zu unterstützen.

Die Hauptaufgabe besteht darin, eine zusammenhängende Arbeitsgruppe zu etablieren, die alle öffentlichen und privaten Interessengruppen umfaßt und gemeinsam über Ziele und Mittel entscheidet. Allzuhäufig führen innerhalb des Privatsektors überschneidende und miteinander rivalisierende Verantwortlichkeiten entweder zu Handlungsunfähigkeit oder zu sich konterkarierenden Aktionen. Einige Mitspieler aus dem Privatsektor stimmen vielleicht mit der Vision nicht überein, was den Zusammenbruch der gesamten Anstrengungen verursachen kann. Man braucht Führungsqualitäten, um alle unterschiedlichen Gruppen für eine gemeinsame Sache zusammenzubringen. Eine Stadt zu einer erfolgreich arbeitenden Einheit zusammenzuführen ist unendlich schwieriger, als ein einzelnes Geschäft oder eine Regierungsbehörde zu leiten (dieses Thema wird in Kapitel 12 näher ausgeführt).

Wie die Standorte
ihre Produkte verkaufen

In diesem Abschnitt wollen wir anhand zweier Fallbeispiele die vielfältige und dynamische Natur des Standort-Markting-Prozesses veranschaulichen. Das erste Beispiel, St. Marys/Ontario, Kanada, schildert den Versuch einer Standortverbesserung anhand eines Graswurzelansatzes. Das zweite Beispiel, St. Petersburg/Florida, zeigt die differenzierten und von einer Elitegruppe angeführten Bemühungen, einem Standort mehr Attraktivität zu verleihen.

St. Marys – Ein Standort abseits vom Rampenlicht

Die Stadt St. Marys in Ontario/Kanada liegt nur 12 Meilen von Stratford entfernt, das selbst Gegenstand einer erfolgreichen Marketinggeschichte wurde, als es sich von einer kleinen Industriestadt zu einer der begehrtesten Städte für die Shakespeare-Sommerfestspiele entwickelte. St. Marys, mit 5000 Einwohnern und nur zehn Fahrminuten von Stratford entfernt, konnte von der Nähe zu Stratford nicht profitieren. Das Problem der Stadt war nicht nur, ein Konzept für seine Entwicklung zu finden, sondern die Frage, ob überhaupt eine Entwicklung gewünscht wurde. Einige Bewohner wollten den Touristenboom im benachbarten Stratford nützen und St. Marys als Komplementärattraktion für Stratford-Touristen positionieren; andere Bürger der Stadt genossen jedoch gerade die Ruhe und Beschaulichkeit und hüteten sich, ihren Ort und Lebensstil durch den Ansturm von Touristen zu gefährden.

Die erste Gruppe bestand aus zwei Dutzend Mitgliedern des ansässigen Lions Clubs, im wesentlichen Amateure. Sie entschlossen sich, mit der Schönheit und Geschichte St. Marys' Touristen anzuwerben. Um die Jahrhundertwende gab es in St. Marys einen Steinbruch, und die Stadt hatte einige ungewöhnliche Bauten aus Stein erreichtet – zu denen auch ein Opernhaus gehörte –, die im Lauf der Zeit zerfallen waren. Die enthusiastischen, aber unerfahrenen Marketingamateure machten sich nun daran, dies zu ändern.

Die Probleme folgten auf dem Fuß. Zunächst mußten die Bürger davon überzeugt werden, in die Stadt als werdende Touristenattraktion zu investieren. Der Club veranstaltete Meetings, die zeitweise aufreibend verliefen, doch schließlich akzeptierten die Kontrahenten, daß der Fremdenverkehr noch immer ein wünschenswerteres Schicksal war als der unaufhaltsame wirtschaftliche Verfall des Stadtkerns.

Der Lions Club nahm das meiste Kapital durch Spenden, »Türklinken«-Verhandlungen und Finanzhilfen wohlhabender Bürger auf, die bestrebt waren, den ursprünglichen Zustand der Stadt wiederherzustellen. Ungefähr 10 Prozent der Mittel stammten aus zwei bescheidenen Subventionszahlungen durch die Provinz Ontario.

Die St.-Marys-Akteure mußten nun versuchen, sich bei den Zielkonsumenten in Stratford bekannt zu machen. Sie erkannten, daß die Attraktionen, die St. Marys zu bieten hatte, bestenfalls einen halben Tagesausflug wert waren, verglichen mit den einwöchigen Aufenthalten in Stratford. Daher mußten sie Wanderwege, Restaurants, Ausstellungen, Wahrzeichen, die Stadtgeschichte und die Renovierung des Rathauses planen und finanzieren. Unnötig zu sagen, daß ihre Bemühungen auf ein geteiltes Echo stießen. Sie sind jedoch weiterhin überzeugt und enthusiastisch, und allmählich beginnt ihre Arbeit Früchte zu tragen.[8]

Dieser Fall zeigt, daß nicht alle Standortakteure geschulte und erfahrene Profis im Marketing, in der Wirtschaftsförderung und in der Kommunikation sind. Viele mußten die rudimentären Verkaufs- und Marketingtechniken erst von Grund auf erlernen.

St. Petersburg – Eine »feindliche Übernahme«

Nun kommen wir zu einem Standortkrieg der Supermächte, in welchem St. Petersburg/Florida ein riesiges Arsenal menschlicher und finanzieller Ressourcen einsetzte, damit die Chicago White Sox sich in St. Petersburg ansiedelten. St. Petersburg wollte ein professionelles Baseballteam auf die schlechtestmögliche Art. Die Gründe dafür waren einfach. Vom Imagestandpunkt aus betrachtet, war St. Petersburg sowohl sonnig und angenehm als auch fad und langweilig. Der ständig wachsende Anteil älterer Bürger verkörperte dieses Image. Der Wunsch, nach St. Petersburg zu ziehen oder es auch nur zu besuchen, blieb auf über 65jährige Golfer und Shuffleboard-Spieler begrenzt.

Was St. Petersburg anstrebte, war offensichtlich: eine überwältigende Attraktion zu finden, die mit einem einzigen Schlag das Image der Stadt ändern würde. Die Lösung: der Bau eines nach modernsten Gesichtspunkten konstruierten Baseballstadions, um die großen Baseballteams zu gewinnen. Dies würde St. Petersburg ein urbanes Gesicht verleihen, ein vitales und junges Image und ein ungeheures Instrumentarium für die wirtschaftliche Entwicklung bedeuten.

Die Idee wurde von zahlreichen Immobilienfirmen, Lokalpolitikern und dem Gouverneur von Florida, Bob Martinez, mitgetragen. Als erstes

mußten nun Gelder von ansässigen Bürgern und der Privatwirtschaft aufgenommen werden, um den Bau eines Kuppelstadions zu finanzieren, noch
ehe eine Baseballmannschaft zugesagt hatte. Zweitens mußte ein hochka-
rätiges Baseballteam gefunden werden. Die Nachbarstadt Tampa hatte
dies zwei Jahre zuvor versucht und war gescheitert. Die Marketingprofis von
St. Petersburg hatten eine harte Zeit vor sich.

Als sich die Chicago White Sox von Chicago zu lösen und nach einer
neuen Heimat zu suchen schienen, sah St. Petersburg seine Chance in
greifbarer Nähe. Eilig nahm man Kontakt mit den Eigentümern der White
Sox, Jerry Reinsdorf und Eddie Einhorn, auf und machte sich daran, den
großen Fisch ins sonnige Florida zu locken.

Eine in Florida ansässige Firma stellte Flugzeuge, Finanzen, zeitlich
befristeten Wohnraum und weitere Lockmittel zur Verfügung, damit der
Deal abgeschlossen werden konnte. Mit Gouverneur Martinez an der Spitze
wurden Floridas Gesetzgeber um öffentliche Mittel für die White Sox gebeten, und schließlich konnte St. Petersburg den Eigentümern ein Benefitpa-
ket aus zinsfreien Darlehen, attraktiven Konzessionen, Erlaß der Vermögensteuer und eine extravagante Berichterstattung in den Medien anbieten.

Auch die unsichtbaren Vorteile eines Umzugs des Teams nach
St. Petersburg wurden vermarktet. Das White-Sox-Management wurde
eingeladen, an der Planung für das neue Kuppelstadion teilzunehmen. Die
White-Sox-Inhaber sollten an den Diskussionen zur Architektur, Land-
schaftsgestaltung, Sitzanordnung, Konzessionsentscheidungen und anderer Schlüsselfragen teilnehmen. Die Einbeziehung der potentiellen Käufer
in den Entwicklungsprozeß des Stadionbaus halfen, den Enthusiasmus und
das Engagement der Stadt zu demonstrieren.

An diesem Punkt starteten die Stadt Chicago und der Staat Illinois
zur Gegenattacke. In den USA ist Baseball ein Sport, der mit viel Nostalgie
und Lokalstolz verbunden ist, eine mächtige Imagemaschinerie und für eine
Stadt ein wichtiger wirtschaftlicher Anker. Und ganz besonders in Chicago
kann Baseball sehr politisch sein. Es reichte nicht, daß die Anbieter in
St. Petersburg den White-Sox-Eigentümern einen großzügigen Plan und
eine enthusiastische Stadt voller Baseballfans präsentierten. Sie mußten
auch im Wettkampf gegen Illinois und Chicago siegen, wenn sie bei den
White Sox eine Chance haben wollten. Und ebendies erwies sich als unmöglich.

Der frühere Gouverneur Jim Thompson entschied, daß Chicago es
sich nicht leisten konnte, das Prestige eines großen Baseballteams zu
verlieren. Chicagos Medien deckten die Stadt mit Neuigkeiten über die

internen Schlachten um die Zukunft der White Sox ein. Nachbarschafts-
koalitionen und Baseballfans engagierten sich im Kampf um die White Sox.
Gouverneur Thompson wurde zum wichtigsten Mann im Kampf, die Chicago White Sox zu behalten. Seine Bemühungen erforderten beträchtliche
politische Verrenkungen und unzählige Konzessionen an alle Gesetzgeber
des Staates, auf deren Unterstützung er angewiesen war.

Am Ende kamen alle rivalisierenden Lobbyisten während der letzten
Sitzung der Illinois-Gesetzgebung vor den Parlamentsferien zusammen. Die
Gewinnchancen für ein White-Sox-Sparpaket schienen in weiter Ferne. Die
letzte Schlacht dieses Standortkriegs der Supermächte wurde direkt im
Fernsehen ausgestrahlt. Um 12.03 Uhr stimmte das Illinois House mit 60
gegen 55 Stimmen für den Plan, die White Sox in Chicago zu behalten.
St. Petersburg versank darauf in tiefen Depressionen, und die Marketing-
profis begannen, nach anderen Baseballteams und neuen Kunden zu suchen.

Zusammenfassung

St. Petersburg zeigt die Größenordnung, in welcher sich das Standort-
Marketing abspielt. Es geht dabei nicht nur um Geld, sondern auch um
Menschen, ihre Kultur, ihre Geschichte, ihr Image und ihren Stolz. Der
Verkaufsaspekt im strategischen Marketingprozeß ist häufig der wichtigste
und doch der am wenigsten verstandene Teil eines Standort-Marketing-
plans. Die Aufgabe, einen Standort seinen Zielbesuchern, der Wirtschaft
oder den Exportmärkten zu verkaufen, ist heute dynamischer, politischer
und riskanter denn je. Die Herausforderung für die Standortanbieter liegt
darin, die Bedürfnisse, Wahrnehmungen, Vorlieben und Ressourcen der
Zielgruppen besser zu verstehen, bevor Strategiepläne entwickelt werden.
Dieser Aufgabe wenden wir uns im folgenden Kapitel zu.

Wie die Zielmärkte ihre Wahl treffen

3

Ein Wirtschaftsunternehmen, das den Bau einer Produktionsanlage vorbereitet, ein Wirtschaftsverband, der eine Tagung plant, oder eine Familie, die sich für einen bestimmten Ferienort entscheidet – sie alle kaufen Standorte, und in jedem Fall handelt es sich um eine komplexe Kaufentscheidung: um die Wahl des Standortes, der die meisten Vorteile bietet.

Der Kauf eines Standortes ist ebenso vielschichtig wie sein Verkauf. Je mehr Einblick der Verkäufer in den Kaufprozeß hat, um so besser seine Wettbewerbsposition gegenüber anderen Anbietern.

In diesem Kapitel sprechen wir die drei folgenden Fragen an:

1. Welche Schritte und Faktoren üben den stärksten Einfluß auf den Prozeß des Standortkaufs aus?
2. Welche zusätzlichen Faktoren wirken sich auf die Entscheidung für einen Standort aus?
3. Wie einflußreich sind Publikationen zur Standortbewertung?

Modell eines Standortkaufprozesses

Bei der Wahl eines Standortes spielen viele verschiedene Faktoren eine Rolle, die wiederum jeweils davon abhängen, welche Aufgaben der gewünschte Standort erfüllen muß: Die Suche nach einem Ferienort für den Zweiwochenurlaub basiert auf ganz anderen Kriterien als die Wahl einer Stadt, in der man leben oder in der sich ein Unternehmen niederlassen möchte.

Unabhängig vom Typ des gewählten Standortes gibt es einige gemeinsame Komponenten, die allen Entscheidungen zugrunde liegen. Im allgemeinen durchlaufen die Käufer während des Entscheidungsprozesses fünf Stadien: Problemerkennung, Informationssuche, Bewertung alternativer Standorte, die Kaufentscheidung und das Verhalten nach dem Kauf. Im folgenden werden wir diese einzelnen Stadien näher untersuchen.

Problemerkennung

Der Kaufprozeß beginnt damit, daß ein Problem, ein Bedarf oder eine Chance erkannt wird: Ein Arbeitnehmer verliert seinen Job und erwägt den Umzug in eine andere Stadt; ein Unternehmen möchte sich in einem Ort mit niedrigeren Lohnkosten ansiedeln; ein Manager fühlt sich ausgebrannt und hat einen Urlaub nötig.

Die Person, die ein Problem, einen Bedarf oder eine Chance erkennt, ist nicht notwendigerweise diejenige, die die Kaufentscheidung trifft. Die Marketingprofis unterscheiden beim Standortkauf sechs verschiedene *Käuferrollen:*

> *der Initiator:* die Person, die ein Problem, einen Bedarf oder eine Chance erkennt und erste Maßnahmen initiiert, zum Beispiel Auskünfte einholt oder sich mit anderen bespricht;
>
> *der Spezialist:* die Person, die am Prozeß der Entscheidungsfindung beteiligt ist und die Kaufentscheidung mit beeinflußt;
>
> *der Entscheidungsträger:* die Person, die Zwischenentscheidungen oder die endgültige Entscheidung trifft;
>
> *die Autorität:* die Person, die die endgültige Entscheidung genehmigen oder ablehnen kann;
>
> *der Käufer:* die Person, die die endgültige Entscheidung realisiert;
>
> *der Benutzer:* die Person, die das Endprodukt oder die Dienstleistung benutzt oder konsumiert.

Beispiel: Ein Tagungsplaner, der für die American Hospital Association (AHA) arbeitet, ist auf der Suche nach einem Tagungsort für die nächste Jahresversammlung (Initiator). Zunächst informiert er sich über mögliche Tagungsstätten und zieht der Reihe nach Denver, Seattle und Portland in Betracht (Spezialist). Nun stellt er diese Empfehlungen dem zuständigen Manager vor, der sich für Denver entscheidet (Entscheidungsträger). Allerdings ist das Tagungszentrum in Denver neu und teurer als andere Tagungsstätten; der Manager ruft daraufhin den Leiter der Finanzabteilung bei AHA an, der sich für die kostenaufwendigere Entscheidung ausspricht (Autorität). In der anschließenden Diskussion mit dem für die Standortauswahl zuständigen Leiter wird über den Standort Denver als Ort der Jahresversammlung verhandelt, und die entsprechenden Pläne werden ausgearbeitet (Käufer). Im darauffolgenden Jahr findet die Hauptversammlung statt, die Teilnehmer sind mit der Tagungsstätte zufrieden (Benutzer).

In dieser Situation spielten verschiedene Personen verschiedene Käuferrollen. In weniger komplexen Situationen können diese Rollen von einer einzigen Person übernommen werden, beispielsweise wenn ein Junggeselle beschließt, daß ein Urlaub fällig ist (Initiator), Informationsmaterial sammelt (Spezialist), sich für den Club Méditerranée in Cancún/Mexiko entscheidet (Entscheidungsträger), daraufhin sein Bankkonto überprüft, um sicherzustellen, daß der Trip finanzierbar ist (Autorität), Tickets und Übernachtung bestellt (Käufer) und seine Entscheidung in die Tat umsetzt (Benutzer). Im anderen Extrem, zum Beispiel wenn die Honda Motor Company einen Standort für eine neue Produktionsanlage sucht, spielen Hunderte von Menschen unterschiedliche Rollen bei einer Entscheidung, die sich über Monate oder sogar Jahre hinziehen kann.

Für den Marketingfachmann sind die Implikationen klar. Um einen Standort erfolgreich zu fördern, muß folgendes bedacht werden:

1. Welche Personen sind an der Kaufentscheidung beteiligt, und welche Käuferrollen spielen sie?
2. Welche Kriterien wenden die unterschiedlichen Entscheidungsträger an?
3. Welche typischen Muster der Initiierung, Beeinflussung und Entscheidung prägen diese spezielle Kaufentscheidung?

Die Beantwortung dieser Fragen hilft, die geeigneten Botschaften und Medien zu finden und sie zur richtigen Zeit den richtigen Partnern zuzuführen.

Die Informationsbeschaffung

Nicht immer engagiert sich ein interessierter Käufer selbst in der Informationssuche, beispielsweise wenn er bereits ausreichend informiert ist, einen bestimmten Standort ohnehin bevorzugt oder die Entscheidung schnell getroffen werden muß.

Falls die Informationsbeschaffung jedoch erforderlich ist, wird zwischen zwei Stufen unterschieden: Im ersten, noch unverbindlichen Stadium ist die *Wahrnehmung* für *potentielle* Tagungsstätten erhöht. Der AHA-Tagungsorganisator achtet beispielsweise stärker auf entsprechende Anzeigen und Neuheiten. Im zweiten Stadium, der *aktiven Informationssuche*, werden diese Materialien ausgewertet und weitere Auskünfte eingeholt.

Wie aufwendig sich die zweite Stufe gestaltet, hängt von der Qualität und dem Volumen der Informationen und der Schwierigkeit ab, sie zu beschaffen. In der Regel wird um so intensiver nach Informationsmaterial gesucht, je näher der Käufer von der begrenzten Problemlösung zur umfassenden Problemlösung gelangt.

Für den Käufer sind die hauptsächlichen Informationsquellen, die er zu Rate zieht, und deren relativer Einfluß für die anschließende Kaufentscheidung von zentraler Bedeutung. Die Informationsquellen können in vier Kategorien aufgeteilt werden:

- *persönliche Quellen:* Familie, Freunde, Nachbarn, Bekannte;
- *kommerzielle Quellen:* Werbeagenturen, Verkäufer, Reiseorganisatoren;
- *öffentliche Quellen:* Medien, Firmen, die Standorte bewerten, Fachkundige;
- *experimentelle Quellen:* Besichtigung der Standorte.

Der relative Einfluß dieser Informationsquellen hängt von der Art des gesuchten Standortes und den persönlichen Präferenzen des Käufers ab. Meist sind die gewerblichen Quellen die ergiebigsten, die persönlichen Quellen die vertrauenswürdigsten. Jede Informationsquelle spielt für die Kaufentscheidung eine eigenständige Rolle, wobei in der Regel die kommerzielle Quelle eine informierende Funktion, die persönlichen und öffentlichen Quellen eine legitimierende Funktion ausüben. Die experimentelle Quelle, das heißt die Besichtigung der in Frage kommenden Standorte, hat eine bewertende Funktion. So erfährt der AHA-Tagungsplaner von Denvers neuem Tagungszentrum vielleicht über einen Verkäufer aus Denver, befragt Besucher des Tagungszentrums nach ihren Erfahrungen und besucht schließlich Denver, um zu einer abschließenden Entscheidung zu gelangen.

Häufig beginnt die Suche damit, daß Publikationen über Standortbewertungen studiert werden. In den USA gibt es unter anderem die folgenden Veröffentlichung: *Best Cities to Live In; Best Cities to Retire In; Best Cities to Visit as a Tourist; Best Places to Locate a Factory.* Wir werden diese Studien an späterer Stelle in diesem Kapitel noch ausführlicher diskutieren. Zunächst ist festzuhalten, daß diese Publikationen lediglich als Ausgangsmaterial dienen sollten. Die Ansichten über die Kriterien, die den Standortpublikationen zugrunde liegen, variieren je nach Käufer. In jedem Fall können sie nur einen ersten Eindruck vermitteln, nicht jedoch die endgültige Entscheidung bestimmen.

Die linke Spalte in Abbildung 3.1 zeigt das gesamte Bündel der Tagungsstätten, aus denen unser AHA-Tagungsorganisator wählen kann. Tatsächlich widmet er seine Aufmerksamkeit jedoch nur einem Teil dieser Tagungsstätten, die potentiell in Frage kommen; von diesen erfüllen nur einige die Voraussetzungen, sie kommen daher in die breitere Auswahl. Im Verlauf der weiteren Informationssuche bleiben nur einige wenige Standorte übrig; diese kommen in die engere Wahl; aus diesen wird schließlich anhand der Bewertungskriterien des Käufers die endgültige Entscheidung getroffen.

In der Praxis heißt dies, daß der Verkäufer eines Standortes zunächst die Aufmerksamkeit des Käufers auf potentielle Standorte richten und dafür Sorge tragen muß, daß diese vom Käufer in Erwägung gezogen werden und schließlich einige in die engere Wahl kommen, ansonsten ist die Chance zum Verkauf seines Standortes vertan. Weiterhin muß er in Erfahrung bringen, welche anderen Standorte der Käufer in Betracht zieht, damit Mitbewerber identifiziert und weitere Aktionen geplant werden können. Er sollte den Interessenten danach fragen, wie er zuerst von diesem Standort hörte, welche Informationen ihn beeinflußten und welche Rolle dabei die unterschiedlichen Informationsquellen spielten. Mit dieser Information kann der Standortverkäufer künftig effektiver Informationen vorbereiten und diese den Zielgruppen zur Verfügung stellen.

Neue High-Tech-Instrumente zur Standortauswahl

Die Unterlagen des Geographic Information System (GIS) und des US Census Bureau TIGER über Staaten und Regionen sind neue und wertvolle Instrumente für Käufer, Verkäufer und Vermittler (Berater, Immobilienfirmen und sonstige Wirtschaftsprofis), die damit beschäftigt sind, Unternehmen an einem gegebenen Standort zu erhalten, neue hinzuzugewinnen oder zu gründen. Das GIS kann mit einem räumlichen Diapositiv verglichen werden, das übereinandergelagerte Schichten von Informationen – Standortlage, Verkehrsnetz, ökonomische/demographische Besonderheiten – über einen Microcomputer erzeugt. Die Informationen reichen von größeren Landstrichen bis hin zu spezifischen Standorten und liefern eine Fülle geographischer/demographischer Daten von der Größe der Märkte bis hin zur Verfügbarkeit der Arbeitskräfte.[1]

Die TIGER-Akten des Census Bureau, die mit den Daten der Volkszählung aus dem Jahr 1990 zum erstenmal US-weit verfügbar waren,
stellen ökonomische/geographische Informationen, Daten über Metroregionen, Metroperipherien und einzelne Staaten bis hin zu Städten
und sogar Stadtvierteln und Häuserblocks bereit. Anhand solcher Daten und Analysen können Entfernungen und Orte besser kalkuliert,
Reisezeit und -kosten verringert und einzelne Verbrauchermärkte gezielter identifiziert werden; sie ermöglichen zudem eine genauere Ko-
stenkalkulation für die Ansiedlung oder Expansion von Unternehmen
innerhalb bestimmter Gegenden. Donald Cooke, Präsident der Geographic Data Technology, bemerkt dazu: »Die demographische Datenin-
dustrie ist ein Geschäft mit 600 Millionen Dollar pro Jahr. Die Umsiedlung von Objekten und Menschen ist eine Industrie mit 600 Milliarden
pro Jahr.[2]

1 Robert H. Pittmann »Geographic Information Systems: An Important New
   Tool for Economic Development Professionals«, Economic Development Review,
   Herbst 1990, S. 4.
[2] Joe Schwarz, »Donald Cooke Discusses the New Business Opportunities TIGER
   will create«, »American Demographics«, Juni 1990, S. 19.

Bewertung alternativer Standorte

Wir haben gesehen, wie die zur Wahl stehenden Standorte durch Be-
gutachtung weiterer Informationen eingegrenzt werden. Die Frage ist nun,
wie der Käufer die Informationen organisiert und zur endgültigen Entscheidung gelangt. Tatsache ist, daß es keinen einfachen und auch nicht
nur einen einzigen Bewertungsprozeß gibt, der von allen oder auch nur von
einem Käufer in jeder Kaufsituation angewandt wird. Die meisten Modelle
des Käuferbewertungsprozesses bauen darauf, daß das Urteil über die
Produktqualität bewußt und rational gefällt wird; doch diese Voraussetzung stimmt nicht immer (siehe unten). Einige Grundannahmen können uns jedoch helfen, den Bewertungsprozeß des Käufers besser zu verstehen:

Erstens nimmt der Käufer einen gegebenen Standort zunächst als
ein Bündel verschiedener Attribute wahr. Zu diesen für den Käufer interessanten Attributen zählen:

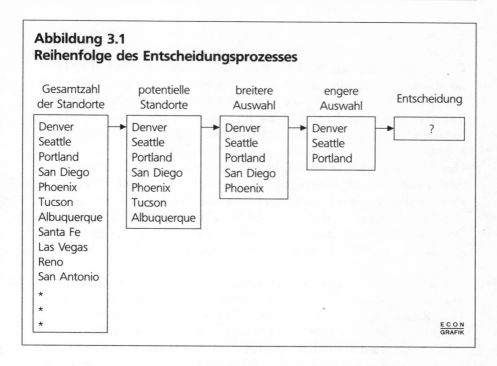

Abbildung 3.1
Reihenfolge des Entscheidungsprozesses

Ferienorte:	Klima, Erholung, Sehenswürdigkeiten, Kosten;
Wohnorte:	Arbeitsmöglichkeiten, Schule und Ausbildung, Verkehrsmittel, Lebenskosten, Lebensqualität;
Produktionsorte:	Immobilienpreise, Qualifikation der Arbeitnehmer, Energiekosten, Steuern;
Tagungsorte:	Einrichtungen, Kapazität, Erreichbarkeit, Dienstleistung, Kosten.

Achtung Verkaufsfalle!

Ein altes Verkäufersprichwort sagt: »Für jedes Produkt gibt es einen Käufer.« Leider gehören zu den Produkten manchmal Land, das unter Wasser steht, Fabriken, die umweltschädlich sind, oder Hotels, bei denen die Statik nicht stimmt. Unter dem suggestiven Druck eines redegewandten Verkäufers hat schon mancher Standortkäufer irrationale Entscheidungen getroffen:

In den sechziger Jahren beschrieben Zeitungsannoncen das Gelände Tres Piedras und Rio Ranchero als »Orte, weit weg von der Masse«.

Im ungezähmten Südwesten gelegen, waren diese günstigen Grundstücke so billig, daß der Kauf scheinbar kaum ein Risiko darstellte. Gegen eine Anzahlung von 500 Dollar und Monatsraten von nur 99 Dollar wurde dem Käufer ein riesiges Grundstück von karger Schönheit, sauberer Luft und Einsamkeit versprochen. Die Einsamkeit war in der Tat so groß, daß die Käufer, als sie ihr Land schließlich in Augenschein nahmen, weder Straßen noch Wasser oder gar Nachbarn entdecken konnten. Der Kauf erwies sich als Fata Morgana.

Der Zielmarkt waren ältere Käufer, die sich ein Grundstück für die Zeit nach ihrer Pensionierung eigentlich nicht leisten konnten. Doch dieser Preis schien das Risiko zu lohnen. Jemand, der in Kansas lebte, kann sich kaum vorstellen, daß ein so großes Stück Land nicht mindestens 2000 Dollar wert ist. Am Ende kehrte das Land zu seinen natürlichen Elementen und die Käufer unverrichteterdinge in ihre alte Heimat zurück.[1]

Die Jahrzehnte ändern sich, irrationales Verkäuferverhalten bleibt. In den siebziger Jahren blühte das Geschäft mit Teilzeitferienwohnungen; viele Käufer fanden sich mit einem Zweiwocheneigentum wieder, das rapide an Wert verlor. In den Achtzigern boten manche Immobilienmakler potentiellen Käufern eine Kiste mit Wein und einen einwöchigen kostenlosen Aufenthalt in Arkansas im Austausch gegen ihre Anwesenheit bei einem Intensivseminar über geplante Kommunen. Außerdem sah dieses Jahrzehnt Banker und Wertpapierkäufer, die Bürogebäude ohne Mieter kauften, oder Einkaufszentren ohne Kunden, dafür mit einer wütenden Konkurrenz. Offenbar ist Rationalität bei der Kaufentscheidung nicht immer in Mode.

1 T. Arbrister »Land Frauds – Look Before You Buy«, Saturday Evening Post, 27. April 1963, S. 18–22.

Zweitens unterscheiden sich die Käufer darin, welche Standortattribute sie herausragend und wichtig finden. Manche Attribute sind herausragend, weil der Käufer gerade eine Werbung über sie hörte, in denen diese als das »Beste vom Besten« annonciert wurden. Nachdem der Käufer sich für bestimmte Attribute entschieden hat, ordnet er sie ihrer Priorität nach.

Drittens entwickelt der Käufer wahrscheinlich eigene Vorstellungen darüber, über welche Attribute die einzelnen Standorte verfügen. Die Vorstellung des Käufers über einen Standort sind das Image dieses Standortes.

Abbildung 3.2
Die Vorstellungen des Käufers von drei Tagungsorten

	Attribute			
	Einrichtungen	Kapazität	Erreichbarkeit	Service
Denver	10	8	6	4
Seattle	6	8	10	5
Portland	4	3	7	8

Anmerkung: Jedes Attribut wird nach einer Wertskala von 1 bis 10 Punkten bewertet, wobei 10 den höchsten Wert repräsentiert. Demnach verfügt Denver über die besten Einrichtungen. In der Regel wird der Konsument für jedes Attribut eine höhere Punktezahl wünschen.

ECON
GRAFIK

Dabei können die Vorstellungen des Käufers aufgrund eigener Erfahrungen und selektiver Wahrnehmung durchaus von den tatsächlichen Attributen abweichen.

Viertens kann angenommen werden, daß der Käufer jedes Attribut mit einer Rangordnung belegt, die den erwarteten Wert bemißt. So erwartet vielleicht der AHA-Tagungsorganisator, daß die Zufriedenheit der Tagungsteilnehmer mit der Tagungsstätte mit den zur Verfügung stehenden Einrichtungen, der Kapazität, der Erreichbarkeit und dem Service steigt. Wenn wir nun die höchsten Rangordnungen der einzelnen Attribute miteinander verbinden, haben wir den idealen Standort.

Fünftens entwickelt der Käufer im Verlauf des Bewertungsverfahrens bestimmte Haltungen gegenüber alternativen Standorten, die ebenfalls zur Wahl stehen. Manche Käufer legen den verschiedenen Alternativen unterschiedliche Bewertungsverfahren zugrunde. Nehmen wir an, der AHA-Organisator habe zwischenzeitlich seine Wahl auf die Orte Denver, Seattle und Portland eingegrenzt. Nehmen wir weiterhin an, er sei hauptsächlich an vier Attributen interessiert: Einrichtungen, Kapazität, Erreichbarkeit und Service. Abbildung 3.2 zeigt die Ergebnisse einer Studie, in denen jeder Standort anhand der vier Attribute eingeschätzt wurde. Der Tagungsorganisator bewertete Denver auf einer Zehnpunkteskala folgendermaßen: Einrichtungen: 10 Punkte; Kapazität 8 Punkte; Erreichbarkeit 6 Punkte; und Service

4 Punkte. Er hat auch bestimmte Vorstellungen davon, wie die anderen Städte abschneiden. Welchen Tagungsort würde der Planer nun wahrscheinlich favorisieren?

Selbstverständlich würden wir bei einer Stadt, die in allen Kriterien dominiert, davon ausgehen, daß der Planer dieser den Vorrang gibt. Doch in der engeren Wahl waren Städte mit jeweils unterschiedlichen Vorzügen. Liegt die Priorität des Planers bei Einrichtungen, würde er Denver bevorzugen; ist ihm die Kapazität am wichtigsten, ist es Denver oder Seattle; liegt ihm die Erreichbarkeit am Herzen, ist es ebenfalls Seattle; steht der Service ganz oben, wird er Portland wählen. Sehr viel leichter voraussehbar sind natürlich die Entscheidungen von Käufern, denen lediglich ein Attribut wichtig ist.

Meistens legen die Käufer auf mehrere Attribute Wert, die sie unterschiedlich gewichten. Wenn wir die Gewichtung wüßten, die der AHA-Planer den vier Attributen zuordnet, könnten wir zuverlässigere Voraussagen über den Standort seiner Wahl treffen.

Angenommen, der Planer gewichtet die Einrichtungen mit 40 Prozent, die Kapazität mit 30 Prozent, die Erreichbarkeit erhielte 20 Prozent und der Service 10 Prozent. Um die Präferenz des Planers für jede einzelne Stadt herauszufinden, werden die Gewichtungen mit den Vorstellungen über jede Stadt multipliziert. Dies führt uns zu den folgenden Werten:

$$
\begin{aligned}
\text{Denver} &= 0{,}4(10) &+\ 0{,}3(8) &+\ 0{,}2(6) &+\ 0{,}1(4) &= 8{,}0 \\
\text{Seattle} &= 0{,}4(6) &+\ 0{,}3(8) &+\ 0{,}2(10) &+\ 0{,}1(5) &= 7{,}3 \\
\text{Portland} &= 0{,}4(4) &+\ 0{,}3(3) &+\ 0{,}2(7) &+\ 0{,}1(8) &= 4{,}7
\end{aligned}
$$

Wir würden zu der Annahme gelangen, daß der Planer anhand der Gewichtungen der Stadt Denver den Vorzug gibt.

Dieses Modell – das *Erwartungswertemodell* – ist eine von verschiedenen Möglichkeiten, wie Käufer Alternativen bewerten. Natürlich sollten Interviews mit den Standortkäufern durchgeführt werden, um die Kriterien zu identifizieren, nach denen sie alternative Tagungsstätten bewerten.

Angenommen, die meisten Tagungsveranstalter bildeten ihre Präferenzen anhand des obigen Modells. Vor diesem Hintergrund kann Verschiedenes getan werden, um Entscheidungen zu beeinflussen. Der Portland-Anbieter könnte beispielsweise versuchen, anhand der folgenden Strategien die relative Präferenz des Tagungsveranstalters für Portland zu erhöhen:

- *Die tatsächlichen Attribute ändern:* Der Standort-Anbieter könnte die Tagungseinrichtungen oder -kapazitäten verbessern, doch dies braucht Zeit. Man nennt es reale Neupositionierung.
- *Die Vorstellungen über die Attribute ändern:* Der Standortanbieter könnte versuchen, die Vorstellungen des Käufers über die Schlüsselattribute Portlands zu ändern. Dies empfiehlt sich besonders dann, wenn ein Käufer den tatsächlichen Wert eines Standortes unterschätzt. Überhöhte Versprechen würden dagegen den Käufer enttäuschen und dem Ruf des Standortanbieters schädigen. Der Versuch, auf Käufervorstellungen einzuwirken, wird psychologische Neupositionierung genannt.
- *Die Vorstellung über konkurrierende Standorte ändern:* Der Standort-Marketer könnte versuchen, die Meinung des Käufers über die Attribute konkurrierender Standorte zu ändern. Dies mag sinnvoll sein, wenn der Käufer irrtümlicherweise glaubt, ein konkurrierender Standort sei qualitativ besser, als er tatsächlich ist. Diese Strategie wird Mitwerberdepositionierung genannt; in diesen Fällen erhält der potentielle Käufer meist Vergleichsmaterial, um sich ein neues Bild machen zu können.
- *Die Gewichtung verlagern:* Der Standortanbieter könnte versuchen, den Käufer zu überzeugen, diejenigen Attribute höher zu bewerten, in welchen sein Ort besonders gut abschneidet. Portland könnte zum Beispiel auf die vielen Vorteile eines Tagungsortes mit ausgezeichneten Dienstleistungen hinweisen, weil es an diesem Punkt überlegen ist.
- *Die Aufmerksamkeit auf bisher vernachlässigte Attribute richten:* Der Standortanbieter könnte die Aufmerksamkeit des Käufers auf bislang vernachlässigte Attribute lenken. Wenn Portland über besondere touristische Attraktionen verfügt, könnten diese als weitere Pluspunkte in den Vordergrund gerückt werden.
- *Die Wertvorstellungen des Käufers verlagern:* Der Standortanbieter könnte beispielsweise versuchen, den Käufer zu einer Änderung seiner Prioritäten oder Wertvorstellungen zu bewegen. Im Falle Portlands könnte er zum Beispiel darauf hinweisen, daß eine zu große Kapazität oft kalt und unpersönlich wirkt.

Die Kaufentscheidung

In der Bewertungsphase entwickelt der Käufer bestimmte Standort-
präferenzen, um sich dann im weiteren Verlauf endgültig für den Ort seiner
Wahl zu entscheiden. Zwischen Kaufabsicht und Kaufentscheidung können
jedoch zwei Faktoren treten:

Der erste Faktor ist die Meinung anderer. Angenommen, der AHA-
Planer spricht mit einem engen Freund, der für einen anderen Wirtschaftsverband arbeitet und dort für die Auswahl von Tagungsstätten zuständig ist.
Dieser berichtet von Mängeln, die das neue Tagungszentrum in Denver
aufweist: Das Personal ist ungenügend geschult, die Qualität des Essens
durchschnittlich. Als Ergebnis nimmt die Kaufwahrscheinlichkeit im Hinblick auf das Denver-Tagungszentrum ab.

Inwieweit die Kritik eines Dritten die eigene Wahl beeinflußt, hängt
von zwei Faktoren ab: 1. die Intensität der Negativeinstellung des Dritten
gegenüber der bevorzugten Wahl des Käufers und 2. die Glaubwürdigkeit
dieses Dritten aus der Sicht des Käufers. Je stärker die negative Haltung
des Kritikers und je enger die Beziehung zwischen Kritiker und Käufer, um
so negativer wirkt sich dies auf die Kaufentscheidung aus. Auch der Um-
kehrschluß gilt: Die Standortpräferenz wächst, wenn ein Freund oder eine
Respektsperson diesen Ort ebenfalls favorisiert. Komplex wird der Prozeß,
wenn mehrere dem Käufer nahestehende Menschen oder kompetente Berater unterschiedliche Meinungen vertreten. Jede Kaufabsicht basiert auf
den zu erwartenden Vorteilen und Kosten. Zudem können jedoch unerwartete
situationsbedingte Faktoren zur Änderung der Kaufabsicht führen: Der
AHA-Planer erfährt vielleicht von einem bevorstehenden Wassermangel in
Denver, oder Seattle bietet plötzlich niedrigere Sätze für sein Tagungszentrum an. Nicht immer werden also die Kaufabsichten des Käufers auch in
die Tat umgesetzt.

Ob der Käufer seine Kaufentscheidung modifiziert, hinauszögert oder
überhaupt vermeidet, ist eng an das erkennbare Risiko gebunden. Jeder
Kauf, insbesondere wenn viel Geld investiert wird, erfordert Risikobereit-
schaft. Das Ergebnis eines Kaufes steht nie hundertprozentig fest, und
diese Unsicherheit erzeugt Ängste. Das Ausmaß des erkennbaren Risikos
variiert mit der Menge des Geldes, das auf dem Spiel steht, der mehr oder
weniger ambivalenten Haltung und dem Selbstvertrauen des Käufers. Jeder
Standortkäufer entwickelt bestimmte Techniken zur Risikominimierung,
beispielsweise indem die Kaufentscheidung verschoben, weitere Informationen eingeholt werden oder einer stabileren Kaufsituation der Vorzug

gegeben wird. Es ist beim Standort-Marketing sehr wichtig, die Faktoren zu verstehen, die in dem Käufer das Gefühl, ein Risiko einzugehen, wachrufen, um dann mit entsprechenden Informationen und Hilfestellungen zur Reduzierung des erkennbaren Risikos beizutragen. Wenn zum Beispiel der Käufer befürchtet, ein Fußballspiel, das gleichzeitig mit einem Software-Kongreß in Dallas stattfindet, könne zu Verkehrsbehinderungen führen, könnte dieser Einwand durch den zusätzlichen Einsatz von Verkehrslinien und Sonderbussen entkräftet werden.

Der Rasterkasten definiert die fünf Käuferkategorien, mit denen Marketingfachleute beim Standortverkauf konfrontiert werden.

Identifizierung des Käufertyps

Käufer von Standorten erscheinen in vielen Verkleidungen. Die Aufgabe ist hier, diese Käufertypen und ihre unterschiedlichen Bedürfnisse und Entscheidungsprozesse zu verstehen.

Im folgenden werden fünf Käuferkategorien vorgestellt:

Der Kaufinteressierte: Dieser Käufer steht meist am Anfang des Auswahlprozesses. Er stellt Fragen allgemeiner Art, um die Optionen einzugrenzen und mehr über das Produkt zu erfahren. Ein Urlauber möchte vielleicht an einem sonnigen angenehmen Ort für eine Woche zu vernünftigen Preisen Golf spielen: Dabei interessieren ihn vielleicht die öffentlichen Golfplätze in Missouri oder ein Golfturnier in Irland. Dieser Käufertyp ist beeinflußbar, die Entscheidungsfindung kann vom Verkäufer strukturiert werden.

Der Pedant: Dieser Käufertyp hat meist eine Checkliste mit Anforderungen, die erfüllt werden müssen. Der Verkäufer muß auf detaillierte Fragen gefaßt sein und spezifische Daten für spezifische Bedürfnisse parat haben. Wenn ein Rangiergleis für eine Fabrik gebraucht wird, hat der Verkäufer die Möglichkeit, entweder selbst eines zu bauen oder einen anderen Standort vorzuschlagen.

Die Schachfigur: ein Käufer, der nicht selbst entscheidet. Die Wahl wird woanders getroffen, und alle Optionen bleiben offen. Der Verkäufer sollte versuchen, diesen Käufertyp zu umgehen, und den direkten Kontakt mit den Entscheidungsträgern suchen.

Der Schleifer: ein Käufer, den nur der Preis und »Schnäppchen« interessieren. Er möchte einen sechstägigen Urlaub in Las Vegas für 199 Dollar einschließlich Flugticket, Mahlzeiten, Hotel und Transport.

Dem Schleifer wird häufig ein alternativer Standort empfohlen, er muß
dann davon überzeugt werden, daß dieser genauso gut ist.

Der Kauflustige: ein Käufer, der mehr am Einkauf selbst als an der
Entscheidung interessiert ist. Mit ihm kann man sehr viel Zeit verbringen, um später herauszufinden, daß die Entscheidung erst in Jahren
ansteht oder bereits einige Male verschoben worden war.

Im Standortverkauf ist es also immer eine gute Idee, den Käufertyp
anhand gezielter Fragen zu identifizieren.

Das Verhalten nach dem Kauf

Nachdem der Kauf abgeschlossen ist und der Käufer erste Erfahrungen mit dem gewählten Standort gewonnen hat, stellt sich heraus, ob er mit
seiner Wahl zufrieden oder unzufrieden ist. Auch die Käuferaktivitäten im
Anschluß an den Kauf sind für den Marketingprofi interessant, denn seine
Arbeit ist nicht mit dem Verkauf des Produktes getan, sondern setzt sich in
der auf den Kauf folgenden Phase fort.

Zufriedenheit nach dem Kauf

Die Wahl eines Standortes erzeugt fast immer Dissonanzen, die im
Anschluß an den Kauf deutlich werden.

Die Wahl zwischen zwei oder mehr Alternativen hat beinahe zwangsläufig ambivalente Gefühle oder Dissonanzen zur Folge, denn mit den
Vorteilen, die eine bestimmte Wahl mit sich bringt sind, unweigerlich auch
Nachteile verbunden. Nahezu jeder Entscheidungsprozeß bringt diese Dissonanz mit sich und führt dazu, daß der Betroffene Schritte unternimmt,
um die Dissonanz zu verringern.[1]

Welche Faktoren sind nun dafür verantwortlich, ob ein Käufer mit
seinem Kauf hoch zufrieden, einigermaßen zufrieden oder unzufrieden ist?
Die Zufriedenheit des Käufers ergibt sich aus der Nähe zwischen der
erwarteten und der tatsächlichen Leistung des Standortes. Wenn das Denver-Tagungszentrum hinter den Erwartungen zurückbleibt, ist der Kunde
enttäuscht; wenn die Erwartungen erfüllt werden, ist er zufrieden; er ist
angenehm überrascht, wenn seine Erwartungen übertroffen werden. Diese
Gefühle entscheiden, ob der Käufer diesen Standort ein weiteres Mal wählt
und sich anderen gegenüber positiv oder negativ äußert.

Die Erwartungen des Käufers basieren auf den von Verkäufern,
Freunden und anderen Quellen empfangenen Informationen. Übertreibt

der Verkäufer die Standortvorteile, wird der Käufer eine nichtbestätigte Erwartung erleben, auf die er mit Frustration reagiert. Je größer die Lücke zwischen Erwartung und Leistung, um so größer auch die Unzufriedenheit des Käufers. An dieser Stelle kommt es darauf an, wie der Käufer mit der Situation umgeht. Einige Käufer übertreiben die wahrgenommenen Defizite und sind in hohem Maße unzufrieden, andere minimieren sie und reduzieren damit auch ihre Unzufriedenheit.

Daraus folgt, daß die Versprechungen des Verkäufers die wahrscheinliche Leistung des Standortes so getreu wie möglich wiedergeben müssen, um den Käufer zufriedenzustellen. Es gibt Verkäufer, die bewußt ein Leistungs-»Understatement« betreiben, damit der Käufer sich in seinen Erwartungen noch übertroffen sieht.

Aktionen nach dem Verkauf

Die Zufriedenheit oder Unzufriedenheit des Käufers beeinflußt sein Verhalten nach dem Kauf. Ein zufriedener Käufer wird denselben Ort wahrscheinlich beim nächstenmal wieder wählen; außerdem wird er über seine Wahl positiv berichten. Daher der Marketingslogan: »Unsere beste Werbung sind zufriedene Kunden.«

Die Reaktionen von unzufriedenen Kunden sehen dagegen anders aus. Sie tendieren zu einer der beiden folgenden Aktionen: Entweder sie versuchen, ihre Unzufriedenheit zu verringern, indem sie Schadensersatz fordern. Oder sie versuchen im Gegenteil, Informationen zu erhalten, die die hohe Qualität des Standortes trotz ihrer gegenteiligen Erfahrung bestätigen. Im ersten Fall könnte unser Tagungsplaner die Zahlungen seines Verbandes an das Denver-Tagungszentrum kürzen oder durch Meinungsumfragen herausfinden, ob die Teilnehmer doch zufriedener sind als angenommen.

Es ist wichtig für Marketingfachleute, herauszufinden, wie ihr Kunde seine Unzufriedenheit verarbeitet. Die Käufer haben die Wahl, zu reagieren oder Reaktionen zu unterlassen. Entscheiden sie sich für ersteres, können ihre Reaktionen öffentlicher oder privater Natur sein. Zur öffentlichen Reaktion zählt die Beschwerde beim Verkäufer, der Gang zum Rechtsanwalt, die Beschwerde bei privaten, kommerziellen oder staatlichen Organisationen. In allen Fällen ist der Verkäufer der Verlierer, denn die Unzufriedenheit des Kunden ist Beweis dafür, daß er schlechte Arbeit geleistet hat.

Es gibt verschiedene Möglichkeiten, die Unzufriedenheit des Käufers nach dem Kauf zu reduzieren. Zunächst ist es wichtig, die Beschwerden des Kunden zu kanalisieren, so daß der Ärger schnell und positiv aufgefangen

werden kann. Kluge Organisationen begrüßen auch die negativen Kundenreaktionen als Möglichkeit, ihre Leistung zu verbessern. Für den Aufbau
einer effizienten Marketingstrategie ist das Verständnis der Käuferbedürf-
nisse und des Kaufprozesses von grundlegender Bedeutung. Wer den Prozeß
von der Bedarfserkennung zur Informationssuche, zur Bewertung der Alternativen bis zur Kaufentscheidung und dem Verhalten nach dem Kauf
versteht, erhält hier wichtige Tips, die helfen können, den Kundenwün-
schen künftig noch genauer zu entsprechen. Wer die unterschiedlichen
Akteure, ihre Rollen während des Kaufvorgangs sowie die der Kaufentscheidung zugrundeliegenden Einflußfaktoren versteht, ist in der Lage, effektive,
zielgerichtete Marketingprogramme zu planen.

Weitere Faktoren in der Standortentscheidung

Das zuvor skizzierte Modell hilft, die Prozesse im Verlauf einer Standortwahl zu verstehen. Falls das Modell Schwächen aufweist, liegt das daran,
daß es eine überrationale Erklärung der getroffenen Standortentscheidungen liefert. Beim Standortkäufer läuft der Entscheidungsprozeß aus vielerlei Gründen häufig verkürzt ab. Anhand der folgenden Fallbeispiele wollen
wir zeigen, welche sonstigen Faktoren die Standortwahl mit beeinflussen.

Rust-Oleum zieht nach Pleasant Prairie/Wisconsin

Die Rust-Oleum Corporation ist ein großer Hersteller von Speziallak-
ken, dessen Produktionsanlagen ursprünglich in Evanston/Illinois gelegen
waren. Als Rust-Oleum Mitte der achtziger Jahre expandieren mußte, fand
sich in Evanston kein geeigneter Platz. Damit war die Bühne für den
Standortwechsel vorbereitet; als möglicher Staat wurde Tennessee in Erwägung gezogen.
    Ungefähr zur gleichen Zeit herrschte in Kenosha/Wisconsin größte
Besorgnis wegen der Schließung des Automobilwerks der Chrysler Corporation. Nun beschlossen die politischen Führer von Kenosha gemeinsam mit
Wisconsin Electrical Power den Bau eines großen Industrieparks in der
Nähe von Pleasant Prairie; es war geplant, neue Unternehmen hier anzusiedeln, um die durch die Chrysler-Stillegung verlorenen Jobs zu kompensieren. Übereinstimmend war man von der Notwendigkeit überzeugt, daß sich

auch ein Großunternehmen in diesem Industriepark ansiedeln sollte, um so den Zuzug weiterer Firmen zu fördern.

Nun machten sich die Planer des Industriezentrums, die von Rust-Oleum und deren Verhandlungen mit Tennessee gehört hatten, ans Werk. Sie setzten sich mit dem Vorsitzenden von Rust-Oleum in Verbindung und arbeiteten für ihn und seine Mitarbeiter eine Präsentation aus. Sie luden die Führungskräfte der Firma ein, den neuen Industriepark zu besichtigen und sich den günstigsten Standort auszuwählen. Staat, Bezirk und die Elektrizitätswerke stellten ein Incentivepaket zusammen, das unter anderem Steuererleichterungen, kostenlose Energieversorgung während der ersten Jahre und Forschungszuschüsse im Wert von einer Million Dollar enthielt. Das Kernstück des Deals waren 25 Acker Land zum Sonderpreis und der Bau eines elaborierten Verkehrssystems zur besseren Erreichbarkeit der Anlagen.[2] Zusätzlich versprach Wisconsins Kongreßabgeordneter, Les Aspin, der zufällig auch dem Repräsentantenhaus des Armed Services Committee vorstand, Rust-Oleum als Lieferant zu empfehlen, wenn die U. S. Army Farben für ihre weltweiten Stützpunkte benötigte. Für die Führungskräfte der Firma wurden Bankette, politische Besuche und eine Willkommensparade veranstaltet.

Als die Politiker in Illinois schließlich erfuhren, wie Rust-Oleum von Wisconsin umworben wurde, war es zu spät. Sie baten ihren Gouverneur, James Thompson, um Intervention und Gegenvorschläge. Der Gouverneur reiste in einem Hubschrauber bei Rust-Oleum an und stürmte mitsamt seiner Gefolgschaft deren Hauptquartier, wo er ein Angebot unterbreitete, das es ohne weiteres mit Kenosha aufnehmen konnte. Doch Rust-Oleum war so ausgezeichnet bewirtet worden und fühlte sich Kenosha so verbunden, daß kein Gegenangebot eine Chance hatte. Kurz darauf schloß die Rust-Oleum Corporation ihr Werk in Evanston, um in Pleasant Prairie/Winsconsin ein neues zu eröffnen.

Figgie International zieht nach Richmond/Virginia

Figgie ist eine *Fortune-500*-Gesellschaft, die Sportartikel, Waffen, Luftfahrttechnologie und eine Vielzahl von Dienstleistungsgütern herstellt. Sitz des Unternehmens war lange Zeit Cleveland/Ohio. Dann, Anfang der achtziger Jahre, wuchs die Besorgnis des Gründers und Hauptgeschäftsführers Harry E. Figgie jr. über die zunehmende Verschlechterung der Lebensqualität in Cleveland. Er sah, daß es mit der Stadt bergab ging und daß

Vermögens- und Unternehmenssteuern ständig stiegen. Er erwog, den Sitz
der Firma zu verlegen.

Ungefähr in dieser Zeit erwähnte er seine Sorgen gegenüber den
Stadtpolitikern in Richmond/Virginia. Als das Wirtschaftsförderungsamt
in Richmond davon erfuhr, begann es sofort damit, Pläne auszuarbeiten, um
Figgie für sich zu interessieren. Sie studierten die persönlichen Hobbys und
Aktivitäten des Hauptgeschäftsführers. Wissend, daß er gerne angelte und
Wert auf einen guten Country Club legte, luden sie ihn zu einem Besuch
nach Richmond ein; allen Beteiligten wurde nahegelegt, Figgie enthusia-
stisch zu begrüßen, der auch bald von den Vorzügen Richmonds als neuen
Firmenstandort überzeugt war.

Eindeutig hatten die Richmond-Politiker einen erfolgreichen »Vor-
verkaufsprozeß« durchgeführt. Leider vergaßen sie dabei den »Nachver-
kaufsprozeß«. Harry Figgie baute sich ein schönes Haus in Richmond und
zog um. Bald baten ihn verschiedene Sammler um Spenden für Richmond,
denen er nicht nachkam, weil er in anderweitigen Spendenaktivitäten engagiert war. Das warme Willkommen machte zunehmender Indifferenz Platz.
Es gelang Figgie nicht, in den engen sozialen Zirkeln des Country Club von
Virginia Fuß zu fassen, was zum Teil sein eigener Fehler war, insofern als
sein Unternehmertemperament sich nicht mit dem trägen Südstaatenstil
vertrug. Er fühlte, daß sie zwar sein Geld mochten, aber nicht seine Unabhängigkeit. Die Rache folgte auf dem Fuß:

> Nur sechs Jahre nachdem Harry Figgie, 64, 1200 Acker Land gekauft
> und den Sitz seiner Firma nach Richmond/Virginia verlegt hatte,
> zieht sich die Firma in offensichtlicher Enttäuschung zurück in Fig-
> gies Heimatstadt Cleveland ... Das Wort geht um, daß Figgie sich an
> der gesetzten Gesellschaft Richmonds störte, von der er sich nicht
> gebührend akzeptiert gefühlt hatte. Also nimmt er sein Milliarden-
> Dollar-Geschäft und geht wieder nach Hause.[3]

Die Umsiedlung Figgies war der Auslöser für eine Wende in Cleveland
gewesen. Außerdem hatte Figgie seine Heimat vermißt. Ein weiterer Faktor
für Figgies Entscheidung war, daß die Wirtschaftsförderungsgesellschaft
Clevelands ihn weiterhin besuchte und zur Rückkehr drängte.[4]

Wir sehen also, daß sowohl der persönliche Nutzen als auch emotionale Verpflichtungen eine starke Rolle in der Entscheidung für oder gegen
einen Standort spielen können. Wir alle kennen Fälle von Standortverlage-
rungen aufgrund persönlicher Vorlieben – der Präsident des Unternehmens

möchte in der Nähe seines Heimatortes oder in einer bestimmten Landschaft leben. Oder aber er ist Freunden, Bekannten oder Politikern einen Gefallen schuldig, und dies wirkt sich auf seine Entscheidung aus. In extremen Fällen wird der Standortkäufer mit offen angebotenen persönlichen Diensten oder mit Bestechung konfrontiert. Alles dies bedeutet, daß der Verkäufer eines Standortes Geschick entwickeln muß, die »Schwachstellen« der wichtigen Standortkäufer herauszufinden.

Die Rolle der Standort-Bewertungsfirmen

Jeder Käufer eines Standortes sucht nach Orientierungen, die ihm helfen, den Entscheidungsprozeß so produktiv wie möglich zu gestalten. Standort-Bewertungsfirmen vermitteln ein Bild des Standortes im Wettbewerbsvergleich. Die Bedeutung der Bewertung wuchs mit der zunehmenden Anspruchshaltung der Käufer und dem verschärften Wettbewerb.

Betrachten wir einige Erfolgsgeschichten in der Standortbewertung des letzten Jahrzehnts:

Rand McNallys *Places Rated Almanac* erklärte Pittsburgh zur Stadt mit der höchsten Lebensqualität in den USA.
Die *National League of Cities* ernannte Baltimore zur erfolgreichsten Stadt in der Wirtschaftsförderung.
Das *Inc.*-Magazin hielt Austin/Texas für die optimale Stadt, um eine Firma zu gründen oder zu expandieren.
Eine Studie der *New York Times* krönte Atlanta als beliebtesten Firmenstandort amerikanischer Führungskräfte, obwohl neue Bürogebäude noch immer vorwiegend in New York angeboten wurden.
Seattle avancierte laut einer *SUNY*-Buffola-Gruppe zur »Stadt der Zukunft«.
North Dakota ist, nach *Grant Thornton*, der Staat mit dem besten »Unternehmensklima«.

Dies ist nur eine kleine Auswahl von Bewertungsergebnissen, die regelmäßig von Instituten und Medien veröffentlicht werden. Abbildung 3.3 führt die größten Publikationen auf. Da solche Veröffentlichungen nicht ohne Einfluß sind, müssen wir drei Fragen stellen: Wie werden Standortbewertungen erstellt? Wie zuverlässig sind sie? Wie hilfreich sind Standortbewertungen für Käufer und Verkäufer?

**Abbildung 3.3
Einige führende Organisationen und Quellen
in der Standortbewertung**

Bewertung der Lebensqualität

1. *Rand McNally:* private Non-profit-Forschungsgruppe, die das Wachstum, die Bevölkerung und die Armut in den größten US-Städten bewertet.

2. *Das Money Magazin:* jährliche Veröffentlichung von »The Best Places to Live«.

3. *G. Scott Thomas:* Herausgeber von The Ratings guide to Life in America's Small Cities.

4. *Das Savy Magazin:* bewertet die Orte, die sich am besten für Familien mit Kindern eignen.

5. *Zero Population Growth:* bewertet die stressigsten/am wenigsten stressigen Städte

6. *Population Crisis Committee:* bewertet die Gleichberechtigung von Frauen in 99 Ländern.

7 *National Center for Health Statistics:* bewertet die Lebenschancen in 100 verschiedenen Staaten.

8. *Psychology Today:* bewertet die besten Standorte für das psychische Wohlbefinden.

Wie werden Standortbewertungen erstellt?

Um zu verstehen, wie die Bewertungen erstellt werden, betrachten wir die Methode von Rand McNally zur Ermittlung der lebenswertesten Städte Amerikas. Rand McNallys *Places Rated Almanac* stützt seine Bewertungen auf die folgenden neun Kriterien: Lebenskosten, Arbeitsmöglichkeiten, Kriminalität, Gesundheit, Transport, Ausbildung, Kunst, Erholung und Klima (s. Abbildung 3.4). Dabei sind die Städte, die als die

9. *!Forbes:* bewertet, welche Städte sich gut für Ehepaare eignen.

10. *Federal Bureau of Investigation:* bewertet die Metropolen mit der höchsten Verbrechensquote.

Bewertungen der Qualität von Unternehmen

1. *Louis Harris & Associates:* bewertet die besten Unternehmensstandorte.

2. *Grant Thornton:* jährliche Bewertung des Klimas in der herstellenden Industrie in den kontinentalen USA.

3 *Corporation for Enterprise Development:* größter Konkurrent von Grant Thornton: bewertet das Unternehmensklima.

4. *Fortune:* bewertet die zehn besten urbanen Gegenden für Unternehmen.

5. *Metropolitan Consulting Group of New York:* bewertet die Betriebskosten von Unternehmen in zehn Großstädten.

6. *Corporate Travel:* veröffentlicht »The most expensive Cities for Business Travel«.

7. *Council on Competitiveness:* bewertet Amerikas Wettbewerbsfähigkeit im Vergleich zu anderen Ländern.

ECON
GRAFIK

lebenswertesten gelten, nicht zwangsläufig in allen Punkten der Bewertungsskala dominierend. Pittsburgh, 1985 die bestbewertete Stadt, war im Punkt »Ausbildung« lediglich an siebenter Stelle; Pittsburghs hoher Wert resultierte daraus, daß es unter den 329 weiteren bewerteten Metroregionen in keinem Punkt extrem schlecht abschnitt. Dazu Rand McNally: »Pittsburgh ist wie seine Stahlindustrie ... auf keinem Gebiet besonders stark, aber überall gut.«[5]

Abbildung 3.4
Almanachkriterien zur Standortbewertung

1. *Lebenskosten:* Bewertung der Haushaltseinkommen und Steuern sowie weitere wichtige Posten, zum Beispiel Wohnung, Lebensmittel, Gesundheitspflege und Collegegebühren.

2. *Arbeitsmöglichkeiten:* Bewertung des lokalen Arbeitsmarktes in neun Kernbereichen einschließlich Industrie, Handel, Dienstleistungen, Finanzwirtschaft und Regierung.

3. *Kriminalität:* Bewertung der Kriminalitätsrate in Metroregionen auf der Basis des Jahresdurchschnitts an Gewaltverbrechen und Eigentumsdelikten pro 100 000 Einwohner im Fünf-Jahres-Zeitraum.

4. *Gesundheitsfürsorge:* die Versorgung mit allgemeinen Gesundheitseinrichtungen, Ärzten und speziellen Gesundheitsdiensten.

5. *Transport:* wird bewertet auf der Basis lokaler Pendelzeiten, Nahverkehrsmitteln und diversen Städte-Reiseverbindungen mit der Bahn, per Flugzeug und Autobahn.

6. *Erziehungs- und Bildungswesen:* Bewertung der öffentlichen und privaten Schulen, lokalen Colleges und Universitäten.

7. *Kunst:* Vergleich der kulturellen Güter und Einrichtungen wie Museen und öffentliche Leihbüchereien, Opern und Symphonieorchester.

8. *Erholung:* Bewertung von Restaurants bis zu Golfplätzen, Zoos, Profisport, Seen und Nationalparks.

9. *Klima:* wird nach Wärme bewertet; Richtwert: 65° Fahrenheit auf das Jahr verteilt.

ECON
GRAFIK

Rand McNallys Bewertungen basieren, soweit wie möglich, auf Fakten und gewichten dann die verschiedenen Kriterien anhand einer Punkteskala. Jede Änderung der Kriterien oder der Gewichtung wirkt sich auf die Endbewertung aus. In jedem Fall dürfen bei der Standortwahl diese Bewertungen nur mit Vorsicht angewandt werden. Die hohe Punktzahl von Pittsburgh beispielsweise dürfte für einen Urlauber kaum etwas bedeuten; dagegen für eine Familie, die in eine Stadt mit guter Lebensqualität ziehen möchte, um so interessanter sein.

Bei anderen Bewertungssystemen mischen sich subjektive und objektive Kriterien. 1987 nannte beispielsweise die U.S. Conference on Mayors San Antonio als die lebenswerteste Stadt Amerikas. Wichtigstes Kriterium für diese Bewertung war die subjektive Einschätzung der Führungsstärke der Bürgermeister. Die Jury rühmte den Bürgermeister von San Antonio, Henri Cisneros, der das Art's and Cultural Advisory Committee ins Leben gerufen und eine Verordnung zum Schutz der traditionellen lokalen Wahrzeichen verabschiedet hatte, die »Historic Landmarks' District Ordinance«. Cisnero ist heute nicht mehr Bürgermeister – eine Studie dieser Art taugt also nur soviel wie die Wahlkampagnen der jeweiligen Stadtführer.

Es ist eindeutig, daß formale Bewertungssysteme nicht die ganze Geschichte einer Stadt erzählen. Will man den Bewertungen glauben, ist Philadelphia die schlimmste Stadt Amerikas, was Kriminalität, Umweltverschmutzung, Verkehr und Arbeitsmöglichkeiten angeht. Dennoch gibt es viele Menschen, die nirgendwo anders leben möchten. Ihre Beweggründe variieren. Vielleicht ist es das lokale Hockey-Team oder der historische Stadtkern oder seine Käsesandwiches, die Philadelphia jeweils interessant machen – jedenfalls werden diese »weichen« Kriterien von keinem Bewertungsschema erfaßt, obgleich auch sie das Image eines Standortes prägen. Unsere Einstellung zu Dallas wird durch die Ermordung J. F. Kennedys mit geprägt und dann durch den Film JFK wieder modifiziert. Unsere Vorstellung von Kuba wird von den Olympischen Boxkämpfen beeinflußt, von Videoclips mit Castros Reden und Filmen über Havanna, unsere Wahrnehmung des ehemaligen Tiefen Südens durch den Film »Vom Winde verweht« beeinflußt.

Diese weichen Charakteristika ebenso wie die harten Tatsachen liefern den Standortanbietern die Farbenpalette, mit der sie ihre Städte im wünschenswertesten Licht malen können. Wenn eine bestimmte Stadt eine hohe Punktzahl bei bestimmten Fakten erreicht, zum Beispiel Klima oder Wohnungen, werden diese in ihrer Selbstdarstellung besonders hervorgehoben. Fehlen dagegen sowohl das gute Image als auch die harten Tatsachen, gehen die Marketingprofis auf die Jagd nach den weichen Charakteristika.

Wie zuverlässig sind Standortbewertungen?

Standortbewertungen haben zwei fragwürdige Merkmale.[6] Erstens produzieren unterschiedliche Bewertungsfirmen häufig abweichende Bewertungen derselben Stadt.

Laura Van Tyl dokumentierte das Dilemma eines Menschen, der versucht, sich ein Bild über die Stadt Columbus/Ohio zu verschaffen. Drei unterschiedliche Bewertungsagenturen präsentierten weit auseinandergehende Meinungen. Das *Newsweek*-Magazin etikettierte Columbus enthusiastisch als eine der zehn lebenswertesten Städte; Rand McNally mochte Columbus immerhin genug, um es an die 61. Stelle von insgesamt 333 Großstädten zu plazieren; doch vom *Money*-Magazin wurde Columbus nur für durchschnittlich gefunden und fiel auf den 185. Platz aus insgesamt 300 zurück.[7] Jemand, der einen Umzug nach Columbus in Erwägung zieht, tut also wahrscheinich gut daran, selbst nach Columbus zu fahren, sich in einem Motel einzuquartieren und ein paar Tage dort zu bleiben. Oder angenommen, ein Unternehmen möchte eine Toplage für sein Unternehmen finden. Tom Walker verglich die Liste der Zeitschrift *Fortune* mit der Studie von Cushman & Wakefield aus demselben Jahr, die von Lou Harris & Associates durchgeführt wurde. Nach der Umfrage von *Fortune* rangierte Salt Lake City ganz oben, erscheint jedoch bei Cushman & Wakefield nicht einmal unter den Top ten.[8] Um noch mehr Verwirrung zu stiften: Minneapolis-St. Paul nimmt in der *Fortune*-Umfrage den zweiten Platz ein und fällt bei Cushman & Wakefield auf Platz neun. Fortune führt Austin, Phoenix, Jacksonville und Oklahoma City in ihren Top ten auf, während keine dieser Städte auf der Liste der Top ten bei Cushman & Wakefield steht.[8] Dabei ist die schlechte Nachricht, daß der Mangel an Konsistenz Firmen, die am Umzug interessiert sind, verwirren und überfordern kann, die gute Nachricht ist, daß immer mehr Städte für sich in Anspruch nehmen können, zu den Top ten zu gehören.

Das zweite Problem der Bewertungssysteme ist, daß die Bewertungen sich auch trotz derselben Bewertungsinstrumente häufig von Umfrage zu Umfrage ändern. Der *Places Rating Almanac* nannte in seiner Wahl der Top three im Jahr 1981 Atlanta; Washington, D.C., und Greensboro Winston-Salem/High Point, North Carolina. 1985 waren alle drei Städte in den Top five nicht mehr zu finden. Der Fall von Greensboro ist besonders hart, denn in einer Erhebung aus dem Jahr 1989 rangierte es auf Platz 62. Auch North Carolina muß von einigen schrecklichen Ereignissen heimgesucht worden sein, denn Raleigh/Durham erreichte 1985 einen beeindruckenden dritten

Platz und endete 1989 auf Platz 23. Die Aufwärts- und Abwärtsbewegungen dieser Städte machen die Bewertungen wertlos oder erschweren zumindest ihren Gebrauch.

Daß die Fluktuationen in den Bewertungen in die Firmenbewertungen eindringen, ist nicht verwunderlich. In den Untersuchungen von Cushman & Wakefield aus den Jahren 1988, 1989 und 1990 änderten sich die Bewertungen innerhalb kurzer Zeit dramatisch. Nachdem Chicago 1988 und 1989 den vierten Platz einnahm, fiel es im darauffolgenden Jahr plötzlich auf den vierzehnten Platz. Dabei hatte sich weder die politische Führung der Stadt geändert, noch gab es akute finanzielle Nöte, und sie brannte auch nicht ab. Norfolk/Virginia war dagegen 1988 auf dem elften Platz und auf Platz Nummer neunzehn im darauffolgenden Jahr, um dann einen erstaunlichen vierten Platz einzunehmen. Was war in Norfolk in dieser kurzen Zeit geschehen? Die Antwort heißt: »Nicht viel«, da sich die meisten Standorte nur über längere Zeitperioden signifikant entwickeln.

Ein Problem, Standortentscheidungen auf diesen Bewertungen zu gründen, liegt darin, daß Widersprüchlichkeiten rationalen Erklärungen nur schwer zugänglich sind. Wenn ein Unternehmen aufgrund einer von Cushman & Wakefield durchgeführten Studie entscheidet, sich in Atlanta niederzulassen, das nach einer Studie in den Jahren 1986 bis 1989 zu den Topstädten gehörte und 1990 einen starken sechsten Platz erhielt, wird erstaunt sein, wie die Stadt von anderer Stelle beurteilt wird. Atlanta galt nämlich in den letzten Jahren als die Stadt mit der höchsten Kriminalitätsrate, es war Nummer sechs im EPA-Smogtest; es hatte von allen Südstaatenstädten die vierthöchste Säuglingssterblichkeit und stand nach einer Untersuchung von *Psychology Today* auf Nummer 259 von 261 Städten, bei denen der Streßwert gemessen wurde.[9] In diesen Bewertungen ist Atlanta eindeutig kein Ort, an dem man unbedingt leben oder arbeiten möchte.

Wie sinnvoll sind Standortbewertungen für Käufer und Verkäufer?

Warum sind diese Bewertungen so beliebt – trotz ihrer willkürlich gesetzten Kriterien und den häufig unvereinbaren und schwankenden Ergebnissen? Anscheinend vermitteln die veröffentlichten Bewertungen ein schnelles und bequem zugängliches Bild. Sie stehen problemlos zur Verfügung, geben wichtige Informationen weiter; die Notwendigkeit weiterer Recherchen erübrigt sich. J. D. Reed von der *Times* sagt dazu: »Sei es der

beefigste Burger oder der größte Konzern, Amerikaner haben einfach eine
Schwäche dafür, Punkttabellen aufzustellen und sich dann über die Ergebnisse zu streiten.«[10] Um dies zu bestätigen, stellt der Rasterkasten die
stressigsten und die streßfreiesten Städte vor.

Diejenigen Standorte mit hohen Punkten im Bewertungsspiel schlachten das meist unbarmherzig aus. Die Bürger und Behörden von Pittsburgh
waren 1985 aus dem Häuschen, als ihre Stadt als Amerikas lebenswerteste
Stadt ausgezeichnet wurde. Nach Aussagen einiger Kommentatoren half
diese Bewertung, daß sich in Pittsburgh einige High-Tech-Unternehmen
ansiedelten und junge Leute, nachdem sie die Universität beendet hatten,
wieder in ihre Heimatstadt zurückkehrten. Die Bewertung machte mit dem
25 Jahre alten Image Schluß, Pittsburgh sei eine rußige Stadt der Stahlindustrie. Pittsburgh verbreitete den Ruf als Stadt mit Lebensqualität in der
ganzen Welt und ließ die Bewertung in sämtliche Literatur über die Stadt
und ihre PR-Kampagnen einfließen. Es verteidigte die Methode und die
Brillanz des Bewertungssystems. Warum nicht?

Entsprechend attackieren die Städte mit niedriger Punktezahl die
statistischen Methoden und bezweifeln die Gültigkeit der Erhebungen.
Glen Falls/New York stand auf der Liste von Rand McNally auf Platz 290.
Bürgermeister Edward Bartholomeys Kommentar dazu: »Der Almanach
und die Listen von Rand McNally werden öffentlich verbrannt.«[11] Die
Einwohner von Flint/Michigan waren so verärgert über ihr niedriges Stan-
ding im *Money*-Magazin aus dem Jahre 1988, daß sie die Monatsausgabe
tatsächlich öffentlich verbrannten. Der Bürgermeister von Wheeling/West
Virginia, dessen Stadt 1988 nach einer Erhebung des *Money*-Magazins vom
dritten Platz im Vorjahr auf Platz 45 fiel, meinte, daß es seiner Stadt
»wirtschaftlich nicht schlechter geht als damals, als wir Nummer drei
waren. Ich weiß nicht, wie diese Zahlen zustande kamen.«[12] Die Bürgermeister einiger schlechtbewerteter Städte nahmen die Schelte gelassener auf
und wiesen ihre Agenturen an, schnell herauszufinden, wie die Bewertungen
verbessert werden können.

Was ist Streß?

Die Bewertungssysteme werden jährlich differenzierter. So bewertet die
Zero Population Growth Organization (ZPG) zum Beispiel die 192 stres-
sigsten Städte.
Nach der ZPG-Meinungsumfrage standen Gary, Chicago, Houston, Bal-

timore und Jersey City an der Spitze der stressigen Städte, während die Orte mit niedrigeren Einwohnerzahlen wie Cedar Rapids/Iowa, Madison/Wisconsin, Ann Arbor/Michigan, Lincoln/Nebraska und Fargo/North Dakota weit unten rangierten. Zu den Bewertungsfaktoren gehören Gewaltverbrechen, Ausbildung, Wasserversorgung, Kanalisation, Sondermüllbeseitigung, einzelne Wirtschaftsdaten, kommunale Wirtschaftsdaten, Änderungen der Bevölkerungszahlen, Luftverschmutzung und Geburtsraten.

Alle Aussagen in den Bewertungen und Umfragen sollten mit Vorsicht interpretiert werden. Wenn Sie kunstinteressiert sind oder sich für hochrangiges Baseball oder Football begeistern, ist Los Angeles für Sie vielleicht eine ruhigere Stadt als die streßfreiesten Städte, während ein Bewohner von Cedar Rapids vielleicht das ziemlich kunstfreie Umfeld seiner Stadt als Streßfaktor empfindet.

Quelle: Philip Franchine, »Chicago Near the Top of ›Most Stressful‹ List«, Chicago Sun Times, 20. Oktober 1988, S. 16.

Allerdings können sich extrem niedrige Bewertungen negativ auf die Wirtschaft eines Standortes auswirken. Nach dem *Money*-Magazin aus dem Jahr 1988 galt Benton Harbour/Michigan als die Stadt mit der schlechtesten Lebensqualität aus insgesamt über 300 Städten. Die Stadt hatte bereits eine große Produktionsstätte, die Whirlpool Corporation, verloren und war auf der Suche nach neuen Unternehmen, um die Arbeitsplatzverluste auszugleichen. Benton Harbour muß dringend neue Beschäftigungsmöglichkeiten schaffen; daß es im *Money*-Magazin so schlecht abschnitt, ist ein weiteres Hindernis im Versuch, die Stadt zu revitalisieren.

Ironischerweise produziert eine positive Bewertung manchmal negative Ergebnisse. Tausende von Menschen fühlten sich zu Städten wie Seattle, Santa Fe und San Diego hingezogen, nachdem diese in den Bewertungen als wundervolle Orte mit hoher Lebensqualität beschrieben wurden. Die Städte versuchten, den Verkehr und die Entwicklung zu kontrollieren und sogar Zuwanderer abzuwehren. Es mag zwar eine Ehre sein, zu den lebenswertesten Städten zu gehören, aber diese Ehre bringt vielleicht auch Menschenmengen, Verkehrsverstopfungen, steigende Kosten und jede Menge anderer Probleme mit sich. Die Grant-Thornton-Studie, nach der North Dakota als der beste Standort für Unternehmen bezeichnet wurde, gab den Staat beinahe der Lächerlichkeit preis: Sowohl die Methode als auch die Grundannahmen wurden von den Kritikern angegriffen, und North Dakota sah nur wenig von neuen Geschäften.

Es wäre töricht von den Standortkäufern, sich auf die Bewertungen zu sehr zu verlassen. Im allgemeinen sind die Standorte mit hoher Punktzahl relativ gut, und die Standorte mit geringer Punktzahl weisen relativ viele Mängel auf (aber selbst hier gibt es Ausnahmen). Der Käufer eines Standortes ist gut beraten, sich die einzelnen Bewertungskriterien, die schließlich zur Gesamtbewertung führen, genau anzusehen und seine eigenen Kriterien mit in die Waagschale zu werfen. Der Käufer sollte Literatur zu diesen Standorten studieren, mit Menschen, denen er vertraut, sprechen und die Topstandorte persönlich aufsuchen, um sich einen Eindruck aus erster Hand zu verschaffen.

Zusammenfassung

Es gibt vieles, was die Käufer von Standorten überlegen müssen. Bei der Verlegung eines Unternehmens an einen neuen Standort werden Familien entwurzelt, alten Kunden werden Unannehmlichkeiten bereitet, neue Beziehungen müssen aufgebaut werden. Die Kongreßveranstalter und Feriensuchenden müssen zwar keine Entscheidungen von solcher Tragweite treffen, doch auch sie opfern ihre wertvolle Zeit der Arbeit oder dem Vergnügen. Wegen des hohen Risikos versuchen die Käufer systematischer und rationaler an Prozesse heranzugehen, die traditionell ein Alles-oder nichts-Spiel sind. In den Kapiteln 8, 9, 10 und 11 sprechen wir spezifische Käuferstrategien im Bereich Tourismus, Unternehmensentwicklung, Export und Wohnortauswahl an.

Standortprüfung und strategische Marktplanung

4

Die wachsende Misere vieler Städte, Bundesstaaten und Regionen wird in Schlagzeilen wie beispielsweise den folgenden beleuchtet:

Nashville – ein besonders krasses Beispiel für den jammervollen Zustand vieler Städte

New York City bald am Ende

Philadelphia: Früher Vorzeigestadt, heute Schandfleck

»Die Stadt der Zukunft« macht angst, wenn damit Los Angeles gemeint ist

Washingtons hohe Kriminalität versetzt Besucher in Furcht und Schrecken

West Virginia, in Armut und Korruption versunken, kämpft gegen eine tiefe Depression

Harte Zeiten im Nordosten signalisieren die Haushaltsmisere der Nation

Woher das Elend aller dieser Städte? Sind sie die Opfer mächtiger globaler Kräfte? Oder von Veränderungen, die keine noch so aufwendige Planung hätte verhindern können? Oder haben sie es einfach versäumt, ihre Zukunft besser zu planen?

Die Wahrheit ist, daß die meisten kranken Standorte sowohl Opfer als auch Täter sind. Überall in der Welt finden terrestrische Veränderungen der Kernindustrien statt. Detroit zum Beispiel kann kaum etwas dagegen tun, wenn die Automobilhersteller Standorte wie Tennessee, Kentucky oder Mexiko bevorzugen; wenn Detroit es allerdings versäumt, gleichzeitig für den Zuzug anderer Branchen zu sorgen, ist es, zumindest teilweise, selbst für die Konsequenzen verantwortlich.

Den meisten Standorten gelingt es nicht, Veränderungen vorauszusehen, und viele weigern sich schlichtweg, sie überhaupt zur Kenntnis zu nehmen. Sie treiben dahin, bis sie von einer enormen Krise gebeutelt werden, durch die sie Unternehmen, Einwohner und Touristen verlieren.

Erst dann werden von besorgten politischen und wirtschaftlichen Führern
hastig Kommissionen gebildet und mit der Rettung des Ortes beauftragt.
Betrachten wir den Fall Akron/Ohio:

In den Vereinigten Staaten war Akron über lange Zeit die Hauptstadt
der Gummiindustrie, in deren riesigen Fabriken Jahr für Jahr Millionen von Reifen produziert wurden. Heute ist die Gummiindustrie so
gut wie verschwunden. Goodyear, Goodrich, General Tire und Fire-
stone haben sich andere Standorte gesucht. Die Jobs der Fabrikarbeiter, die 1964 noch 46 Prozent der gesamten Arbeitsplätze in Akron
stellten, fielen im Jahr 1990 auf 23 Prozent. Der Stadtkern Akrons
besteht heute zum größten Teil aus leerstehenden Fabrikhallen und
verlassenen Geschäften.
Als die Talfahrt sich bemerkbar machte, drängten lokale Unternehmen die Regierung, die Steuern zu senken, doch die Politiker weiger-
ten sich, in die Wirtschaft einzugreifen. Als die Krise schließlich beide
Parteien zum Waffenstillstand zwang, wurde der Regionale Entwick-
lungsausschuß Akron gegründet. Zwar war es zu spät, die Reifenpro-
duzenten zurückzuholen, doch der Ausschuß richtete alle Bemühungen darauf, das Wachstum der Klein- und Mittelbetriebe zu fördern,
denn hier lag das eigentliche Expansionspotential. Zusätzlich arbeiteten die Entwicklungsplaner darauf hin, eine andere wichtige Branche,
die Polymerindustrie, aufzubauen. Wenn Akron erfolgreich sein will,
darf es nicht noch einmal den Fehler begehen, sein Wohlergehen und
seine Zukunft auf einen einzigen Industriesektor zu stützen. Die
Großstädte sind sich heute zunehmend der Gefahr von Monostruktu-
ren und der Vorteile der Diversifikation bewußt.

Überraschend ist, daß Kommunen wie Akron in der Regel mit einem
Apparat ausgestattet sind, der diese Probleme durchaus identifizieren und
auf sie reagieren könnte – eine Planungskommission, eine Wirtschaftsförderungsgesellschaft, eine Industrie- und Handelskammer oder alles zusammen –, doch am Elend vieler Standorte gemessen, arbeiten diese Organisationen entweder nicht so, wie sie sollten, oder die Kommunikation mit den
Stadtpolitikern über künftige Strategien und Pläne klappt nicht. Irgend
etwas fehlt.
Können Standorte ihre Zukunft besser prognostizieren und planen?
Dieses Kapitel geht den beiden folgenden Fragen nach:

1. Welche Planungsansätze werden der heutigen Standortentwicklung zugrunde gelegt?
2. Wie kann das Planungsergebnis durch strategische Marktplanung verbessert werden?

Fünf Ansätze zur Standortentwicklung

Es gibt fünf bewährte Ansätze zur Standortentwicklung: Kommunalentwicklung, Stadtgestaltung, Stadtplanung, Wirtschaftsförderung und strategische Marktplanung. Jeder Ansatz gründet sich auf eine eigene Philosophie und nähert sich seinem Ziel – lebendige Gemeinden zu schaffen und zu erhalten – auf unterschiedliche Weise. Wir können diese Ansätze eher verstehen, wenn wir sie am Beispiel einer kranken Stadt wie Detroit betrachten. Welche Lösung würde jeder dieser Ansätze für die Probleme der Stadt bieten?

Kommunalentwicklung

Die Kommunalentwicklung zielt darauf, für die Menschen, die in ihrer Gemeinde leben und arbeiten, ein lebenswertes Umfeld zu schaffen. Schwerpunkt ist das Schulsystem, funktionierende Stadtviertel, Erhöhung der öffentlichen Sicherheit und adäquate medizinische Versorgung und die Rolle, die starke kommunale Institutionen für die Qualität eines Ortes spielen. Die Idee der Kommunalentwicklung konzentrierte sich zunächst eher auf Bürgerbeteiligung und -mitsprache innerhalb der Stadtviertel als auf den städtischen Gesamtrahmen, entwickelte sich dann aber zu einem wegweisenden Konzept, das sich auf die gesamte Stadtentwicklung erstreckte.

Die Befürworter dieses Ansatzes würden Detroit empfehlen, in den einzelnen Stadtvierteln stärkere Organisationen aufzubauen und seine begrenzten Ressourcen in die Verbesserung der essentiellen Dienstleistungen zu investieren.[1] Die wichtigsten Infrastrukturelemente – Erziehung und Ausbildung, Gesundheit, öffentliche Sicherheit, Wohnungsbau und Transport – müßten verbessert werden, damit die Bürger mit ihrem Viertel und ihrer Stadt zufrieden sind. Wenn es Detroit gelänge, mehr Lebensqualität und Lebensfähigkeit zu entwickeln, würde es für neue Unternehmen attraktiver, gleichzeitig erhöhten sich die Chancen, die bestehenden Unterneh-

men zu erhalten. Die Lebensqualität einer Gemeinde spielt im Standortwettbewerb eine immer größere Rolle.

Andererseits reicht die Kommunalentwicklung nicht aus, um die
Attraktivität und Lebensqualität eines Standortes zu verbessern. Erstens
fehlen unter Umständen die für Investitionen notwendigen Ressourcen,
zweitens würde es Rivalitäten zwischen den einzelnen Stadtvierteln und
Organisationen darüber geben, wem die Mittel zur Stadterneuerung zuste-
hen. Drittens leidet dieser Ansatz daran, daß *von innen nach außen* statt *von
außen nach innen* gedacht wird; das heißt, die Turbulenzen im Kontext der
entstehenden Weltwirtschaft werden völlig außer acht gelassen. Es fehlt der
systematische Versuch, herauszufinden, wie die Gemeinde erfolgreich im
metropolitanen, regionalen, nationalen oder selbst globalen Gefüge bestehen kann. Die Philosophie der Kommunalentwicklung unterstellt, daß,
wenn nur der Standort ein »gutes Produkt« ist, die Menschen ganz selbstverständlich auch dort leben wollen, und begeht damit den im Marketing als
»Mausefallen-Irrtum« bezeichneten Fehler – die Annahme, daß, wenn man
eine bessere Mausefalle herstellt, diese auch sofort gekauft wird.

Stadtgestaltung

Die Experten der Stadtgestaltung sind sich mit den Kommunalent-
wicklern darin einig, daß die Lebensqualität eines Ortes Priorität hat, doch
legen sie mehr Wert auf die gestalterischen Qualitäten eines Ortes – Architektur, freie Flächen, Straßengestaltung, Verkehrsfluß, Sauberkeit und Umweltfreundlichkeit – als auf seine kommunalen Institutionen und Menschen. Der Gedanke ist hierbei, daß Einstellungen und Verhalten stark vom
physikalischen Umfeld abhängen und eine Verbesserung des Umfelds positive Einstellungs- und Verhaltensänderungen nach sich zieht.

Das Betätigungsfeld der Stadtdesigner sind insbesondere kleinere
Städte und Gemeinden, deren Straßen und Bauten bisher vernachlässigt
wurden und für die deshalb ein »Facelifting« angesagt ist; also werden
Stadtdesigner eingeladen, um das Gesicht der Stadt zu verschönern. Einige
Stadtdesigner gehen über das schlichte Aufpolieren des Stadtbildes hinaus
und wollen den Charakter einer Stadt auf der Grundlage spezifischer Themen prägen. Zu den beliebten Themen gehören die »Schweizer-Chalet«-
Stadt (Vail/Colorado), die »Frontier-Cowboy«-Stadt (Aspen/Colorado) oder
die »amerikanische Kleinstadt« (St. Charles/Illinois).

In jüngerer Zeit werden auch umweltpolitische Aspekte in die Planung mit einbezogen. Beispielsweise indem die ökologischen Folgen größerer Bevölkerungsdichte und vermehrten Hochhausbaus auf den Verkehr, die Parksituation, die Luftsauberkeit usw. bei der Planung berücksichtigt werden. Auch dies – die Betonung der Ästhetik und der Lebensqualität – ist eine natürliche und positive Entwicklung.

In den siebziger Jahren waren die Stadtdesigner auch an der Innenstadtsanierung Detroits beteiligt. Es wurde ein aufwendiger Plan entworfen, dessen Herzstück der Bau eines – größtenteils von Henri Ford finanzierten – Renaissanceplatzes war. Doch schon in den ersten vier Jahren kostete das Projekt 140 Millionen Dollar; 1983 mußte es refinanziert werden.[2] Es hat niemals die Erwartungen erfüllt, die man in es gesetzt hatte, denn mangelnde politische Führung, drastische Etatkürzungen und eine nach wie vor unattraktive Umgebung schreckten viele Besucher und neue Unternehmen ab.

Durch die Stadtgestaltung kann zwar das räumliche-bauliche Umfeld eines Standorts verbessert werden, doch ebenso wie bei der Kommunalentwicklung müssen zu viele Hürden überwunden werden. Den Gemeinden fehlen vielleicht die Ressourcen, die für ein gründliches Facelifting erforderlich sind; oder es kann keine Einigkeit darüber erzielt werden, wie gutes Stadtdesign auszusehen hat und wie die Mittel verwendet werden sollen. Und auch die Stadtdesigner tendieren zu einer Innen-nach-außen-Perspektive: Ihre Arbeit zielt darauf, eine Stadt lebenswerter und attraktiver zu gestalten, aber sie versäumen dabei, in größeren Zusammenhängen zu denken, die für das wirtschaftliche Überleben unabdingbar sind.

Stadtplanung

In den meisten Städten gibt es ein Referat für Stadtplanung – meist Stadtplanungskommission genannt –, die sich mit Fragen der Bodennutzung, Raumaufteilung, Bevölkerungsdichte und Verkehrskontrolle befaßt. Die Aufgabe der Stadtplanung ist es, die Vielzahl der von Regierungsinstitutionen und Projektplanern vorgeschlagenen Projekte auszuwerten. Nehmen wir an, Detroit muß zu einem gegebenen Zeitpunkt über die Modernisierung des Flughafens, den Bau eines zusätzlichen Kuppelstadions, der Verbreiterung der wichtigsten Stadtautobahn und den Bau eines neuen Rathauses entscheiden. Nehmen wir weiterhin an, der Etat für die Finanzierung dieser Projekte reiche nicht aus. Die Stadtplanungskommission würde nun eine Kosten-Nutzen-Analyse der konkurrierenden Projekte erarbeiten und unter

Berücksichtigung des beschränkten Budgets die sinnvollsten Investitionen empfehlen.

Viele Stadtplanungskommissionen überprüfen nicht nur die einge-reichten Vorschläge, sondern initiieren ihrerseits Projekte und Empfehlun-gen. Vielleicht übernehmen sie die Aufgabe, die wirtschaftlichen Grundla-gen der Kommune zu bewerten, und arbeiten Empfehlungen aus, welche Branchen für sie interessant sein könnten. Vielleicht schlagen sie einen Langzeitplan zur Verbesserung der Infrastruktur und Erhöhung der Attrak-tivität der Stadt vor. In der Regel ist die Stadtplanungskommission jedoch meist voll und ganz mit der Analyse immer neuer Vorschläge beschäftigt und damit, das »öffentlichen Interesse« zu schützen.

Wirtschaftsentwicklung

Die Begriffe Wachstum und Entwicklung werden oft austauschbar verwendet. Das Wirtschaftswachstum bezieht sich auf die Produktionszu-nahme, das heißt Zunahme an Arbeitsplätzen und Menschen und die damit zusammenhängenden Folgen wie Verkehrsdichte und Umweltverschmut-zung. Demgegenüber setzt die wirtschaftliche Entwicklung nicht nur auf Produktionszunahme, sondern auch auf Produktdifferenzierung – neue In-dustrien, produktivere Ressoucenverwendung und höhere Innovationsbe-reitschaft. Houston ist ein gutes Beispiel dafür: In den siebziger Jahren erlebte es wegen des Booms im Energiesektor ein beträchtliches wirtschaft-liches Wachstum, in den achtzigern dagegen lag der Schwerpunkt auf der wirtschaftlichen Entwicklung aufgrund von Diversifikation und dem Zuzug neuer Unternehmen.

Die Wirtschaftsentwicklung konzentriert sich vor allem darauf, die Wettbewerbsfähigkeit der Standorte zu verbessern, indem Stärken und Schwächen analysiert, Chancen und Bedrohungen identifiziert werden. Aufgabe der Wirtschaftsentwicklungsexperten ist es, herauszufinden, wie die lokale Wirtschaft am besten im sich ändernden regionalen, nationalen und globalen Umfeld agieren kann – in dem Wissen, daß das Überleben eines Standorts vom Export abhängt. Standorte brauchen eine Kernindu-strie und entsprechende unterstützende Branchen, damit die importierten Waren und Dienstleistungen bezahlt werden können.

In vielen Städten gibt es neben den Stadt- und Kommunalplanern, die sich hauptsächlich mit Infrastrukturfragen befassen, eigene Wirtschafts-entwicklungsinstitutionen. Als Beispiel seien hier die Economic Development Commission von San Antonio, die Industrial Development Corporation in Philadelphia und die Planned Industrial Expansion Authority in St. Louis genannt. Häufig arbeiten diese Institutionen mit externen Beratern, die sich auf städtische Wirtschaftsentwicklung spezialisiert haben. Zum Beispiel engagierte Mesa/Arizona das Unternehmen PHH Fantus, das an der strategischen Planung zur Wirtschaftsförderung mitarbeiten sollte. Die Gadsden-Etowah County Memorial Industrial Development Authority in Alabama engagierte das Battelle Memorial Institute, Wichita/Kansas das Stanford Research Institute, Miami Arthur Andersen & Co. und Cleveland Ohio McKinsey & Co.[3]

Die führenden Beraterfirmen für Wirtschaftsentwicklung arbeiten teilweise mit unterschiedliche Ansätzen. PHH Fantus und Battelle identifizieren zum Beispiel die für eine Stadt günstigsten Industriebranchen; sie erarbeiten Empfehlungen zur Verbesserung der Infrastruktur und der industriellen Zonierung und helfen bei der Planung spezifischer Marketingprogramme, zur Anwerbung der Zielindustrien.

Das Stanford Research Institute sieht die Aufgaben der Wirtschaftsentwicklung breiter gesteckt. Nach seiner Definition ist »Wirtschaftsentwicklung der Prozeß, der einer Kommune hilft, ihr Wachstums- und Entwicklungspotential zu verbessern – ökonomisch, gesellschaftlich, kulturell, im Ausbildungssektor.«[4] Dieser Denkansatz verbindet die Kommunalentwicklung mit der Wirtschaftsentwicklung. Er fußt darauf, daß die Attraktivität eines Standorts von vier kommunalen Faktoren (Lebensqualität, positives Image und Marketing, Wirtschaftsentwicklungskapazität und Infrastruktur) und drei Faktoren der wirtschaftlichen Infrastruktur abhängt (verfügbare Technologien; qualifizierte, lernwillige und motivierte Menschen und vorhandenes Kapital).[5]

Arthur Andersen & Company wählte für seine Tätigkeit in Miami einen Graswurzel-Ansatz: Zur Erarbeitung des Strategieplans gründeten sie ein Lenkungskomitee, das sich aus fünfzig Bewohnern Miamis und acht Arbeitsgruppen (mit etwa 450 Leuten) zusammensetzte; auf diese Weise konnte die starke Unterstützung seitens der Kommune sichergestellt werden.

McKinsey schließlich stellte in seiner Cleveland-Studie dar, wie Clevelands Wettbewerbsposition gegenüber vier Mitbewerbern verbessert werden könnte, und entwickelte ein Marketingprogramm, das stark auf das nationale Image setzte.

Entscheidend ist hier, daß zur Stadterneuerung und -verbesserung verschiedene Ansätze möglich sind, die sich im Umfang, im Ansatz, im

Ergebnis und in der Reaktion, die sie auslösen, unterscheiden. Wir behaupten weiterhin, daß ein umfassender Ansatz die Perspektiven der Kommunalentwicklung, der Stadtgestaltung, der Stadtplanung und die städtische Wirtschaftsentwicklung integrieren kann.

Allen diesen Ansätzen liegt die Vorstellung zugrunde, daß Standorte, wenn sie Erfolg haben wollen, nach wirtschaftlichen Kriterien operieren müssen, denn sie konkurrieren um Ressourcen. Sie müssen die dynamischen globalen Kräfte erkennen, denen ihre ansässigen Industrien ausgesetzt sind. Sie müssen verstehen, daß sie mit anderen Standorten um Touristen, Kongresse, gebildete Bürger, Fabriken, Unternehmenssitze und Firmengründungen im Wettbewerb stehen. Sie müssen marktbewußt sein und marktorientiert. Die Infrastruktur, die Industriebranchen, die Sehenswürdigkeiten und die Qualifikationen der Menschen, die sie heute fördern, werden morgen ihre Marktposition beeinflussen. Wenn sie die falschen Industrien wählen, wenn sie auf das falsche Pferd setzen, katapultieren sie sich in dieselbe Position wie die Firmen, die die falschen Produkte produzieren; das heißt, sie stürzen ab.

Um unternehmerisch zu denken, muß ein Standort eine Planungsmethodik entwickeln und realisieren. Die Planung darf nicht das Ergebnis harter Zeiten sein, sondern soll harten Zeiten vorbeugen.

Strategische Marktplanung

Die strategische Marktplanung für Standorte hat drei Phasen durchlaufen (siehe Abbildung 4.1). Die erste Phase bestand überwiegend aus der Jagd nach Schornsteinindustrien; sie nahm ihren Anfang in den dreißiger Jahren, als die Südstaaten mit aggressiven Methoden versuchten, Unternehmen, Produktionsstätten und Investitionen vom Norden anzulocken, indem sie mit ihrem »besseren Unternehmensklima« warben. Sie nutzten die Vorteile der kostengünstigsten Produktion – billige Arbeitskräfte und billiges Land, niedrige Steuern und öffentliche Finanzierung –, um neue Firmen und Investitionen anzulocken.

In den nächsten vier Jahrzehnten änderten sich die Zielsetzungen, Methoden, Motive und Marketingbotschaften, mit dem Standorte um die Ansiedlung von Unternehmen konkurrierten, kaum. Die Prämisse war, daß der Käufermarkt von den Veränderungen außerhalb der Vereinigten Staaten weitgehend unberührt blieb. Die Aufgabe eines Standorts war es, die Käufer zu erreichen, den Bedarf zu identifizieren, ein paar Anreize in einen wettbewerbsfähiges Paket zu verpacken und dann den Verkauf zu realisieren. Kein Wunder also, daß die von rivalisierenden Standorten angebotenen Anreize in ein kaum noch kontrollierbares Wettrüsten ausarteten, als das Tempo des Witschaftswachstums sich in den siebziger Jahren verlangsamte und die Arbeitslosigkeit stieg.

Die zweite Phase, das Zielmarketing, spielte sich in den siebziger und achtziger Jahren ab. Statt ein einziges Ziel – die Unternehmensanwerbung – zu verfolgen, gab es nun eine ganze Palette von Zielsetzungen: den Erhalt bestehender Unternehmen, Unternehmensgründungen, Tourismus, Exportförderung und Auslandsinvestitionen. Aufgrund der wirtschaftlichen Veränderungen und verschärfter Wettbewerbsbedingungen wechselten die Standorte vom vorherigen Alles-oder-nichts-Ansatz zu elaborierteren Strategien, die auf Wettbewerbsanalyse und Marktpositionierung gründeten. Nun wurden Märkte und Käufer segmentiert und Produkte und Dienstleistungen auf der Basis von Forschung und Analyse auf bestimmte Zielgruppen ausgerichtet. Von der Vermarktung diffuser Produkte (den Anreizen) gingen die Standortanbieter zum *spezialisierten Marketing* über, das spezifische Produkte auf spezifische Kundenbedürfnisse und Kundenwünsche zuschnitt. Der Erhalt und Ausbau der Binnenmärkte wurde nun mehr ins Zentrum gerückt: die ansässigen Betriebe, Branchen, Unternehmer, neue Produkte und gemeinsame Ressourcen (Universitäten, Forschungsinstitute, Finanzinstitute usw.).

Im neuen Jahrzehnt, in den neunziger Jahren, geht die Richtung hin zu *Produktentwicklung* und *wettbewerbsfähigen Marktnischen*. Die Standorte versuchen, sich als eigene unverwechselbare Standorte zu definieren, die ihren Zielbranchen spezifische Wettbewerbsvorteile bieten. Sie entwikkeln diejenigen Nischenprodukte und Dienstleistungen, die zur Wertschöpfung ihrer Zielkunden beitragen. Sie investieren in ein diversifiziertes Branchenportefeuille, während gleichzeitig Cluster verwandter Unternehmen beworben werden. Sie fördern und qualifizieren ihr Humankapital, damit ihre Bürger sich in einer hochtechnisierten Informationsgesellschaft behaupten lernen. Und sie investieren in eine gutfunktionierende Infrastruktur, um die Lebensqualität zu verbessern.

Die genannten Entwicklungsstufen schließen sich nicht nur gegenseitig nicht aus, sondern spiegeln das Wachstum, die Entwicklung und Komplexität des Standortwettbewerbs in einer sich ändernden Weltwirtschaft wider. Die Aktivitäten einer Stadt zur Wirtschaftsentwicklung sind heute aufgrund des Wettbewerbs von außen und des politischen Drucks von innen zunehmend markt- und wirtschaftsorientiert. Angesichts abnehmen-

Abbildung 4.1
Drei Generationen der Wirtschaftsentwicklung

	Zielsetzung	Methode	Marketingbegründung
1. Generation (»Schornsteinära«)	Fabrikjobs	Anwerbung von Fabriken aus anderen Regionen	Niedrige Betriebskosten, staatliche Subventionen
2. Generation (Zielmarketing)	Zuwachs an Arbeitsplätzen in der Industrie und dem Dienstleistungssektor	Anwerbung von Fabriken aus anderen Regionen	wettbewerbsfähige Betriebskosten
		Erhalt und Expansion bestehender Unternehmen	Eignung der Kommune für Zielindustrien
		Infrastrukturverbesserung	Lebensqualität (Betonung auf Erholung und Klima)
		verbesserte berufliche Bildung	
		öffentliche/ private Partnerschaften	

	Zielsetzung	Methode	Marketingbegründung
3. Generation (Produktentwicklung)	Die Kommune auf die Arbeitsplätze der neunziger Jahre und darüber hinaus vorbereiten	Erhalt und Expansion bestehender Unternehmen	Vorbereitung auf Wachstum in der künftigen Weltwirtschaft
		Förderung von Investitionen und Unternehmertum	wettbewerbsfähige Betriebskosten
	Weiterhin Zunahme qualifizierter Jobs in der Industrie und dem Dienstleistungssektor	selektive Rekrutierung von Produktionsstätten	Entwicklung von Humankapital, das den künftigen Veränderungen gewachsen ist
		Ausbau öffentlicher/privater Partnerschaften	Lebensqualität (Betonung auf kultureller und geistiger Entwicklung)
		technologische Entwicklung	
		Verbessertes Bildungs/Ausbildungssystem	

Quelle: John T. Bailey, *Marketing Cities in the 1980s and Beyond* (Chicago, American Economic Development Council, 1989), S. 42. Mit Erlaubnis des American Economic Development Council

ECON
GRAFIK

der finanzieller Ressourcen und zunehmender Kritik an der Steuerpolitik wächst der Widerstand der Steuerzahler gegen übertriebene Steueranreizpakete, mit denen ein einziges Unternehmen angeworben oder erhalten werden soll. Die Beteuerungen der Politiker, die Vorteile eines Incentivepakets überstiegen in jedem Falle dessen Kosten und sie selbst seien in der Lage, die wirtschaftlichen Kräfte zu beeinflussen und die Abwanderung von Unternehmen aufzuhalten, stoßen in der Öffentlichkeit auf immer größerer Skepsis.

Der öffentliche Widerstand geht mit dem Marktwiderstand einher. Die traditionellen, auf Finanzierungshilfen aufgebauten Programme zur Unternehmensrekrutierung der siebziger Jahre erwiesen sich als unfähig, die verlorengegangenen Arbeitsplätze und Firmen zu ersetzen. Teilweise schufen die Strategien zum Erhalt ansässiger Unternehmen ihre eigene Dynamik des Anreizwettbewerbs, die auf den Erhalt älterer und häufig weniger konkurrenzfähiger Firmen abzielte. Diese oftmals unproduktive Strategie ging zu Lasten alternativer Investitionen, die der Bevölkerung vielleicht mehr genützt und die vielleicht mehr zur Sicherung einer dauerhaften Wettbewerfsfähigkeit beigetragen hätten.

In den siebziger Jahren wurde die Wirtschaftsentwicklung eine eigenständige politische und lokale Aufgabe. Die Standortentwicklung wurde nun nicht mehr als politische Enklave betrachtet, die für die staatliche Innenpolitik reserviert war, noch als Aktivität, die sich auf den öffentlichen Sektor beschränkte. Wirtschaftsentwicklung wurde etwas, das alle angeht – alle Regierungsebenen, alle Branchen und alle Organisationsformen von der nationalen/internationalen Ebene bis lokalen/städtischen Ebene. Als sich die Aufgaben von der Bundesregierung auf die bundesstaatlichen/lokalen Regierungen und die Ressourcen zur Unterstützung der Standortentwicklung vom öffentlichen auf den privaten Sektor verlagert wurden, begannen die Standorte, ihre eigenen dezentralisierten Projekte zur Befriedigung ihrer Bedürfnisse zu initiieren. Im Zug der Kürzung der Ressourcen durch die Bundesregierung und der Verschiebung der Projektverantwortlichkeiten im Regierungssystem nach unten konzentrierten sich die Standorte wieder auf ihre eigenen internen Ressourcen und Institutionen, um ihre Wettbewerbsposition zu stärken.

In diesem dynamischen Prozeß gewann das Standort-Marketing als vielversprechender Integrationsprozeß, der die potentiellen Wettbewerbsvorteile eines Standortes mit den übergeordneten Zielen der Wirtschaftsentwicklung verbindet, an Bedeutung.

Der Prozeß
der strategischen Marktplanung

Standorte müssen heute das praktizieren, was in Unternehmen schon seit Jahren üblich ist, nämlich *strategische Marktplanung*. Damit ist nicht die *Etatplanung* gemeint – die Prognose der erwarteten jährlichen Einnahmen und Ausgaben, mit dem Ziel, ein ungefähres Gleichgewicht zu erreichen. Noch ist *Projektplanung* gemeint, die zum Beispiel den Bau eines neuen Stadions, einer Autobahn oder einer Kläranlage vorsieht. Wir meinen nicht die kurzfristige Planung, mit der über Finanzierungen, Steuern und Investitionen für das nächste oder übernächste Jahr entschieden wird. Und wir meinen nicht die längerfristige Planung, die daraus besteht, die zukünftige Bevölkerung und die Ressourcen einer Stadt hochzurechnen und die Infrastruktur entsprechend auszubauen, wie man das in der Investitionsplanung findet.

Strategische Marktplanung basiert zunächst auf der Annahme, daß die Zukunft weitgehend unsicher ist. Die Herausforderung für eine Kommune besteht darin, sich selbst als ein funktionierendes System zu planen, das Schocks verkraftet und sich schnell und effizient neuen Entwicklungen und Möglichkeiten anpassen kann. Sie muß Informations-, Planungs- und Kontrollsysteme erarbeiten, mit denen Veränderungen des Umfelds beobachtet und konstruktive Antworten auf neue Chancen und Risiken gefunden werden können. Das Ziel ist, Pläne und Aktionen zu entwickeln, die die Zielsetzungen und Ressourcen eines Standortes mit den sich wandelnden Möglichkeiten in Einklang bringen. Anhand des strategischen Planungsprozesses entscheidet ein Standort, welche Industrien, Dienstleistungen und Märkte gefördert werden sollen, welche aufrechterhalten und welche an Bedeutung verlieren oder gar aufgegeben werden sollen.

Schon an dieser Stelle geben wir zu, daß strategische Marktplanung für eine Kommune schwieriger ist als für ein einzelnes Unternehmen. Unternehmen verfügen in der Regel über klar gegliederte Autoritätsstrukturen und Hierarchien, sie erstellen eine Jahresbilanz und eine Gewinn-und-Verlust-Rechnung, anhand deren der Jahreserfolg gemessen werden kann. Die Gemeinden sind dagegen chronische Schlachtfelder, auf denen unterschiedliche Interessengruppen um die Macht kämpfen und ihre miteinander konkurrierenden Ziele und Strategien durchsetzen wollen. Während die Privatwirtschaft die Gewinnerzielung als gemeinsames Ziel anstrebt, läuft die kommunale Wirtschaftsentwicklung Gefahr, durch unterschiedliche Interessengruppierungen, Wahlkampagnen und die Zufälligkeiten der Wahlurnen verwässert zu werden. Wenn Konflikte nicht durch institutionelle Vereinbarungen bereinigt werden können und es an Führungskraft mangelt, ist das Scheitern oder die Stagnation einer Kommune vorprogrammiert. Die strategische Marktplanung wird wahrscheinlich in stark gespaltenen Kommunen, die zum Konsens nicht fähig sind, nicht funktionieren. Doch wir sind überzeugt, daß der Prozeß der strategischen Planung in all den Kommunen erfolgreich ist, in denen Institutionen und Verfahren existieren, um Entscheidungen über die Zukunft des Standorts zu treffen.

Strategische Marktplanung kann auf verschiedene Weise durchgeführt werden: Eine einzelne Regierungsabteilung kann strategische Planungsfunktionen wahrnehmen. Verschiedene staatliche Organisationen können sich zusammentun, ihre Ressourcen poolen, Aufgaben verteilen und einen gemeinsamen Strategieplan aufstellen. Öffentlich-private Komitees und Kommissionen können gebildet werden, um Planungsaufgaben zu realisieren. Und immer mehr wird die Verantwortung für strategische Planung unter öffentlicher Kontrolle an private Organisationen delegiert.

Unabhängig jedoch von den jeweiligen organisatorischen Strukturen durchläuft der Prozeß der strategischen Marktplanung fünf Phasen, um die folgenden Fragen beantworten zu können:

1. *Standortprüfung*: Wo steht die Kommune heute? Was sind ihre größten Stärken und Schwächen, ihre Chancen und Bedrohungen, ihre wichtigsten Fragestellungen?
2. *Visionen und Ziele*: Was erwartet die Bevölkerung von ihrer Gemeinde?
3. *Formulierung der Strategie*: Welche breiten Strategien helfen der Kommune, ihre Ziele zu erreichen?
4. *Aktionsplan*: Welche spezifischen Aktionen muß die Kommune in Angriff nehmen, um die Strategien umzusetzen?
5. *Implementierung und Kontrolle*: Was muß eine Kommune tun, um die erfolgreiche Realisierung sicherzustellen?

Die folgende Diskussion beschreibt die wichtigsten Konzepte und Instrumente, die in jeder dieser Phasen des strategischen Planungsprozesses eingesetzt werden.

Die Standortprüfung

Zunächst muß die Gruppe, die den zukünftigen Kurs einer Gemeinde steuern will, eine sorgfältige Analyse der gegenwärtigen Situation und ihrer Hintergründe erarbeiten. Das Werkzeug dafür ist die Standortprüfung – eine systematische Untersuchung der ökonomischen und demographischen Besonderheiten eines Standortes, die Unterteilung dieser Besonderheiten in Stärken und Schwächen und der Versuch, diese mit Chancen und Bedrohungen in Beziehung zu setzen. Auf dieser Grundlage kann dann eine potentiell attraktive Zukunft für den Standort geplant werden.

Untersuchung der ökonomischen und demographischen Besonderheiten

Als erstes werden ausführliche Informationen über ökonomische und demographische Daten des Standortes erstellt. Dazu gehören die Bevölkerungsdichte und ihre Zusammensetzung nach Geschlecht, Alter, Rasse und Ausbildung, der Wohnungsmarkt, die Branchen- und Arbeitsmarktstruktur, die medizinische Versorgung, die natürlichen Ressourcen, öffentliche Verkehrsmittel, öffentliche Sicherheit und Kriminalitätsstatistik, Ausbildungs- und Forschungsinstitute, Freizeit- und kulturelle Einrichtungen. Diese Informationen werden dokumentiert und dienen den jeweiligen Marketingfachleuten dazu, die künftigen Zielmärkte und -gruppen des Standortes zu identifizieren. Anhand dieser Daten können die folgenden Fragen beantwortet werden: »Welche besondere Lebensqualität hat der Ort, wenn es gilt, neue Bewohner anzuwerben? Welche Sehenswürdigkeiten hat der Ort, wenn es gilt, Touristen anzuwerben? Welche Investitionsmöglichkeiten bietet der Ort, wenn es gilt, Unternehmen und Investitionen anzuziehen?«

Analyse der wichtigsten Mitbewerber

Die Analyse der Wettbewerbsvorteile darf sich nicht lediglich auf die Stärken oder auf die Aufzählung der Vorteile beschränken, die der Standort einer bestimmten Branche vielleicht zu bieten hat. Es müssen zudem die rivalisierenden Standorte genau identifiziert werden. Zum Beispiel konkurrieren die Zwillingsstädte Minneapolis und St. Paul häufig um dieselben Unternehmen; New York City konkurriert mit dem nahegelegenen New

Jersey und Connecticut um die Ansiedlung von Unternehmensniederlassungen, Florida und Kalifornien um Touristen und Einwohner, denen an einem milden Klima gelegen ist.

Es gilt, die wichtigsten Rivalen in jedem einzelnen Wettbewerbsfeld herauszufinden; bei der Veranstaltung großer Kongresse steht Chicago beispielsweise traditionell mit New York und Las Vegas im Wettbewerb, neuerdings auch mit Orlando, Atlanta und Denver. Seine Hauptkonkurrenten im europäischen Tourismusgeschäft sind New York City, Los Angeles, Las Vegas, Miami, New Orleans und San Francisco. Bei der Ansiedlung regionaler Unternehmenszentralen konkurriert es mit Orten vor seiner eigenen Haustür: Columbus, Minneapolis, Kansas City und Indianapolis.

Generell kann man drei Wettbewerbskategorien definieren: der Überlegene, der im Wettbewerb mit einer bestimmten Kommune meist als Gewinner hervorgeht, der Wettbewerbsgenosse, der ungefähr in der Hälfte aller Fälle siegt, der Unterlegene, der meist verliert. Das Kernproblem liegt nun darin, die eigene Konkurrenzfähigkeit gegenüber den Wettbewerbsgenossen zu verbessern und auf lange Sicht den überlegenen Mitbewerber einzuholen.

Die Herausforderung besteht darin, zu erfahren, wie die einzelnen Zielkäufer ihre Entscheidungen treffen. Welche Kriterien wendet die Zielgruppe an, wie gewichtet sie diese Kriterien, wie beurteilt sie die Leistungsstärke der Mitbewerber? Mit diesem Wissen können die Marketingprofis versuchen, die Kriterien, deren Gewichtung oder die Vorstellung, die der Käufer vom eigenen Standort und den Standortkonkurrenten hat, zu beeinflussen.

Analyse der wichtigsten Trends und Entwicklungen

Sich auf die Zukunft vorzubereiten heißt auch, die Trends und Entwicklungen zu erkennen, die für die Zukunft des Standorts wahrscheinlich eine Rolle spielen werden. Insbesondere müssen folgende Entwicklungen berücksichtigt werden:

- Die Standorte werden künftig weniger finanzielle Mittel aus staatlichen und nationalen Quellen erhalten und müssen daher die grundlegenden Dienstleistungen verstärkt aus eigener Tasche bezahlen.
- Umweltfragen und -bestimmungen werden eine immer größere Rolle spielen; das heißt, bestehende Einrichtungen müssen besser

genutzt und öffentliche Einrichtungen und Investitionen dem natürlichen Umfeld angepaßt werden; mehr Kreativität wird erforderlich sein, um den Bedürfnissen der Bürger gerecht zu werden.

- Standorte unterliegen stärker als je zuvor globalen Entwicklungen und Veränderungen, die genauestens verfolgt und deren Auswirkungen vorweggenommen werden müssen.
- Standorte, die einerseits mit normalen Steuererhöhungen zur Sicherstellung der öffentlichen Versorgung und andererseits mit Servicerückgang aufgrund steuerresistenter Wähler konfrontiert sind, haben keine andere Wahl, als mit weniger Mitteln mehr zu leisten; das heißt, die Bereitstellung von Dienstleistungen erfordert neue und produktivere Strategien.

Diese und andere Makroentwicklungen müssen analysiert, ihre Auswirkungen berechnet und entsprechende Maßnahmen initiiert werden.

Analyse der Schwächen und Stärken eines Standortes

Es ist eine Sache, die Eigenschaften eines Standortes zu katalogisieren; eine andere ist es, seine wichtigsten Stärken und Schwächen, Chancen und Bedrohungen zu ermitteln (die sogenannte SWOT-Analyse). Es gilt, vom Standortprofil zur Standortanalyse zu gelangen. Als zum Beispiel Cincinnati die Beratungsfirma Sherry Kafka Wagner engagierte, schloß der Bericht über die Marketingprüfung mit dem Kommentar ab: »Sie (Cincinnati) haben Lücken, und ein hübsches Mädchen mit Zahnlücken sieht nicht so aus, wie es aussehen sollte.«

Ein Standort muß identifizieren, welche seiner Merkmale eine große Stärke, eine kleine Stärke, einen neutralen Faktor, eine kleine Schwäche oder eine große Schwäche in bezug auf die Käufererwartungen darstellen. Die Wettbewerbsposition eines Standortes wird von zwei Grundbedingungen geprägt: externen Kräften, die kaum beeinflußt werden können, und lokalen Merkmalen, auf die durch geeignete Maßnahmen eingewirkt werden kann. Die Analyse dieser beiden Faktoren zwingt die Standorte, ihre Zukunftsaussichten realistischer zu betrachten:

Eine Untersuchung über die Einstellung amerikanischer Bürger gegenüber Indien als Urlaubsziel kam zu dem Ergebnis, daß die Armut, die hygienischen Bedingungen, die politische Instabilität und die

Abbildung 4.2
Detroits Stärken und Schwächen

	ausge-prägte Stärke	mäßig stark	neutral	mäßig schwach	ausge-prägte Schwäche
Klima				X	
Lebenskosten					X
Gesundheit/ Umwelt			X		
Kriminalität					X
Transport				X	
Ausbildung	X				
Kunst		X			
Erholung		X			
Arbeit				X	

ECON GRAFIK

öffentlichen Transportmittel als Mängel angesehen wurden. Andererseits waren die Befragten von der Kultur, Geschichte und Exotik des Landes beeindruckt – alles Aspekte, die Indien für Besucher attraktiv machen. Kurzfristig hat Indien nur die Möglichkeit, seine Stärken zu betonen, auf lange Sicht aber muß es versuchen, seine Schwächen zu beheben.[6]

Betrachten wir das Beispiel Detroit. Abbildung 4.2 führt neun von Rand McNally im *Places Rated Almanac* im Jahr 1989 genannten Kriterien auf, zusammen mit der Position, die Detroit jeweils auf der Rangliste einnimmt. Dabei zeigen sich zwei entscheidende Schwachstellen: hohe Kriminalitätsquote und hohe Lebenskosten. Zu den Schwächen, die weniger ins Gewicht fallen, gehören zum Beispiel schlechtes Klima und Transportmittel. Nach den Kriterien des Almanach ist Detroits Ausbildungssystem der stärkste Punkt, seine kulturellen und Freizeiteinrichtungen zählen ebenfalls zu seinen – wenn auch weniger ausgeprägten – Stärken.

Beachten Sie, daß diese Analyse eine Makroeinschätzung von Detroits Stärken und Schwächen darstellt. Eine Mikroeinschätzung würde

Abbildung 4.3
Leistungsmatrix

		Leistung	
		niedrig	hoch
Gewichtung	hoch	A. muß verbessert werden	B. weiter so
	niedrig	C. geringe Priorität	D. möglicher Overkill

ECON
GRAFIK

bestimmte Stärken und Schwächen innerhalb größerer Kategorien aufzeigen. Das hieße zum Beispiel für den Kunstbereich, daß Detroit ein Kunstmuseum der Weltklasse besitzt, eine ausgezeichnete Oper und ein erstklassiges Theater. Die weitere Umgebung Detroits verfügt über einige herausragende Erholungsgebiete wie den Dearborn-Park, zwei große Zoos und ein ausgedehntes Küstengebiet. Eine besondere Schwachstelle ist dagegen der hohe Arbeitslosenanteil junger Schwarzer und der Mangel an neuen aktiven Unternehmensentwicklungen in seinem Kernbereich.

Natürlich sind nicht alle diese Attribute für die unterschiedlichen Zielgruppen gleichermaßen wichtig. Für jeden Zielmarkt müssen die passenden Attribute gefunden und ihrer Bedeutung nach gewichtet werden. Verbindet man die Leistungsbewertung mit den Gewichtungen, werden vier Möglichkeiten sichtbar (s. Abbildung 4.3). In die Kategorie A fallen wichtige Attribute, bei denen der Standort schlecht abschneidet und die entscheidend verbessert werden müssen, daher der Vermerk »muß verbessert werden«. In Kategorie B fallen Attribute, in denen der Standort bereits stark ist, daher »weiter so«. Kategorie C enthält unwesentliche Attribute, in denen der Standort schwach ist; diese Attribute sind daher von »geringer Priorität«. Kategorie D nennt die unwichtigen Attribute, in denen der Standort viel leistet; vielleicht mißt er ihnen jedoch zuviel Bedeutung bei, daher die Warnung »Overkill«.

Auch Stärken müssen sorgfältig interpretiert werden. Ein Standort verfügt vielleicht über eine ausgeprägte Stärke (das heißt eine *besondere Kompetenz*), die aber nicht zwangsläufig einen *Wettbewerbsvorteil* darstellt.

Erstens ist der Zielmarkt an diesem besonderen Merkmal unter Umständen nicht interessiert, zweitens, selbst wenn dies der Fall ist, schneidet die Konkurrenz hier vielleicht ebenso gut ab. In diesem Fall ist es wichtig, daß der Standort *eine größere relative Stärke* in einem für den Zielmarkt wichtigen Attribut besitzt. Wenn zum Beispiel zwei konkurrierende Städte jeweils den Vorteil niedriger Herstellungskosten besitzen, wird derjenige den Nettowettbewerbsvorteil genießen, der vergleichsweise billiger produzieren kann.

Selbstverständlich muß ein Standort nicht alle seine Schwächen korrigieren und nicht alle seine Stärken weiter ausbauen, denn einige Attribute sind unwichtig. Indessen muß ein Standort sich auf diejenigen Stärken und Schwächen konzentrieren, die am stärksten die Wahrnehmung und das Verhalten der Zielmärkte beeinflussen. Die daraus resultierende Analyse ist ein wichtiger Baustein im Zukunftsfundament einer Gemeinde. Das Fallbeispiel beschreibt, wie Chemainus/Kanada einen Plan zur Imageänderung realisierte.

Analyse der Chancen und Risiken eines Standortes

Als nächster Schritt müssen Chancen und Bedrohungen analysiert werden, die für das Schicksal eines Standorts eine Rolle spielen. Im Gegensatz zu den Stärken und Schwächen, die im Standort selbst begründet liegen, sind hier äußere Kräfte am Werk. Definitionsgemäß ist eine Chance die Bühne, auf welcher der Standort eine vergleichsweise gute Möglichkeit hat, einen Wettbewerbsvorteil zu erzielen.

Nehmen wir als Beispiel Hollywood/Kalifornien in den achtziger Jahren. Es gibt nur wenige Städte, die noch deprimierender sind. Zwar ein magischer Name, aber ein Spaziergang entlang dem Hollywood Boulevard, und alle Romantik ist dahin. Der bekannte »Walk of Fame«, die »Straße der Stars«, strahlt keinerlei Glanz mehr aus, viele Geschäfte stehen leer oder halten sich mit dem Verkauf billiger Souvenirs über Wasser. Die angrenzenden Wohngegenden sind kriminalisiert, Obdachlosigkeit das beherrschende Bild.

Seit fünf Jahren drängt die Hollywood Community Redevelopment Agency auf ein Sanierungsprogramm, das 1 Milliarde Dollar kosten soll und zum Ziel hat, den berühmten Hollywood Boulevard wieder salonfähig zu machen. Nach dem Projektplan sollen Theater wiederaufgebaut, Museen errichtet, der Wohnungsbau angekurbelt, die medizinische Versorgung gewährleistet und Umsiedlungspläne für ältere Bürger, Obdachlose und Aidskranke erarbeitet werden. Alles das hört sich phantastisch an.

Chemainus/Kanada findet eine Lösung

Chemainus liegt in der kanadischen Provinz British Columbia, im Osten von Vancouver Island. Sein Einkommen stammte hauptsächlich aus der Forstwirtschaft. Als es mit dieser Branche bergab ging und zudem eine neue Schnellstraße rund um die Stadt Verkehr abzog, begannen harte Zeiten: Läden mußten schließen, die Einkommensteuer konnte nicht mehr pünktlich aufgebracht werden, die Grundversorgung verschlechterte sich zusehends. Die Einwohner spürten den Verlust, der scheinbar unaufhaltsame Abstieg erzeugte Angst.

In dieser Krise entstand ein kühner Plan: Es wurde beschlossen, Chemainus als Touristenort zu positionieren, und zwar mit Hilfe von Zuschüssen und Krediten der Provinz British Columbia. Die Realisierung des Plans erforderte die Mitarbeit von Geschäftsleuten, die in neue Bürgersteige, Straßenerneuerungen und andere Verbesserungen investieren mußten, um die Stadt attraktiv zu machen. Kernstück des Plans war jedoch, Künstler zu engagieren, die nach alten Fotografien auf fünf riesigen Wandgemälden die historischen Stadtgebäude und die Geschichte der lokalen Holzindustrie darstellen sollten. Damit war das »Chemainus Festival der Wandgemälde« getauft. Es war ein rauschender Erfolg, in dessen Folge weitere Wandgemälde entstanden, so daß die Stadt heute insgesamt dreißig dieser Kunstwerke zeigen kann, die mittlerweile, nachdem für das neue Image geworben wurde, bereits von Hunderttausenden von Besuchern besichtigt wurden. Siebzig neue Geschäfte wurden eröffnet, und allmählich begann sich der Ort wieder zu stabilisieren. Zusätzlich zum Fremdenverkehr wurde in den Bau einer 21 Millionen Dollar schweren Sägemühle investiert, ein Film mit dem Titel »The Little Town that Did« wurde produziert und die Replica eines Schiffes aus dem Jahr 1924, »The Spirit of Chemainus«, gebaut und als Goodwill-Botschafter zur Expo nach Vancouver gesandt. Alles in allem funktionierten der Plan und die Zusammenarbeit in dieser Stadt so gut, daß andere Städte es ihr in ähnlichen Projekten gleichtun wollen.

Quelle: Karl Schutz, »Changing Chemainus' Image«, *Public Management*, Juni 1986, S. 9–11. Interview mit Maria Robinson, Leiterin des Art and Business Council of Chemainus, am 13. Januar 1992.

Doch von Anfang an hatte das Projekt eine ganze Anzahl rechtlicher Schlachten auszufechten. Ortsgruppen klagten gegen die Initiatoren, weil sie steigende Kosten für Hausbesitzer und den Verlust historischer Gebäude befürchteten; noch mehr Sorge bereitete ihnen die Vorstellung, daß große Immobilienfirmen die Struktur Hollywoods weiter zerstören könnten, so daß im Effekt die Wohlhabenden in Hochhäusern leben würden, die niedrigen und mittleren Einkommensklassen dagegen gezwungen wären, die Stadt zu verlassen und sich anderswo anzusiedeln.[7]

Dieses Planungsparadox durchzieht praktisch alle Städte überall auf der Welt. Die Hollywood-Stadtplaner hätten sich bereits in einem frühen Planungsstadium mit Repräsentanten der Öffentlichkeit und kommunalen Organisationen beraten müssen; die Sorgen der weniger Privilegierten müßten sorgfältig bedacht und ausgewertet werden. Die Großprojekte wie zum Beispiel die Renovierung des El-Capitan-Theaters, des New Galaxy-Theaters und des Einkaufszentrums müßten mit den kleineren Projekten wie Straßenerneuerung und die Wiedereröffnung kleiner Läden koordiniert und eine Balance zwischen beiden geschaffen werden. Der Plan zur Rettung Hollywoods ist vernünftig, doch den Bürgern fehlt eine übergreifende Vision darüber, was für die Entwicklung ihrer Stadt notwendig ist.

Alle Möglichkeiten – sei es der Bau eines Theaters oder ein am Wasser gelegener Festplatz – müssen an ihrer *Attraktivität* und ihrem *Erfolgspotential* gemessen werden. Letztlich gibt es nur drei Arten von Chancen: Die beste ist diejenige, die in sich attraktiv ist und ein hohes Erfolgspotential enthält. Hier müssen Pläne zur vollen Ausschöpfung dieser Chancen entwickelt werden. Die schwächste ist die mit geringer Anziehungskraft und geringem Erfolgspotential; sie sollte daher nicht weiterverfolgt werden. Moderate Chancen, die entweder attraktiv sind oder Erfolgspotential enthalten, jedoch nicht beides, sollten beobachtet werden.

Zusätzlich zu seinen Möglichkeiten ist jeder Standort auch mit Bedrohungen konfrontiert, entweder in Form ungünstiger Trends oder Umweltentwicklungen, die, falls gezielte Aktionen ausbleiben, zur Erosion des Standortes führen. Diese Bedrohungen müssen von den zuständigen Planungsgruppen analysiert werden, und zwar sowohl nach der Größe der Bedrohung als auch nach der Wahrscheinlichkeit ihres Eintretens. Die schlimmsten Bedrohungen sind die, die einen Standort ernsthaft schädigen können und dabei mit hoher Wahrscheinlichkeit auch eintreten. In einem solchen Fall muß ein Eventualitätenplan aufgestellt werden, aus dem ersichtlich wird, was vor oder während des Eintretens zu tun ist. Kleinere

Bedrohungen sind jene, deren Eintreten unwahrscheinlich ist und die keinen größeren Schaden anrichten würden; diese können ignoriert werden. Mittlere Bedrohungen sind jene mit entweder hohem Schädigungspotential oder einer hohen Eintrittswahrscheinlichkeit, jedoch nicht beidem zugleich; diese müssen im Auge behalten werden.

San-Francisco-SWOT-Analyse – Bedrohungen im Wohnungsbau

Betrachten wir die SWOT-Analyse San Franciscos, die Anfang der achtziger Jahre von Arthur Andersen & Co. im Auftrag der städtischen Handelskammer durchgeführt wurde. Ziel und Titel der Studie: »Making a Great City Greater«. Im Verlauf der Strategieplanung identifizierten die Stadtpolitiker und Unternehmensführer vier strategische Punkte der Standortprüfung: Wohnungswesen, Transport, Finanzwesen, Beschäftigungs- und Unternehmensmöglichkeiten. In der weiteren Analyse wurden diese Punkte im Hinblick auf die wichtigsten externen Faktoren untersucht, die nicht beeinflußt werden konnte, jedoch ihrerseits essentiell auf die vier Strategiepunkte und die Zukunft der Stadt einwirken könnten. Als nächstes wurden die internen Schwächen und Stärken San Franciscos in ihrer Wirkung auf jeden dieser Punkte identifiziert, wobei besondere Aufmerksamkeit den konkurrierenden Standorten galt.

Die hohen Wohnungskosten in Kalifornien im allgemeinen und in San Francisco im besonderen sind wichtige strategische Punkte bei der Anwerbung, dem Erhalt und der Expansion von Unternehmen. Zu den ungünstigen Trends, über die San Francisco keine Kontrolle hatte, gehörten höhere Zinssätze und Wohnungskosten sowie ein hoher Bedarf an Wohnungen, der teilweise dadurch kompensiert werden konnte, daß ein Trend hin zur Akzeptanz kleinerer, dichter besiedelter Wohngegenden mit wenigeren öffentlichen Einrichtungen festgestellt wurde. Aus der Analyse der Kräfte, die von der Stadt selbst beeinflußt werden können, sowie der Aktionen zur Schaffung von billigerem Wohnraum ergaben sich die folgenden sechs Handlungsansätze als wichtigste Voraussetzung für den zukünftigen Wohnungsbau: Mietpreisbindung, Gebietsaufteilung, Genehmigungsverfahren für den Wohnungsbau, Grundstückskosten, Nutzung sekundärer Einheiten (innerhalb des vorhandenen Wohnungsbestands) und gesetzlich verankerte Förderung des Wohnungsbaus.

Aktionen, die darauf abzielten, den Bestand an bezahlbaren Wohnungen zu erhöhen, würden in einer Stadt wie San Francisco mit ihrer starken Bürgerbeteiligung und der Konzentration auf die einzelnen Stadtviertel sicherlich auf beträchtlichen politischen Widerstand stoßen. Zusätzlich dämpfte die Mietpreisbindung für bestehenden Wohnraum die Motivation zum Bau neuer Mietwohnungen; es wurde befürchtet, daß die Preise für Neubauten ebenso kontrolliert und damit die Einnahmen der Investoren stark beschnitten würden. San Franciscos Gebietsaufteilung, Bodennutzung und Bebauungskosten hatten bereits Investoren abgeschreckt und die wirtschaftliche Dezentralisierung in der »Bay area«, der Meeresbucht von San Francisco, gefördert; sie waren der Grund dafür, daß einige Unternehmen ihren Sitz nach Los Angeles oder Seattle verlagerten. Die Stadt mußte ihre Strategie modifizieren, damit Investitionen in den Wohnungsbau wieder interessant wurden.

Quelle: Arthur Andersen & Co., *Making a Great City Greater* (San Francisco: Arthur Andersen & Co. 1983), S. 9

Die Analyse aller größeren Chancen und Bedrohungen ermöglicht eine allgemeine Darstellung der Attraktivität eines Standortes.

Ideal ist ein Standort natürlich dann, wenn einer Vielzahl von Chancen relativ geringe Bedrohungen gegenüberstehen. Ein *spekulativer* Standort hat beides zu ungefähr gleichen Teilen, ein *ausgewogener* Standort keines in besonderem Maße, und ein *kranker* Standort schließlich muß mit wenig guten Chancen, dafür aber großen Bedrohungen fertig werden.

Die wichtigsten Aufgabenfelder herausarbeiten

Anhand der SWOT-Analyse können die Strategieplaner nun die wichtigsten Punkte benennen, aus denen sich die kommenden Aufgaben ableiten. Nehmen wir als Beispiel Chicago, das zur Zeit die folgenden Entscheidungen treffen muß:

● Soll Chicago versuchen, seine niedergehende herstellende Industrie zu retten, oder sich als Dienstleistungszentrum etablieren? Entscheidet es sich für das letztere, wie schnell ein solches neues

Image realisiert werden, auf welche Dienstleistungen sollte es sich konzentrieren?

- Sollten Chicagos Kongreß- und Tagungszentren ausgebaut und damit seine führende Position auf diesem Gebiet gefestigt werden, oder kann es sich auf den bestehenden und überlegenen Einrichtungen ausruhen?

- Kann Chicago die Beschäftigungssituation für die ethnischen Minderheiten verbessern und eine weitere Zunahme von Bandenkriegen und Drogengeschäften verhindern?

- Ist Chicago in der Lage, die Qualität seines Grundschulsystems und die der weiterführenden Schulen substantiell zu verbessern?

Nach Identifizierung dieser Aufgaben, von denen jede einzelne beträchtliche Investitionen und langfristige Verpflichtungen erfordert, müssen Ausschüsse ernannt werden, die jeden dieser Bereiche untersuchen und ihre Ergebnisse und Empfehlungen dokumentieren. In anschließenden öffentlichen Diskussionen und Anhörungen, die auch die Medien einbeziehen sollen, sind dann die Grundlagen für die weitere Arbeit der Strategieplaner zu schaffen.

Visionen und Zielsetzungen festlegen

Als Ergebnis der SWOT-Analyse und der darauffolgenden Aufgabenidentifikation erhalten die Strategieplaner ein umfassendes Bild der tatsächlichen Situation einer Kommune. Nun müssen die verschiedenen Projekte nach Prioritäten geordnet und in diejenigen investiert werden, für die nur begrenzt Mittel vorhanden sind. Die Gefahr ist dabei, daß die verschiedenen Projekte nicht in einen kohärenten Entwicklungsplan oder in eine Vision summiert werden, ohne die es jedoch schwierig ist, die verschiedenen Projekte überhaupt zu priorisieren – mit Ausnahme begrenzter Bereiche wie zum Beispiel geplante Touristenzahlen oder anzuwerbende Unternehmen, neue Arbeitsplätze usw.

Bei der Entwicklung einer Vision ist es wichtig, zu erfahren, was die Bürger von ihrer Stadt in zehn oder zwanzig Jahren erwarten. Dabei müssen zumindest zwei oder mehr weit gefaßte alternative Visionen (das heißt Szenarios) entwickelt und diskutiert werden, die jeweils eigene Möglichkeiten und Risiken enthalten.

Betrachten wir zum Beispiel San Diego, die sechstgrößte Stadt der Vereinigten Staaten, die zur Zeit viele neue Bewohner anzieht. Welches Szenario ist für San Diego in zwanzig Jahren denkbar? Wir können zumindest drei dieser Szenarien unterscheiden:

1. *Ungebremstes Wachstum*: San Diego erlaubt und fördert weiterhin ungezügeltes Wachstum. Seine Macht und sein Wohlstand mehren sich, doch gleichzeitig leidet es unter der Ausuferung der Stadt, unter Verkehrschaos und ungenügender öffentlicher Versorgung. Es wird zu einem zweiten Los Angeles.
2. *Kontrolliertes Wachstum*: San Diego erstellt Richtlinien für das weitere Wachstum, um das gesunde Gleichgewicht zwischen Bevölkerungswachstum und dem Ausbau der Infrastruktur zu gewährleisten.
3. *Nullwachstum*: San Diego entscheidet sich, sein zukünftiges Wachstum zu begrenzen, damit seine Individualität und seine Vorzüge erhalten bleiben. San Diego leitet Maßnahmen ein, um die Zuwanderung bestimmter Gruppen und Branchen zu verhindern.

Tatsächlich hat San Diego jedoch noch eine vierte Möglichkeit, nämlich die Dinge zu belassen, wie sie sind, und keinerlei Visionen zu entwickkeln. Meistens gelingt es den Städten nicht, sich auf eine einzige Vision zu einigen, manche möchten sich nicht festlegen, da sie befürchten, eine solche Wahl könne ihre Handlungsfreiheit beschneiden. Doch wenn Visionen fehlen, kann dies auch Orientierungslosigkeit und mangelnde Motivation zur Folge haben (siehe Darstellung »Eine Vision für Great Plains«).

Alternative Visionen zu entwickeln heißt mehr, als sich zwischen verschiedenen potentiellen Wachstumsmöglichkeiten zu entscheiden. Eine Vision muß auch die folgenden Themen einschließen:

1. Welcher Industriemix ist für die Kommune der beste? Soll sie ihre Zukunft auf ein oder zwei Branchen aufbauen oder eine diversifizierte Wirtschaft anstreben? Soll das Schwergewicht auf der herstellenden Industrie oder auf dem Dienstleistungssektor liegen? Trifft ersteres zu, sollte die Betonung auf der Schwerindustrie oder der Leichtindustrie liegen?
2. Welche Bodennutzung und Wohnungsbaustrukturen sind für die Kommune sinnvoll? Sollten Industrie und Gewerbe in einem Industriepark konzentriert sein? Soll der Bau von Hochhäusern vorangetrieben oder eher zum Bau von Einfamilienhäusern ermuntert werden?

3. Welche öffentlichen Dienstleistungen sollte die lokale Regierung bereitstellen, und welche sollten an Privatunternehmen delegiert werden?

4. Wie soll die öffentliche Versorgung finanziert werden? Wie hoch ist in dieser Finanzierungsrechnung der Anteil der allgemeinen Steuern im Vergleich zu speziellen Nutzungssteuern?

Eine Vision für Great Plains

Nicht immer wird eine Vision aus einer Position der Stärke geboren, so wie es in San Diego der Fall war. Viele Standorte fühlen sich bedroht und sind unter dem Druck des drohenden Niedergangs gezwungen, eine Vision zu erschaffen. Gegen Ende der achtziger Jahre kamen die Wissenschaftler Frank Popper und Deborah Epstein-Popper, beide damals an der Rutgers University, zu dem Schluß, daß die Staaten, die zu den »Great Plains« gehörten (der größte Teil Dakotas, Nebraska, weite Teile von Kansas, Oklahoma, Texas, Montana, Wyoming, Colorado und New Mexico), wirtschaftlich unrentabel seien und es das beste sei, sich aus diesen Gebieten zurückzuziehen. Die Forscher stellten fest, daß in diesen Regionen aufgrund des Klimas, der Regenfälle und des Bodens keine produktive Landwirtschaft möglich sei. Tatsächlich sind diese Staaten für ihre extremen Wetterbedingungen mit brütend heißen Sommern, eisigen Wintern, häufigen Überflutungen, Dürreperioden und Tornados bekannt. Popper und Epstein-Popper zufolge sollten die Great-Plains-Staaten (Amerikas »Steppe«) auf das Niveau einer riesigen »Buffalo-Viehweide« zurückgestuft werden, was im wesentlichen einem großen Reservat gleichkäme. Zusätzlich schlugen sie vor, den von Indianerstämmen beanspruchten Teil von Great Plains zurückzugeben. Nach Ansicht der Wissenschaftler gab es für die Region letztlich keinerlei Hoffnung; weite Teile der Great Plains würden ohnehin im Verlauf der nächsten dreißig Jahre verlassen werden.

Die Kommunen in Great Plains waren sprachlos. William Patrie, Chef des Entwicklungsreferats in North Dakota, behauptete kühn, daß die Forscher den Willen und die Entschlossenheit der Bürger von North Dakota weit unterschätzt hätten. »Er (Popper) geht davon aus, daß die Zukunft wie die Vergangenheit sein wird. Nun, wir haben jetzt die Vergangenheit erlebt und wissen, daß es so nicht funktioniert«, sagte Patrie. Auch Arlen Leholm, Agrarökonom am Center for Rural Revitalization der North Dakota State University, sah die Zukunft der Great Plains optimistisch. »Er (Popper) findet, daß wir keinerlei Unternehmergeist besitzen. Nach seiner Theorie legen wir uns irgendwann hin und sterben, und genau das werden wir nicht tun.« Leholm stellte weiterhin fest, daß North Dakota sehr produktiv im Frühjahrsweizen ist und damit Einkommen erzielen kann, solange dieser Markt international wettbewerbsfähig bleibt.

Trotzdem ist die Prognose von Popper und Epstein-Popper nicht ganz unglaubwürdig. Nach Aussagen des früheren Landwirtschaftsministers der USA, Richard Ling, erlitten die Great Plains Ende der achtziger Jahre schlimmere Dürreperioden als jede andere Region der Vereinigten Staaten.

Die Frage ist nun, welche Vision die Great-Plains-Staaten entwickeln könnten. In der Vision von Popper und Epstein-Popper gehen die Great Plains in Würde unter, und das Land entwickelt sich in seinen ursprünglichen Zustand zurück. Nach ihrer Ansicht könnte keine staatliche Subvention, könnte kein Kapital der Privatwirtschaft diesen Staaten helfen, mit den fruchtbareren und produktiveren Gebieten des Landes zu konkurrieren. Vision zwei der Regierungsbeamten zielte darauf ab, so weiterzumachen wie bisher, nur besser. Das heißt die landwirtschaftliche Produktion zu erhöhen und die Dürre besiegen. Vision drei würde darauf zielen, neue wettbewerbsfähige Industrien zu entwickeln.

Die Entscheidung ist nicht leicht. Jede Vision berührt die unterschiedlichen Interessengruppen auf unterschiedliche Weise. Auch fehlt es der Region an einem starken regionalen Planungsmechanismus. Wahrscheinlich ist, daß die Zukunft der Great-Plains-Staaten eher von Planlosigkeit als von systematischer Problemlösung bestimmt wird.

Quelle: Rogers Worthington, »Grim Forecast Just Riles Up Those Plainsmen«, *Chicago Tribune*, 2. August 1988, S. 6.

Angenommen, es gelänge einer Kommune, verschiedene Visionen zu entwickeln, für welche würde sie sich schließlich entscheiden? Normalerweise liegt die Entscheidung bei Bürgermeister und Kommunalparlament, wobei die verschiedenen Interessengruppen und Bürger ihre Vorstellungen auf öffentlichen Hearings vorstellen können. Seltener werden die Ansichten der Bürger in eigenen Erhebungen ermittelt, wie zum Beispiel vor einigen Jahren, als der Stadtrat von Dallas Fragebogen an die Bürger verschickte, um herauszufinden, wie sie sich ihre Stadt in zehn Jahren wünschten. Die

Ergebnisse der Umfrage wurden veröffentlicht und beeinflußten den Gang der Debatte im Stadtrat. In noch selteneren Fällen werden die alternativen Visionen über eine Stadt durch Volksentscheid entschieden.

Die Wahl einer Vision wird stark von den *Werten* beeinflußt, die die Bürger der Stadt und ihre Politiker vertreten. Liegt die Betonung vor allem auf der schnellen Beschaffung von Arbeitsplätzen und Erträgen, würde eine auf Wachstum gerichtete Vision bevorzugt. Hat dagegen der Erhalt der Lebensqualität Priorität, ist eher kontrolliertes oder begrenztes Wachstum angesagt.

Nachdem Einigung über eine bestimmte Vision erzielt wurde, müssen spezifische *Fernziele* und *Nahziele* definiert werden. Die Fernziele geben an, was ein Standort erreichen möchte; die Nahziele legen Größenordnungen und Zeitpläne fest. Nehmen wir an, man habe sich für die Vision des »kontrollierten Wachstums« entschieden, und beschließt nun die folgenden Fernziele:

1. die High-Tech-Branche anzuwerben und die Schwerindustrie möglichst fernzuhalten;
2. die Zuwanderung niedriger Einkommensklassen zu erschweren, indem kein preiswerter Wohnraum mehr gebaut wird;
3. die Standards der Gewerbezonen zu erhöhen und darauf zu achten, daß im Fernsehen keine negative Werbung erscheint.

Fernziele geben nur die grobe Richtung an, die erst durch die Konkretisierung der Nahziele meßbar werden. So kann das erste Fernziel in das folgende Nahziel verwandelt werden:

Vier oder mehr High-Tech-Firmen sollen motiviert werden, ihren Stützpunkt nach San Diego zu verlegen, mit dem Ziel, bis Dezember 1994 300 neue Arbeitsplätze zu schaffen.

Diese Aufgabe liefert dem Wirtschaftsförderungsreferat in San Diego klare Richtlinien dessen, was erreicht werden soll, und ist darüber hinaus die Grundlage für die Zuteilung von Ressourcen, die zur Erreichung dieses Ziels erforderlich sind. Ohne die Formulierung des Nahziels – wenn Spezifizierung der Größenordnung und des zeitlichen Rahmens fehlen – läßt sich auch nicht ermitteln, ob das Fernziel erreicht wurde.

Die Strategie formulieren

Sobald die Vision, Nahziele und Fernziele definiert sind, kann die Planungsgruppe die Strategie zur Erreichung des Nahziels festlegen. So sollten im Beispiel San Diego vier oder mehr High-Tech-Firmen veranlaßt werden, bis Dezember 1994 ihre Stützpunkte in San Diego anzusiedeln. Es gibt eine Vielzahl von Strategien, von denen wir einige im folgenden beschreiben wollen:

1. Errichtung eines High-Tech-Industrieparks, der potentiellen Mietern preiswerte Anlagen und substantielle Steuervorteile bietet; Promotion dieses Industrieparks durch Veröffentlichungen, Anzeigen, Direct-mailing-Kampagnen;
2. Anwerbung von Nobelpreis-Physikern der University of California, die für High-Tech-Unternehmen ein weiterer Anreiz sind, sich in San Diego niederzulassen (im Umkreis von San Diego gibt es 38 Colleges und Universitäten);
3. Anwerbung von High-Tech-Unternehmen aus Silicon Valley mit dem Ziel, sie zur Umsiedlung nach San Diego zu bewegen;
4. Identifizierung europäischer High-Tech-Unternehmen ebenfalls mit dem Ziel, sie zur Umsiedlung nach San Diego zu bewegen.

Für jede potentielle Strategie müssen die folgenden Fragen beantwortet werden: Welche Standortvorteile können dieser Strategie zum Erfolg verhelfen? Besitzen wir die Ressourcen, die für die erfolgreiche Implementierung dieser Strategie erforderlich sind?

Selbst Kommunen mit begrenzten Ressourcen und ohne sichtliche Stärken können kreative Strategien entwickeln, wie die Beispiele Paisley/ Oregon und International Falls/Minnesota zeigen.

Den Aktionsplan entwickeln

Um die Strategie zu realisieren, muß ein Aktionsplan aufgestellt werden, der die Aktionen, die von bestimmten Mitarbeitern zu bestimmten Zeiten initiiert werden, auflistet. Der Aktionsplan San Diegos sieht zum Beispiel vor, daß drei städtische Mitarbeiter im Juni die Messe »Electrics Show« in Chicago besuchen, auf der potentiell interessierte High-Tech-Firmen vertreten sind. Jede im Aktionsplan aufgeführte Aktion muß vier zusätzliche Komponenten enthalten: Wer ist verantwortlich, wie wird die Aktion umgesetzt, wieviel kostet sie, und wann ist sie voraussichtlich beendet?

Solche Detailerfassungen bieten verschiedene Vorteile: Erstens sind die Ziele allen Beteiligten bekannt; zweitens läßt sich leicht feststellen, ob die einzelnen Aktionen zufriedenstellend verlaufen sind; drittens können Aktionen mitsamt ihren Kosten wieder gestrichen werden, wenn das Budget gegen Ende der Ablauffrist überschritten ist.

Eine der wichtigsten Aufgaben ist es, die Mittel auf die verschiedenen Gebiete innerhalb der Grenzen des Standortes zu verteilen. Zum Beispiel lebt mehr als die Hälfte der Bevölkerung Minnesotas im Gebiet um Minneapolis/St. Paul. Die »Twin Cities« sind beide erfolgreich in der Entwicklung neuer Technologien, beide sind auch wichtige Bildungs- und Kulturzentren. Der südliche und mittlere Teil des Staates hat dagegen mit einer schrumpfenden Agrarwirtschaft zu kämpfen, und einige Kommunen leiden unter einer ernsthaften Depression. Im Norden gewinnt allmählich der Tourismus an Boden, ist aber nicht annähernd so stark wie in einigen anderen Staaten. Der Plan sollte Nah- und Fernziele für jede einzelne Region festlegen und sich nicht auf allgemeinere Initiativen für den Gesamtstaat beschränken.

Abraham Shama weist auf diesen Punkt in New Mexicos Fünf-Jahres-Plan hin.[8] Fast die Hälfte der Bevölkerung New Mexicos lebt in Albuquerque, das »eine stabile und florierende Wirtschaft (hat), ein höheres Pro-Kopf-Einkommen, ein besseres Ausbildungsniveau und mehr Spezialisten, Manager und Administratoren beschäftigt«. Der übrige Staat lebt hauptsächlich vom Bergbau und der Landwirtschaft, ist vom Niedergang seiner wichtigen Branchen und besorgniserregenden Arbeitslosenzahlen bedroht. Natürlich muß jede Planung für einen Staat, wenn sie effektiv sein will, auch die ärmeren Teile des Landes einbeziehen – was im Falle New Mexicos nicht geschah. Im Gegensatz dazu teilte der Entwicklungsplan des Staates South Dakota den Staat sorgfältig in sechs Regionen auf und erarbeitete für jede Region ein umfassendes Profil, eine Marktanalyse und einen Marketingplan. Das gleiche Prinzip gilt für Pläne, die ganze Nationen oder auch einfach Städte betreffen, bei denen Chancen und Armut oft in Nachbarschaft miteinander koexistieren.

Wie Paisley/Oregon und International Falls/Minnesota ihre Schwachpunkte in Stärken verkehrten

Was geschieht, wenn eine Kommune über keinerlei Vorteile verfügt, auf denen sie ihre Strategie aufbauen könnte? Die Landschaft ist nicht reizvoll, sie kann nicht auf historische Ereignisse zurückgreifen und hat keine Attraktionen. Der Schlüssel zum Problem könnte darin bestehen, das Negative ins Positive zu wenden.

Nehmen wir zum Beispiel das Dilemma von Paisley/Oregon, einem Ort mit 345 moskitogeplagten Bewohnern. Dieser kleine Fleck hat mehr unter Moskitoinvasionen zu leiden als irgendein anderer Ort in den Vereinigten Staaten. Die Mittel der Stadt reichen nicht einmal, um einen Spraylastwagen zu finanzieren.

Manche Städte ziehen vielleicht in der kritischen Jahreszeit einfach in höhergelegene Regionen um. Für Paisley bestand die Lösung darin, ein Moskito-Festival zu lancieren und das Insekt in eine Berühmtheit mutieren zu lassen. Tatsächlich haben seit Mitte der achtziger Jahre Tausende offensichtlicher Moskitoliebhaber den Ort besucht. Zum Fest gehören Paraden und ein Miss-Quito-Wettbewerb.

Und wie sieht es mit der einsam gelegenen Stadt International Falls/Minnesota aus? Als Grenzort zwischen Minnesota und Kanada ist der Boden nicht zu bewirtschaften, das Klima ist extrem kalt. Die Antwort: die Stadt als »die Eisbox der Nation« zu vermarkten. Jedes Jahr testen Unternehmen ihre Produkte in der eisigen Umgebung der »Falls«. Die Stadt kaufte sogar von einem Mitbewerber aus Colorado das Exklusivrecht für einen Slogan, in dem International Falls als der »kälteste Ort« bezeichnet wird.

Wenn es diese Orte an Attraktivität auch nicht gerade mit Paris oder London aufnehmen können, so haben sie doch angesichts ihres offensichtlichen Mangels an Attraktionen mehr Kreativität gezeigt, als man von einem typischen Marketingfachmann erwarten würde.

Den Marketingplan implementieren und kontrollieren

Ob Pläne etwas taugen, zeigt sich erst nach ihrer effektiven Umsetzung. Die Planungsgruppe muß regelmäßig die Fortschritte überprüfen, die mittlerweile erzielt wurden. Wenn es zum Beispiel im Verlauf eines Jahres der San-Diego-Wirtschaftsförderungsgruppe noch nicht gelungen ist, ein neues High-Tech-Unternehmen anzulocken, müssen die Feinziele, die Strategie oder die Aktionen erneut überdacht werden.

Jede Kommune sollte einen Jahresbericht anfertigen, vergleichbar mit den Geschäftsberichten der Unternehmen, und eine Bilanz über das Erreichte bzw. Nichterreichte aufstellen. Dabei sollten anhand statistischer Indikatoren der Zustand der Kommune – Arbeitsplätze, Einkommen, Gesundheitswesen, Kriminalität und öffentliches Transportwesen – im Verhältnis zum Planungsziel dargestellt werden. Der Jahresbericht sollte der Öffentlichkeit zugänglich gemacht und vielleicht auch den größeren Tagungszeitungen beigefügt werden. Im Idealfall werden die Ergebnisse von Bürgergruppen und Unternehmen gemeinsam diskutiert und die verantwortlichen Politiker gedrängt, ihren Kurs auch zur Erreichung der längerfristigen Ziele der Kommune beizubehalten.

Zusammenfassung

Das zugrundeliegende Argument ist hier, daß Standorte ihre Zukunft besser planen können und müssen. Zu viele Standorte scheitern daran, daß sie Bedrohungen erst dann erkennen, wenn sie bereits von ihnen überrannt werden. Sie reagieren nur, statt rechtzeitig zu agieren.

Doch diese Passivität ist nicht unvermeidlich. Einige Standorte wenden Methoden der Kommunalentwicklung, Stadtgestaltung, Stadtplanung und Wirtschaftsentwicklung an. Für die Zukunftsplanung eines Standortes ist die strategische Marktplanung besonders geeignet. Dazu muß ein Profil der gegenwärtigen Situation eines Standortes erarbeitet werden; Stärken und Schwächen, Chancen und Bedrohungen und die wichtigsten Fragestellungen identifiziert werden. Es gilt, Visionen zu entwickeln, Nah- und Fernziele festzulegen, die entsprechenden Strategien zu entwickeln und schließlich den Zukunftsplan zu realisieren und zu kontrollieren.

Wenn auch diese Version der strategischen Planung viele der Probleme der Steuerung komplexer Einheiten – Städte, Staaten und Nationen –

sehr vereinfacht darstellt, repräsentiert sie doch einen erfolgversprechenderen Ansatz als alle ihre Alternativen wie zum Beispiel das eher auf dem Zufall beruhende »Trial-and-error«-Modell. Einige Städte setzten wichtige Elemente des strategischen Planungsdenkens bereits erfolgreich in die Praxis um. Wir erwähnen an anderer Stelle dieses Buches die Kehrtwendungen von Städten wie Baltimore, Indianapolis und St. Paul. Jede dieser Städte engagierte sich in der einen oder anderen Weise in strategischer Planung, um eine bessere Zukunft zu schaffen.

Strategien zur Standortverbesserung

5

Zu häufig wird von Stadtplanern die Ansicht vertreten, Standort-Marketing und Standort-Promotion seien identische Aktivitäten. Sie verstehen Marketing als Imageaufbau und verwechseln es mit einem seiner Teilbereiche – der Promotion –, die ironischerweise eine der am wenigsten wichtigen Aufgaben des Marketings ist; sie ist alleine nicht imstande, einem kranken Standort zu helfen. Sie hilft lediglich den Beobachtern eines Standortes bei der Analyse, in welch schlechtem Zustand dieser sich befindet.

Angenommen, East St. Louis/Illinois lanciert eine Kampagne, um Touristen für sein »schönes und historisches East St. Louis« zu gewinnen. Doch bei ihrer Ankunft sehen die Touristen als erstes Berge von Müll, Massen von Obdachlosen, Pornokinos und Drogendealer, die ihre Ware offen auf den Hauptstraßen anbieten. Um ihre persönliche Sicherheit fürchtend, brechen die Touristen ihren Besuch ab und fahren zurück nach Hause, wo sie ihren Freunden raten, East St. Louis um jeden Preis zu meiden. Die Promotionkampagne für East St. Louis dient also nur dazu, noch mehr Menschen davon zu überzeugen, wie wenig sich dieser Ort als Urlaubsziel eignet.

Standort-Marketing heißt, einen Standort so zu planen, daß er die Bedürfnisse seiner Zielmärkte befriedigt. Es ist dann erfolgreich, wenn Bürger und Unternehmen sich in ihrer Gemeinde wohl fühlen, wenn die Erwartungen der Besucher und Investoren erfüllt werden.

In diesem Kapitel untersuchen wir verschiedene Instrumente, mit denen die Lebensqualität einer Stadt verbessert und ihre Anziehungskraft auf Investoren und Besucher gesteigert werden können. Vier Komponenten sind dafür unabdingbar: Die erste ist eine vernünftige Stadtgestaltung, die darauf abzielt, die Attraktivität des Standortes zu erhöhen und seine Besonderheiten und ästhetischen Qualitäten zur Geltung zu bringen (der Standort als *Persönlichkeit*). Die zweite ist die Entwicklung und die Pflege der

Infrastruktur, um die Mobilität von Menschen und Gütern sicherzustellen (der Standort als festes *Lebensumfeld*). Drittens müssen bestimmte Dienstleistungen zur öffentlichen Versorgung gewährleistet sein (der Standort als *Dienstleistender*). Schließlich braucht ein Ort auch Freizeiteinrichtungen für seine Bewohner und Besucher (der Standort als *Erholungsgebiet*). Wir werden zeigen, daß sich diese Komponenten gegenseitig nicht ausschließen.

In späteren Kapiteln kommen wir auf die mehr generischen Strategien zur Standortverbesserung zurück; die Strategien, mit denen wir uns jetzt befassen – Stadtgestaltung, Infrastruktur, Dienstleistungen und Attraktionen –, können als Bausteine für bestimmte konkurrierende Strategien betrachtet werden. Unabhängig davon, ob die Standortentwicklung sich der Methode der strategischen Marktplanung bedient oder nicht, sollten diese Komponenten als Grundlagen jeder Standortstrategie sorgfältig beachtet werden.

Viel zu häufig werden diese vier Elemente im Standortwettbewerb als gegeben hingenommen, und ihnen wird lediglich in einer allgemeinen Gesamtbetrachtung Aufmerksamkeit gewidmet. Sie sind die Voraussetzungen, die die Bühne für häufig riskante und opportunistische Anstrengungen im Kampf um wirtschaftliche Vorteile vorbereiten.

Stadtgestaltung

Die Gestaltung einer Stadt sagt uns viel über ihren Charakter und darüber, wie dieser von einer Generation an die nächste weitergegeben wird. Es ist eine Kunst, die unterschiedlichen städtebaulichen Strukturen in das Gesamtmuster einer Stadt zu verweben. Die Stadtgestaltung sagt etwas über einen Standort aus, weil sich in ihr die Werte und Entscheidungen, die die weitere Entwicklung beeinflussen, widerspiegeln.

Historisch bildeten sich Städte in der Nähe natürlicher Häfen, an Flüssen und Kanälen; es folgten Eisenbahnlinien, die häufig parallel zu den Wasserstraßen verliefen. Aus unwegsamen Pfaden wurden Straßen, auf denen Kutschen und Planwagen entlangzogen und auf denen noch später die Menschen in Straßenbahnen und Automobilen befördert wurden. Die Transportmuster prägten die Konturen der Stadtentwicklung, indem sie intern die Verbindung zwischen Gewerbe, Industrie und Wohnbezirken schufen und extern die Rohstoff- und Produktmärkte miteinander verbanden.

Die älteren Städte in den USA expandierten in konzentrischer Form; vom inneren gewerblichen Kern drängten sie nach außen, wobei das Netz der Hauptverkehrsadern die Bezirke der Arbeiter, der Mittelschicht und der wohlhabenderen Bevölkerung voneinander trennten. Nachdem sich die Industrie nahe der großen Transportwege niedergelassen hatte, machte die konzentrische Form allmählich einer sektoralen Flächenentwicklung Platz. Es bildeten sich nun willkürlichere Nutzungsstrukturen; die Industrie-, Gewerbe- und Wohnbezirke griffen vom Stadtinneren zu den Stadtgrenzen und weiter in die Landschaft hinaus. Manche Städte bildeten innerhalb dieses Musters gitterartige geometrische Formen mit quadratisch angelegten Straßenblocks, wie es zum Beispiel in Chicago, New York oder London der Fall ist. In anderen Städten wie Paris oder Washington, D. C., folgten die Straßen einer Art Wagenradmuster und strahlten diagonal vom Stadtzentrum aus. Eine dritte, zufälligere Struktur verband verschiedene gestalterische Formen, vor allem an Orten mit unebenem, in dörfliche Gegenden übergehendem Terrain.

Wieder andere Orte, häufig große Städte wie Paris, Venedig oder Florenz, verdanken ihre Struktur visionären Führern, die zur rechten Zeit auftauchten und deren städtebauliche Gestaltung einen unauslöschlichen Eindruck auf Menschen und Orte hinterließ.

Die Erneuerung von Paris begann 1853, als Napoleon III. Georges-Eugene Haussman beauftragte, einen Plan zur völligen Neugestaltung des inneren Stadtkerns zu entwerfen. Baron Haussman arbeitete siebzehn Jahre an der Realisierung dieses Projekts, das Ordnung, Vielfalt, Zweckmäßigkeit und Eleganz in sich vereinigte. Haussman war der Urheber vieler Bauwerke, zum Beispiel der großen Pariser Boulevards, der berühmten Opéra de Paris und der Pariser Markthallen.

Chicago verdankt seine beliebten Seeufer und Parks Daniel H. Burnham sr., der den natürlichen Reichtum Chicagos vor privatem Zugriff schützen wollte. Burnhams Idee, die während der massiven Wachstumsperiode Chicagos zu Anfang des 19. Jahrhunderts entstand, zielte darauf, Lebensraum für Bewohner und Besucher zu schaffen und das kulturelle und gemeinschaftliche Leben in den Mittelpunkt zu stellen. Am Lakeshore Drive – Chicagos Seeufer – finden sich heute Kunst- und wissenschaftliche Museen, ein Soldatenfriedhof, das Sheed Aquarium und der großzügige, vom Buckingham Fountain gekrönte Grant Park. Das Modell Burnhams, zu dem auch die Verknüpfung von Fernstraßen und Eisenbahnlinien und der Erhalt von

Naturreservaten gehörte, motivierte auch andere amerikanische Städte, Pläne für ihre Zukunft zu entwickeln.[1]

Manche Städte wurden als Kunstwerke erschaffen: »Das majestätische Paris und London ... hier wollte die bewußte künstlerische Gestaltung nicht nur Vergnügen bereiten, sondern Ideen bewahren, Werte prägen und als Ausdruck von Gedanken und Ethik sichtbar werden.«[2]

Allerdings hatten nur wenige Städte das Glück, daß sich ein visionärer Führer ihrer annahm und durch ästhetische und städtebauliche Grundsätze ihrem Wachstum Struktur gab. Meist entwickelten sich die Städte als Reaktion auf neue Technologien, ökonomischen Wandel und Wachstum. Straßenbahnen und Busse wurden von Schnellzügen und vom Automobil abgelöst, das Verkehrssystem durch den Bau von Brücken, Tunneln und Schnellstraßen weiter verbessert. Das feste Umfeld der Städte entwickelte sich meist erst nach und nach im Laufe der Zeit.

Unweigerlich brachte das Wachstum generische Probleme mit sich – den allmählichen Verfall der Innenstädte und Kriminalität, den Verlust industrieller Arbeitsplätze und Verkehrsüberlastung –, die nicht ignoriert werden konnten. Die Problemlösungen der Nachkriegszeit wie Stadterneuerung und öffentlicher Wohnungsbau erwiesen sich in vielen Fällen als extrem kurzsichtig. Die Städte versuchten, Elendsviertel und aufgelassene Fabrikgelände zu rekultivieren, indem sie noch mehr Straßen bauten und die ethnisch gewachsenen Stadtviertel zerstörten, indem sie Hochhausbauten und unpersönliche Wolkenkratzer an ihre Stelle setzten.

Die Sozialkritikerin Jane Jacobs attackiert diese urbane Bulldozermentalität in ihrem Buch *The Death and Life of American Cities*, in dem sie sich leidenschaftlich gegen den ihrer Ansicht nach inhumanen technikbesessenen Ansatz zur Revitalisierung der Städte wendet.[3] Ihre Forderung nach einer Rückkehr zur Straßenkultur, zur städtebaulichen Vielfalt, zu aufgelockerten Straßenzügen mit kleinen Läden und Betrieben war eine Schocktherapie für alle diejenigen, die die menschliche, soziale und ästhetische Seite der Stadtplanung vernachlässigt hatten.

Jahre später sollten die Städte, die nach Klassen, ethnischer Zugehörigkeit und Geschichte getrenntwaren, ihr historisches Erbe und die kulturelle Vielfalt ihrer Stadtviertel wiederentdecken. Die Wiedergeburt von St. Louis zum Beispiel verdankt sich überwiegend der Restaurierung der alten Stadtgebiete – das im Südteil der Stadt gelegene italienische Viertel, bekannt als »The Hill«, das deutsche Viertel Baden-North, das alte irische

Viertel namens Montgomery-Hyde Park, das Gebiet Central West End mit seinen Parks, eleganten Läden und Restaurants und das alte Flußufer mit seinem Stadion und Gateway Arch.

Nachdem die traurigen Folgen urbaner Fehlplanungen deutlich wurden, entstanden verschiedene Schulen für Stadtplanung mit jeweils eigenen Visionen darüber, wie eine moderne Stadt aussehen sollte. Einer der einflußreichsten Stadtplaner, der aus der französischen Schweiz stammende Le Corbusier, schlug eine rigide Funktionstrennung vor, eine Aufteilung in gewerbliche, industrielle und Wohnbezirke. Die Menschen sollten in Hochhauskomplexe mit jeweils eigenen Einrichtungen wie Schulen, Einkaufszentren und Spielplätzen wohnen. Zwischen den Wohneinheiten waren großzügige freie Flächen geplant, für den Verkehr wurden eigene Straßensysteme entworfen.[4]

Die fünfziger Jahre prägten das Gesicht vieler »neuer Städte« wie zum Beispiel Reston/Virginia und Brasília/Brasilien oder auch einiger Orte in der Umgebung von Paris. Die neuen Theorien der Stadtplaner ließen sich an der Lebendigkeit und der Attraktivität einer Stadt überprüfen. Sie verstanden den Bau der neuen Städte als Herausforderung an ihr gestalterisches Können, dessen Ziel es war, lebendige Straßen und Viertel miteinander zu verbinden (mit der Betonung auf Sauberkeit und Sicherheit), die Bevölkerungsdichte zu begrenzen, um das urbane Leben zu fördern, verschiedene Lebensbereiche miteinander zu verbinden (Arbeit, Haushalt, Begegnung, Gottesdienst, Erholung), eine menschliche Umgebung mit unterschiedlichen baulichen Formen, Raumarrangements und Beziehungen zu schaffen.[5]

Nicht alle dieser neuen Städte fanden die Zustimmung der Kritiker. James Holston sieht das moderne Brasília, die heutige Hauptstadt Brasiliens, als die ultimative Verkörperung der Idealstadt von Le Corbusier, zusammengesetzt aus identischen vielstöckigen Häuserblocks, schnurgeraden Verkehrsstraßen, der strengen Trennung zwischen Gewerbe- und Wohngebieten, freien Flächen zwischen den Wohneinheiten. Er kritisiert die Entwurzelung und Desorientierung der Bevölkerung, deren früheres Leben in São Paulo oder Rio de Janeiro nach gänzlich anderen Mustern verlief: »In der Modellstadt Brasília gibt es keine Menschenansammlungen, keine Treffs an der Straßenecke, kein Leben auf den Straßen, einfach deshalb, weil es keine Plätze, keine Straßenecken und keine Straßen gibt.«[6]

Heute lassen sich alte wie neue Gemeinden von professionellen Stadtplanern beraten. Zu den bekannten Stadtplanungsorganisationen in den USA gehören das Urban Land Institute, das American Institute of

Architects, die American Society of Landscape Architects for Urban Design, die International Downtown Association, das National Main Street Center, die Partners for Livable Places, das Project for Public Spaces und das Waterfront Center.[7] Die Experten, die für Stadterneuerungsprojekte verantwortlich sind, lassen sich bei öffentlichen Hearings auch von externen Planern beraten und beziehen die öffentliche Meinung bei der Neugestaltung des urbanen Lebens mit ein. So lernen die lokalen Planungsbehörden durch praktische Erfahrung, wie wichtig es ist, ästhetische und/oder menschliche Werte in die Projektplanung mit einzubeziehen. Zu diesen Werten gehören auch die Bewahrung der Tradition und des natürlichen Umfelds und das, was etwas vage mit »gutes Design« bezeichnet wird.[8]

Ein zentraler Punkt der Stadtgestaltung ist die Vitalisierung der Kleinstädte, und hier besonders die Sanierung der »Main Street«, die in den USA Tradition und Kultur der amerikanischen Städte präsentiert. In einem Versuch, die Main Street wiederauferstehen zu lassen, suchten Berater des American Institute of Architects' Regional/Urban Design Assistant Teams interessierte Städte (lediglich gegen Unkostenerstattung) auf. Rome/Georgia und Heraldsburg/Kalifornien profitierten vom Know-how und der Unterstützung, die das National Main Street Center bereitstellte.[9] Die nachstehende Darstellung beschreibt, wie eine ähnliche Planungsgruppe, Design Michigan, beim Sanierungskonzept von Frankfort/Michigan half.

Eine Strategie zur Stadterneuerung zielt darauf, die öffentlichen Behörden über die Grundsätze der Stadtgestaltung aufzuklären. In den USA wird diese Aufgabe vom Design Arts Program of the National Endowment for Arts übernommen, das vom Mayors Institute for Civic Design organisiert wurde. Kern der Aktivitäten des Instituts ist es, die Arbeiten von Designern und öffentlichen Stellen miteinander zu verbinden, um gemeinsam städtebauliche Probleme zu meistern. Dabei steht den Bürgermeistern und anderen Stadtpolitikern ein Netz informeller Workshops zur Seite. Das Institut konzentriert sich vor allem auf kleinere Städte mit gemischter Bevölkerung, die besonders aus den Erfahrungen der Stadtplaner Nutzen ziehen können.[10]

Mit Hilfe dieser Organisationen gelang es verschiedenen amerikanischen Städten, Fortschritte in wichtigen Projekten zur Stadterneuerung zu erzielen:

> 1988 genehmigte Portland/Oregon einen Zwanzig-Jahres-Plan zur Sanierung des Stadtkerns und sieben weiterer Bezirke. Der detaillierte Plan enthält Empfehlungen zur Verbesserung der öffentlichen Versor-

gung und zur Erneuerung der Parks, der Erholungsgebiete und Flußufer.[11]

River North ist eines der attraktivsten Gebiete Chicagos, das sich
über hundert Häuserblocks in der bevorzugten Wohngegend im Norden der Stadt erstreckt. Das Stadtplanungskomitee erarbeitete eine
sorgfältige Bestandsaufnahme der historischen Bausubstanz und Besonderheiten der Stadt und schuf eine Gemeinde, die historische und
neue Stärken widerspiegelt. Das »River North Urban Plan« genannte
Projekt wurde 1988 von der American Planning Association als beispielhaft bezeichnet.[12]

Auch andere Städte initiierten Pläne zur urbanen Revitalisierung.
1989 gewann Arlington/Texas den »American Planning Award«. In
North Philadelphia wurde ein detailliertes Konzept zur städtebaulichen und wirtschaftlichen Entwicklung vorgelegt. In San Francisco
zielt die »San Francisco Neighborhood Commercial Rezoning Study«
darauf, den Reiz und die Integrität San Franciscos zu bewahren.
Forsyth County/North Carolina stellte mit seinem Plan »Vision 2005«
einen unkonventionellen Ansatz zur Stadtgestaltung vor und hat sich
damit einen herausragenden Ruf geschaffen; Oakland County/Mi-
chigan stellt in seinen Plänen den Erhalt natürlicher Ressourcen und
Richtlinien für die Straßengestaltung in den Mittelpunkt.[13]

Design Michigan

Frankfort/Michigan ist eine an der Ostküste des Michigansees gelegene
Kleinstadt mit 1600 Einwohnern. Mitte der achtziger Jahre waren sowohl die Stadtpolitiker als auch Geschäftsleute und Unternehmer immer stärker daran interessiert, das am Wasser gelegene Gewerbegebiet
für den Tourismus zu nutzen. Frühere Entwicklungsprojekte und Sanie-
rungsbemühungen waren allesamt schlecht koordiniert und daher in-
effektiv geblieben. 1987 wurde Design Michigan – eine Non-profit-
Organisation unter Leitung des Staates und der Cranbrook Academy of
Art – eingeschaltet, um die Kommune in ihren Bemühungen zu unterstützen. Als »kreativer Planungs- und Managementprozeß zur Optimie-
rung der Funktion und des Images von Kommunen« definiert, greift

Design Michigan auf unterschiedliche Methoden der Stadtgestaltung zurück.

Im Falle Frankfort besuchte das Design-Michigan-Team zunächst die Stadt, um sich einen allgemeinen Überblick zu verschaffen. Sie fotografierten, zeichneten Pläne und erstellten Videos von Frankforts Zugangsstraßen, freien Flächen, der inneren Struktur, Gebäude und Besonderheiten. Einen Monat später kehrte das Team zurück, um die Ergebnisse seiner Arbeit zu präsentieren.

Da die Arbeit von Design Michigan stark bürgerorientiert ist, wurden die Pläne auf einer öffentlichen Präsentation auf Hunderten von Tafeln und Fotografien vorgestellt einschließlich einer Tabelle, auf der alle Schwachpunkte und Verbesserungsvorschläge aufgelistet waren. Zusätzlich wurden Einzelberatungen und Sprechstunden für Grundstücksbesitzer angeboten. Der neue Plan war eine städtische Schönheitsoperation, die die Stadt gemäß ihrer historischen Tradition prägen sollte.

Die Empfehlungen von Design Michigan stießen auf ein gemischtes Echo, doch 60 Prozent der Unternehmen waren mit den gestalterischen Veränderungen einverstanden. Zwar prosperiert die Wirtschaft in Frankfort heute noch nicht im gewünschten Maß, doch die allgemeine Stimmung ist optimistisch. Die Restaurierung erwies sich als Katalysator für weitere Veränderungen; die Stadt wird von ihren Besuchern gelobt und erhält kostenlose Publicity, zum Beispiel durch Fotoaufnahmen, die im *Midwest Living* Magazin erschienen. Die führenden Geschäftsleute der Stadt hoffen, daß auch die übrigen Kaufleute zur Renovierung beitragen; für sie ist es unbestritten, daß sich seither die Chancen der Stadt im Standortwettbewerb erheblich verbessert haben.

Quelle: Jack Williamson »Design Michigan Creates a Community Design Advisory Program«, *Small Town*, September–Oktober 1987, S. 5, Interview mit Peter Sandman, Downtown Frankfort Association, 27. Dezember 1991.

Daß heute wieder mehr über die Bedeutung der Stadtgestaltung im Standortwettbewerb nachgedacht wird, ist auf eine Vielzahl von Gründen zurückzuführen. Die Städte sind heute aufgrund knapper werdender Ressourcen und umweltrechtlicher Beschränkungen in bezug auf die bisherigen Bulldozermethoden gezwungen, sich auf die angepaßte Nutzung des Bestehenden zu besinnen. Der moderne Ansatz der Stadtgestaltung stellt

Umweltfreundlichkeit, Erhalt vorhandener baulicher und räumlicher Merkmale sowie die Rettung des historischen Erbes ins Zentrum aller Bemühungen. Diese neue Denkweise erfordert Vision, die Verbindung von Altem mit Neuem; Respekt vor dem Charakter einer Stadt ist ebenfalls eine wertvolle Voraussetzung, um Unternehmen und Bewohner zu halten und Investitionen und neue Betriebe anzulocken.

Verbesserung der Infrastruktur

Die Stadtgestaltung, die den Rahmen oder das Gerüst für die Struktur eines Ortes liefert, wird jedoch erst durch die Infrastruktur ermöglicht. Was nützten die großzügigen Boulevards von Paris, wenn sie mit Schlaglöchern übersät wären? Wie lange noch könnte New York das Zentrum der Hochfinanz bleiben, wenn U-Bahn-Verbindungen, Fähren und Brücken fehlten, die die Menschen nach Manhattan Island und zurück bringen? Was sind die Strände von Rio de Janeiro wert, wenn das Meer verschmutzt ist? Welchen Wert hätten die zwischen Meer und Gebirgskette gelegenen Grundstücke in Los Angeles ohne Hochwasserschutz? Wieviel Neuentwicklungen kann der Südwesten der USA verkraften ohne adäquate Wasser- und Energieversorgung? Zahllose Beispiele illustrieren die grundlegende Tatsache, daß die Vorteile eines Standorts stark an seine Infrastruktur geknüpft sind; die Infrastruktur kann einer Stadt dienlich oder abträglich sein.

Eine exzellente und gut erhaltene Infrastruktur ist zwar noch kein Garant für kommunales Wachstum und Wohlergehen, ihr Fehlen aber in jedem Fall eine ungeheure Belastung. Zum Erhalt der Lebensqualität und zur Förderung der wirtschaftlichen Produktivität muß die Infrastruktur eines Standorts – ebenso wie die einer Nation – entwickelt und erhalten werden. Rußland und andere osteuropäische Staaten, die heute den Übergang zur Marktwirtschaft suchen, belegen beispielhaft, wie die Mobilität von Menschen, Waren und Informationen durch unterentwickelte Infrastruktursysteme behindert wird. Heute müssen in diesen Ländern aufgrund früherer Vernachlässigungen massive staatliche oder privatwirtschaftliche Investitionen getätigt werden, um den Boden für das künftige Wachstum vorzubereiten.

Viel zu oft nehmen Bürger die Infrastruktur ihrer Stadt als selbstverständlich hin, frei nach dem Prinzip »aus den Augen, aus dem Sinn«. Doch was eine Generation aufbaut, kann in der nächsten verlorengehen, wenn

Wasserversorgung und Abwassersysteme, Brücken, Unterführungen, Straßen und Wasserwege als naturgegeben betrachtet werden. Ältere Standorte mit gut entwickelter Infrastruktur genießen einen einzigartigen Vorteil denjenigen gegenüber, die von Grund auf und unter ungeheuren Kosten völlig neue für ihr Wachstum erforderliche Systeme aufbauen müssen. Da sie jedoch andererseits oft nichts gegen die Verschlechterung ihrer Infrastruktur-Einrichtungen unternehmen, sich aus Kostengründen zu spät um Reparatur und Instandsetzung kümmern oder es aus anderen Gründen versäumten, für den Erhalt dieses wertvollen Gutes zu sorgen, sind sie heute mit ständig wachsenden Ausgaben für den Ersatz oder die Erneuerung der wichtigsten Infrastrukturelemente konfrontiert.

Die Infrastrukturprobleme der amerikanischen Städte zeigen sich heute in immer krasserem Ausmaß und erstrecken sich mittlerweile auf die gesamte Nation. Seit Mitte der sechziger Jahre sind die Infrastrukturausgaben als Teil des US-Bruttoinlandsprodukts rückläufig. Es gibt dafür viele Begründungen: der Abbau von Regierungssubventionen, die hohen Zinssätze der siebziger und frühen achtziger Jahre, Widerstand der Steuerzahler, umweltrechtliche Beschränkungen und stärkerer Druck auf die öffentlichen Ausgaben. Auch wenn davon die Welt nicht einstürzt, werden doch die Folgen der Infrastrukturvernachlässigung und der ungenügenden Kapitalinvestitionen mit jedem Tag deutlicher, an dem die Medien über einstürzende Brücken, Wassermangel, verschmutzte Flüsse, heruntergekommene Straßen, verfallende Häfen und nichtfunktionierende Transitsysteme berichten.

Jede Gemeinde muß einen gewissen Standard ihrer öffentlichen Leistungen gewährleisten können, um Bewohner, Unternehmer und Besucher zu halten und anzuziehen. Zwar gibt es keine einheitlichen Normen außer jenen, die per Gesetz, Gesundheits- und Sicherheitsverordnungen vorgeschrieben sind; die Frage, wer die Dienstleistungen bezahlt, verwaltet und bereitstellt, differiert je nach nationaler, bundesstaatlicher oder lokaler Gesetzgebung. Tatsache ist jedoch, daß alle Standorte, wenn auch in unterschiedlichem Maße, selbst für Straßenbau und Transport, Wasser und Energieversorgung und Umweltschutz verantwortlich sind.

Bedarfsbewertung

Jeder Standort muß seine wichtigsten Einrichtungen auf Alter, gegenwärtigen Zustand und geschätzten Reparaturaufwand überprüfen und einen Fünf- bis Zwanzig-Jahres-Plan zur Sanierung oder Neuerstellung erarbeiten. Noch vor Jahren waren Stadtingenieure und Architekten gut über den Zustand, die Kosten und Pläne zum Erhalt der Infrastruktur informiert, doch in vielen Fällen ging dieses institutionalisierte Wissen und die entsprechende Kapazität verloren, weil regierungsinterne Aufgabengebiete sich verlagerten, Verantwortlichkeiten immer mehr in getrennte Bereiche zerfielen, aber auch aufgrund systematischer Vernachlässigung. Manche Städte waren so mit ihrem Wachstum beschäftigt, daß sie darüber die damit einhergehenden Infrastrukturerfordernisse und Kosten entweder übersahen oder unterschätzten.

Zur Freude von Fairfax County/Virginia wollte sich die Mobil Oil Corporation im Jahr 1987 hier niederlassen. Man erwartete, daß sich weitere *Fortune-500*-Unternehmen in der Gegend ansiedeln würden. Doch in der Folge wurden trotz nicht unbeträchtlicher Investitionen peinliche Mängel im Verkehrs- und Transportsystem deutlich. Das Problem konnte nur gelöst werden, indem Anleihen zur Finanzierung neuer Straßenbauprojekte genehmigt und die Finanzkürzungen, die der Staat im Bereich der lokalen Schnellstraßen beschlossen hatte, wieder aufgehoben wurden.[14]

In Hongkongs Victoria Harbour schwimmen Plastik- und Papierabfälle, die Strände der Stadt sind mit Müll übersät, der von Booten in den Hafen geschüttet oder ins Meer gekippt wird. Ein großer Teil der Chemieabfälle wird in Hongkong einfach im Meer »entsorgt«; in einigen Bezirken Hongkongs sind 90 Prozent der Abwasserkanalisation illegal. Die ganze Angelegenheit gerät außer Kontrolle, da die Regierung ihre Zeit für die Verfolgung von Mülldelikten der Industrie aufwenden muß. Die dynamischsten Wirtschaftsländer Asiens kämpfen heute mit dem Konflikt zwischen schnellem Wirtschaftswachstum und Umweltproblemen.[15]

Die Kosten, die durch die Vernachlässigung der Infrastruktur entstehen, können nur geschätzt werden, doch es gibt bereits einige Studien, die die Verluste für Menschen und Unternehmen durch ungenügende Infrastrukturinvestitionen nachweisen. Schlechte Straßenbedingungen erhöhen die Reparaturkosten für Fahrzeuge; ungenügende Wasserversorgung und fehlerhafte Abwassersysteme behindern nicht nur die Entwicklung im Wohnungsbau, sondern verhindern auch Investitionen seitens der Unternehmer; Verkehrsstaus, die den Berufsverkehr lahmlegen, verringern die Produktivität der Arbeitnehmer. Im Informationszeitalter sind der Mangel an verfügbarer Energie und unzuverlässige Dienstleistungen ein größerer Wettbewerbsnachteil als hohe Energiekosten. Wenn nichts gegen die Verschlechterung des Wohnungsbestands getan wird, werden die Kosten für Ersatzwohnraum bald die Sanierungskosten übersteigen. Offensichtlich müssen Standorte viel Lehrgeld bezahlen, um zu begreifen, daß sich die Infrastrukturinvestitionen zur Instandsetzung, Reparatur und Sanierung in jedem Fall bezahlt machen.

Infrastruktur-Management

Eine regelmäßig akutalisierte und systematisch dokumentierte Bedarfseinschätzung der erforderlichen Infrastruktur ist essentiell für das *Bestandsmanagement* – ein neuer, durch Mittelkürzungen und umweltpolitische Beschränkungen notwendig gewordener Ansatz. Die gestiegene Mobilität von Arbeitsplätzen und Menschen aus den Städten in immer weiter entlegene Vororte erzeugt ihre eigenen Paradoxien. Der Bau kostenintensiver neuer Infrastrukturen zur Anbindung an die sich immer weiter ausdehnenden Stadtgrenzen geht mit der Vernachlässigung bereits bestehender Infrastrukturen in den Stadtzentren einher. Doch die Methode, einfach noch mehr und bessere Straßen zu bauen, um dem expandierenden Verkehrsaufkommen gerecht zu werden, verstärkt häufig nur die Verkehrsprobleme. Die alte Idee, durch größere Kapazitäten mehr Raum zu schaffen, weicht langsam der Vorstellung, daß man auch mehr Leute mit weniger Brennstoff und weniger Umweltverschmutzung befördern könnte.

Die Bedarfseinschätzung und das Infrastrukturmanagement sind daher heute auch an die Leistung verknüpft – der Bau allein genügt nicht mehr. Standorte können nicht alles ersetzen. Frühere Investitionsrechnungen und Planungen hatten den Charakter von Wunschzetteln: Für alles, was ein Standort gerne bauen, sanieren oder ersetzen wollte, sollten unbegrenzte Ressourcen zur Verfügung stehen. Doch die Ressourcenbeschränkungen zwangen die Städte und ihre Behörden, neue Optionen zu überlegen, die die systemweite Leistung verbessern, größere Rentabilität der Investitionen versprechen und unterschiedlichen Bedürfnissen gerecht werden. Bruce McDowell stellte fest, daß »man sich in Zukunft wahrscheinlich darauf konzentrieren wird, vorhandene Einrichtungen optimal zu nutzen, die Kosten niedrig zu halten, die öffentlichen Einrichtungen dem natürli-

chen Umfeld anzupassen und bei der Bedarfserfüllung auf die wissenschaft-
lich effektivste Art und Weise kreativ zu sein«.[16]

Der Prozeß des Infrastrukturmanagements kann in jeder einzelnen
Phase neu gestaltet werden: Im Planungsstadium wird mit moderneren
Materialien, Technologien und Designtechniken gearbeitet; beim Bau werden bessere Materialien, Qualitätskontrolle und Ablaufmethoden eingesetzt, der Betrieb und die Instandsetzung durch neue Materialien, Techniken und Managementinstrumente unterstützt; zur Kontrolle und
Steuerung gehören neue Methoden der Bedarfsermittlung und qualifizier-
tere Managementsysteme. Schließlich werden in diesem integrierten und
vielstufigen Managementprozeß verbesserte Techniken zur Prognose und
Etatplanung und zur Projektentwicklung eingesetzt.

Zwischenstaatliche Planung

In der besten Tradition der Architektur und Technik ist »alles mit
allem vernetzt«. Heute sind, ob historisch gewachsen oder aufgrund finanzieller Erfordernisse, die Infrastruktursysteme und Verantwortlichkeiten
horizontal über verschiedene staatliche oder private Institutionen und Organisationen verteilt und werden vertikal von verschiedenen höheren Regierungsebenen reguliert, finanziert und verwaltet. Die US-Bundesregierung
finanziert zum Beispiel fast 30 Prozent der insgesamt 4 Millionen Straßen-
meilen der Nation und legt die Bau- und Instandsetzungspläne fest, doch
für die Mehrzahl der Straßen sind die Bundesstaaten und Regionen verantwortlich. Die kommunikativen Stockungen zwischen den Staaten und benachbarten Bezirken vergrößern nur die Staus und Stockungen im Straßenverkehr. In längst vergangenen Zeiten, als noch jede Gemeinde für ihre
eigene Müllentsorgung verantwortlich war, war es nicht notwendig, gemeinsam über umweltfreundliche Deponien nachzudenken, gemeinschaftlich
teure Müllverbrennungsanlagen zu bauen, Giftmüll zu entsorgen oder Re-
cyclingprogramme zur Verringerung des Müllaufkommens zu entwickeln.
Das hat sich grundlegend geändert. Nicht mit seinen Nachbarn zusammenzuarbeiten ist heute ein großes Risiko.

Umweltschutz-, Verkehrs- und Energieprogramme, die früher Gegenstand eigener öffentlicher Strategien waren, werden allmählich auf neue
Weise miteinander verknüpft und berühren zunehmend alle Aktivitäten der
Standortentwicklung, einschließlich Wohnungsbau, Raumplanung, Ge-
sundheits- und Bildungswesen. Demzufolge leiden manche Standorte

heute an Systemüberladung – gegensätzlichen und einander widersprechenden Verordnungen, von höheren Regierungsebenen verabschiedet, die den ganzen Apparat lahmlegen können. Behörden wie Konsumenten benötigen heute Einrichtungen, die eher der Bewahrung des Vorhandenen als dem Bau von Neuem dienen. Die »Nimbys« *(not in my backyard)* und Umweltschutzgruppen verhindern den Bau neuer und die Expansion bestehender Deponien. Antilärmgruppen und Umweltschützer organisieren Blockaden, um den Bau neuer oder die Erweiterung bestehender Flughäfen zu verhindern. Alles das hat zu der Ausbreitung der Städte beigetragen und die Entwicklung nach außen erzwungen. Die Ausdehnung und Streuung sowohl der Bevölkerung als auch der Wirtschaftsaktivitäten über die Metropolen hinaus hat zur Folge, daß öffentliche Verkehrsmittel weniger genutzt werden; damit wächst der Widerstand der Steuerzahler, öffentliche Verkehrsmittel zu Lasten der privaten Fahrzeugnutzung und des Straßensystems zu subventionieren. Der Wassermangel im Westen und im Nordwesten der USA führt zu immer stärkeren Auseinandersetzungen zwischen den Staaten und unter den industriellen, landwirtschaftlichen und privaten Wasserverbrauchern.

Das Denken über Systeme und Staaten hinweg erfordert, daß die Städte durch neue Technologien, Innovationen und Experimente voneinander lernen. Deutschland ist mit seinen gesetzlich vorgeschriebenen Recyclingprogrammen europaweit führend. In den USA erzielten Oregon und Washington öffentliche Anerkennung, weil sie Recyclingsysteme für private und gewerbliche Verbraucher initiierten; Portland und Seattle sind führend im Abfallmanagement; Houston und Dallas bauen einen Hochgeschwindigkeitszug, der den intermodalen und Intercity-Transport verändern könnte. Virginia und Kalifornien sind innovativ im Bau neuer privatisierter Autobahnen. Der Nordosten ist Nummer eins in der Energienutzungstechnologie. Da die Welt zunehmend wechselseitig abhängig ist, erwachsen auch enorme Möglichkeiten für Infrastrukturstrategien, die über geopolitische Grenzen hinausgehen und die Zusammenarbeit der Staaten erfordern.

Der Umweltimperativ

»Umweltbewußt denken« ist nicht nur eine vernünftige Maxime, sondern auch ein Handlungsimperativ. In den letzten zwanzig Jahren, seit dem National Environment Policy Act aus dem Jahr 1970 bis zu den Clean Air Act Amendments von 1990, mußten staatliche Bauvorhaben eine endlose Liste neuer Verordnungen und Genehmigungen einhalten, um die

Bedingungen für bundesstaatliche, einzelstaatliche und lokale Finanzierungen zu erfüllen. Die sich daraus ergebenden Genehmigungsverfahren vom Entwurf bis zur Fertigstellung von Bauprojekten verzögern nicht nur die Fertigstellung, sondern können auch dazu führen, daß der Bau überhaupt gestoppt wird.

Fast alle Großstädte und ihre Vororte haben mit Verkehrsproblemen zu kämpfen. Die Wahl der Verkehrsmittel und die Dauer der Fahrzeiten beeinflußt die Entscheidung, wo Menschen leben und arbeiten möchten, wo sie einkaufen, ein Restaurant besuchen oder ihren Urlaub verbringen wollen. Millionen von Stunden gehen jedes Jahr allein dadurch verloren, daß die Fahrtzeiten – vom Vorort in die Stadt oder von Vorort zu Vorort – wegen ständig verstopfter Straßen sich verlängern. Die Kosten dieser Verkehrsstaus – gerechnet in Zeit, Benzin und Versicherungskosten – wurden in allen Ballungsgebieten und pro Verkehrsteilnehmer gemessen. Seit 1980 nahm die Anzahl der in den USA jährlich gefahrenen Kilometer in allen Altersgruppen zu; durch den Eintritt der Frauen in die Arbeitswelt stiegen die Zahlen zusätzlich an.[17] Es ist offensichtlich, daß dieses sich zuspitzende Problem die Produktivität der arbeitenden Bevölkerung ebenso wie die Lebensqualität verschlechtert; aus diesem Grund darf es nicht vernachlässigt werden.

Die betroffenen Städte wenden verschiedene Methoden an, um dem Problem Herr zu werden. Neue Technologien – die Intelligent Vehicle Highway Systems (IVHS): Radare, Sensoren, computergesteuerte Kontrollwagen und satellitengesteuerte elektronische Navigationssysteme – werden für den effizienteren und gefahrloseren Ablauf im Straßenverkehr eingesetzt. In Los Angeles und Tokio wurden Sensoren installiert – elektromagnetische, in die Fahrbahn eingelassene Geräte –, anhand deren Verkehrsprobleme schnell identifiziert und der Verkehrsfluß durch entsprechend geschaltete Verkehrsampeln beruhigt wird. In New York City wird zur Zeit eine 100-Millionen-Dollar-Investition erwogen, um ein Verkehrsleitsystem, das mit Sensoren und »klugen Ampeln« arbeitet, zu installieren.[18] Neue Technologien bei den Fluglotsen und im Flugzeugdesign sollen die Überlastung im Luftverkehr reduzieren. Durch den Einsatz moderner Technologien kann zwar der Güter- und Personenverkehr reibungsloser gestaltet werden, doch sie alleine sind nicht in der Lage, das Verkehrsproblem zu lösen.

Eine zweite Strategie vieler Städte ist es, den Automobilverkehr durch Parkraumverknappung und höhere Kosten der Fahrzeughaltung einzudämmen. Anmelde-, Führerschein- und Parkgebühren werden erhöht, die Bußgelder für Verkehrssünder drastischer. Der Krieg um das Auto erstreckt sich auf Sonderparkerlaubnisse in den Stadtvierteln und Parkverbotszonen in den Innenstädten. Die meisten Länder erhöhen die Benzinpreise, um so den Autoverkehr einzuschränken und den Übergang zu öffentlichen Verkehrsmitteln zu fördern. Die Amerikaner arbeiten noch an Umwelt- und Energieprogrammen und an Maßnahmen, die Benzinsteuern, Car-sharing und andere Initiativen zum Abbau des Autoverkehrs betreffen. In Florenz/Italien und einigen anderen europäischen Städten wurden große Parkzentren an den Stadtgrenzen eingerichtet und Privatfahrzeuge aus der Innenstadt verbannt, während in Athen/Griechenland Privatwagen nur an bestimmten Tagen die Stadt befahren dürfen – eingeteilt nach geraden und ungeraden Zahlen ihres Nummernschilds.

Wenn die Städte versuchen, den Autoverkehr in ihren Zentren einzuschränken, erwächst dadurch die Notwendigkeit, das öffentliche Nahverkehrssystem zu verbessern. Die städtischen Regionen, die kein oder nur moderates Bevölkerungswachstum erleben, sind mit rückläufiger Nutzung der öffentlichen Verkehrsmittel konfrontiert und bieten daher kaum verbesserte Nahverkehrssysteme an. Damit öffentliche Verkehrsmittel effizient arbeiten, sind eine bestimmte Bevölkerungsdichte und ein gewisser Bedarf Voraussetzung; durch den Trend nach immer weiter vom Stadtkern entfernten Wohnungen wird die Nutzung eines effizienten Verkehrssystems jedoch unterlaufen. Trotzdem hat sich die Nachfrage im öffentlichen Nahverkehr erhöht, der nun zunehmend von privaten und öffentlichen Anbietern entsprochen wird.

In Städten wie Washington, D. C., Pittsburgh, Miami oder San Francisco finden die neuen, stark subventionierten Beförderungssysteme breiten Anklang in der Bevölkerung, doch gleichzeitig werden die älteren Systeme vernachlässigt. Vom Standpunkt der Anbieter kann der Einsatz von Massenverkehrsmitteln kostengünstiger sein als das Instandsetzen und Erweitern vorhandener Straßensysteme; es ist auch eine umweltfreundlichere Alternative – saubere Luft, mehr Bäume und freie Flächen, weniger Beton. Doch in Zeiten, in denen die Unterhaltskosten für Autos ein Rekordtief erreichen, niemand auf die Bequemlichkeit des eigenen Autos verzichten will und der Service nicht verbessert wird, führen die Massenverkehrsmittel einen immer härteren Kampf. Viele der älteren fest installierten Systeme sind heute veraltet; sie werden den Bedürfnissen der »Vorortler« nicht mehr gerecht, während gleichzeitig immer mehr Städter nach Arbeitsmöglichkeiten in den Vororten suchen.

Eine vierte Option besteht darin, den Besitz von Kraftfahrzeugen zu verteuern. Mit dieser Strategie kann gleichzeitig die Umweltbelastung reduziert und die Akzeptanz für öffentliche Verkehrsmittel erhöht werden. Zahlreiche Staaten und Regionen haben bereits die Preise für Benzin mit hoher Oktanzahl erhöht, um den Kauf großer Wagen zu reduzieren; die Abgasnormen werden heraufgesetzt, die großen Firmen ermuntert, Car-pools oder Großwagen für ihre Angestellten einzusetzen. Die Novellierungen zum Umweltschutzgesetz, die »Clean Air Act Amendments«, fordern rigidere Luftreinheitsbestimmungen, denen durch die Begrenzung von Dienstreisen mit dem Pkw, die zwischen 1992 und 1996 eingeführt werden soll, Rechnung getragen wird. Städte mit hohen Ozonwerten werden höhere Sauberkeitskriterien bei Brennstoffen festlegen müssen. Kalifornien und einige Staaten im Osten der USA haben strenge Fristen zur Einführung elektrobetriebener Wagen angesetzt und verlangen Zusatzausstattungen für benzinbetriebene Automobile und Lastwagen.[19]

Kalifornien ist führend in der Umsetzung von Strategien zur Verringerung der durch den Kraftfahrzeugverkehr bedingten Umweltverschmutzung; der zwischenstaatliche Autoverkehr wird durch die Einführung einer Smoggebühr von 300 Dollar erschwert; nichtkalifornische Fahrzeuge müssen in ihrer Ausstattung höheren Umweltsstandards genügen. Zur Zeit wird an Richtlinien gearbeitet, die den Firmen »Umweltkredite« für Aktionen wie zum Beispiel den Kauf oder die Verwertung gebrauchter Automobile zuteilen. In Japan werden jährliche Inspektionsgebühren für Kraftfahrzeuge erhoben, deren Satz sich entsprechend dem Alter des Autos progressiv steigert. Dies dient beidem – der Luftqualität und der Autoindustrie. Auch die Großstädte der Niederlande können das gestiegene Verkehrsaufkommen nicht mehr verkraften. Verstopfte Straßen machen dort 50 Prozent der gesamten Umweltverschmutzung aus. Das »Department of Road Transportation« sieht nun ein Car-pool-Arrangement für die vielbefahrene Strecke zwischen Amsterdam und Hilversum vor. Ein weiterer Ansatz ist ein von der Gewerkschaft entwickelter Vertrag, der alle Arbeitnehmer des Schiphol-Flughafens verpflichtet, öffentliche Transportmittel für ihren Weg zur und von der Arbeit zu benutzen.[20] Kurz, die Städte setzen eine Vielzahl von Strategien ein, um ein Gleichgewicht zwischen der Mobilität der Menschen und dem Schutz der Umwelt zu erzielen.

Umweltfreundlich über Massentransportmittel zu denken wird vielleicht durch die Umsetzung des Intermodal Surface Transportation Efficiency Act aus dem Jahr 1991 erleichtert, der ersten *post-Interstate reauthorization* der staatlichen Schnellstraßen und Transitprogramme. Zu den wichtigen Veränderungen in den zwischenstaatlichen Beziehungen, die dieses Gesetz vorsieht, zählt die Betonung auf öffentliche Beförderung, die Mittelzuteilung für multimodalen Gebrauch in den größeren urbanisierten

Gebieten sowie die Forderung, daß die Verkehrspläne mit den Plänen der staatlichen und regionalen Organisationen für saubere Luft konsistent sind. Dieses vielen Zwecken dienende Transitprogramm wird auch in Zukunft voll finanziert, und weitere Verordnungen werden folgen, doch die zukünftige Transportfinanzierung hängt wahrscheinlich davon ab, inwieweit die Standorte in der Lage sind, Umweltstrategien in die Praxis umzusetzen. Die Standorte werden ihrerseits beträchtlichen Spielraum für Experimente haben und ihre besonderen Bedürfnisse und Bedingungen an die neue Umweltära anpassen können.

Gleichschaltung der Standortentwicklung mit der Infrastrukturentwicklung

Die Planungen und Aufwendungen zur Infrastruktur müssen vielen verschiedenen Anforderungen gerecht werden, von denen jedoch keine wichtiger ist als die Anpassung an das übergeordnete Ziel der Standortentwicklung. Ebensowenig wie Tarifkriege von Generälen geführt werden können, ist auch die Infrastrukturentwicklung zu wichtig, um sie einfach den Ingenieuren und Architekten und den engen Beschränkungen einer auf ein einziges Ziel gerichteten Strategie (zum Beispiel die Einführung von Autobahngebühren) zu überlassen. Verschiedene Institutionen – Vertragspartner, Politiker und Gremien – befürworten vielleicht den Bau neuer Infrastruktursysteme als Ersatz für ältere oder große Ein-Zweck-Anleiheemissionen, die lediglich einem einzigen Puzzleteilchen im gesamten Infrastrukturpuzzle nützen. Das sollte jedoch diejenigen nicht entmutigen, die die Notwendigkeit erkennen, die öffentlichen Bauvorhaben mit den breiter gesteckten Zielen der Standortentwicklung zu verknüpfen.

Ein klassisches Beispiel dafür, wie die Planer die Verbindungen von Infrastruktursystemen und Umweltforderungen mit anderen Zwecken neu überdenken, sind die multimodalen Bahnhöfe – verbesserte Anbindung zwischen Bus und Bahn, Boden und Luft, Nah- und Fernverkehr. »Die Planer multimodaler Terminals wurden durch die Washington Union Station motiviert, ein geschäftiger Mittelpunkt mit Bahn- und Busverkehr, Restaurants, Kinos und Geschäften«[21]. 1988 wurde der Bahnhof nach seiner Renovierung neu eröffnet und ist seitdem zentraler Knotenpunkt für Reisende, Touristen und Büros. Dutzende amerikanischer Städte arbeiten heute an ähnlichen Modellen für intermodale Verkehrsanbindungen, um den Verkehr zu entlasten und die Stadtkernsanierung anzukurbeln.

Häufig sind Investitionen in die Infrastruktur – sei es, um vorhandene Einrichtungen zweckmäßiger zu nutzen oder neue Einrichtungen zu schaffen, die vielfältigen Bedürfnissen und Prioritäten dienen sollen – die wichtigste Entscheidung, die eine Stadt zur Stärkung ihrer Wettbewerbsposition treffen muß. Auf nationaler Ebene gibt es Anzeichen, daß der frühere Trend zur Vernachlässigung der Infrastruktur sich umkehrt – sichtbar an in letzter Zeit getätigten Finanzierungen in die entsprechenden Kapitalmärkte und an die wachsende Nachfrage im öffentlichen Sektor nach größeren Regierungsbeihilfen.

Die Frage ist allerdings, ob die Städte in der Lage sind, neue Ausgaben zu ihrem Vorteil zu nutzen und kreativ zu denken und zu handeln. Insgesamt wirkt sich die Qualität der Umwelt und die äußere Verfassung eines Standortes auf Bewohner, Geschäfte, Besucher und Touristen aus. Die Industrie sucht umweltfreundliche Produktionsstätten, in die genügend investiert wurde oder wird, um hohe Kosten und Steuern zu einem späteren Zeitpunkt zu vermeiden.

Die Unternehmen wollen Mitarbeiter gewinnen und erhalten; sie wollen nicht hohe Kosten in Arbeitssicherheit und die Gesundheit ihrer Mitarbeiter investieren, wenn die Standorte selbst lasch mit Umweltschutznormen umgehen. Das gewachsene ökologische Verständnis, verbesserte Verfahren für Investitionen in öffentliche Bauvorhaben und eine breitere Akzeptanz für die zwischenstaatliche Zusammenarbeit bringen eine Verlagerung der Interessen mit sich. In vielen Fällen beginnen Innovationen mit geringen Ressourcen und einem kleinen, aber expandierenden Pool risikobereiter Führer und aktiver Bürger.

Die Stadt Curitiba/Brasilien unter Führung ihres Bürgermeisters Jaime Lerner reagierte auf die Umweltherausforderungen mit einer kleinen, innovativen und attraktiven Kampagne. Lerner stellte dabei die Beteiligung der Bürger in den Mittelpunkt – Austausch von Mülltüten gegen Mahlzeiten, Umarbeiten alter Busse in Klassenzimmer, Entwerfen von Glasröhren-Busverlader für schnelles Auf- und Abladen sowie die Pflanzung von über drei Millionen Bäumen, die von Bürgern und Regierung gemeinsam finanziert wurde. Zwar hat die 1,4-Millionen-Stadt noch nicht alle ihre Probleme gelöst, doch der Fortschritt ist offensichtlich, die Stadt lebendig. Kampagnen wie die von Curitiba demonstrieren, wie ein Programm mit nur geringen Mitteln die Abwärtsspirale durchbrechen und zudem die Umwelt schützen kann.

Basisdienstleistungen:
Polizei, Feuerwehr und Ausbildung

Ebenso wie Stadtgestaltung und Infrastruktur wird auch die angemessene öffentliche Versorgung im Standortwettbewerb als selbstverständlich betrachtet. Tatsache ist, daß Mängel der öffentlichen Dienste, insbesondere im Erziehungs- und Ausbildungssektor, die Qualität eines Standorts substantiell beeinträchtigen, während andererseits mit qualifizierten öffentlichen Dienstleistungen als einer der Hauptattraktionen geworben werden kann.

Wie würde zum Beispiel Ihre eigene Stadt bei den folgenden Fragen abschneiden: Kann man nachts durch die Innenstadt gehen ohne Angst, überfallen zu werden? Müssen Touristen und Besucher um ihre Sicherheit fürchten? Wie weit entfernt vom Arbeitsplatz muß der Wohnort liegen, um das gewünschte Maß an öffentlicher Versorgung und Umweltqualität zu erhalten? Würden Sie Ihre Kinder in eine Schule am Ort schicken?

Die Chancen, Unternehmen anzuziehen und zu halten, verringern sich drastisch, wenn ein Standort für seine hohe Kriminalität und seine schlechten Schulen bekannt ist. Früher waren bei der Standortentscheidung häufig niedrige Steuern und ein angemessener Service maßgebend. Heute, da solche Vorteile vom Ausland angeboten werden, interessieren sich Unternehmen für Standorte, die hochwertigen Service anbieten und wo die »Wertschöpfung« zur Produktivitäts- und Qualitätsverbesserung beiträgt. Touristen und Besucher legen immer mehr Wert auf sichere Reiseziele. Eltern ziehen Wohnorte mit guten Schul- und Ausbildungsbedingungen vor. Die öffentlichen Dienstleistungen sind es, die den Unterschied ausmachen.

Nachdem wir bisher Infrastruktur- und Umweltaspekten nachgegangen sind, wenden wir uns nun dem Kern der öffentlichen Dienste zu: dem Schutz *der Bevölkerung und des Eigentums, Erziehung und Ausbildung.* Diese grundlegenden, sichtbaren und persönlichen Dienstleistungen werden lokal finanziert, verwaltet und kontrolliert. Mehr als 50 Prozent der Ausgaben des öffentlichen Haushalts werden für Polizei und Feuerwehr verwendet; heute entfallen auf sie und die unabhängigen Schulbezirke mindestens 75 Prozent der in den Kommunen eingenommenen anfallenden Vermögen- und Grundsteuern. Das heißt, daß sich diese kostspieligen Dienstleistungen am meisten zugunsten derjenigen auswirken, die diese Dienstleistungen in Anspruch nehmen und für sie bezahlen.

Ob die öffentlichen Dienstleistungen als adäquat angesehen werden können, hängt im wesentlichen von zwei Punkten ab: den Ressourcen und

Maßnahmen. Die Ressourcen sind von der finanziellen Kapazität, Steuereinnahmen und der Ausgabebereitschaft der Öffentlichkeit abhängig. Die
Maßnahmen – mehr und qualifizierteres Personal, bessere Ausstattung,
mehr öffentliche Einrichtungen – wirken sich vielleicht nur wenig auf die
Ergebnisse wie die Verbrechensstatistik, die Grundfertigkeiten der Bürger
wie Lesen und Schreiben oder den Verlust oder die Beschädigung von
Eigentum aus. Seien es Fragen der Ausbildung oder der öffentlichen Sicherheit – die öffentliche Diskussion kreist überwiegend um das Verhältnis
zwischen Ausgaben und Ergebnis, Input und Output. Die Verbesserung der
öffentlichen Dienste – ob sie nun an objektiven Daten oder an der Zufriedenheit der Kunden gemessen werden – ist nicht zwangsläufig mit einer
Erhöhung der dafür verwendeten Mittel verbunden. Statt dessen sollte über
eine andere Mischung der Ressourcen nachgedacht werden und darüber,
wie der Service jeweils durchgeführt wird.

Bei der Feuerwehr liegt die Betonung auf Präventivmaßnahmen und
verbesserter Anwendung neuer Technologien; beides kann sich entscheidend auf die Häufigkeit von Bränden und Feuerschäden auswirken. Qua-
lifiziertere Ausbildung, häufigere Inspektionen und schärfere Bauordnungs-
vorschriften sind unter Umständen kostengünstiger als die Einstellung
zusätzlichen Personals und die Anschaffung neuer Geräte. Sprinklersy-
steme, Feuerdetektoren, Kommunikations- und Feueralarmsysteme können erheblich zur Brandvermeidung beitragen. Im Gegensatz dazu sind die
Ursachen für Kriminalität, die mit psychosozialen und sozioökonomischen
Faktoren zusammenhängen, vielschichtiger. Doch auch hier kann eine effiziente Polizei helfen, die Angst vor Verbrechen einzudämmen und die Beziehung zwischen Bevölkerung und Polizei zu verbessern.

Die Standorte passen sich auch in den Leistungen der Polizei und der
Feuerwehr an die Bedürfnisse ihrer »Kunden« an. Die Polizei in
Madison/Wisconsin arbeitet seit Mitte der sechziger Jahre nach der
Methode des »Total Quality Management«. In einer von Bürgermeister Joseph Sensenbrenner initiierten Studie wurden die Bürger nach
ihren Erfahrungen mit der Polizei – ob als Opfer, Täter, Zeuge, Klä-
ger – befragt und um eine Bewertung der polizeilichen Leistungen
mitsamt Empfehlungen, wie die Polizei bestimmte Situationen besser hätte handhaben können, gebeten. Die Umfrage erstreckte sich
über mehrere Stadtviertel und sollte feststellen, auf welche Aufgaben
sich die Polizei nach Meinung der Bürger jeweils konzentrieren sollte.
Würde zum Beispiel Graffiti oder Lärmbelästigung als potentiell

störender empfunden als etwa Prostitution, so würde die Priorität auf
ersterem liegen. Die bisherige autoritäre Struktur, die die polizeilichen Aktivitäten nach eigenen Prioritäten und Maßstäben festlegte,
macht heute einem zunehmend »kundenorientierten« Service Platz.[22]

In den meisten Großstädten gibt es heute verschiedene Formen der
»kundenorientierten« polizeilichen Arbeit; der erwiesene Vorteil ist, daß die
Polizei mehr öffentliche und kommunale Ressourcen erhält, um das unmit-
telbare Umfeld der Bürger besser schützen zu können. Die Abkehr von
Bürokratie und Hierarchie im öffentlichen Dienst ermöglicht größere Kundenorientierung und kann bestimmte kriminelle Aktivitäten und Verhal-
tensweisen eindämmen. Dadurch kann auch das Ansehen, das die Polizei in
der Öffentlichkeit genießt, verbessert werden. Die Hinwendung zu kunden-
orientiertem Service beschränkt sich jedoch nicht nur auf die Polizei. Das
gesamte Spektrum des öffentlichen Dienstes kann von den Techniken des
»Qualitätsmanagements« profitieren, wie es ja auch erfolgreich in der Industrie angewendet wird.

Betrachtet man schließlich die Sicherheitsbedürfnisse der Besucher
und Touristen, kann auch hier mehr und wirkungsvollerer Schutz durch
verstärkten Einsatz von Streifengängen, bessere Koordinierung zwischen
privater und öffentlicher Schutzpolizei und verbesserter Anwendung neuer
Technologien geboten werden.

In Paris hilft eine Fernsehüberwachung, die 1976 zur Verkehrskontrolle eingesetzt wurde, die Sicherheitsprobleme in den Griff zu bekommen. 1988 beschäftigte die französische Nationalpolizei rund um
die Uhr Personal in einem Kontrollraum, von wo aus alle Aktionen
durch 140 Kameraanlagen beobachtet werden konnten. Gefährliche
Situationen wurden sofort detailliert auf einer Karte angezeigt, und
die Polizei wird dann in die Problemgegenden geschickt. Die positive
Wirkung des Systems auf die Verbrechensbekämpfung, den Schutz
der Bürger und die Verkehrskontrolle trägt entscheidend mit dazu
bei, den besonderen Reiz der Stadt, die jährlich Millionen von Besuchern anzieht, zu bewahren.[23]

Programme zur Verbesserung des Bildungswesens

Jeden Tag werden amerikanische Städte von nationalen Komitees, Behörden, Unternehmen und Bürgern mit Beschwerden über die Mängel des amerikanischen Schulsystems und des Arbeitsmarktes bombardiert, die mit zum Verlust der Wettbewerbsvorteile auf dem Weltmarkt beitragen. Die neue weltweite Konkurrenz hat die gesamte Welt der Arbeit transformiert. Der Bedarf an ungelernten Arbeitskräften schwindet, und parallel dazu wächst die Nachfrage nach beruflicher Qualifikation, dem die Arbeitssuchenden entsprechen müssen. Heute geben die Unternehmen 50 Milliarden Dollar pro Jahr für formelle Personalschulung und -weiterbildung aus, die informelle Ausbildung übersteigt diesen Betrag noch um das Drei- bis Vierfache. Die Unternehmen geben denjenigen Standorten Vorrang, die in der Lage sind, sich den veränderten Arbeitsplatzanforderungen heute und in der Zukunft anzupassen. Die Standorte erkennen ihrerseits zunehmend, daß Programme zum Erhalt oder zur Verbesserung ihrer industriellen Basis – Ausbildung und Weiterbildung – unter Umständen weit wichtiger sind als Maßnahmen, die einspurig auf die Ansiedlung von Unternehmen ausgerichtet sind.

Wenn auch viele Standorte darin übereinstimmen, daß wirtschaftliches Wachstum Investitionen in Aus- und Fortbildung voraussetzt, unterscheiden sich doch die Ansichten der am Bildungssektor Beteiligten – Lehrer, Eltern, Verwaltungsstellen, Arbeitgeber und Steuerzahler – fundamental darin, wie und selbst wer die Leistung des Schul- und Ausbildungssystems verbessern sollte. In den USA gibt es 16000 öffentliche Schulen, jede mit ihrer eigenen Management- und Gebührenpolitik; die Diskussion kreist um Fragen wie Auswahl und Wettbewerb, Effizienz und Chancengleichheit, Standards und Leistung.

Pädagogen und Wissenschaftler suchen nach Programmen, Interventionen und Methoden, um die Ausbildung und Leistung Jugendlicher zu verbessern. In dem Wissen, daß eine Wende im Ausbildungssystem sich über Jahrzehnte oder gar Generationen erstrecken kann, wenden wir drei Tests an, um die Bereitschaft eines Standortes, seinen Nachwuchs besser auf das Berufsleben oder höhere Bildungsinstitutionen vorzubereiten, zu ermitteln. Die Tests können auch in Bundesstaaten angewendet werden, die bereits nach verschiedenen pädagogischen Kriterien bewertet wurden, von denen sowohl die Finanzierung als auch die Normen für die lokalen Schulbezirke abhängen.

- Breit angelegte öffentliche Unterstützung der Schulen,
- langjährige Handlungspläne zur Verbesserung des Schulwesens,
- integrierte Ansätze für Erziehung und Ausbildung.

Die wichtigste Frage – sei es bei der privaten Entscheidung, in ein bestimmtes Stadtviertel zu ziehen, sei es die wirtschaftliche Entscheidung eines Unternehmens, sich einen anderen Standort zu suchen – ist meist: Werden die Schulen von den Bürgern – öffentlich oder privat – aktiv unterstützt?

Die öffentliche Akzeptanz der lokalen Schulen geht über die Bewertung durch Eltern und andere hinaus und beschränkt sich auch nicht auf die Bereitschaft, mehr Mittel dafür zu verwenden. Es kommt uns hier vielmehr darauf an, in welchem Maß Eltern, öffentliche Meinungsführer, Unternehmen, Gewerkschaften und andere Interessenorganisationen aktiv am lokalen Ausbildungssystem mitwirken. In den USA hat die Beteiligung der Wirtschaft am Bildungswesen eine lange Tradition, doch die Städte unterscheiden sich zunehmend darin, inwieweit Unternehmen und ihre Mitarbeiter tatsächlich involviert sind. Seit Mitte der achtziger Jahre haben sich drei Kategorien herausgebildet:[24]

- Patenschaften: Sie gibt es in zirka 40 Prozent der öffentlichen Grundschulen; ihre Aktivitäten reichen von Einladung von Gastreferenten bis hin zur Bereitstellung von Waren und Dienstleistungen.
- Projektarbeit: Hier werden durch privatwirtschaftliche Initiativen Neuerungen eingeleitet, zum Beispiel durch die Bildung von Lehrerfortbildungen, Entwicklung von Curriculae oder Führungstraining.
- Reformorientierte Arbeit: Unter Leitung eines Unternehmens oder eines Konsortiums, wie zum Beispiel in Rochester/New York, Chicago oder Cincinnati, mit dem Ziel, Änderungen der Lehrpläne, der Verwaltung und Leitung durchzusetzen. (Diese Reformen reichen von der Wahl der Schule über schulorientierte Managementsysteme bis zu Verträgen mit Dritten zur Leitung der Schulen.)

Natürlich sind Innovationen und positive Veränderungen des Bildungssystems auch ohne die Beteiligung der Wirtschaft möglich; sie ist jedoch ein allgemeiner Gradmesser dafür, inwieweit sich die Mitglieder einer Gemeinde verpflichtet fühlen, Jugendlichen diejenigen Qualifikationen und Fertigkeiten zu vermitteln, die ihnen später helfen, in der Arbeitswelt produktiv zu sein. In vielen Städten ist die Wirtschaft heute ein wichtiger Verbündeter bei Bildungsfragen, die die Aufgaben der Schule mit formuliert und die Zielsetzungen privater und öffentlicher Institutionen definiert – von der Behandlung Drogenabhängiger und der Einrichtung von Tagesstätten bis zu Berufsberatung und Weiterbildung.[25]

Für BMW, den ersten europäischen Automobilhersteller in den USA nach der Stillegung des Volkswagenwerks in Pennsylvania im Jahr 1988, hing die Entscheidung, ein neues Werk außerhalb Deutschlands anzusiedeln, von der Verfügbarkeit qualifizierter Arbeitskräfte ab. PHH Fantus, eine der führenden internationalen Beratungsfirmen bei der Standortsuche von Unternehmen, wurde mit der weltweiten Suche beauftragt und besichtigte 250 Orte, von denen zehn in die nähere Wahl gefaßt und schließlich Spartanburg/South Carolina ausgewählt wurde. Warum? Weil dieser Ort den von PHH Fantus und BMW geforderten Kriterien entsprach; besonders ins Gewicht fielen dabei die intensiven Qualifizierungs- und Berufsfortbildungsprogramme. Modifiziert und auf die Bedürfnisse von BMW zugeschnitten, konnten die Qualifizierungsmaßnahmen und flexiblen Ausbildungsstrukturen den Anforderungen von BMW sowohl im Hinblick auf die Industriearbeiter als auch auf das Dienstleistungspersonal genügen. 1995 soll die Produktion anlaufen.[26]

Neben ihrem Engagement und den verschiedenen partnerschaftlichen Modellen unterscheiden sich Standorte auch darin, wie langfristige Ausbildungspläne und -ziele formuliert und verfolgt werden. 1989 arbeitete Präsident George Bush mit den Gouverneuren verschiedener Staaten an der Formulierung nationaler Ausbildungsziele, die später im Strategieplan »America 2000« festgehalten wurden. Viele Orte entwickelten bereits ihre eigenen Pläne und Strategien, mit denen der Analphabetismus eingedämmt und das Qualifikationsniveau erhöht werden soll, das die Schüler besser auf die Arbeitswelt vorbereitet und die Zahl der vorzeitigen Schulabgänger verringert.

Betrachtet man Bildung und Ausbildung im Gesamtrahmen der Standortentwicklung, zeigt sich, daß dieser Faktor zunehmend breiter definiert wird und heute von der Geburtsvorsorge über die Kindheits- und Jugendentwicklung bis hin zur Schulbildung, Berufs- und Weiterbildung reicht.[27] Durch diese breiter gefaßte Sichtweise werden alle Regierungsebenen und Verantwortlichkeiten, alle privaten, öffentlichen und Non-profit-Institute mit einbezogen. Von den kommunalen Colleges bis zu staatlichen Universitäten, von Forschungszentren bis zur Unterstützung von Kleinunternehmen werden die Bildungsressourcen zum vitalen Bindeglied in der lokalen Wirtschaftsförderung. Die kommunalen Colleges können zum Beispiel Weiterbildungsprogramme entwickeln, oder die ansässige Privatwirtschaft kann in Zusammenarbeit mit Schulen und technischer Unterstützung Berufsbildungsmaßnahmen initiieren, die dem Bedarf des lokalen Arbeitsmarktes entsprechen.

Zu einer qualifizierten Ausbildung gehören heute mehr als zunehmende SAT-Punkte* und höhere Schulabschlußquoten. Vom Gesichtspunkt der Standortentwicklung aus betrachtet, beinhaltet die Verbesserung des Schulwesens auch das Engagement, mit dem eine breite Öffentlichkeit sich der Leistungsverbesserung an den Schulen verpflichtet fühlt. Erziehung und Ausbildung sollten eine Vielzahl von Diensten und Ressourcen umfassen und diese an die entsprechenden Standortstrategien knüpfen.

Attraktionen

Es ist ein Unterschied, ob man sagt, ein Ort funktioniert, oder ob man von ihm behauptet, er sei attraktiv. Mit dem Begriff »Attraktionen« bezeichnen wir die räumlichen/baulichen Besonderheiten und Eigenschaften, die eine Stadt für ihre Bewohner, Besucher, Unternehmen und Investoren interessant macht.

Dabei läßt sich eine Einteilung danach vornehmen, ob ein Standort keinerlei Attraktionen besitzt, eine einzige, einige oder viele Attraktionen. In die erste Kategorie fallen meistens kleine Städte, die über keinerlei Sehenswürdigkeiten oder Besonderheiten verfügen, die neue Bewohner, Besucher oder Geschäfte anziehen könnten. Im amerikanischen Mittelwesten zum Beispiel gibt es viele Städte, die nahezu identisch sind – mit einer sich über ein paar Häuserblocks entlangziehenden Einkaufsstraße, ein paar Kirchen, einer Feuerwehr, einer Schule, bescheidenen Eigenheimen. Die Einwohner lieben vielleicht ihre Stadt, aber Reisende können absolut nichts an ihr entdecken, außer den immer gleichen Fast-food-Restaurants, Motel- und Ladenketten. Ihr Merkmal ist »Standortlosigkeit«; schon beim ersten Besuch überfällt den Reisenden das Gefühl, hier schon einmal gewesen zu sein. Gertrude Stein hat diese Reaktion treffend charakterisiert, als sie über Oakland schrieb: »Dort gibt es kein Dort.«

---

* SAT = Scholastic Aptitude Test als Voraussetzung zum Studium (Anm. d. Ü.).

Eine Kleinstadt, auch wenn sie für Touristen nichts bietet, kann dennoch für Kleinbetriebe aufgrund der moderaten Lohnkosten, ihrer qualifizierten Arbeitskräfte, der billigen Grundstückspreise oder niedrigen Steuern attraktiv sein. Aber attraktiv zu sein heißt für einen Standort noch nicht, daß er auch Attraktionen besitzt.

Einige Städte sind interessant genug, um auch entferntere Besucher anzuziehen, bieten indes nicht genug für einen mehrere Tage währenden Aufenthalt. In Springfield/Illinois ist das State Capitol sehenswert, man kann Lincolns Geburtshaus und Grab ansehen oder in Mitchell/South Dakota den reichverzierten und bizarren »Corn Palace«. Doch viel mehr gibt es nicht, um die Aufmerksamkeit des Besuchers zu fesseln.

Eine Handvoll Städte – Paris, Wien, New York, San Francisco – haben viele Reichtümer und brauchen sich nicht über zusätzliche Sehenswürdigkeiten, die den Reiz ihrer Stadt erhöhen könnten, den Kopf zu zerbrechen. Ihr Grundproblem liegt eher darin, die Infrastruktur und den Service für die ständige Schar von Touristen und Geschäftsleuten aufrechtzuerhalten, die wegen ihrer Schätze zu ihnen kommen.

Doch lassen wir diese Weltklassestädte beiseite, und wenden wir uns den Standorten zu, die selbst für ihre Attraktionen sorgen müssen. Wenn auch das Klima oder die natürliche Umgebung nicht geändert werden kann, so ist es doch möglich, neue Sehenswürdigkeiten zu schaffen.

San Antonio, einst ein verschlafenes Städtchen in Südtexas, ist heute die zehntgrößte Stadt der USA und der meistbesuchte texanische Ferienort mit jährlichen Besucherzahlen von fast elf Millionen. Seit seiner HemisFair-Messe hat San Antonio nach und nach sein Attraktionsportefeuille vermehrt: ein Tagungszentrum, die Verschönerung des Flußufers, Ladengalerien, der Vergnügungspark »Sea World« und sein Alamodome, das 1993 eröffnete.[28]

Viele Standorte bauen Kuppelstadien für ihre Sportteams, Kongreßzentren und anderes; sie bauen Festplätze und eröffnen Restaurants, die direkt am Wasser liegen; sie fördern den Bau neuer Hotels; sie bieten Golfkurse und Freizeiteinrichtungen an, von denen einige sehr erfolgreich sind, andere sich als Fehlinvestition entpuppen. Wichita Falls/Texas, das 1890 seine Wasserfälle durch eine Überflutung verlor, ersetzte sie hundert Jahre später nahezu vollständig, um den Tourismus anzukurbeln. Die künstlichen Wasserfälle sind heute der Stolz der Stadt und lohnen den Besuch, doch der Touristenanstrom bleibt bis heute aus.

Welche Umstände machen eine bestimmte Attraktion sehenswert? Wir werden im folgenden die Attraktionen näher betrachten, die für Standorte generell als wichtig gelten: Naturschönheiten und andere Besonderheiten, Geschichte und berühmte Persönlichkeiten, Markt- und Festplätze, kulturelle und ethnische Attraktionen, Erholung und Unterhaltung, Sportstadien, besondere Ereignisse und Veranstaltungen, Gebäude, Monumente und Skulpturen, sonstige Attraktionen.

Naturschönheiten

Die meisten Menschen verstehen unter Naturschönheiten Berge, Täler, Seen, das Meer und Wälder. Ein Ort mit einer besonders reizvollen Aussicht oder einem weltbekannten Naturwunder wie der Grand Canyon haben natürlich keinerlei Probleme, Touristen anzuziehen. Schöne Strände wie in Jamaika, die Küste Neuenglands, die Pazifikküsten und auch die meisten Seen brauchen keine Werbung. Landschaftlich reizvolle Städte und Orte können von diesen Besonderheiten profitieren, jedoch nur wenn sie sie bewußt schützen.

Ältere Ortschaften haben die Möglichkeit, umweltfreundlicher und in ihrer äußeren Erscheinung erfreulicher zu werden. Verkehrsreiche Straßen, Alleen, verlassene Grundstücke und betonierte Bürgersteige können durch »Begrünen« gewinnen – durch Bäume und Blumenarrangements, durch Brunnen und bessere Nutzung der freien Flächen. Das räumliche, bauliche und ökonomische Umfeld eines Ortes kann durch die gemeinsamen Bemühungen von Bürgerinitiativen, Geschäftsleuten, Stadtplanern und Unternehmen verbessert werden.

Geschichte und Berühmtheiten

Orte, die Schauplatz historischer Ereignisse waren oder sich den Charme vergangener Zeiten bewahren konnten, haben eine geradezu magnetische Ausstrahlung auf Touristen. Vicksburg, Savannah und Charleston bieten Tagesfahrten zu ihren spektakulären ehemaligen Herrensitzen an. Auch die Geburtsorte und Heimatorte berühmter Persönlichkeiten verfehlen niemals ihre Wirkung auf Touristen. In Memphis, der Stadt, in der Elvis Presley seine erste Schallplatte besang, ist es das Geburtshaus des Stars, Graceland. Das Städtchen Strasbourg/North Dakota ließ das Haus renovieren, in dem der Bandleader Lawrence Welk seine Kindheit verbrachte, und beherbergte bereits eine große Zahl von »Champagne-King«-Fans. In Hartford besuchen Touristen die nebeneinanderliegenden ehemaligen Häuser von Mark Twain und Harriet Beecher Stowe.

Ein Ort verliert sehr viel, wenn er seine historischen Stätten vernachlässigt oder gar zerstört. Stadtpolitiker, die irrtümlich glauben, die Instandhaltungskosten könnten ihren Wert übersteigen, lassen es manchmal zu, daß alte Besitztümer und historische Bauten zerstört werden und gesichtslosen Neubauten weichen müssen. Betrachten wir die folgende Situation:

> Los Angeles, die Heimat legendärer Hollywoodstars, war stolz auf seine berühmte »Schwab's Pharmacy«. Bei Schwab's wurde angeblich der Filmstar Lana Turner entdeckt, und Schwab's war auch das Stammlokal von Weltstars wie Clark Gable, Marilyn Monroe und Judy Garland. In den frühen achtziger Jahren wurde Schwab's Drugstore geschlossen und ein großer Teil seiner Erinnerungsstücke auf einer Auktion versteigert. Die Baufirma Condor Westcorp kaufte das Grundstück, um darauf einen Einkaufskomplex im Wert von 50 Millionen Dollar zu bauen. Der ehemalige Drugstore sollte nach Beschluß der neuen Besitzer in einer idealisierten Version wieder auferstehen. Die Kunden der riesigen neuen Einkaufsgalerie könnten dann nacherleben, wie Humphrey Bogart sich eine Schokoladensoda bestellte oder die Klatschkolumnistin Louella Parson den jungen James Dean interviewte. Doch das neue Schwab's wurde nie gebaut, und der Platz blieb leer. Die ursprünglichen Besitzer sind heute hoch in ihren Achtzigern und werden den Drugstore wohl kaum wiedereröffnen.[29] Ein neues Schwab's könnte eine Restaurationswelle in Gang setzen und, nachdem die Stadt eines ihrer Wahrzeichen zerstört hatte, eine neuere und frischere Replika aufbauen.

Märkte und Festplätze

Jede Gemeinde hat einen oder mehrere Einkaufsgebiete, in denen Lebensmittel, Kleidung, Geräte, Möbel und Hunderte anderer Dinge eingekauft werden. Einkaufsgegenden im Stadtkern wie die Fifth Avenue in New York, Michigan Avenue in Chicago, Rodeo Drive in Beverly Hills und Montenapoleon in Mailand ziehen Touristen aus aller Welt an, die auf der Suche nach dem Besten sind, was Geld kaufen kann.

Heute kämpfen viele der kleinen Straßenläden an der Main Street oder in den einzelnen Stadtvierteln, die der wachsenden Konkurrenz regionaler und lokaler Einkaufszentren nicht mehr gewachsen sind, ums Überleben. Die heutigen riesigen Einkaufszentren beherbergen ganze Warenhausketten, Dutzende von im Franchise-Prinzip geführten Einzelgeschäften, Ärztehäuser, Fitneß- und Gesundheitszentren, häufig auch Kinos und andere Arten der Unterhaltung. Für Parkmöglichkeiten ist ebenso gesorgt wie für die leichte Erreichbarkeit der klimatisierten Geschäfte, die, wenn sie überdacht und klimatisiert sind, Schutz vor schlechtem Wetter bieten. Es gab eine Zeit, als diese Einkaufszentren florierten, heute jedoch leiden viele von ihnen unter Überkapazität und scharfem Wettbewerb, der dazu führt, daß die einst florierenden Einkaufszentren heute auf unterschiedlichste Weise genutzt werden.

Die Sanierung der städtischen Kernbereiche wird immer häufiger von quasiöffentlichen Unternehmen durchgeführt, mit deren Serviceangebot die lokale Regierung nicht mithalten kann oder will. Im letzten Jahrzehnt wurden oftmals private Sanierungsunternehmen in Anspruch genommen, die auch befugt waren, eigene Gebühren zu erheben. Typisch für diesen Ansatz ist der Management District von Louisville/Kentucky im Herzen des Stadtkerns; eine neue Buslinie führt hier durch die baumbesäumte Fourth Street, die durch ausgebesserte und saubere Gehwege, attraktiv gestaltete Landschaft und erhöhte Sicherheit eine neue Qualität erhielt.[30]

Für viele der größeren Einkaufsstraßen wurde eine andere Lösung gewählt, indem Fußgängerzonen oder Ladengalerien geschaffen wurden. In Kopenhagens berühmter Fußgängerzone wimmelt es vor Touristen. Venedig ist an sich eine gigantische Fußgängerzone, da hier der Autoverkehr verboten ist. Santa Monica schloß vor kurzem seine Third Street für Autos und führte seinen alten Namen Third Street Promenade wieder ein. Ältere Städte wie Washington und St. Louis zogen Nutzen aus ihren leerstehenden Lagerhallen, öffentlichen Gebäuden und Bahnhöfen, in denen heute Spezialgeschäfte, farbenfreudige Kioske, Märkte, Restaurants, Theater und Nachtclubs beherbergt sind.

Eine Spezialversion der Einkaufszentren ist der »Market Place«, der durch James Rouse und seine Partner Berühmtheit erlangte.[31] Anfang der siebziger Jahre erbaute Rouse den ersten »Faneuil Hall Marketplace« in Boston. In Boston sollten damals drei alte Lagerhäuser abgerissen werden, doch das Vorhaben konnte von einer Initiative zur Bewahrung alter Bausubstanz gestoppt werden. Die Stadtplaner zeigten wenig Interesse an den Grundstücken, bis Rouse sie schließlich überzeugte, daß die Menschen ein vitales Stadtzentrum brauchten. Seine Idee war, die Gegend zu sanieren und ihren ursprünglichen Charakter wiederherzustellen, kleine Spezialitätengeschäfte anzuziehen, die den erholungssuchenden Käufern gefallen würden, ethnische und Spezialitätenrestaurants und Unterhaltungsmöglichkeiten anzubieten. Nachdem die Finanzierung durch die Stadt und Bankkredite sichergestellt waren, wurde die erste Bauphase fertiggestellt; am 26. August 1976 wurde der Markt eröffnet. Zu jedermanns Überraschung kamen schon am ersten Tag fast 100 000 Menschen und im ersten Jahr zehn Millionen. In jedem darauffolgenden Jahr wuchs der Umsatz; Faneuil Hall war ein triumphaler Erfolg.

Rouse wurde nun von der Stadt Baltimore eingeladen, um in der zentralen Hafengegend ein ähnliches Projekt zu bauen. Baltimore, und besonders die Hafengegend mit ihren verkommenen Speicherhallen, hatte mit einer ständigen Verschlechterung der Bausubstanz und der Abwanderung seiner Bevölkerung zu kämpfen. Unter der Leitung von Bürgermeister William Schaefer und der Baltimore Economic Development Corporation und nach einem zähen Kampf zwischen verschiedenen politischen Fraktionen, die für oder gegen das Sanierungskonzept stimmten, wurde der Bau des Platzes schließlich genehmigt. Rouse eröffnete den »Harbor Place« am 2. Juli 1980. Mehr als 500 000 Menschen strömten zum Eröffnungstag herbei, und mindestens weitere vierzehn Millionen kamen im Verlauf des Jahres. Harbor Place wirkte wie eine Belebungsspritze für Baltimores Stadtkern, der zuvor nur zum Arbeiten aufgesucht wurde. Harbor Place war der Anlaß für den Bau neuer Hotels, eines großen Kongreßzentrums und eines neuen Aquariums; Baltimore entwickelte sich zu einem wichtigen Touristenzentrum. Nach Harbor Place entstand der Bau des Westlake Centers in Seattle. Dann, im August 1992, eröffnete in Bloomington/Minnesota die 650 Millionen Dollar schwere, 2,5 Millionen *square foot** große und 78 *acre** umspannende Mall of America, die größte Einkaufsgalerie in den Vereinigten Staaten, die für 27 Millionen Menschen nur eine Tagesreise entfernt liegt.

Rouse entwickelte weitere neue Marktplätze dieser Art für andere, oft kleinere Städte, doch nicht immer mit gleichbleibendem Erfolg. Vielen der 250 »Festival Malls« des Landes geht es heute weniger gut: Der »Water Street Pavillion« in Flint/Michigan und der »Portside Festival Marketplace« in Toledo mußten Bankrott anmelden, und auch das »Sixth-Street«-Projekt in Richmond steckt in finanziellen Schwierigkeiten. Renovierungsprojekte,

---

* 1 *square foot* = 929,03 cm², 1 *acre* = 4046 m² (Anm. d. Ü.).

die am Wasser gelegen sind wie Bayside in Miami, ziehen heute weitaus mehr Besucher an. Viele dieser Projekte scheiterten – Eugene/Oregon, Galveston/Texas, Freeport/New York, Miami Beach/Florida und Grand Rapids/Michigan, um nur einige zu nennen. Andere Einkaufszentren dagegen florieren – Denver, Boulder, Portland, Oregon und Burlington/Vermont –, doch noch mehr Städte entledigen sich mittlerweile ihrer »Shopping Malls« unter hohen Kosten und öffnen ihre Straßen wieder dem Verkehr. Oak Park/ Illinois war der Ansicht, daß die Wiedereinführung des Autoverkehrs *(restreeting)* lebenswichtig für das Überleben der Einzelhändler und der zahllosen Geschäfte entlang der früheren Fußgängerzone der Stadt sei.[32] Auch Eugene/Oregon nahm vom Modell der autofreien Innenstadt Abschied.

Die Stadtzentren, die in der ersten Hälfte des Jahrhunderts rapide wuchsen, erlebten in den fünfziger Jahren einen allmählichen Niedergang und erreichten in den sechziger Jahren ihren Tiefpunkt. Es wurden verschiedene Strategien entwickelt, um die weitere Anhäufung von Einkaufszentren an den Peripherien der Städte zu verhindern; im Zentrum dieser Bemühungen stand die Überlegung, durch den Bau von Bürotürmen im Stadtkern Arbeitsplätze zu schaffen. Einige Städte, zum Beispiel Minneapolis, Houston, Cincinnati und Cedar Rapids/Iowa, bauten labyrinthartige Gebilde, um den Stadtkern fußgängerfreundlicher zu gestalten; unterirdische Passagen sollten Gebäude, Hotels und Kongreßzentren miteinander und mit den Gewerbezonen und Kaufhäusern verbinden.

In jedem neuen Jahrzehnt wurden in den Stadtzentren mehr Bürogebäude gebaut als im Jahrzehnt zuvor, die ihrerseits die Einkommen der kleinen, im Stadtkern gelegenen Läden mit unterstützten. Neue Hochhaus-Einkaufszentren wurden eröffnet wie der Water Tower in Chicago oder der Carew Tower in Cincinnati, die namhafte Geschäfte und Restaurants in den verschiedenen Stockwerken der attraktiven Wolkenkratzer beherbergen. Obwohl diese Hochhaus-Einkaufszentren im Wettbewerb mit den etablierten Warenhäusern des Stadtkerns stehen, sind sie im großen und ganzen erfolgreich.

Die Laden- und Bürohäuser beleben den Stadtkern bei Tage, jedoch nicht nachts. Für einen funktionierenden Stadtkern ist es aber essentiell wichtig, daß die Wohngegenden nicht zu weit von den Einkaufs- und Bürozentren entfernt liegen. Manche Städte ermuntern deshalb zum Bau von Eigentumswohnungen im Stadtzentrum, um Dauerbewohner aus den Vororten oder Restfamilien anzuziehen, die Kultur oder Unterhaltung suchen. Minneapolis und Chicago entschieden sich schon früh für diese Strategie und stabilisierten den Stadtkern durch den Bau attraktiver City-Apartmenthäuser, Stadthäuser und Einfamilienhäuser. Schätzungsweise 10 000 Einwohner können nun ihren Weg zur Arbeit zu Fuß zurücklegen und damit dem ehemals kränkelnden Einzelhandel wieder auf die Beine helfen.

Um den Stadtkern auch jenseits der Bürostunden zu beleben, versuchen manche Städte, die Unterhaltungs- und Vergnügungsindustrie anzukurbeln, zum Beispiel durch den Bau von Konzerthallen, Stadien und Filmtheatern. Manche dieser Einrichtungen florieren, andere scheitern. Wenn es nicht gelingt, die Innenstädte auch abends zu beleben, werden sie häufig von Obdachlosen, Drogensüchtigen und Kriminellen vereinnahmt. Viele Standorte reagieren darauf, indem sie neue Enklaven für Theater, Restaurants, Hochhäuser und Unterhaltung bauen, deren Erhalt dann durch Tourismusförderung und Kongreßveranstaltungen zusätzlich gesichert werden soll.[33]

Kulturelle Attraktionen

New York, San Francisco, Chicago, Boston, Philadelphia und einige andere Städte gelten als die kulturellen Mekkas der USA. Sie haben große Universitäten, Museen, Orchester, Büchereien, Ballett- und Theaterensembles. Nicht nur sind diese kulturellen Institutionen eine Bereicherung für die Bewohner, sie sind auch Anziehungspunkt für Touristen und Geschäftsleute. Wenn Standorte neue Branchen und Spezialisten gewinnen möchten, müssen die ihre Bemühungen auf den Ausbau kultureller Aktivitäten und Güter fördern.

In den USA gibt es mittlerweile einige kleinere Städte, die über eine erstaunliche Anzahl an Museen verfügen. Indianapolis, eine Stadt mit 710 300 Einwohnern, hat neunzehn Museen, zu denen ein Kindermuseum, das Eiteljorg Museum, das Indiana Medical History Museum, das Indiana Transportation Museum und das U. S. Army Finance Corps Museum gehören. Manchmal unterhält eine kleine Stadt ein nationales oder weltweit bekanntes Museum. Zum Beispiel das Bergstrom-Mahler Museum in Neenah/Wisconsin, einer Stadt mit 22 500 Bewohnern, deren nächster großer Nachbar Greenbay ist. Das Museum ist ein Mekka für Sammler von Glasbeschwerern, die von überall her kommen, um sich die weltbeste Kollektion von Glaspapierbeschwerern anzusehen. In diesem Fall war lediglich ein Spezialmuseum nötig, damit ein Ort sich vielen Menschen im Gedächtnis einprägen konnte.

Erholung und Unterhaltung

Jeder Ort muß seinen Bürgern die Möglichkeit zu Erholung und Freizeit bieten. Traditionell wird diese Funktion von den ansässigen Bars, Cafés, Tanzclubs, Diskotheken, Parks, Bürgerhäusern, der darstellenden Kunst, Zoos, Miniaturgolf, Golfplätzen und Sportplätzen übernommen. Da diese Einrichtungen potentiell auch Besucher anziehen, könnte die Hotel-, Vergnügungspark- und Unterhaltungsindustrie motiviert werden, neue Bauvorhaben zu initiieren, um künftige Besucher und Touristen zu beherbergen.

Eine Attraktion, die sich wachsener Beliebtheit erfreut, sind die gigantischen Vergnügungsparks, deren Prototyp von Disneyland verkörpert wird. Mit Walt Disney World erlangte Orlando weltweit Berühmtheit; die gesamte Umgebung ist dadurch in einem unglaublichen Maße gewachsen.

Die Stadt, die Mickey Mouse gebaut hat

Offenbar hatte Orlando einen Pakt mit dem Teufel geschlossen, als es zuließ, daß im Jahr 1967 ein eigener Bezirk geschaffen wurde, um Walt Disney World zu gewinnen. Der neuen Stadt Buena Vista wurde erlaubt, Raumaufteilungs- und Baunutzungsverordnungen aufzustellen und für die Finanzierung Kommunalanleihen auszugeben. Dennoch blieben viele der Vorzüge und Kosten in Orlando.

Das einstmals verschlafene Städtchen wurde zum Zentrum eines massiven Vergnügungskomplexes. 1989 eröffneten sowohl die Universal Studios Florida als auch Disneys MGM Studios und zogen Menschenmengen an. Die Studios beschäftigen Schriftsteller, Produzenten und andere Kulturschaffende von Film und Fernsehen. Orlando ist zur Zeit der fünftgrößte Arbeitgeber in den USA; mit seiner Motelkapazität steht es nach New York und Los Angeles an dritter Stelle. In Kapitel 1 diskutierten wir die Probleme Orlandos hinsichtlich Umweltverschmutzung, Verkehrsüberlastung und der spiralartig ansteigenden Kriminalitätsrate. In Orlando wurden neue Tagungseinrichtungen geschaffen und der Flughafen ausgebaut: Es ist ein prosperierendes Geschäfts- und Finanzzentrum – dies alles aufgrund der Entscheidung, Disneyland hier anzusiedeln. Die Aufgabe ist jetzt, den Plan für eine Großstadt zu entwerfen, in der es sich ebensogut leben wie in Disney World spielen läßt.

Seither bewarben sich auch andere Städte erfolgreich um Disneyland einschließlich Tokio und Paris, wo sie kontrovers aufgenommen wurden. Los Angeles, die Heimat Disneylands, rühmt sich verschiedener anderer großer Vergnügungsparks, unter anderem dem Knott's Berry Farm, dem Japanese Deer Park, Busch Gardens, dem Lion Safari Country, Marineland of the Pacific und Magic Mountain. Auch andere Kleinstädte zählen mittlerweile Vergnügungsparks zu ihren touristischen Attraktionen.

In einigen Orten ist die Vergnügungs- und Unterhaltungsindustrie die wichtigste Branche. Seaside/Oregon ist das Erholungsgebiet für Urlauber aus Portland, Salem und anderen im Umkreis gelegenen Orten. Monte Carlo ist die weltberühmte Attraktion für Spieler, die hochkarätige Einsätze lieben.

Las Vegas und Atlantic City sind die Hauptstädte des Glücksspiels in den USA, obwohl ihnen andere Städte, die nach Einnahmequellen suchen, Konkurrenz machen. Seit Ende der achtziger Jahre hat sich das Kasinospiel auf dem Land (einschließlich der Indianerreservate) rapide über neun Staaten ausgedehnt, während das bereits in vier Staaten angebotene »Riverboat-gambling« mittlerweile von jedem Staat, der eine Wasserstraße, einen See oder Hafen hat, erwogen wird. Einst beschränkt auf Inseln, europäische Hauptstädte und Touristenenklaven, erlebte die Spielindustrie im vergangenen Jahrzehnt einen explosiven Aufschwung. Die schnelle Verbreitung von Kasino-Hotel-Vergnügungs-Komplexen wird allerdings mehr Verlierer als Gewinner produzieren. Doch in der Zwischenzeit halten sich viele Standorte für die überlebenden Gewinner, da die Spielkasinos für viele als Symbol der Prosperität gelten.

Sportstadien

Sportstadien, die zwar ebenfalls zum Erholungs- und Freizeitbereich gehören, müssen dennoch getrennt behandelt werden, denn sie stellen ein großes Investitionsrisiko dar. Ein angesehenes professionelles Sportteam bietet einer Stadt einige Vorteile: Ein Gewinnerteam stärkt den Lokalstolz und die Begeisterung für die Stadt (zum Beispiel richtete Atlanta eine riesige Feier aus, als die Braves den National-League-Preis gewannen). Eine Stadt kann sich durch ihr Sportteam einen Namen machen: Green Bay/Wisconsin wäre ohne sein berühmtes Footballteam eine Stadt wie jede andere. Ein bekanntes Sportteam zieht Touristen und Einwohner in die Restaurants und Hotels der Stadt. Nächtliche Spiele laden zu Restaurantbesuchen und Hotelübernachtungen ein. Selbst für Unternehmen ist ein Standort mit einer großen Mannschaft reizvoll.

Kein Wunder also, daß viele Städte, denen es an großen Baseballteams fehlt, riesige Anstrengungen unternehmen, um das zu ändern. Denver und Miami konnten kürzlich Teams für sich gewinnen, während St. Petersburg, Buffalo, Orlando und Washington übergangen wurden. Die Adolph Coors Company beteiligte sich an der Finanzierung des neuen Stadions in Denver, das der Stadt einen geschätzten Zuwachs von 100 Millionen Dollar erbringt.

Doch die Ansiedlung bekannter Sportteams und der Bau von Stadien bringen nicht immer den gewünschten Erfolg; oftmals sind beide auf öffentliche Zuschüsse angewiesen; manchmal übersteigen die realen Kosten den behaupteten wirtschaftlichen Nutzen. 1987 erhielt der Eigentümer der »Yankees«, George Steinbrenner, als Anreiz, in New York zu bleiben, einen 30-Jahres-Pachtvertrag zum Sondertarif samt Konzessionen, Luxuskabinen, einem neuen Parkhaus und Restaurant. In Pittsburgh zahlten ansässige Unternehmen jeweils 2 Millionen Dollar, um gemeinsam mit der Stadt die Pittsburgh Pirates am Ort zu halten. 1989 entschieden die Baltimore Orioles, im Austausch gegen einen garantierten Mindestverkauf von Eintrittskarten im Wert von 1 Million Dollar für zehn Jahre am Ort zu bleiben. 1992 wurden in der Hauptstadt der Nation die schlimmsten Schlachten nicht nur darüber geschlagen, wer der Nachfolger im Weißen Haus sein würde, sondern auch darüber, wo das Redskin-Footballteam untergebracht werden sollte. Die Redskins wollen ein neues Stadion und sind derzeit das jüngste Beispiel eines professionellen Sportteams, das mit seinem Weggang droht, wenn es nicht bekommt, was es will. Und so geht es weiter beim Versuch der Städte, große Sportteams anzulocken oder zu erhalten.[34] Nachdem der erste Jubel abgeklungen ist, kann der Verlust eines Sportteams dem Ruf einer Stadt ebenso schaden, wie der ursprüngliche Kauf ihm nützte. Weder die Risiken noch die Chancen solcher Geschäfte werden in der Regel sorgfältig genug analysiert.

Ereignisse und Veranstaltungen

Fast alle Städte feiern und finanzieren besondere Ereignisse oder Jubiläen. In den USA ist der Prototyp dieser Ereignisse die Jahresparade, deren Musikkapellen und *floats* von ansässigen Organisationen finanziert und von den Bürgern am Straßenrand verfolgt werden.

Einige bekannte Paraden ziehen Besucher von weit her an. Der zwölf Tage dauernde »MardiGras« in New Orleans ist ein Weltereignis. Beim »Thanksgiving Day« säumen Tausende von Menschen die Straßen New Yorks, und weitere Millionen sehen sich die jährliche Macy's-Parade im Fernsehen an. Milwaukee, Montreal und Stephenville/Neufundland feiern ihr »Midwinter-Fest«, dem in den langen Wintermonaten die Aufmerksamkeit der Region gilt.

Bei hochrangigen Ereignissen wie den Olympischen Spielen ist der Städtewettbewerb besonders intensiv. 1988 erhielt Korea den Zuschlag und richtete die Olympischen Spiele in Seoul aus. Barcelona ging vier Jahre später als Gewinner hervor, und Atlanta siegte über seine Mitbewerber im Kampf um die Olympischen Sommerspiele 1996 (s. Darstellung). Die Schlacht um Sydney 2000 wurde erbittert geführt. St. Louis bleibt unvergessen, nicht nur weil dort die Weltausstellung des Jahres 1904 stattfand, an die man sich in Liedern und durch die Erfindung der Hot dogs und Icecream erinnert, sondern auch wegen der Olympischen Sommerspiele, denen der Forest Park seine Existenz verdankt.

Der Städtewettbewerb dreht sich auch um Musikfestivals und Konzertveranstaltungen. Woodstock/New York ging mit seinem berühmten Open-air-Konzert, das im Jahr 1969 von 300 000 jungen Leuten besucht wurde, in die Musikgeschichte ein – obwohl das Festival eigentlich in Whitelake stattfand. Jeff Krueger, ein Woodstock-Veteran, organisierte ein drei Tage dauerndes Konzert in der Nähe des einsam gelegenen Detroit Lakes/Minnesota, zu dem trotzdem fast 40 000 Camper von weit her aus Texas, Kanada und Kalifornien kamen. Standorte brauchen viel kreatives Potential, um Ereignisse zu planen und zu finanzieren, die sie – sei es auf Dauer oder für ein einmaliges Fest – ins Blickfeld der Öffentlichkeit rücken.

Das Aus für Zeus

Der Städtewettbewerb um die Olympischen Spiele 1996, an dem sich unter anderem Athen, Atlanta und Minneapolis beteiligten, war äußerst intensiv. Athens dreijährige Marketingbemühungen stützten sich auf das Argument, 1996 sei das hundertjährige Jubiläum der Olympischen Spiele, die – sowohl in der Antike als auch in der Moderne – in Griechenland begonnen hätten. Athen galt demzufolge auch als Favorit, seine Gewinnchancen standen sieben zu zwei. Im September 1990 wurde die Entscheidung des Olympischen Komitees bekanntgegeben, die jeder-

mann überraschte, denn nicht Athen, sondern Atlanta erhielt den Zuschlag. Warum wurde Athen diese Ehre nicht zuteil? Eine Erklärung
könnte die größere politische Instabilität Griechenlands sein und die
Furcht vor möglichen terroristischen Anschlägen. Die enttäuschten und
wütenden Athener behaupteten jedoch, das Olympische Komitee habe
sich an Coca-Cola und CNN (beide in Atlanta ansässig) verkauft, da in
Atlanta mit den Olympischen Spielen mehr Geld zu verdienen wäre als
in Athen. Die Wahrheit ist, daß Athen korrekt ist *on all counts* und mehr.
Atlanta hatte klar konturierte Marketingpläne, detaillierte und koordinierte Strategien, die sowohl auf die Politik als auch auf die Wirtschaft
zielten. Die Olympischen Spiele waren jetzt ein wichtiges wirtschaftliches Ereignis, der malerische und amateurhafte Stil des vorigen Jahrhunderts hatte modernen Stadien, Verkehrskontrolle, Fernsehrechten
und Lobbying Platz gemacht.

Gebäude, Monumente und Skulpturen

Eine weitere Möglichkeit, sich von anderen Städten zu unterscheiden, ist der Bau oder der Erhalt historischer Gebäude, Momumente und
Skulpturen. Menschen reisen von weit her, um interessante Sehenswürdigkeiten zu betrachten. Der Parthenon ist seit 2500 Jahren eine wichtige
Einkommensquelle Athens – keine schlechte Investition. New York brauchte
kein Empire State Building, um als Weltstadt zu gelten, doch viele Leute
erinnern sich an New York als die Stadt mit dem höchsten Gebäude der
Welt. Dieser Titel ging an Chicago, als die Sears Company den Sears Tower
baute, heute der welthöchste Wolkenkratzer und doch mittlerweile der
geringste unter Chicagos architektonischen Schätzen, denn in der Umgebung Chicagos gibt es einige der schönsten Wolkenkratzer der Welt. Sie
wurden, wie auch andere architektonische Schätze einschließlich vieler
Frank-Lloyd-Wright-Häuser, von Louis Sullivan, Mies van der Rohe und
Helmut Jahn erbaut. Auch kleine Ortschaften können sich kreativ von
anderen unterscheiden, wenn sie ungewöhnliche Bauprojekte unterstützen:

Columbus/Indiana, eine Stadt mit 31 000 Einwohnern, lud einige der
weltweit führenden Architekten ein – gefeierte Stars wie Eliel und
Eero Saarinen, I. M. Pei, Alexander Girard, Robert Trent Jones und
Harry Weese –, die neue Schulen, eine Bücherei, Kirchen und ver-

schiedene andere öffentliche Gebäude entwerfen sollten. Heute ist Columbus nach New York, Chicago und Los Angeles die Stadt mit den interessantesten zeitgenössischen Bauwerken. Das Geld für diese architektonischen Glanzstücke wurde größtenteils von der Cummins Engine Company, dem größten Arbeitgeber der Stadt, gestiftet. Tausende von Menschen aus dem Mittleren Westen fahren Hunderte von Meilen, um einen Tag in dieser architektonisch begünstigten Stadt zu verbringen.

Denken Sie an die Abermillionen, die seit Tausenden von Jahren zu der Sphynx, den Pyramiden oder dem Kolosseum pilgern. Die Pariser, die den Eiffelturm zunächst vehement ablehnten, verteidigen ihn heute ebenso vehement. Washington, D. C., ist für seine vielen Denkmäler bekannt, zu denen das Lincoln Memorial, das Jefferson Memorial, das Washington Monument oder das Vietnam Memorial gehören. Die Kleinstadt Blue Earth/ Minnesota hat eine dreistöckige Skulptur des »Green Giant« (des »Grünen Riesen«) errichtet, die die wichtigste Wirtschaftsbranche dieser Region symbolisiert. Vor einiger Zeit ließ ein Investor die berühmte London Bridge nach Lake Havasu City/Arizona transportieren, das nun um eine zusätzliche Attraktion bereichert ist.

Manche Städte vergeben Auftragsarbeiten für öffentliche Skulpturen: Zu seinem 750. Jahrestag verwandelte das damalige Westberlin seine bekannteste Straße, den Kurfürstendamm, in eine aufsehenerregende Open-air-Galerie, bei der zehn Berliner Bildhauer ihre Kunst ausstellten. Seattle ist heute das nationale Zentrum für Alltagskunst; seine eklektische Sammlung reicht von den amerikanischen Totempfählen der Ureinwohner des amerikanischen Nordwestens bis zu riesigen Einkaufwagen.

Kleine Städte, deren finanzielle Mittel für den Bau distinguierter Gebäude, Monumente oder Skulpturen nicht ausreichen, verfügen vielleicht über einen anderen verborgenen Schatz – ihre Altertümlichkeit. Die Zeit scheint bei ihnen stehengeblieben zu sein, und Besucher genießen die nostalgische Erinnerung an die Vergangenheit – viktorianische Häuser, Antikläden, Sommertheater, *Bed and breakfast*, Spezialitätenrestaurants oder einfach die Möglichkeit, der Großstadt zu entfliehen.

Obwohl Gebäude, Monumente und Skulpturen unschätzbaren Wert für den Charme eines Ortes haben, sind sie noch keine Erfolgsgarantie. Natürlich erfordert es Phantasie, um sich die besonderen Attraktionen vorzustellen, die ein Ort realistischerweise über die Zeit erschaffen kann. Viele Attraktionen werden von lokalen Akteuren, zum Beispiel Immobilienfirmen, Finanzinstituten oder Sportfanatikern vorgeschlagen, deren Interesse vielleicht mit den bürgerlichen Werten nicht kompatibel ist. Vielleicht sind sie zu teuer, zu riskant oder einfach unangemessen und dadurch für die öffentliche Bewertung und Diskussion uninteressant.

Der Schlüssel ist, Attraktionen zu finden, die sich in den Gesamtplan der Standortentwicklung einfügen. Eine einzige Sehenswürdigkeit wird kaum imstande sein, einen Standort zu retten. Sich einem gerade gängigen Trend anzupassen ist vielleicht kurzfristig erfolgreich, kann aber auf längere Sicht hohe Kosten verursachen. Andererseits kann ein großer Plan auch hohe Gewinne erzielen. Betrachten wir die Wähler von Denver, die im März 1991 1 Milliarde Dollar in Kommunalanleihen investierten, um damit den Bau eines neuen internationalen Flughafens, eines Kongreßzentrums, einer öffentlichen Bücherei, Straßenverbesserungen, eine Rodeoarena und ein neues Sportstadion zu finanzieren.[35]

Solche enormen Kapitalinvestitionen können sich in kommenden Jahrzehnten auszahlen. Im Gegensatz dazu belastete der riesige Gebäudekomplex, den Montreal in den sechziger Jahren für die Weltausstellung bauen ließ, die Stadt auf Jahrzehnte mit enormen Schulden und wirkte sich nur kurzfristig auf den Tourismus aus.

Sonstige Attraktionen

Neue Attraktionen müssen nicht zwangsläufig viel Geld kosten. Ocean City/Maryland lockt jährlich Touristen an seine Strände, an denen sechs professionelle Sandskulpturen zu sehen sind, die eine Sandreplika von König Arthurs Camelot darstellen.[36] Das winzige Städtchen Darwin/Minnesota ist stolz darauf, den weltgrößten Stoffball zu besitzen, eine Arbeit von Francis Johnson, der jahrelang Stoffstreifen wickelte, bis sie 11 Fuß hoch waren. Er wurde in den Stadtkern von Darwin gerollt und kann dort in einem riesigen Glasbehälter besichtigt werden; er ist der Stolz der Gemeinde.

Kleine und große Dinge können als Attraktion dienen, und kein Standort kann sich beklagen, es gäbe keine Möglichkeiten, sich von anderen zu unterscheiden. Nachstehende Darstellung beschreibt die Wirkung, die ein kleines Café in einer Gemeinde in Kansas erzielte.

Americus/Kansas rettet sein Café und seine Seele

Manchmal sind die Attraktionen eines Ortes subtil. Die Stadt Americus/Kansas ist eine kleine Farmgemeinde mit 1200 Einwohnern. Kürzlich schloß das Café der Stadt, und die Einwohner verloren den einzigen Ort, an dem sie sich treffen und die Ereignisse des Tages diskutieren konnten.

Auf den ersten Blick erscheint die Schließung eines Cafés als nicht weiter bemerkenswert. Doch das Café war das Zentrum der Stadtkultur. Wie einer der Bürger der Stadt sagte: »Es ist mehr als nur ein Ort, wohin man zum Essen gehen kann. Wenn einer der älteren Männer nicht mehr kommt, fällt das den anderen auf, und bald geht einer, um nachzusehen.« Das Café war das psychologische Zentrum der Stadt, ein Ort, der traditionelle Werte, Familie und Kultur verhieß.

Doch die Stadt handelte und gründete eine Aktiengesellschaft mit sechzig Aktionären. Mit Hilfe eines 45 000-Dollar-Unternehmensgründungskredits eröffnete das Café neu unter dem Namen Breckinridge Country Café.

Im wesentlichen braucht jede Stadt einen Platz, wo die Bürger sich treffen können, essen und über die Tagesereignisse reden. Das Café ist Hauptanziehungspunkt der Stadt.

Quelle: William Robbins, »Town Goes Public to resurrect Café«, *New York Times*, 1. Oktober 1988, S. 8.

Menschen

Ein Ort kann über eine ausgezeichnete Infrastruktur und viele Sehenswürdigkeiten verfügen und dennoch aufgrund der Art, wie seine Menschen von Besuchern wahrgenommen werden, erfolglos bleiben. Die Gastfreundlichkeit der Bewohner kann die Attraktivität eines Ortes auf vielerlei Arten beeinflussen. Meist haftet einem Ort ein bestimmtes Image an, das die Einstellung potentieller Besucher entscheidend mitbestimmt. Im folgenden führen wir einige weitverbreitete Vorstellungen über die Bewohner bestimmter Gegenden auf:

**Abbildung 5.1
Testtabelle zur Prüfung der Infrastruktur, Attraktionen
und Menschen**

	jetziger Stand		
	schlecht	*mittelmäßig*	*gut*
INFRASTRUKTUR			
Wohnungsbau			
Straßenbau, Transportwesen			
Wasserversorgung			
Energieversorgung			
Qualität der Umwelt			
Polizei und Feuerwehr			
Erziehung und Ausbildung			
Übernachtung und Restaurants			
Kongreß/Tagungsstätten			
Dienstleistungen für Besucher			
ATTRAKTIONEN			
Naturschönheiten, Besonderheiten			
Geschichte, Berühmtheiten			
Markt/Festplätze			
Kulturelle Attraktionen			
Erholung und Unterhaltung			
Sportstadien			
Ereignisse und Gelegenheiten			
Gebäude, Monumente und Skulpturen			
MENSCHEN			
freundlich und hilfsbereit			
qualifiziert			
kultiviert			

Verbesserungspotential		
wenig	*mittel*	*stark*

Wirkung		
wenig	*mittel*	*stark*

ECON
GRAFIK

- Sizilien – gefährlich, kriminell;
- Tiefer Süden – träge, freundlich;
- Maine – kontrolliert, wortkarg, konservativ.

Manche Orte erben ein unglückseliges und oft unverdientes Image, an dem kaum zu rütteln ist. Der Hollywoodfilm »The Big Easy« hinterließ den Eindruck, New Orleans sei gefährlich und unsicher. Der Rundfunkmoderator Garrison Keillor schuf ein dauerhaftes Image der Bewohner des ländlichen Minnesota, die allesamt behäbig und langsam sind, aber gerne Geschichten erzählen.

Wenn Besucher unfreundlich empfangen werden, verdirbt dies vielleicht eine ansonsten vielleicht glückliche Erfahrung:

Viele Touristen, die in den fünfziger und sechziger Jahren Paris besuchten, bewunderten zwar die Herrlichkeiten der Stadt, beklagten sich aber bei ihrer Abreise über die Unfreundlichkeit und Arroganz, mit der, so schien es, vor allem Amerikaner in den Geschäften bedient wurden. Mitte der siebziger Jahre lancierte die französische Regierung eine Kampagne, um eine Verhaltensänderung der Einheimischen gegenüber Ausländern zu bewirken, in deren Folge sich die Einstellung und das Verhalten der französischen Ladenbesitzer tatsächlich erheblich verbesserte.

Entscheidend ist, daß die Bewohner eines Ortes ein wichtiger Teil des Produkts sind. Tokiobesucher beschweren sich über die Aggressivität der motorisierten Verkehrsteilnehmer und die Schwierigkeit, auf der Straße Hilfe zu bekommen, wenn man sich verlaufen hat oder nach einer bestimmten Adresse sucht. Vergleichen Sie dieses Großstadtphänomen mit der Hilfsbereitschaft der Menschen in kleineren Städten. Standorte, die den Tourismus ausbauen und ihre Sehenswürdigkeiten betonen wollen, müssen in den Kundendienst investieren, und zwar angefangen bei der Ankunft am Flughafen oder Bahnhof bis zu den Hotels, Restaurants und Attraktionen. Gemeinden, die im Tourismus- und Kongreßgeschäft tätig sein wollen, müssen ein Bewußtsein dafür fördern, daß damit auch Arbeitsplätze, Einnahmen und Möglichkeiten für die einheimische Bevölkerung verbunden sind. Wahrscheinlich wird in keinem Land mehr in entsprechende Schulungsmaßnahmen investiert als in England – angefangen von Taxifahrern über Hotels bis zu Trust tours und Sehenswürdigkeiten. Viele Standorte nützen die unschätzbare Hilfe ihrer pensionierten älteren Bürger, die entweder ehrenamtlich oder als Angestellte für die Entwicklung ihres Ortes tätig sind.

Zusammenfassung

Nur wenige Standorte haben alles oder können alles haben – Charakter, Infrastruktur, Dienstleistungen und Attraktionen. Außergewöhnliche Stadtgestalter und ein traditionsreiches Ambiente können den Tourismus unterstützen und die Besucherzahlen erhöhen, dafür verliert der Ort jedoch vielleicht andere vitale oder neue Geschäfte, für die Nostalgie und ästhetische Maßstäbe nicht zählen. Eine Stadt mit beliebten Attraktionen kann an Kriminalität, Umweltverschmutzung und unadäquater öffentlicher Versorgung leiden, eine großartige Infrastruktur ohne Geschäfte nützt wenig. Saubere Luft, freundliche Menschen und ein attraktives Umfeld nützen einem Standort kaum etwas, wenn Transportmöglichkeiten, der Zugang zu wichtigen Märkten und Schlüsselattraktionen fehlen.

Mit der Konzentration auf vier Aspekte der Standortentwicklung – Stadtgestaltung, Infrastruktur, Grundversorgung und Attraktionen – stellen wir unseren Lesern eine Reihe von Optionen vor; insbesondere wollen wir zeigen, welche Verbesserungen notwendig sind und wie diese Verbesserungen für mehr als nur einen Bedarfsbereich gültig sein können (zum Beispiel Infrastruktur und die Umwelt). Wir haben anhand von Beispielen die Reichweite der Möglichkeiten und Chancen dargestellt, für die jeweils ein Prüfungsinstrument entworfen werden kann, das objektiv und quantifizierbar oder eher subjektiv und qualitativ ist. Abbildung 5.1 ist ein solches subjektives und qualitatives Instrument, mit dem hier die Infrastruktur, die Attraktionen und Menschen bewertet wurden. Wegen ihrer Übersichtlichkeit und Bedeutung sollten die Prüfungsinstrumente unbedingt beachtet werden.

Das Image eines Standortes entwerfen

6

Woran denkt man beim Namen Galveston/Texas? Die Hafenstadt am Golfstrom, 40 Meilen von Houston entfernt, steckt voller Widersprüche. Fährt man zum Strand Richtung Westen, tauchen Hochhäuser und Hotels auf – eine schnellwachsende und mobile Gegend mit modernen, aus braunem Zement und Holz gebauten Häusern, in deren Einfahrten Saabs und Oldsmobiles stehen. Fährt man dagegen Richtung Süden, den Strandboulevard entlang, sieht man verkommene Gestalten und heruntergekommene Touristenkneipen. An den Wochenenden sind die Straßen verstopft, junge Leute besetzen die Fast-food-Ketten und jagen den älteren und konservativeren Besuchern Angst ein. Im Norden liegt der sanierte Stadtkern der Handelsstadt Galveston; Läden und Galerien säumen den ehemaligen Kai. Aber nur ein paar Häuserblocks weiter entfernt findet man heruntergekommene Bars und Slumbezirke. Ist Galveston das Hampston von Coney Island? Ist es das New-Wave-Modell der Zukunft? Oder eine weitere Touristenfalle, die nur oberflächlich ein neues Gesicht zur Schau trägt?

Woran denkt man bei einem Land wie der Türkei? Nach dem Film »Mitternachtsexpreß« zu urteilen, ist die Türkei ein Land, das die Menschenrechte verletzt, in Drogenkämpfe verwickelt, verarmt und schmutzig ist. Dieses negative Bild der Türkei hat sich vielen Amerikanern eingeprägt, weil die Filmindustrie das Land so porträtiert hat; von der Türkei als Reise- oder Investitionsziel haben die wenigsten mehr als nur eine vage Vorstellung. Da die Türkei kaum irgendwo als potentieller Ferienort auftaucht, wird sie auch nicht als solcher wahrgenommen. Urlauber, die an Sonne und Kultur interessiert sind, denken wahrscheinlich zunächst an Griechenland, das der Türkei ähnlich und ihr großer Rivale ist. Der türkische Generalkonsul unterstreicht diese Rivalität noch mit seiner Behauptung: »Unsere Küsten sind länger, unser Meer sauber. Alle Fische sind auf unserer Seite. Wir übernehmen die Touristen, sobald unsere Hotels und Motels gebaut sind. Warum nach Griechenland fahren?«[1] Doch Griechenland zieht unvergleichlich mehr Touristen an als die Türkei, die bestenfalls ein nebulöses Image genießt.

Woran denkt man, wenn man den Namen Iowa hört? Auf der positiven Seite wird Iowa mit Wärme, Freundlichkeit und Nachbarschaft assoziiert – mit den traditionellen Werten des Mittelwestens: fleißige, ernsthafte Menschen, die ihr Land bearbeiten und dabei große Mengen Kirschen-Kool-Aid* trinken. Doch dasselbe Image hat auch eine Kehrseite, denn nicht jeder Tourist möchte seine Ferien zwischen Maisfeldern auf dem flachen Land verbringen, und nicht jede Branche möchte sich im »gottvergessenen« Flecken Iowa ansiedeln. Alles in allem ist das Imageproblem der Bewohner Iowas, daß sie als fad und konservativ gelten; Trendsetter, die auf sich halten, leben auf jeden Fall an der Küste. Unser Fallbeispiel illustriert diese Gegensätze.

Subarus in den »Plains« verkaufen

Der TV-Spot zeigt ein schickes Subaru-Sportcoupé, das durch die kahle Prärie braust. Der jugendliche Fahrer biegt zu einer Farm ab, wo er seinem Vater den neuen Wagen vorführt.

Der Vater, stolzer Besitzer eines Subaro Station Wagons, blafft: »Ich dachte, ich hätte dir gesagt, du sollst einen Subaru kaufen!«

»Hab' ich ja«, sagt der Sohn.

Subaru gefiel die Anzeige ausgezeichnet, und sie wurde wieder und wieder geschaltet.

Wieso hat sie funktioniert? Die Botschaft war, daß die junge Generation – selbst in Iowa – schnittige Subarus kauft. Und daß der konservative Farmer mit seinem zuverlässigen Subaru Station Wagon leben und prosperieren kann. Die Schubkraft der Anzeige ist der Kontrast zwischen moderner städtischer Technologie und dem utilitaristischen Leben auf dem Land. In einem 30-Sekunden-Spot kaufte der Sohn des Farmers einen Hauch von Kalifornien. Allerdings muß er sein schickes Modell wahrscheinlich abschleppen lassen, wenn das Hinterland im Winter einschneit.

---

* Eine Art amerikanisches Nationalgetränk (Anm. d. Ü.).

Wie Galveston und die Türkei beginnt nun auch Iowa, sein Image neu zu positionieren. Mit seinem Versuch, neue Branchen und Touristen anzulokken, will es nicht nur Geld einnehmen, sondern – was wichtiger ist – die qualifiziertesten seiner gut ausgebildeten Hochschulabsolventen in Iowa halten.

Das Image eines Ortes ist einer der ausschlaggebenden Faktoren für die Art und Weise, wie Privatleute und Unternehmen auf einen Ort reagieren. Deshalb ist es wichtig, an diesem Image zu arbeiten. Das strategische Imagemanagement erfordert die Untersuchung der folgenden fünf Fragen:

1. Was bestimmt das Image eines Standortes?
2. Woran läßt sich dieses Image messen?
3. Welche Richtlinien gibt es für den Imageaufbau?
4. Welche Instrumente unterstützen die Imageverbreitung?
5. Was kann ein Ort tun, um sein Image zu verbessern?

Was bestimmt das Image eines Standortes?

Wir definieren das Standortimage als die Summe aller Vorstellungen, Ideen und Eindrücke, die Menschen von diesem Ort haben.[2] Das Image ist das komprimierte Bild aller Assoziationen und Informationen, die mit diesem Ort verknüpft sind. Es ist ein Produkt des Gehirns, das versucht, eine riesige Datenmenge zu verarbeiten und zu »essentialisieren«.

Ein Image ist mehr als nur eine Vorstellung. Die Vorstellung, Sizilien sei eine Mafiainsel, ist nur ein Teil seines Gesamtimages. Andere Komponenten sind sein landschaftlicher Reiz, seine langen schönen Strände, sein beständiges warmes Klima. Das Standortimage enthält ein ganzes Bündel von Vorstellungen.

Andererseits spiegelt das Standortimage nicht notwendigerweise auch die Einstellung zu diesem Ort wider. Wenn Sizilien für zwei Menschen das Image eines heißen Landes verkörpert, können ihre Einstellung zu Sizilien dennoch voneinander abweichen, je nachdem, wie sie einem heißen Land gegenüber eingestellt sind.

Was unterscheidet ein Image von einem Stereotyp? Das Stereotyp ist ein weitverbreitetes, äußerst verzerrtes und verkürztes Image, das entweder eine negative oder eine positive Einstellung widerspiegelt. Ein Image ist dagegen die persönliche Wahrnehmung eines Standortes, die von Person zu Person unterschiedlich sein kann.

Derselbe Ort kann von verschiedenen Menschen verschieden wahrgenommen werden. Für den einen kann eine Stadt der Ort der Kindheit sein, für
den anderen ein undurchschaubares Gewimmel, ein urbaner Dschungel oder
auch ein großartiges Reiseziel für die Entspannung am Wochenende. New
York kommt einem in den Sinn als Ort, auf den alle diese Bilder zutreffen.

Die Imagebildung war schon immer einer der großen Interessen-
schwerpunkte im Marketing. Was ist unser Markenimage? Wie nehmen
Konsumenten unser Produkt im Vergleich zum Wettbewerbsprodukt wahr?
Wie können wir das Image unseres Produktes identifizieren, messen und
steuern, um Konsumenten und Marktanteile zu gewinnen?

Alle diese Fragen müssen sich Standort-Marketer bei der strategischen Martkplanung stellen, denn das Image eines Standortes muß als
einer der Schlüsselfaktoren in der Standortentscheidung betrachtet werden. Wem das Image Griechenlands vertrauter und positiver erscheint als
das Image der Türkei, wird sich in seiner Urlaubsplanung wahrscheinlich
für Griechenland entscheiden. Das Fallbeispiel beschreibt die Bemühungen
von Nova Scotia, sein Image aufzubauen.

Nova Scotia ist nicht unbedingt Kanada

Eine Untersuchung des US-Reisemarktes, die 1985 von der kanadischen Regierung in Auftrag gegeben wurde, kam zu einem überraschen-
den Ergebnis: 80 Prozent aller befragten Amerikaner hatten keinerlei
Absicht, je Kanada zu besuchen. Die kanadische Provinz Nova Scotia
lancierte nun im Gegenzug eine kreative Kampagne, um diese Einstellung aufzubrechen. Im wesentlichen verheimlichte es seine Zugehörigkeit zu Kanada und positionierte Nova Scotia als unabhängige Einheit.
Laut Dan Brennan vom Fremdenverkehrsamt wurde diese Neudefini-
tion gewählt, weil Kanada von US-Bürgern überwiegend als Land mit
kaltem Klima wahrgenommen wird. Das Ergebnis der Imagekampagne
Nova Scotias war ein Zuwachs von 90 Prozent an US-Besuchern und ein
Zuwachs von 66 Prozent an Anfragen. Wie die amerikanischen Besucher
allerdings reagierten, als sie entdeckten, daß sie sich im Februar in
Kanada und nicht auf Hawaii befanden, wurde dabei nicht analysiert.

Quelle: Jerry M. Dybka, »A Look a the American Traveler: The U. S. Pleasure Travel
Market«, *Journal of Travel Research*, Winter 1987, S. 2 ff.; und Paul Dunphy, »Travel
& Tourism: Nova Scotia's Strategy Maps Increase in Visitors«, *Advertising Age*,
14. Juli 1986, S. 519 ff.

Wir definieren strategisches Imagemanagement folgendermaßen: Strategisches Imagemanagement (SIM) ist die fortlaufende Erforschung des Standortimages, die Segmentierung dieses Images nach demographischen Zielgruppen, die Positionierung der Standortvorteile, um das bestehende Image zu verstärken oder ein neues Image zu schaffen, sowie die Verbreitung dieser Vorteile an die verschiedenen Zielgruppen.

Die dem SIM zugrundeliegende Prämisse ist, daß – weil ein Standortimage identifizierbar ist und sich im Lauf der Zeit verändern kann – der Standort-Marketer in der Lage sein muß, das Image, das der Standort bei unterschiedlichen Zielgruppen genießt, zu analysieren und zu beeinflussen. In der Regel erhält sich ein Image über lange Zeit, selbst noch wenn es seine Gültigkeit bereits verloren hat. Für manch einen gilt Pittsburgh noch heute als eine rußige Stadt der Stahlindustrie, obwohl das für das heutige Pittsburgh nicht mehr gilt. Zu anderen Zeiten kann sich das Image eines Standortes sehr schnell ändern, wenn Medien und Mundpropaganda vitale neue Geschichten verbreiten. Der Irak zum Beispiel genoß das Image eines exotischen orientalischen Landes, bis es – dank Saddam Hussein – von einem Tag zum anderen als machtbesessene zerstörerische Nation wahrgenommen wurde. Imagemanagement ist der fortlaufende Prozeß, Imageänderungen zu erforschen, und der Versuch, ihre zugrundeliegende Dynamik zu verstehen.

Woran läßt sich das Image eines Standortes messen?

Die Marketingplaner werten das Image eines Ortes in einem zweistufigen Verfahren aus: Zuerst wird ein Zielpublikum anhand seiner Gewohnheiten, Interessen und Wahrnehmungen ausgewählt. Im zweiten Schritt werden die Wahrnehmungen des Zielpublikums anhand bestimmter Kriterien näher analysiert. Wir werden im folgenden beide Schritte näher untersuchen:

Ein Publikum auswählen

Zur Bewertung des Standortimages werden Zielgruppen ausgewählt, deren Wahrnehmungen von Interesse sind. Zum Beispiel könnten insgesamt sieben verschiedene Gruppen daran interessiert sein, an einem bestimmten Ort zu leben, ihn zu besuchen oder in ihn zu investieren, wobei die Vorstellungen der Zielgruppen über diesen Ort differieren können. Es sind:

1. *Einwohner*: Ein Standort möchte vielleicht neue Bewohner hinzuge-
   winnen. Australien und Kanada bieten zum Beispiel Einwanderern
   aus dem Fernen Osten die Staatsbürgerschaft unter der Voraussetzung an, daß sie mindestens 200 000 Dollar in das Land einbringen.
2. *Besucher*: Ein Standort möchte vielleicht mehr Touristen und
   Geschäftsleute anlocken und muß dazu wissen, welches Image
   Besucher von ihm haben.
3. *Produktionsstätten*: Ein Standort möchte vielleicht, daß sich neue
   Produktionsstätten ansiedeln; er muß deshalb wissen, wie das
   künftige Management ihn wahrnimmt.
4. *Unternehmenszentralen und Büros*: Ein Standort möchte vielleicht den Firmensitz oder Sparten großer Konzerne anziehen und
   muß deshalb wissen, welche Stellung er in den Augen der Unternehmensführer und Standortbewerter einnimmt.
5. *Unternehmer*: Ein Standort möchte vielleicht Unternehmer und
   Kleinbetriebe anziehen und daher in Erfahrung bringen, wie er von
   dieser Kundengruppe als Wohnort und Arbeitsstätte gesehen wird.
6. *Investoren*: Standorte möchten vielleicht Investoren anlocken,
   zum Beispiel Immobilienfirmen und andere Finanziers, die ihr
   Vertrauen in die Zukunft des Standortes durch großzügige Kredite
   und Investitionen belegen.
7. *Käufer aus dem Ausland*: Ein Standort möchte vielleicht ausländische Käufer von der Qualität seiner Produkte und Dienstleistungen überzeugen.

Selbst innerhalb der einzelnen Zielgruppen kann das Standortimage
differieren. Die Wahrnehmung der Urlauber hängt davon ab, ob es sich um
Sonnenhungrige oder Wanderlustige handelt; die Wahrnehmung der Hersteller variiert, je nachdem, ob es sich um Softwarefirmen oder um Unternehmen der Schwerindustrie handelt.

Es ist sehr wichtig, die einzelnen Zielgruppen zu identifizieren, damit
das Problem instabiler oder inkonsistenter Images vermieden wird. Südafrika ist beispielsweise ein Land, in dem trotz der Rassenproblematik
Tausende von wohlhabenden Touristen ihren Urlaub verbringen, um sich
das Land anzusehen und auf die Jagd zu gehen. Mala Mala, Sabi Sabi und
Landozi, die privaten Safariparks Südafrikas, ziehen nach wie vor gutbe-
tuchte Touristen an, die für die Teilnahme an einer Jagdsafari Tausende
von Dollars bezahlen. Nach Aussagen der Parks sind die Kunden hochzu-
frieden und kommen zu 80 Prozent wieder. Zwar ist das Gesamtimage

Südafrikas negativ, doch für eine Zielgruppe – die gerne auf die Jagd geht – ist das Land dennoch attraktiv.[3]

Es gibt viele Möglichkeiten, einen Markt in kleinere Gruppen zu segmentieren, wie Portugal das getan hat (siehe nachstehende Darstellung); dabei sollten vor allem die Merkmale herauskristallisiert werden, in denen die einzelnen Segmente am stärksten voneinander abweichen. Zu diesen Merkmalen gehören einfache objektive Kriterien (demographische, geographische Charakteristika), komplexe objektive Kriterien (soziale Schicht, Familienlebenszyklus, Lebensstil), verhaltensbezogene (Kaufverhalten, Nutzungsquote) oder persönliche Kriterien (Persönlichkeit, Bedürfnisse, gesuchte Vorteile).

Die Segmente sind dann am hilfreichsten, wenn sie die folgenden sechs Merkmale aufweisen; sie sind:

1. *Ausschließlich*: Die unterschiedlichen Segmente sollten sich nicht überschneiden.
2. *Umfassend*: Jedes potentielle Zielmitglied sollte in einem Segment erfaßt sein.
3. *Meßbar*: Die Größe, die Kaufkraft und das Profil der Segmente sollte leicht meßbar sein.
4. *Erreichbar*: Die Erreichbarkeit der Mitglieder eines bestimmten Segments muß leicht gemessen werden können.
5. *Substantiell*: Das Segment muß über eine gewisse Größe verfügen.
6. *Differenziert reagierend*: Das Segment ist nur dann aussagekräftig, wenn es unterschiedlich auf die Menge, die Art und den Zeitpunkt einer Marketingstrategie reagiert.[4]

Um die genannten Kriterien zu veranschaulichen, nehmen wir an, ein südafrikanischer Safaripark möchte eine Direct-mailing-Kampagne starten, um potentielle Kunden für eine Jagdsafari zu gewinnen. Dazu müßten zunächst Interessentengruppen gefunden und deren finanzielle Möglichkeiten abgeschätzt werden; dann gilt es, Zugang zu den Adressen zu finden und sicherzustellen, daß genügend potentielle Teilnehmer gefunden werden; schließlich, daß genügend potentielle Teilnehmer die Post öffnen und positiv reagieren.

Nachdem das Zielpublikum anhand bestimmter Kriterien segmentiert und Interessengruppen ausgewählt wurden, besteht die wichtigste Aufgabe darin, die Attribute zu identifizieren, die eine bestimmte Zielgruppe einem bestimmten Standort zuschreibt. Zum Beispiel wurden in einer Studie über Touristen, die ihren Urlaub zum wiederholten Mal in einem kleinen Ferienort in Michigan verbracht hatten, die folgenden fünf Attribute aufgelistet: 1. Wassersportmöglichkeiten, 2. landschaftlicher Reiz, 3. Erholung und Entspannung, 4. geeignete Unterkunftsmöglichkeiten, 5. menschlich angenehme Umgebung.[5]

April in Portugal

In Europa gilt Portugal als wenig industrialisiert, sozial rückständig und hoch bürokratisiert. Dieses Image, im Verbund mit der schwachen Position Portugals innerhalb der Europäischen Union, verhinderte die Ansiedlung größerer Produktionsstätten. Die große Wirtschaftskrise Portugals, der die politischen Wirren der Revolution im Jahr 1974 folgten, verhinderten Versuche, das Image Portugals neu zu positionieren. Erst Mitte der achtziger Jahre zeigten sich erste Ansätze zur Überwindung der Probleme, und das Land wurde für ausländische Investoren interessant.

Seither analysiert Portugal seine spezifischen Schwächen und Stärken und deren innewohnende Möglichkeiten. Eine der größten Stärken Portugals ist seine reizvolle Landschaft; es warb mit seiner Sonne, die der in Kalifornien nicht nachsteht, mit seinen ausgedehnten Stränden, Wüsten, Wäldern und Bergen, alles im Umkreis von 120 Meilen. Als dann noch die billigen Löhne hinzukamen, erkannte Portugal schnell, daß es eine Chance hatte, die europäische Hauptstadt des Films zu werden. Seither versuchen die portugiesischen Behörden, die großen Studios in Hollywood dazu zu bewegen, mit ihnen Verträge abzuschließen; Delegierte sollen nach Portugal gesandt werden, um beim Aufbau des europäischen Hollywoods zu helfen.

Hat Portugal das richtige Ziel gewählt? Für die Filmindustrie sind eine starke Infrastruktur, ein zuverlässiges Transportwesen, spezialisierte Produktionsausstattung und qualifizierte Arbeitskräfte unerläßlich. Außerdem herrscht in dieser Branche ein intensiver Wettbewerb zwischen Billiglohnländern wie Ungarn oder der ehemaligen Tschechoslowakei. Das Anlocken der hochrangigen Filmindustrie Hollywoods steht vielleicht prosaischeren, doch realistischeren Entwicklungszielen im Wege.

Die Zielgruppenwahrnehmung messen

Es gibt viele Methoden der Imagemessung. Drei davon wollen wir im folgenden näher betrachten:[6]

Messung des Bekanntheitsgrads und der Beliebtheit

Im ersten Schritt wird analysiert, ob und inwieweit das Zielpublikum den Standort kennt und mag. Dazu werden die Teilnehmer gebeten, eine der folgenden Aussagen anzukreuzen:

noch nie gehört	schon davon gehört	geringe Kenntnis	ganz gute Kenntnis	sehr gute Kenntnis

Das Resultat gibt Aufschluß darüber, ob und wie gut der Ort den Befragten bekannt ist. Werden überwiegend die ersten zwei oder drei Aussagen angekreuzt, hat der Ort eindeutig ein Bekanntschaftsproblem.

Diejenigen der Befragten, die den Ort relativ gut kennen, werden dann gebeten, anzugeben, wie sie den Ort wahrnehmen. Dazu kreuzen sie eine der folgenden Aussagen an:

sehr negativ	ziemlich negativ	indifferent	ziemlich positiv	sehr positiv

Wenn die meisten Befragten die ersten zwei oder drei Kategorien ankreuzen, hat der Ort ein ernsthaftes Imageproblem.

Semantisches Differential

Die Standort-Marketer müssen jedoch noch gründlicher nachforschen und das Standortimage auch inhaltlich genau analysieren. Eines der beliebtesten Instrumente dafür ist das semantische Differential,[7] das die folgenden Schritte enthält:

① *Ein Set relevanter Kriterien entwickeln*: Die Interviewer bitten die Teilnehmer, den Ort anhand bestimmter Eigenschaften näher zu beschreiben. Als Hilfestellung könnten Fragen dienen wie: Woran denken Sie, wenn Sie Ihren Urlaub planen? Die Antworten könnten sein: das Wetter, Erholung, Geschichte, Kosten usw. Jede genannte Eigenschaft wird dann in einer Tabelle eingetragen, wobei die entgegengesetzten Pole jeweils am rechten und linken äußeren Ende der in fünf bis sieben Stärken eingeteilten Tabelle eingetragen werden. ② *Die relevanten Eigenschaften eingrenzen*: Um zu verhindern, daß die Teilnehmer bei der Bewertung der verschiedenen Standorte ermüden, sollten die Interviewer auf alle überflüssigen und wenig aufschlußreichen Informationen verzichten.

③ *Die Tabellen auswerten*: Die Teilnehmer werden nun gebeten, die Standorte nacheinander zu bewerten. Die alternativen Adjektive sollten so geordnet werden, daß nicht alle negativen Bewertungen auf einer Seite stehen. Nach Erhalt der Ergebnisse können die Tabellen neu geordnet und alle positiven Kriterien auf einer Seite dargestellt werden, um die Interpretation zu erleichtern.

④ *Den Durchschnitt der Ergebnisse ausrechnen*: Die Ergebnisse der Teilnehmer werden auf jeder Tabelle nach einem Mittelwert ausgerechnet. Die Gesamtheit dieser Werte ergibt das durchschnittliche Image, das der jeweilige Standort bei dieser Zielgruppe genießt.

⑤ *Die Imageabweichung überprüfen*: Da jedes Imageprofil einen Durchschnittswert darstellt, gehen die Abweichungen im einzelnen nicht daraus hervor. Wenn die Abweichung zu groß ist, ist die Aussage wenig überzeugend, und es sind weitere Zielgruppensegmentierungen erforderlich.

Abbildung 6.1 zeigt, welche Kriterien für die Imagemessung von New Orleans verwendet wurden.

Bewertungsstadtpläne

Wie ein Ort von seinen Bürgern wahrgenommen wird, kann auch visuell dargestellt werden. Jack Nasar und Partner führten Interviews mit den Bewohnern von Knoxville/Tennessee und hielten deren Eindruck und Gefühl gegenüber den einzelnen Stadtteilen auf einem Stadtplan fest. Abbildung 6.2 zeigt einen solchen Stadtplan von Knoxville. Die Etikettierungen bezeichnen die Begriffe, die den Bewohnern im Interview zu bestimmten Stadtteilen einfielen. Die Schattierungen zeigen die Bewertung der Einwohner; sie reichen von »sehr schön« bis zu »sehr häßlich«. Nasar zog daraus die folgende Schlußfolgerung: Bewohner und Besucher lehnten die chaotischen und heruntergekommenen Bezirke, Straßen und Ecken ab – das heißt den CBD (zentraler Busineß-District), die Zufahrtsstraßen und die im Zentrum gelegenen Viertel. Dagegen gefielen ihnen die großzügigen *land mark centers*, die begrünten Stadtteile und Straßen, von denen man einen Blick auf den Fluß und Smokeys hat.[8]

Abbildung 6.1
Das Image von New Orleans

	1	2	3	4	5	6	7	
moralisch							x	unmoralisch
feminin		x						maskulin
freundlich		x						kalt
romantisch	x							langweilig
alt	x							neu
sicher				x				unsicher
interessant		x						uninteressant
lebendig			x					eintönig
hübsch			x					häßlich
elegant		x						schlicht
natürlich		x						künstlich
harmonisch			x					konfliktreich

ECON
GRAFIK

Welche Richtlinien gibt es für den Imageaufbau eines Standortes?

Nach der Analyse des gegenwärtigen Standortimages können die Planer damit beginnen, das neue Image bewußt aufzubauen. Die Schwierigkeit, ein gewünschtes Image zu definieren, wollen wir am Beispiel Fresno/ Kalifornien illustrieren: In einer Imagestudie über die Stadt wurden die folgenden Begriffe wiederholt erwähnt: langweilig, Rosinen, Hausfrauen, fiktiv, Autohalteplatz, Orangen, Carol Burnett special*. Jede einzelne Antwort hatte ihre Berechtigung. Fresno ist Obstproduzent, ein zwischen San Francisco und Los Angeles gelegener Highway-Halteplatz, und es taucht in Fernsehserien auf. Die Antworten reflektieren zwar einige reale Aspekte, sind aber willkürlich und ungezielt.

Das Problem Fresnos und der meisten Standorte ist es, für jede Zielgruppe ein wirkungsvolles Image zu schaffen. Damit es wirkungsvoll ist, muß es die folgenden Kriterien erfüllen:

---

* Eine US-Fernsehshow (Anm. d. Ü.).

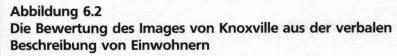

Abbildung 6.2
Die Bewertung des Images von Knoxville aus der verbalen
Beschreibung von Einwohnern

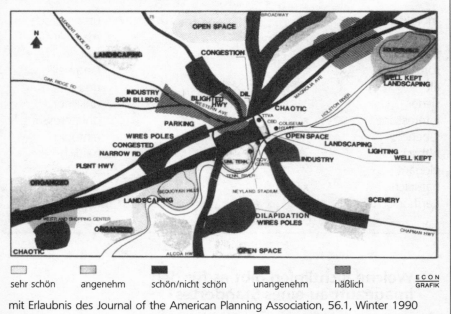

| sehr schön | angenehm | schön/nicht schön | unangenehm | häßlich | ECON GRAFIK |

mit Erlaubnis des Journal of the American Planning Association, 56.1, Winter 1990

① *Es muß Gültigkeit besitzen*:
Wenn das Image eines Standortes zu stark von der Realität abweicht,
sind die Chancen auf Erfolg minimal. So beschloß das Kongreß- und
Besucherzentrum von Indianapolis eine Kampagne mit dem Thema
»Move over New York, apple is our middle name«.* Das Image war so
überzogen, daß die Kampagne scheitern mußte.
② *Es muß glaubwürdig sein*:
Selbst wenn ein Image Gültigkeit besitzt, ist es deswegen noch nicht
ohne weiteres glaubwürdig. Wenn die Hawaii-Insel Kauai behauptet,
doppelt so schön zu sein wie Maui, kann dies zwar stimmen, aber
deswegen glaubt man es noch nicht zwangsläufig. Sinnvoller ist es,

* Der Apfel ist eines von New Yorks Symbolen.

zunächst zu behaupten, Kauai sei ebenso schön wie Maui, und später diese Behauptung zu verstärken. (Es gibt auch eine kontroverse Meinung, die besagt, daß eine provozierende Aussage effektiver ist, da sie Aufmerksamkeit erweckt.)

③ *Es muß einfach sein*:

Wenn ein Standort zu viele Images seiner selbst verbreitet, führt dies zur Verwirrung.

Die Bürger von Huntsville/Alabama sehen ihre Stadt vielleicht als Weltraumzentrum, das realistische Chancen hat, das neue Technologiezentrum der Südstaaten zu werden. Ein Neuankömmling aus dem Norden dagegen sieht vielleicht vor allem mit Gewehren behangene »Rednecks« in Ford-Lieferwagen; ein Außenstehender, der noch nie einen Fuß nach Huntsville gesetzt hat, kennt die Stadt als Hexenkessel von Rassenkrawallen und Ku-Klux-Klan-Versammlungen. Ein Investor aus dem Ausland wiederum sieht vielleicht nur Arbeitskräfte, die nicht gewerkschaftlich organisiert sind, billiges Farmland und eine junge Arbeiterschaft. Den zentralen Kern Huntsvilles zu entdecken ist also in jedem Falle eine Herausforderung.

④ *Es muß reizvoll sein*:

Das Image muß erklären, warum Menschen gerne in diesem Ort leben, ihn besuchen, in ihn investieren usw. Der Staat Michigan lancierte eine Kampagne mit dem Slogan: »Yes Michigan«. Für sich genommen, fehlt hier jedes Argument, weshalb sich irgend jemand für Michigan interessieren sollte; es ist eine leere Aussage. Die Kampagne überlebte trotzdem, weil sie von einem schmissigen Lied begleitet wird, das Michigan als optimistisch und fröhlich porträtiert. Der ansteckende Beat wird oft in preiswerten Radiospots wiederholt und sickert ähnlich wie ein Schlager in das Bewußtsein der Zuhörer ein. Andererseits hat New Yorks Markenzeichen »I love New York« einen noch positiveren Inhalt und suggeriert, daß es etwas gibt, was an New York liebenswert ist.

⑤ *Es muß sich abgrenzen*:

Das Image funktioniert am besten, wenn es sich von anderen üblichen Themen abhebt. Slogans wie »Ein freundlicher Ort« oder »Ein Ort, der funktioniert« leiden an Abnutzungserscheinungen. Indiana erfand »Indiana erwandern« und machte damit deutlich, daß es in Indiana viel zu sehen und zu entdecken gibt. Trotzdem ließ Indiana die Kampagne später wieder fallen, denn es wird hauptsächlich als Farmland und weniger als zum Wandern geeignete Gegend wahrgenommen. Darüber hinaus klingt die Aneinanderreihung von »Indiana« und »Erwandern« unbeholfen und erzeugt keine positiven Gefühle. Manchmal wird eine Kuriosität in der Geschichte eines Standortes zur Basis nicht so sehr für sein Gesamtimage, sondern als Werkzeug, um Interesse zu erwecken (siehe Canton/Ohio: Ein Bombenziel?)

Canton/Ohio: Ein Bombenziel?

Eine frühere Bewohnerin von Canton/Ohio versuchte ihren Mitschülerinnen ein Image der Stadt zu vermitteln, weil sie fand, daß die meisten Studenten keinerlei Vorstellung von dieser immerhin mittelgroßen Stadt hatten. Also beschrieb sie die großen Produktionsstätten, die Pro Football Hall of Fame und das Sanierungskonzept, das Theater und Kunst in den Stadtkern brachte. Durch ihre Erzählungen veränderte sich das vorherige Null-Image von Canton in ein Negativimage: Die Klasse fand, Canton sei die typische langweilige Industriestadt des Mittelwestens.

Plötzlich erinnerte sie sich an ein Erlebnis: »Auf einmal dachte ich daran, daß unser Lehrer uns in der vierten Klasse erzählte, Canton sei im Zweiten Weltkrieg ein wichtiges Kriegsziel der Deutschen gewesen.« Auf einmal verbindet sich der Name der Stadt direkt mit Chicago, New York und Los Angeles und kristallisiert in der Vorstellung: Wenn Canton zerstört wird, fällt vielleicht die ganze Nation. Dieses Image vergaß die frühere Bewohnerin nie mehr, denn es gab der Stadt – und dem Gefühl, in ihr zu leben – eine neue Bedeutung.

Welche Instrumente gibt es, um ein Image zu verbreiten?

Wer das Image eines Standortes erfolgreich aufbauen will, kann sich dreier Instrumente bedienen: 1. Slogans, Themen und Positionen,[9] 2. visuelle Symbole und 3. Veranstaltungen und Aktionen. Jedes Medium hat seine eigenen Regeln und Möglichkeiten.

Abbildung 6.3
Slogans von Standortkampagnen

Spanien	Alles unter der Sonne
Pennsylvania	Hier beginnt Amerika
Hershley/Pennsylvania	Der süßeste Ort der Welt
Detroit/Michigan	Die Renaissancestadt
Boston/Massachusetts	Die Zweihundert-Jahres-Stadt
Quebec	Das andere Gefühl
Aruba	Unser einziges Geschäft sind Sie

ECON
GRAFIK

Slogans, Themen und Positionen

Im typischen Fall wird für den Imageaufbau ein Slogan in Verbindung mit einer spezifischen Kampagne entworfen, der, falls er erfolgreich ist, über viele Kampagnen aufrechterhalten werden kann. Ein Slogan ist ein kurzer, eingängiger Satz, der die Gesamtvision des Standortes verkörpert. Abbildung 6.3 zeigt verschiedene Standortslogans. Slogans eignen sich, um Enthusiasmus, Drive und neue Ideen auszustrahlen.

Ein guter Slogan ist die Plattform, auf der ein Standortimage weiter verbessert werden kann. Ein Slogan wie »Atlanta Advantage« spornt nicht nur das Publikum an, herauszufinden, was die speziellen Vorteile Atlantas sind, sondern kann auch diese spezifischen Vorzüge transportieren.

Betrachten wir den Fall von New Brunswick/Kanada:

New Brunswick wollte ein Gesamtimage etablieren, um damit für alles zu werben: für Tourismus, Neugründungen und den Export. Die Provinz war trotz ihrer wertvollen Schätze und Naturressourcen, ihrer ungewöhnlich schönen Landschaft, ihrer preiswerten Energie und Löhne und trotz der verkehrsgünstigen Nähe zu großen Ballungsgebieten eindeutig unterentwickelt. Nach aufwendiger Analyse entstand der Slogan: »This is New Brunswick.« Sicherlich nicht weltbewegend oder über die Maßen klug, doch mit einem beachtlichen Potential. Die Planer sahen diesen Slogan auf sämtlichen Produkten New Brunswicks – auf jeder Konservendose, jedem Stoß Holz, jedem Brief. Der Slogan vereint die Vorteile der Schlichtheit, der Direktheit und der Kürze. Er paßt auf alle Produkte und wird von jedem verstanden.[10]

Alternativ zum Alles-in-einem-Slogan können auch Themen angesprochen werden, die sich gezielt an ein spezielles Publikum wenden und entsprechende Marketingprogramme unterstützen. Die größte Wirkung erzielen vielseitige und flexible, aber auf der Realität fußende Themen. Neuseeland nennt sich »Das Umweltziel 1990« und spielt dabei auf die Schuldgefühle umweltbewußter Touristen an, die befürchten, eine schöne Landschaft durch ihren Besuch zu zerstören. Neuseeland fördert heute den Ökotourismus – eine Möglichkeit, zu reisen, ohne zu zerstören.

Doch wie clever die Botschaft auch sein mag, sie muß von realer Leistung begleitet werden. Ein Beobachter drückte das treffend aus: »Es ist egal, was für ein hübsches Bild eine Stadt wie zum Beispiel Houston von sich zeichnet, wenn man bei der Ankunft sofort im Stau steckenbleibt.«

Ein weiteres Werkzeug ist die *Imagepositionierung*; eine Stadt kann sich regional, national oder international als Ort für eine bestimmte Aktivität oder als realistische Alternative für einen anderen Standort mit einer stärkeren oder bereits etablierten Stellung positionieren. Die Herausforderung der Imagepositionierung ist es, ein Image zu entwickeln, das die Vorzüge und Merkmale kommuniziert, die den Standort unverwechselbar machen. Abbildung 6.4 zeigt verschiedene Beispiele der Imagepositionierung. Auch die Imagepositionierung muß von der Realität gestützt werden. Zum Beispiel kann die Imagepositionierung Thailands als Urlaubsziel zunehmend in Frage gestellt werden, da Thailand die für Touristen wichtige Infrastruktur vernachlässigt – Straßen, Hotels, Abfallbeseitigung – mit dem Ergebnis, daß seine massiven Bemühungen zur Förderung des Tourismus aufgrund verschmutzter Strände, Verkehrsstaus, schlechten Hotels und unzulänglichen Dienstleistungen zu Einnahmeverlusten führten. Zwar ist die Botschaft da, aber das Produkt fehlt.

Visuelle Symbole

Visuelle Symbole nehmen im Standortmarketing eine Sonderstellung ein. Viele weltberühmte Wahrzeichen haben sich im Bewußtsein der Menschen eingeprägt: der Eiffelturm in Paris, der Big Ben in London, der Rote Platz in Moskau, die Große Mauer in China, der Astrodom in Houston. Bei sinnvoller Nutzung erscheinen diese visuellen Symbole auf dem amt-

Abbildung 6.4
Aussagen von Imagepositionierungen

Denver	– Ökonomie, Unternehmen, Transport und Finanzzentrum der Rocky-Mountains-Region
Seattle	– führendes Zentrum des Nordwestpazifiks – die Alternative zu Kalifornien
Atlanta	– Zentrum des Neuen Südens
Miami	– die Finanzhauptstadt Südamerikas
Fairfax County	– die zweitwichtigste Adresse der Nation
Berlin	– die Hauptstadt des neuen Europa
Spanien	– der aufgehende Stern der Europäischen Union
Costa Rica	– Lateinamerikas stabilste Demokratie
New Hampshire	– die Alternative zu Massachusetts
Mitchell Field (Milwaukee)	– die Alternative North Illinois' zum O'Hara-Stau
Thailand	– Touristenhimmel des Fernen Ostens
Palma de Mallorca	– die sonnige Alternative zu den Britischen Inseln

ECON GRAFIK

lichen Briefpapier, in Broschüren, auf Reklametafeln und bei Dutzenden anderer Gelegenheiten.

Wenn ein visuelles Image erfolgreich sein will, muß es das Imageargument verstärken. Ein visuelles Symbol, das nicht mit dem Slogan, dem Thema oder der Positionierung übereinstimmt, unterläuft die Glaubwürdigkeit der Kampagne. Nordirland beging diesen Fehler, als es versuchte, sich als bukolisches ländliches Wunderland darzustellen. Die Touristenbroschüren zeigten schier endlose Berge, Flüsse und reetgedeckte Bauernhäuser. Doch für ein großes Publikum ist Nordirland urban, brutal und gefährlich. Die Medien berichten über nicht enden wollende Morde und Verängstigungstaktiken im Konflikt zwischen England und der IRA. Pastorales Grün reicht für Irland als glaubwürdige visuelle Imagestrategie eindeutig nicht mehr aus; vielleicht sollte es seine überraschend niedrige Kriminalitätsrate in den Vordergrund stellen, seine bemerkenswerten viktorianischen Bauten und die Vielfalt seiner natürlichen und kulturellen Sehenswürdigkeiten.

Im folgenden wollen wir uns vier der gebräuchlichsten visuellen Imagestrategien ansehen:

① *Das breitgefächerte Visual*: Diese Strategie stellt dem Betrachter eine Vielfalt visueller Images über den jeweiligen Ort vor. Sie will der Vorstellung entgegenwirken, der Ort verfüge über nur eine hervorstehende Eigenschaft. In seinem *Economic Development Board Yearbook 1988–1992* präsentierte sich Singapur mit einer überwältigenden Auswahl an Fotografien seiner Touristenattraktionen, abstrakten Gemälden und Landschaften. Eine Seite war ausschließlich den lokalen Künstlern gewidmet. Der visuelle Gesamteffekt zeichnete sich durch Vielseitigkeit und Vollständigkeit aus.

② *Das humoristische Visual*: Hier wird der Standort in einem witzigen Stil beschrieben, der sich vor allem bei der Beschreibung negativer Aspekte eignet. Als Bradford/England versuchte, sein negatives Image als rußiges Überbleibsel des Industriezeitalters zu bekämpfen, stellte die Stadt ihre »Erster-Tourist-in-Bradford«-Kampagne vor. Nachdem auf die Vitalisierung des Stadtkerns, die Gebäuderenovierung, auf historische und literarische Persönlichkeiten hingewiesen wurde, folgte ein bemerkenswerter Spot: Gefilmt wurde »Der erste Tourist«, der am Bahnhof aussteigt und von Bands, viel Hallo und politischen Proklamationen begrüßt wird. Es funktionierte! Das Visual erzählte die gesamte Geschichte: Bradford hat sich entwickelt, es ist ein nahes Reiseziel und eine Stadt, die genügend Selbstvertrauen hat, um sich selbst zu parodieren.

③ *Das widerlegende Visual*: Eine andere Möglichkeit, mit Negativimages umzugehen, ist es, positive Images zu zeigen, von denen einige subtil die Negativaspekte widerlegen. Manchmal ist es allerdings riskant, das Offensichtliche einfach zu ingorieren. Viele Touristen lehnen Südafrika wegen seiner Apartheidpolitik ab. Um diesem Image entgegenzuwirken, zeigt das South African Tourism Board jedem potentiellen Besucher ein zwanzigminütiges Video, das als erstes Spinning Schlagzeilen der Zeitungen zeigt, die Südafrikas Apartheidssystem kritisieren. Das Visual schockiert den Betrachter und ruft gleichzeitig Erinnerungen an die vierziger Jahre wach, als die Zeitungen gespinnt wurden. Der Stil impliziert, daß auch das Rassenproblem der Vergangenheit angehört. Nun zeigt das Video Schwarze und Weiße in verschiedenen Settings nebeneinander, jeder lächelt und ist in Bewegung. Ein weiteres Bild zeigt die schönsten Landschaften Südafrikas.

④ *Das konsistente Visual*: Ein Standort, der bereits ein positives Image besitzt, hat es natürlich leichter, aussagekräftige Visuals zusammenzustellen. Denken Sie an Williamsburg, die historische Hauptstadt Virginias und Sitz des Colleges of William and Mary. Williamsburg hat das Image und die Attraktionen einer hochkarätigen historischen Stadt entwickelt. Das visuelle Image – koloniale Handwerker, traditionelle amerikanische Kleidung und heißer Apfelkuchen – ist eingängig. Problematisch wird es, wenn Williamsburg Unternehmen ansprechen will. Ein visuelles Image von High-Tech-Parks würde das tiefverwurzelte und sorgfältig gepflegte historische Bild verderben. Die weit bessere Strategie wäre die Entwicklung eines Bildungs-, Kunst- oder Kulturimages, das Wissenschaftler, Künstler, Theater, Studenten und neue Bewohner anlocken könnte und zu dem die begleitenden Visuals gut paßten.

Veranstaltungen und Aktionen

Die meisten Imagekampagnen arbeiten mit eingängigen Slogans, Werbekampagnen und Videos. Doch auch Veranstaltungen und Aktionen können ein Image aufbauen. Die Veranstaltungen können massiv oder in eher leisen Tönen das Publikum über die Zeit beeinflussen. Die frühere Sowjetunion ließ jahrelang ihre Ballettensembles und Sportler in den USA auftreten. Ziel war, das intellektuelle Publikum und die Meinungsführer zu erreichen, deren Kenntnisse über das Land zu vertiefen und ihnen die Angst vor einem Besuch in der Sowjetunion oder davor, dort Geschäfte zu tätigen, zu nehmen.

Japan lancierte einen besonders kreativen Versuch, die Amerikaner für sich zu gewinnen. Wie folgende Darstellung zeigt, läßt sich viel mit Ereignissen und Aktionen erreichen.

Niemand kann es besser: Japans Imagekampagne in den USA

Ein exzellentes Beispiel für Event-Marketing ist die Kampagne, die das japanische Generalkonsulat Ende der achtziger Jahre in den USA lancierte, zu einer Zeit, als sich in den USA die Kritik an Japan häufte und sich die öffentliche Meinung von Überraschung zu Ablehnung bis hin zu Neid, Antipathie und Ärger wandelte. Die antijapanischen Gefühle standen im Zusammenhang mit den Handelsbarrieren Japans, seinen unfairen Preisdumpingmethoden, den scheinbar unsensiblen Bemerkungen japanischer Politiker, den hohen Kosten amerikanischer Betriebe in Japan und einem allgemeinen Gefühl, daß die Japaner sich nicht an »Fair play« hielten.

Die Japaner reagierten mit einer Imagekampagne, in der sie Amerikas Talent betonten und amerikanische Werte in den Vordergrund rückten. Honda engagierte zum Beispiel den Schauspieler Burgess Meredith, der in TV-Werbespots über die Honda-Automobile sprach. Meredith's warme und den Amerikanern vertraute Stimme implizierte, daß der Wagen so amerikanisch sei wie Apfelkuchen. Die Orchestrierung des Japanfestivals, das 1988 in Chicago stattfand, war dagegen eine auf längere Frist angelegte Kampagne. Im Sommer 1988 kündigte die Chicagoer Presse eine Reihe von japanischen Veranstaltungen an, die von der japanischen Regierung finanziert wurden. Diese gab offiziell bekannt, daß sie sich damit für den Besuch des Chicago-Symphonieorchesters – einem Orchester der Weltklasse – revanchieren und auch die Bemühungen des Gouverneurs von Illinois, James Thompson, honorieren wollte, der Japan zu verschiedenen Gelegenheiten besucht hatte.

Das Festival umfaßte eine Grand-Kabuki-Darstellung, eine japanische Filmserie, eine aus drei Akten bestehende Jazztanzversion der japanischen Geschichte, von japanischen Studenten improvisierte Kompositionen, Holzradierungen von Kabuki-Theaterszenen, zeitgenössischer japanischer Druck, Technologieausstellungen, eine Nishijn-Stoff-Ausstellung, Kalligraphie von zeitgenössischen japanischen Meistern, Holzschnitzereien und Elfenbeintürgriffe, japanisches Handwerk, eine zwei Tage dauernde Vorstellung japanischer Comics und viele andere Veranstaltungen.

Die Aktivitäten zielten auf ein breites Publikum: Theaterbesucher, Collegestudenten, Schüler aller Altersklassen, Liebhaber von Alltags- und Hochkultur, Eltern, die ihre Kinder zu Puppenspielen mitbringen konnten. Es war ein enzyklopädisches Fest, das den kulturellen Beitrag Japans dramaturgisch darstellte.

Zu den Sponsoren gehörten das japanische Generalkonsulat, die japanische Industrie- und Handelskammer von Chicago, die japanisch-amerikanische Gesellschaft von Chicago, der Staat Illinois und die Stadt Chicago. Vorrangig wurde das Festival jedoch von der japanischen

Regierung und japanischen Unternehmen finanziert. Ein solches koordiniertes Festival hatte den Vorteil, daß Informationen ausgetauscht, das Verständnis für das Land vertieft und, was noch wichtiger war, Großzügigkeit und Interesse für die Bürger von Illinois demonstriert werden konnten. Das Phänomen spielte sich auf verschiedenen Ebenen ab. Die erste Ebene sind die Medien. Durch die Berichterstattung über die verschiedenen Veranstaltungen wird das Wissen über die japanische Kultur gefördert. Zweitens zielten viele Darstellungen darauf, Einfluß geltend zu machen. Die Kunstausstellungen, die Kabuki-Präsentationen und Modeschauen wurden im Stadtkern Chicagos vorgeführt und an Örtlichkeiten, die wahrscheinlich die Meinungsführer der Stadt anziehen: die einflußreichen Intellektuellen, Professionellen und Geschäftsleute, die in manchen Fällen Japan besuchen oder dort Geschäfte betreiben.

Die Strategie, indirekte Kommunikationsstrategien zu benutzen – durch Kultur und durch die unauffälligere Form von Präsentationen –, sind für die Imagemacher nicht ohne Risiko. Die Vorteile solch eines Plans tragen vielleicht erst in einigen Jahren Früchte, und einige der Vorteile sind vielleicht so indirekt, daß genaue Messungen unmöglich sind. Weiterhin besteht jederzeit die Möglichkeit, daß das Publikum keine Verbindung zwischen der japanischen Kultur und dem stark kritisierten Geschäftsgebaren sieht. Die Würdigung des Grand Kabuki führt vielleicht nicht dazu, die amerikanische Haltung gegenüber dem japanischen Protektionismus und Dumping aufzuweichen.

Quelle: Rundschreiben des Japan Information Center, April–Mai 1988.

Wie kann ein Standort sein negatives Image korrigieren?

Das Image eines Standortes unterliegt auch vielen äußeren Kräften, die nicht beeinflußt werden können. Wenn Los Angeles von einem Erdbeben heimgesucht wird, an Alaskas Küsten Öl ausläuft oder ein weiterer U-Bahn-Mord in New York bekannt wird, kann das eine Welle negativer Publizität nach sich ziehen. Auch wenn die Wirtschaft eines Standortes chronisch depressiv ist, das Klima feucht, die politische Führung repressiv, kann das ein negatives Image fördern.

Negatives in Positives verwandeln

Eine Möglichkeit ist, das Problem offensiv anzugehen und das Negative in Positives zu verwandeln. Jahrelang lebte Minnesota mit dem Ruf, ein Kaltwetterstaat zu sein, dem man möglichst entfliehen sollte. Befragt über den negativsten Aspekt ihres Staates, brachten alle Bürger den kalten Winter an, der früh im November beginnt und bis ungefähr Mitte April dauert. Als Beweis für das Winterproblem gab es eine beträchtliche Zahl von Abwanderern aus Minnesota nach Staaten wie Arizona und Kalifornien.

Wie ging Minnesota mit diesem Problem um? Im vergangenen Jahrzehnt warb Minnesota aggressiv mit ebendiesem Winter. Nicht nur förderte der Staat Touristenattraktionen und winterliche Veranstaltungen, sondern Minneapolis veranlaßte auch den Bau von Fußgängerzonen im Stadtzentrum, die vor der Kälte schützten, und St. Paul warb mit seinem berühmten Winterkarneval, eine alte Einrichtung, der neues Leben eingehaucht wurde. In den Anzeigen über Minneapolis steht: »Uns gefällt es hier«, und der Text dazu sagt: »Wir haben noch etwas mehr in Minneapolis. Eine Haltung. Sie ist freundlich, sie ist stolz, und sie ist vernünftig.«

Johnstown/Pennsylvania ist ein weiteres Beispiel, wie Negatives positiv gewendet, ja, das Problem zu einer Feier stilisiert werden kann. Das Image Johnstowns war durch die Überflutungskatastrophe im Jahr 1889 geprägt. Damals brach ein großer Erddamm, und 20 Millionen Tonnen Wasser überfluteten das Flußtal des Conemaugh, die Stadt wurde zerstört, und über 2000 Menschen fanden den Tod. In den Jahren 1936 und 1977 wurde die Stadt erneut von schweren Überflutungen heimgesucht, so daß sie schließlich den Ruf erntete, praktisch unter Wasser zu stehen.

Was tat Johnstown? Die Stadt entschied, sich als Reisekurzziel anzubieten und eine Hundertjahresfeier zur Erinnerung an die große Überschwemmung zu veranstalten. Zu den Festlichkeiten, die 1989 an den Wochenenden zum Memorial Day, dem 4. Juli und zum »Labor Day« stattfanden, gehörten Laserstrahlskulpturen, ein Bon-Jovi-Rockkonzert, und es wurde ein Academy-Preis verliehen – ein Dokumentarfilm über die Überschwemmung. Johnstown wurde von schätzungsweise einer Million Besuchern überflutet, und bis zum heutigen Tage blieb das Interesse an der Region bestehen.[11]

Sollte ein Standort seine Imagekampagne auf negativen Ereignissen aufbauen? John Trutter, Präsident des Chicago Tourism Council, sagte dazu: »Ich bin nicht so sehr dafür, Tragödien zu feiern. Es gefällt mir nicht, ein Image auf etwas Negativem aufzubauen.«[12] Deswegen, so seine Erklärung, stimme er gegen eine Jahresfeier des großen Brandes von Chicago aus dem Jahr 1871 und dagegen, die Gangsterära Al Capones zur Touristenattraktion zu stilisieren.

Doch welche alternativen Möglichkeiten bieten sich für eine Stadt wie Johnstown? Bleibt die Stadt untätig, wird sie keine Touristen anziehen und weiterhin an Bevölkerung verlieren. Johnstown bat die Regierung um 4 Millionen Dollar, um ein Museum im Stadtzentrum wiederaufzubauen, und wurde abgewiesen. Dann bat die Stadt um eine Regierungsbeihilfe, um ein neues National Park Services Visitors Center am Damm zu bauen; aus den Mitteln dieses Projektes gelang ihm auch der Wiederaufbau des Museums. Die politischen Führer Johnstowns waren vorausschauend genug, um eine New Yorker Beraterfirma zu beauftragen, Bilder des Museums zu entwerfen, und eine Firma aus Boston, die das Verkehrssystem entwickeln sollte. Angesichts dieser Aussicht auf Möglichkeiten wandte Johnstown alle Energie auf, um sein Imageproblem in Kapital zu verwandeln. Heute ist Johnstown dabei, ein anderes Negativmerkmal, eine alte Stahlmühle, in eine Attraktion zu verwandeln, die es jetzt als das industrielle Erbe der Region positioniert.[13]

Ikonmarketing

Eine andere Strategie zur Imagekorrektur ist das Ikonmarketing. Betrachten wir das Image der früheren UdSSR, die sich den Menschen bis vor kurzem als gigantisches geschlossenes Land präsentierte – ein Gefängnis. Das Image löste Bilder aus von sibirischen Arbeitslagern, trostlosem Nahrungsmittel- und Produktmangel, Menschen, die sich karge Wohnungen teilten, Unterdrückung der jüdischen Bevölkerung, protzige russische Automobile mit einem 35 Jahre alten Design und wortkargen verschlossenen politischen Führern.

Der Gesamteindruck war Depression und Kontrolle – ein Ort, den nur wenige Menschen besuchen wollten. Dann betrat Michail Gorbatschow die Szene – damaliger Sowjetpremier und internationaler Ikon neuen Stils. In einer überzeugenden Demonstration des Eindrucksmanagements half die »warme Persönlichkeit« Gorbatschows, das Image seines Landes zu reformieren. Anläßlich seines Besuchs in Washington, bei dem ein Abrüstungsvertrag unterschrieben werden sollte, demonstrierte er, wie eine einzige, sorgfältig positionierte Person, die die Erfordernisse des Marktes versteht, die Wahrnehmung der Öffentlichkeit beeinflussen und umformen

kann. Während seines Besuches willigte Gorbatschow in ein Interview mit
dem NBC-Moderator Tom Brokaw ein; mit viel Humor begrüßte er seine
neuen amerikanischen Freunde und schwang sich sogar aus dem Auto, um
amerikanische Bürger auf den Straßen zu grüßen. Durch seinen Auftritt
gewannen die amerikanischen Bürger eine neue Sichtweise der Sowjetunion. Gorbatschow und seine liebenswürdige, gut informierte und geistrei-
che Frau Raissa drückten eine neue Offenheit – Glasnost – aus. Langsam
begann sich der legendäre Eiserne Vorhang zu heben und enthüllte einen
neuen kooperativen Partner.

Die Ikonstrategie hat allerdings auch eine Kehrseite. Die unvermin-
dert anhaltenden Probleme in der früheren Sowjetunion untergruben auch
weiterhin die beeindruckende Strategie Gorbatschows. Manche hatten Probleme mit seinem persönlichen offenherzigen Stil, seiner Unbekümmert-
heit und seiner ungezwungenen Vertraulichkeit. Die Strategie funktioniert
dann am besten, wenn die Themen weniger dramatisch und das Publikum
weniger von politischen oder ökonomischen Problemen belastet sind. Doch
selbst unter diesen Umständen kann ein Ikon helfen.

Das Negative beseitigen

Zu häufig wird Imageverbesserung als Allheilmittel oder Soforthilfe
für Standortprobleme betrachtet. Die Standortführer, die mit gescheiterten
Unternehmen oder rückläufiger Konjunktur des Tourismusgeschäfts zu
kämpfen haben, sind meist schnell dabei, nach einem neuen Image zu
suchen. Doch in den meisten Fällen funktioniert dies nur, wenn auch
gleichzeitig der Versuch unternommen wird, die tieferliegenden Probleme
zu bewältigen.

Betrachten wir den Fall Glasgow/Schottland. Als die Europäer eine
Liste der notleidenden urbanen Städte erstellten, gehörte Glasgow unweigerlich dazu. Mit einer Arbeitslosenquote von über 21 Prozent, hoher Kriminalität und von Kohlenstaub schwarz gefärbten Häusern hatte sich Glasgow
seinen schlechten Ruf ehrlich verdient. Ein politischer Führer Glasgows
beschrieb die Stadt als »eine höllische Mischung aus Armut, Alkoholismus
und Gewalt«.[14]

Doch heute ist Glasgow auf dem Wege der Besserung, wenn auch nicht
ohne Probleme. Es wird sogar als eine europäische Hauptstadt der Kunst
betrachtet. Was ist geschehen? Zunächst gelang es der Stadt, Subventionen
von London und Edinburgh sowie eigene Mittel zur Sanierung von Mietshäu-

sern und zum Wiederaufbau seiner öffentlichen Plätze einzusetzen. Ein Projekt sah die Renovierung des Burrell-Museums vor, das heute als die schönste Kunstgalerie Großbritanniens bezeichnet wird. Erstmals arbeiteten verschiedene politische Kräfte an einer gemeinsamen Politik zur Verbesserung der Stadt. Ein Stadtpolitiker sah den Beginn »einer Einstellungsänderung der Menschen, die die Stadt regieren«.[15] Als die Einwohner Glasgows die Sanierungsmaßnahmen und die Schaffung neuer Arbeitsplätze bemerkten, änderte sich auch ihre Haltung zum Positiven. Sie wurden aktiv und begannen, Innovation und Änderung voranzutreiben und ihre politischen, ökonomischen und Ausbildungsinstitutionen zu kontrollieren.

Als zweiten Schritt begannen die Imagemacher, die neuen Realitäten miteinander zu verknüpfen. Sie lancierten den Slogan »Glasgow Miles better«. Sie produzierten Hochglanzbroschüren, die die Transformation der Stadt visuell und in Worten dokumentierten. Zeitungen brachten Artikel, und Magazine kündigten bereits das Entstehen eines neuen Kunstgiganten an. Das Image traf sich in Glasgow mit der Realität. Jeder, der die Stadt besuchte, bemerkte die Veränderungen und wurde Zeuge der neuen künstlerischen Gestaltung. Glasgow ist tatsächlich »Meilen besser«.

Ihre Majestät die Königin Jordaniens als Ikon

Während des persischen Golfkriegs war das Königreich Jordanien in großen Schwierigkeiten. Das Land war in einer Situation, in der es weder den Irak verärgern noch es sich auf Dauer mit den Westmächten verderben durfte. Glücklicherweise ist die vierte Frau des jordanischen Königs Hussein gebürtige Amerikanerin und im Stil, Glamour und Verhalten westlich geprägt. Nach einer katastrophalen Reise des Königs nach Washington, D. C., erschien sie auf der Bildfläche.

Der Rahmen war ein Fernsehinterview zur besten Einschaltzeit mit Barbara Walters. Die Königin, die von Walters wiederholt mit »Ihre Majestät« angesprochen wurde, blickte direkt in die Kamera und erklärte, daß die amerikanischen Medien Jordaniens Intentionen falsch beurteilten. Königin Noor, eine Princeton-Absolventin, argumentierte weiter, Jordanien sei ein modernes Land, das Frauen Achtung entgegenbringt.

Und was beweist alles das? Den Ikon. Die Königin bot keine Fotografien, Statistiken oder Expertenzeugnisse. Ihr einziges Argument war sie selbst als illustratives Beispiel des realen Jordaniens.

Zusammenfassung

Die Schaffung eines mächtigen Images ist Teil des gesamten Marketingprozesses. Es verlangt nach einer guten strategischen Marktprüfung, zielgerichteter Produktverbesserung und kreativer Erfindung von Symbolen. Hat ein Standort diese Schritte unternommen, ist seine nächste Aufgabe, das neue Image unter seinen Zielgruppen zu verbreiten. Das nächste Kapitel untersucht, wie Botschaften und Images von Standorten effizient verbreitet werden können.

Das Image und die Botschaft des Standortes kommunizieren

7

Jeder Standort muß eine Geschichte über sich entwickeln und sie gut und auf Dauer erzählen können (siehe »Wisconsin: Meister der Promotion«). Doch die Menge der Markt- und Medienkanäle birgt auch die Gefahr, daß widersprüchliche und verwirrende Botschaften verbreitet werden. Wenn das Fremdenverkehrsbüro in Fort Myers/Florida beschließt, Fort Myers als friedlichen, für Pensionäre geeigneten Ort zu positionieren, und die Handelskammer gleichzeitig für Fort Myers als Handelszentrum wirbt, kann sehr leicht Irritation aufkommen. Und wenn Irland vom Irish Investment Board als attraktiver Standort für die Schwerindustrie gepriesen wird, der irische Fremdenverkehrsverein dagegen die Insel als das unberührte Land der Kobolde und Magier beschreibt, kollidieren unweigerlich zwei Bilder miteinander.

Dieses Kapitel untersucht die Herausforderungen, die in der Verbreitung eines starken und kohärenten Standortimages liegen. Die für die Imageverbreitung Verantwortlichen müssen sich mit folgenden Fragen auseinandersetzen:

1. Wer ist das Zielpublikum?
2. Welche Instrumente für eine möglichst breit gestreute Einflußnahme stehen zur Verfügung?
3. Welche der hauptsächlichen Werbemedien können genutzt werden, und was sind ihre jeweiligen Merkmale?
4. Welche Kriterien sollten der Wahl der spezifischen Werbemedien zugrunde gelegt werden?
5. Wann sollte die Werbebotschaft gesendet werden?
6. Wie kann der richtige Werbemix entwickelt werden?
7. Wie können die Kommunikationsergebnisse ausgewertet werden?
8. Wie geht man mit widersprüchlichen Medienquellen und Botschaften um?

Wisconsin: Meister der Promotion

Der Staat Wisconsin ist ein wahrer Meister in der Promotion seines Images und seiner Produkte. Das Wisconsin-Image beschwört Bilder seiner zahlreichen Seen, Wintersportmöglichkeiten, der gesunden Milchwirtschaft und starken Brauereiindustrie herauf. Wisconsin beteiligte sich schon relativ früh am Standort-Marketing-Spiel. In den zwanziger Jahren lockte es die Bevölkerung Chicagos an, die an seinen Seen angeln oder sonstigen preiswerten Freizeitbeschäftigungen nachgehen konnte. Wisconsin ist auch heute noch für Touristen wie für Unternehmen reizvoll; trotzdem betragen Wisconsins Marketingausgaben nur ein Siebtel der Aufwendungen des Staates Illinois und nur ein Fünftel der Ausgaben Michigans. Warum ist Wisconsin bei seinem vergleichsweise niedrigen Marketingetat so erfolgreich?

Wisconsin betreibt eine höchst effiziente Standort-Marketing-Maschinerie. An der Standortpromotion sind unter anderem beteiligt: die State Tourist Commission, verschiedene Städte und Regionen, Hotels, Motels und Restaurants, Touristenattraktionen, Universitäten/Colleges, Wirtschaftsbranchen (Käse, Wein, Bier), Sportteams und kulturelle Attraktionen (Maler, Musiker, Filmemacher).

Wisconsin, das sich den Namen »Badger State« (»Dachsstaat«) gab, wirbt mit einem bekannten Slogan, »Wisconsin, Du bist unter Freunden«. Besucher und Interessenten können gebührenfrei anrufen und Auskünfte einholen. Seine sauberen, attraktiven Touristenzentren entlang den Schnellstraßen stellen Informationen, Straßenkarten, Hotels/Motels zur Verfügung und zeigen, welchen Freizeitaktivitäten man wo am besten nachgehen kann.

Verschiedene Städte in Wisconsin unterstützen die Bemühungen des Staates und betreiben gleichzeitig ihr eigenes Standort-Marketing. Milwaukee, Green Bay, Appleton und La Crosse haben ihre eigenen Handelskammern und Fremdenverkehrsvereine und initiieren ihre eigenen Werbekampagnen; jede Stadt investiert in Touristenwerbung, insbesondere um den Saisontourismus im Sommer zu fördern. Milwaukee wirbt mit einem üppigen Sommerfest, das entlang seiner Seeküste verläuft. Green Bay schlägt Kapital aus seinem nationalen Footballteam (den Green Bay Packers), denen eine eigene »Packer Hall of Fame« gewidmet ist.

Auch auf regionaler Ebene werden Pläne zur weiteren Entwicklung

Wisconsins ausgearbeitet; regionale Zeitschriften und Broschüren werben für bestimmte Sehenswürdigkeiten und Hotels. Manche Regionen haben besondere Aquarien und Wasserspiele, andere Sommercamps, wieder andere Handelsmessen, und noch andere werben für lokale Produkte wie Brombeeren oder Kirschen.

Die Erholungsorte und Hotels von Wisconsin werben aktiv sowohl für sich selbst als auch für ihren Staat. Das Abbey Hotel in Fontana schaltet Anzeigen in Chicago und einer Reihe anderer Städte, um Touristen anzulocken. Die »Door County Condo« – Wohnkomplexe mit Eigentumswohnungen – stellen die besondere Lebensqualität Wisconsins in den Vordergrund; große Hotelketten wie Sheraton und Best Western werben regional um Touristen für die Sommerzeit. Auch Restaurants, die selten national werben, schalten Anzeigen, um Besucher aus der Umgebung anzuziehen wie zum Beispiel das Karl Raztsch in Milwaukee, Al Johnson's in Door County oder das Hoffman House in Madison. Oftmals weichen Besucher auf der Durchreise von ihrer Reiseroute ab, nur um diese Restaurants zu besuchen. Auch die Industrie beteiligt sich an der Werbung für Produkte aus Wisconsin. Seit das Land den Weinbau für sich entdeckt hat, werben die lokalen Regionen für die fruchtigen Weine aus Wisconsin. Die Bierindustrie rühmt die Qualität des Wassers und die Naturschönheiten des Staates. Die Wasserwirtschaft verkauft Wisconsin mit LaCroix-Tafelwasser und erinnert die Konsumenten an die Quellen von Wisconsin. Keine Diskussion über amerikanisches Bier, die nicht Miller and Pabst von Milwaukee und Old Style von La Crosse erwähnt.

Der Staat Wisconsin ist mit einem Marktanteil von 35 Prozent der Champion unter den Käseproduzenten. »Wisconsin Cheese« ist heute ein Markenname. Die Wisconsin Cheesemakers Association veranstaltet jährlich den World's Natural Cheese Championship Contest. Seit 1988 gewannen neun von insgesamt siebzehn Wettbewerbern aus Wisconsin diesen Titel. Auch mit seinem »Cheese Mobile« festigte Wisconsin seinen Ruf als Käsehersteller – ein speziell für diesen Zweck gebauter Kühllaster, zwanzig Fuß lang und sechs Fuß hoch, in dessen Mitte ein 40 000 Pfund schwerer Wisconsin-Cheddarkäse thront. Jim Tillison, Direktor der Wisconsin Cheesemakers Association, sagt dazu: »Nach unserer Tour haben uns zwanzig Millionen Menschen gesehen, zirka fünfzig weitere Millionen haben von oder über uns gehört oder gelesen.« Der Wagen war zwei Jahre lang unterwegs, und in den Köpfen der Verbraucher prägte sich die überwältigende Dominanz Wisconsins als führender Hersteller von Cheddar, Gouda, Edamer, Schweizer und einer Vielzahl anderer Käsesorten ein.

Wisconsin veröffentlicht und verteilt einen von Helen Killingstadt verfaßten Aufsatz mit dem Titel »Packaging Wisconsin for Tourists«, in welchem die Autorin Restaurantbesitzern rät, freundliche *know it alls* über ihre Stadt zu verbreiten; die Bewohner Wisconsins werden darin aufgefordert, Touristen bei der Suche nach Freizeitmöglichkeiten oder bei der Frage, wie sie ihre Kinder an regnerischen Tagen beschäftigen können, zu beraten. Wisconsin unterstützt nicht nur die Werbeaktivitäten, sondern arbeitet auch daran, daß ein kohärentes Image verbreitet wird. Wisconsin hat praktisch ein integriertes Imageverteilungssystem erreicht.

Quelle: Zur Information über das Wisconsin Cheese Mobile siehe Rogers Worthington, »Regional Dispute over Whos the Big Cheese«, *Chicago Tribune*, 9. Oktober 1988, Kapitel 1, S. 5.

Das Zielpublikum und sein Verhalten identifizieren

Der erste Schritt noch vor der Auswahl der Werbebotschaft und der entsprechenden Medien ist, zu klären, welches Zielpublikum angesprochen werden soll. Möchte beispielsweise das Fremdenverkehrsbüro in Cancún/Mexico junge Singles, Hochzeitspaare, Familien oder Rentner ansprechen? Jeder potentielle Zielmarkt erfordert andere Botschaften und Medien. Sollte das Touristenbüro hauptsächlich Printmedien einsetzen und mit Anzeigen und Artikeln werben? Und wenn, sollten diese im *Rolling Stone* oder im *New Yorker* erscheinen?

Der zweite Schritt erfordert es, die Präferenzen des Zielpublikums vorwegzunehmen – ob es beispielsweise vier Tage am Strand verbringen, eine Eigentumswohnung kaufen oder lieber im Sommer als im Winter verreisen will.

Darüber hinaus muß die *Bereitschaft des Käufers zur Realisierung seiner Präferenzen* bestimmt werden. Ein Tourist auf der Suche nach einem Reiseziel für den Winterurlaub könnte die folgenden Vorstellungen von Cancún haben: Er weiß nichts über Cancún, er hat eine Vorstellung von Cancún, er weiß viel über Cancún, er würde gerne nach Cancún fahren, er plant eine Reise nach Cancún. Für jemanden, der noch nichts über Cancún weiß, wäre vielleicht ein 15-Sekunden-Fernsehspot die geeignete Medienstrategie, für jemanden, der gern nach Cancún fahren würde, kommen Coupons als Kaufanreiz in Frage.

Die gleiche Frage der Kaufbereitschaft gilt auch für die Anwerbung von Unternehmen. Beim Marketing einer Produktionsstätte müssen die Standortanbieter zwischen möglichen, potentiellen, wahrscheinlichen und tatsächlichen Kunden unterscheiden. Jede Käufergruppe erfordert einen unterschiedlichen strategischen Medienmix. Der mögliche Kunde stößt vielleicht auf eine in einer Fachzeitung geschaltete Anzeige, die eine kostenlose Broschüre über die Vorzüge eines bestimmten Standorts anbietet. Potentielle Kunden könnten angerufen und für ein Verkaufsgespräch gewonnen werden. Bei einem wahrscheinlichen Kunden bietet sich an, gemeinsam den betreffenden Ort zu besuchen, ihn dort mit den Politikern, Geschäftsleuten und Gewerkschaftsführern bekanntzumachen und ihn dann zum Besten einzuladen, was der Ort zu bieten hat.

Welche Instrumente stehen zur Verfügung?

Standort-Marketer arbeiten mit unterschiedlichen Instrumenten, um einen möglichst breit gestreuten Einfluß auf die Zielmärkte zu ermöglichen. Dazu gehören vor allem Werbung, Direktmarketing, Verkaufsförderung, Public Relations und der persönliche Verkauf. Im folgenden beschreiben wir die jeweiligen Merkmale dieser Instrumente, ihre Effektivität, Einsatzmöglichkeit und Kosten.

Werbung

Werbung ist jede vergütete Form der nichtpersonalen Präsentation oder Förderung von Ideen, Waren oder Dienstleistungen durch einen Sponsor; zum Beispiel werben Staaten oder Städte, indem sie Druckfläche (in einer Zeitschrift, Tageszeitung oder auf Reklametafeln) oder Ausstrahlungszeit (Fernsehen, Radio) kaufen.

Aufgrund der vielen Formen und Einsatzmöglichkeiten der Werbung ist es schwierig, allgemeine Aussagen über ihre jeweiligen Qualitäten innerhalb des gesamten Promotionsmix zu treffen. Generell lassen sich die folgenden Eigenschaften feststellen:

Öffentliche Präsentation

Werbung ist eine in hohem Maße öffentliche Form der Kommunikation; diese Eigenschaft verleiht dem Standort oder seinen Produkten Legitimität und suggeriert ein standardisiertes Angebot. Da viele Personen dieselbe Botschaft empfangen, wissen die Käufer, daß ihre Beweggründe zum Kauf des Produkts allgemein verstanden werden. Wer zum Beispiel seinen Urlaub auf Bali verbringen will, kann erwarten, daß auch andere den Reiz Balis, so wie er im Reiseprospekt beschrieben wird, wahrnehmen.

Beeinflussungspotential

Die Werbung ist ein Medium mit hohem Beeinflussungspotential; sie läßt eine häufige Wiederholung der Werbebotschaft zu. Sie ermöglicht es dem Käufer, die Botschaften verschiedener Wettbewerber zu vergleichen. Eine breitangelegte Werbekampagne sagt Positives über die Größe, die Beliebtheit und den Erfolg des Anbieters aus.

Verstärkte Ausdruckskraft

Die Werbung bietet die Chance, mit Hilfe eines künstlerischen Einsatzes von Drucktypen, Musik, Geräuschen und Farbe den Standort und seine Produkte auf eindrucksvolle Weise zu präsentieren. Allerdings besteht die Gefahr, daß ebendiese Aussagekraft die Botschaft schwächt oder von ihr ablenkt.

Unpersönlichkeit

Die Werbung ist häufig weniger »zwingend« als die persönliche Präsentation. Die Empfänger fühlen sich nicht verpflichtet, der Werbung Aufmerksamkeit zu schenken oder auf sie zu reagieren. Werbung kann lediglich einen Monolog halten, nicht aber einen Dialog mit den Empfängern führen.[1]

Werbung kann zum Aufbau eines dauerhaften Standortimages eingesetzt werden und andererseits schnellen Verkauf auslösen – zum Beispiel eine Anzeige über einen besonders preiswerten, auf den Monat März begrenzten Flug nach Bali. Durch Werbung kann ein breites, geographisch weit gestreutes Publikum zu geringen Kosten erreicht werden. Gewisse Werbeformen wie das Fernsehen erfordern ein hohes Werbebudget, während andere wie Zeitungen vergleichsweise kostengünstig sind. Werbung kann allein durch ihre Verbreitung verkaufsfördernd wirken: Ein Standort, für den massiv geworben wird, muß offenbar auch etwas zu bieten haben, denn warum sonst sollten Standort-Marketer soviel Geld für die Werbemaßnahmen ausgeben?

Direktmarketing

Direktmarketing umfaßt den Gebrauch von Kommunikationsmedien, deren Wirkung individuell meßbar ist. Die beiden traditionellen Instrumente des Direktmarketings sind die direkte Postzusendung und das Telefon. Das Bermuda Department of Tourism kann beispielsweise entweder Postwurfsendungen an eine definierte Kundengruppe wie etwa junge Ehepaare verschicken oder ein Reisesonderangebot per Telefon anbieten. Die Empfänger haben die Möglichkeit, das Angebot zu ignorieren, per Telefon nähere Auskünfte einzuholen oder einen Kaufauftrag zu erteilen. Der Direktmarketer kann sofort die »Trefferquote« der Anfragen und Käufe feststellen. Hier unterscheidet sich das Direktmarketing von der Werbung, die in der Regel keine direkte Reaktion wie Rücksendung von Coupons oder Anrufen auslöst. Obwohl die Marketingkosten pro erreichter Person teurer sind, gleichen ihre gezielteren und auf Rückmeldung ausgerichteten Aktivitäten die höheren Kosten mehr als aus.

Die Medien des Direktmarketings sind in den letzten Jahren vielfältiger geworden; zu ihnen gehören gebührenfreie Anrufe zur Bestellung eines zuvor im Radio oder Fernsehen vorgestellten Produktes unter Angabe der Kreditkartennummer. Natürlich ist auch das persönliche Verkaufsgespräch Teil des Direktmarketings, da auch hier die Kundenreaktion am Ende des Gesprächs bekannt ist. Wir wollen den persönlichen Kundenkontakt jedoch als eigenes Medium später in diesem Kapitel behandeln.

Die besonderen Merkmale des Direktmarketings sind:

1. *Zieleffizienz*: Der Marketer kann die Empfänger seiner Marketingbemühungen gezielt auswählen.
2. *Kundenorientierung*: Der Marketer kann aufgrund der Informationen über einen bestimmten Kundenkreis maßgeschneiderte Botschaften entwickeln.
3. *Interaktion*: Der Empfänger kann mit dem Marketer direkt kommunizieren und Fragen, Vorschläge und Aufträge direkt mitteilen.
4. *Reaktionsmessung*: Der Marketer kann die Trefferquote und damit den Erfolg eines Marketingprogramms messen.

5. *Aufbau von Kundenbeziehungen*: Der Marketer kann die Beziehung zu bestimmten Kunden ausbauen und verbessern, indem er zu besonderen Anlässen (zum Beispiel Geburtstagen, Jubiläen) Briefe oder Kundengeschenke schickt.

Wegen dieser besonderen Merkmale steht das Direktmarketing ganz oben auf der Liste der einflußreichen Marketingkanäle. Mit Hilfe des Direktmarketinginstruments können Adressen potentieller Urlauber, Arbeitssuchende, Unternehmen usw. identifiziert, Angebote offeriert, das Interesse getestet und die Kaufbereitschaft gemessen werden. Aus diesen Gründen glauben wir, daß das Direktmarketing einen immer größeren Teil des Budgets der Standort-Marketer beanspruchen wird.

Verkaufsförderung

Die Verkaufsförderung arbeitet mit kurzfristigen Anreizen, um die Käufer zum Kauf eines Produktes oder einer Dienstleistung zu motivieren. Während die Werbung einen *Kaufgrund* anbietet, bietet die Verkaufsförderung den *Anreiz* zum Kauf und erreicht dadurch im Ergebnis eine schnellere Kaufreaktion. Zur Verkaufsförderung gehören zum Beispiel kostenlose Proben, Gutscheine, Rabatte, Prämien, Preisausschreiben. Im Wettbewerb um die Ansiedlung von Unternehmen wenden die Standortanbieter zum Beispiel ein ganzes Bündel dieser Verkaufsanreize an: Steuervergünstigung, Steuerstundung, subventionierte Wohnungen und Fortbildungsmaßnahmen, Sonderfinanzierungen, Infrastrukturverbesserungen und preiswerte Grundstücke (Kapitel 9 enthält eine vollständige Liste der Anreize).

Obwohl Verkaufsförderungsinstrumente – Rabatte, Preisausschreiben, Prämien etc. – eine buntgewürfelte Mischung darstellen, lassen sich doch drei gemeinsame Merkmale nennen:

Sie sind kommunikativ: Sie erregen Aufmerksamkeit, liefern Informationen und führen dazu, das Interesse der Zielgruppe zu wecken.
Sie enthalten Anreize: Sie locken mit Vergünstigungen und Anreizen, die für das Zielpublikum wertvoll sind.
Sie laden ein: Sie fordern die Zielgruppe auf, sich an einer bestimmten Aktion zu beteiligen.

Die Verkaufsförderung bewirkt stärkere und unmittelbarere Reaktionen als andere Beeinflussungskanäle; sie dramatisiert die Produktangebote und kann rückläufige Umsätze wieder in die Höhe treiben. Ihre Wirkung ist allerdings meist nur kurzfristig und eignet sich nicht dazu, eine andauernde Standortpräferenz zu erzielen.

Public Relations

Alle PR-Maßnahmen zielen darauf, die Beziehung zwischen Unternehmen und der Öffentlichkeit zu verbessern, ein gutes Image in der Öffentlichkeit zu etablieren, nachteilige Gerüchte, Geschichten und Anlässe zu korrigieren oder ihre Verbreitung zu verhindern. Zu den wichtigsten PR-Instrumenten gehören die Beziehungen zur Presse, Lobbyismus und das Veranstalten von besonderen Ereignissen. Die Public-Relations-Wirkung basiert auf den folgenden Eigenschaften:

Glaubwürdigkeit: Presseartikel wirken offenbar authentischer als Anzeigen.

Offenheit: Durch PR-Maßnahmen können viele potentielle Käufer erreicht werden, die ansonsten Verkäufern und Werbung eher aus dem Weg gehen. Die Botschaften werden als Presseberichte statt als verkaufsorientierte Kommunikation präsentiert.

Dramatisierung: Wie die Werbung eignet sich auch PR zur eindrucksvollen Hervorhebung positiver Eigenschaften. Die Marketingfachleute tendieren dazu, PR-Maßnahmen zuwenig oder nur als Zusatzmittel einzusetzen. Doch gut konzipierte PR-Programme sind äußerst effektiv, insbesondere wenn noch weitere Elemente des Promotionmix hinzukommen.

Die PR-Instrumente sind segmentiert und spezialisiert; es gibt unterschiedliche Zweige wie Public Relations im Finanzsektor, im Arbeitsmarkt- oder Regierungssektor. Uns interessiert hier vor allem Public Relations im Marketingbereich (MPR).[2] Für den Standort-Marketer kann MPR bei den folgenden Aufgaben behilflich sein:

MPR kann helfen, neue Produkte zu lancieren: Wenn zum Beispiel die Walt Disney Company einen neuen Vergnügungskomplex in der Region um Orlando eröffnen will – wie das EPCOT-Zentrum oder die

MGM-Studios –, wird eine PR-Kampagne gestartet; Zeitungsinterviews, Pressemitteilungen und besondere Veranstaltungen sollen das Interesse wecken und Besucher anlocken.

MPR kann helfen, ein Produkt neu zu positionieren: New York City hatte in den siebziger Jahren eine extrem schlechte Presse, bis die »I love New York«-Kampagne griff und Millionen von Touristen in die Stadt brachte.

MPR kann das Interesse an einer Produktkategorie aufbauen: Wisconsin hat eine starke Milchwirtschaft und erleidet daher wirtschaftliche Einbußen, wenn Milch, Käse oder andere Molkereiprodukte für die Konsumenten an Attraktivität verlieren. Wisconsin hilft der American Dairy Association bei PR-Maßnahmen, die darauf abzielen, das Interesse an und den Kauf von Molkereiprodukten wieder anzukurbeln.

MPR kann gezielt Einfluß nehmen: Im Bestreben, den Tourismus zu fördern, lancierte Griechenland zwei Kampagnen, die sich direkt an die griechischen Einwanderer in den USA wandten.

MPR kann helfen, das öffentliche Ansehen von Standorten wiederherzustellen: Als Miami 1992 durch den Hurrican Andrew teilweise zerstört wurde, fürchtete die Reisebranche einen Rückgang der Besucherzahlen. Die PR-Organisationen Südostfloridas verschickten daraufhin über Nacht Tausende von Faxen, Presseerklärungen und Videointerviews, in denen sie mitteilten, daß der angerichtete Schaden begrenzt sei. Durch die schnelle Reaktion konnten Geschäfte wiederaufgebaut und übertriebene Darstellungen über die Auswirkung des Sturmes korrigiert werden.

MPR kann helfen, das Standortimage so aufzubauen, daß seine Produkte positiv wahrgenommen werden: Atlanta City genießt aufgrund seiner spektakulären Spielkasinos – vor allem in Verbindung mit seinen schäbigen Straßengeschäften und Slumbezirken – ein relativ negatives Image. Donald Trump, Besitzer des Trump's Plaza, lancierte eine PR-Kampagne, um die Stadt als amerikanisches Boxsportzentrum neu zu positionieren. Mit seiner Strategie, wöchentlich drei Boxkämpfe auf ESPN-Kanal und Ausscheidungskämpfe auf HBO-Kanal zu zeigen, zielt er darauf, Hotelgäste und ausgabefreudige Touristen anzuziehen. Die Boxkämpfe liefern gleichzeitig Material und Geschichten über den Ort, an dem sie stattfinden, und verbreiten über Mundpropaganda den Reiz von Atlantic City.

Marketingmanager greifen zunehmend auf PR-Instrumente zurück, da die Massenwerbung durch steigende Medienkosten, Unüberschaubarkeit und kleiner werdende Zielgruppen an Kraft verlieren. PR-Maßnahmen können zu einem Bruchteil der Werbekosten Aufmerksamkeitseffekte erzielen und sich im Bewußtsein der Öffentlichkeit einprägen. Der Standort zahlt nicht für den in den Medien beanspruchten Raum oder Zeit, sondern dafür, daß Geschichten entwickelt und kommuniziert, Ereignisse auf bestimmte Weise dargestellt werden.

Eine interessante Geschichte über einen Standort kann von allen Medien aufgenommen werden und Millionen von Dollar wert sein, die sonst in die Werbung investiert werden müßten. Die durch PR-Maßnahmen verbreiteten Botschaften besitzen zudem mehr Authentizität. Von Fachleuten wird die Ansicht vertreten, daß der Einfluß eines Presseartikels auf ein bestimmtes Publikum die Wirkung einer Werbeanzeige um das Fünffache übersteigt.

Persönlicher Verkauf

Im persönlichen Verkaufsgespräch wird ein Produkt einem oder mehreren Kunden vorgestellt. Der persönliche Verkauf kann in bestimmten Phasen das wirksamste Instrument im gesamten Kaufprozeß sein, insbesondere wenn Käuferpräferenzen und -überzeugungen aufgebaut und zu Kaufhandlungen motiviert werden sollen. Der persönliche Verkauf verfügt im Vergleich mit der Werbung über drei ausgeprägte Vorteile:

Persönlicher Kontakt: Der persönliche Verkauf ist die lebendige, direkte und interaktive Beziehung zwischen zwei oder mehr Personen. Jeder Beteiligte kann die Bedürfnisse und Merkmale des anderen aus erster Hand beobachten und unmittelbar darauf reagieren.

Kultivierung von Beziehungen: Im persönlichen Verkauf sind alle möglichen Beziehungsformen denkbar, von der sachlichen Verkaufsbeziehung bis hin zu einer tieferen freundschaftlicheren Beziehung. Gute Verkäufer, die langfristige Kundenbeziehungen aufbauen wollen, achten auf die jeweiligen Interessen ihrer Geschäftspartner.

Reaktionszwang: Beim persönlichen Verkauf fühlt sich der Kunde zur Aufmerksamkeit und zur Reaktion verpflichtet, und sei es zu einem höflichen Dankeschön.

Diese Vorteile sind jedoch auch mit Kosten verbunden, denn ein Verkaufsteam stellt für sein Unternehmen auch immer einen Kostenfaktor dar: Während Werbemaßnahmen jederzeit wieder beendet werden können, läßt sich die Größe eines Verkaufsteams nicht ohne weiteres reduzieren. Der frühere Gouverneur von Tennessee, Lamar Alexander, war selbst in einigen Verkaufsgesprächen aktiv (siehe Darstellung).

In Smyrna an Bord gehen

Als der Gouverneur von Tennessee, Lamar Alexander, sich zur Beteiligung am Wettbewerb um die große Nissan-Produktionsstätte entschloß, war er auf die Zusammenarbeit und die Unterstützung aller wichtigen Gruppen in Rutherford County – dem potentiellen zukünftigen Standort – angewiesen. Um sein Ziel zu erreichen, lud er alle Führer von Rutherford County zu einem privaten Treffen in seinem Haus ein. Vor einer Gruppe von achtzig Leuten sprach er dann vertraulich und unter Ausschluß der Öffentlichkeit über seinen Plan, die Nissan Motor Corporation für Tennessee zu gewinnen. Als er schließlich nach der Meinung seiner Zuhörer fragte, erhielt er allgemeine Zustimmung. Durch seine Fähigkeit, sein Publikum kooperativ zu stimmen, verhinderte er, daß Kämpfe und Probleme entstanden, die normalerweise dann auftauchen, wenn interessierte Parteien nicht am Entscheidungsprozeß beteiligt werden.

Quelle: siehe David Gelsanliter, *Jump Start* (Toronto: Harper & Collins, 1990), S. 49 f.

Sonstige Instrumente

Es gibt Imageaufbau- und Verkaufsförderungsmethoden, die sich teilweise der Kontrolle des Standortes entziehen und die einem Standort entweder nützen oder aber ihm schaden können. Dazu gehören Film und Fernsehen, Musik, Sport ebenso wie T-Shirts, Mützen und Poster. Hier einige Beispiele:

Fernsehen

In den frühen achtziger Jahren, als die Serie »Miami Vice« zum ersten Mal ausgestrahlt wurde, waren die Stadtpolitiker wenig begeistert, denn eine dramaturgisch aufbereitete Version von Drogenkriegen konnte kaum empfehlenswert sein. Zu jedermanns Überraschung wurde »Miami Vice« zum Katalysator, der nicht nur die Baustruktur Miamis, sondern auch sein Selbstverständnis verbesserte.

Um das Image Miamis zu verdichten, arbeitete die Serie mit leuchtend bunten Visuals und mitreißender lateinamerikanischer Musik. Für die Aufnahmen wurden viele der glanzlos gewordenen Art-deco-Bauten in Miami Beach in Orange und Rosa gestrichen. Die Bürger Miamis konnten wieder stolz auf die Architektur ihrer Stadt sein; sie trugen nun ebenfalls zur Verschönerung des Stadtbildes bei, indem auch sie ihre Häuser mit neuem Anstrich versahen und damit das berühmte architektonische Erbe Miamis zusätzlich auffrischten.

Auch Dallas definierte sein Image in den langen Jahren der »Dallas«-Serie neu. Es ist entscheidend für einen Standort, aus solchen ungeplanten Vorkommnissen Nutzen zu ziehen. Einige Städte subventionieren bereits die Arbeit von Autoren, die den Schauplatz ihrer Handlungen in ihren Städten stattfinden lassen.

Musik

Jeder Ort würde gern in einem Lied besungen werden, das die emotionale Kraft eines »I left my heart in San Francisco«, »A Foggy Day in London Town« oder »I love Paris in the Springtime« besitzt. Als Richard Rodgers und Oscar Hammerstein das Musical »Oklahoma« schrieben, arbeiteten sie zwar nicht für das Oklahoma Department of Tourism and Recreation, doch der Staat profitierte dennoch von ihnen. Die Footballteams jeder staatlichen Universität haben eigene Lieder, die immer wieder gespielt werden; Michigans »Hail to the Victor«, das häufig im nationalen Fernsehen zu hören ist, zielt darauf, Lokalstolz zu wecken und seinen Ruf als Ausbildungszentrum zu festigen. Standorte können Musikwettbewerbe initiieren und die Musiktheater motivieren, in ihren Produktionen die Identität ihres Ortes zu stärken.

Sport

Meisterschaften wirken oft als Katalysator, um effektive Standortkampagnen zu lancieren. Als die Minnesota Twins 1987 die Weltmeisterschaften gewannen, arbeiteten sie mit General Mills zusammen und produzierten eine Corn-flakes-Schachtel mit dem Bild des Teams darauf. Es wurde ein Minnesota-Taschentuch entworfen, das als Glücksbringer dienen und den Rivalen Pech bringen sollte. Nach ihrem zweiten Sieg im Jahr 1991 wurde die Region mit Sweatshirts, T-Shirts, Postern und Mützen überflutet, und in jedem einzelnen Fall wurde für den Standort in Zusammenarbeit mit Herstellern, Stadtbüros und den Medien geworben. Die Kampagnen trugen dazu bei, daß Minneapolis und St. Paul seitdem als Sportzentren mit einem informierten Publikum gelten.

Geographische Lage

Mitunter steht ein ansonsten völlig unbekannter Ort auf einmal im Rampenlicht und wird plötzlich zum beliebten touristischen Ziel. Die Fernsehserie »Route 66« zeigte zwei junge Männer in ihrem Chevrolet Corvette auf der einst berühmten Strecke hin und her fahren, was Tausende von Touristen dazu motivierte, es ihnen gleichzutun. In einem solchen Fall müssen dann allerdings genügend Hotels und touristische Einrichtungen vorhanden sein. Dyersville/Iowa, Heimat des Films »Field of Dreams«, hat eine magnetische Wirkung auf 50 000 Touristen im Jahr, die sich den mystischen Ort ansehen möchten. Die Aufgabe des Bezirks besteht dann darin, für Unterbringungsmöglichkeiten und weitere Attraktionen zu sorgen.

Die richtigen Werbemedien auswählen

Die Auswahl der geeigneten Medienkanäle ist eine risikoreiche Aufgabe. In den Vereinigten Staaten gibt es 11 238 Zeitschriften, 482 Tageszeitungen, 9871 Rundfunkstationen und 1220 Fernsehstationen.[3]

Im ersten Schritt muß das Werbebudget auf die wichtigen Werbemedienkanäle verteilt und diese auf ihre Kapazität, Reichweite, Häufigkeit und Wirkung untersucht werden. Die wichtigsten Medienkanäle sind Fernsehen, Radio, Zeitschriften, Zeitungen, Reklametafeln, direkte Postzusendungen und Telefon; zusätzlich werden noch alternative Medien entwickelt. Im folgenden diskutieren wir die Vorteile und Nachteile der wichtigsten, in Abbildung 7.1 aufgeführten, Medien.

Abbildung 7.1
Profile der wichtigsten Medientypen

Medium	Vorteile	Grenzen
Zeitungen	Flexibilität; Aktualität; gute lokale Marktabdeckung; hohe Glaubwürdigkeit	Kurzlebig; schlechte Druckqualität; wenig »Laufkundschaft«
Fernsehen	Verbindet Bild, Ton und Bewegung; spricht die Sinne an; hoher Aufmerksamkeitswert; große Reichweite	Hohe Absolutkosten; Beliebigkeit; Flüchtigkeit; geringe Selektivität
Direkte Postzusendungen	Selektivität; Flexibilität; kein Wettbewerb durch konkurrierende Anzeigen; persönliche Ansprache	Relativ hohe Kosten; »Junk-mail«-Image
Radio	Massengebrauch; große geographische und demographische Auswahl; niedrige Kosten	Nur Audiopräsentation; geringerer Aufmerksamkeitsgrad als beim Fernsehen; nicht genormte Quotenstrukturen; Flüchtigkeit
Zeitschriften	Hohe geographische und demographische Selektivität; Glaubwürdigkeit und Prestige; gute Druckqualität; langlebig; Laufkundschaft	Lange Voranmeldezeiten; einige wirkungslose Auflagen; keine Gewähr für die Plazierung
Außenwerbung	Flexibilität; hohe Wiederholungswerte; billig; wenig konkurrierende Anzeigen	Keine Selektion; kreative Grenzen

ECON GRAFIK

Morgen in Spring Hill

Die Fernsehwerbekampagne für Saturn-Autos zeigte zu Beginn den Charme des Ortes und seiner Produktionsanlage in Spring Hill/Tennessee. In ländlich-romantischen Anzeigen wurde die Idylle der ländlichen Gemeinde demonstriert. Countrymusik, weiche nostalgische Bilder und Beschaulichkeit machten Spring Hill zur Hauptstadt des *having it all*. Die Menschen schienen zufrieden mit der Fabrik; das ländlich-behäbig Ambiente von Spring Hill schien intakt.

Dies änderte sich, als die Bewohner über ihre Gefühle befragt wurden. Es zeigte sich, daß viele die Neuankömmlinge ablehnten, die hier Arbeit suchten und Großstadtwerte und -preise mit sich brachten. Teilweise wurde befürchtet, daß die Landschaft durch Neubausiedlungen zerstört und die Umwelt verschmutzt würde. Andere klagten über die überfüllten Schulen, die zur Folge hatten, daß die Kinder in Containern unterrichtet werden mußten. Es war jetzt Morgen in Spring Hill, und einige Einwohner fragen sich, ob ihr Kaffee jemals wieder so gut schmecken würde wie früher.

Fernsehen

Das Fernsehen ist das effektivste Medium, um Bild- und Toneindrücke eines Ortes zu dramatisieren. Die Werbespots reichen von kurzen 15-Sekunden-Spots bis zu dreißigminütigen Kabelsendungen. In vielen Fällen werden die Werbesendungen für Standorte von Unternehmen finanziert.

1990 schaltete die El-Al-Fluggesellschaft wegen der zunehmenden Besorgnis der Fluggäste während des Intifada-Problems eine Fernsehwerbung, in der die Gründung Israels gepriesen wurde. Zwar gelang es zweifellos, das Interesse der Zuschauer zu wecken, ob damit neue Kunden gewonnen wurden, scheint zweifelhaft. Vielleicht ist die El Al in dieser schwierigen Lage mit dem erreichten Ergebnis zufrieden. Die Kampagne könnte aber auch mit anderen Instrumenten, zum Beispiel öffentlichen Präsentationen, fortgesetzt werben.

Läßt eine Fernsehwerbung die Realität außer acht, dann kann die Kampagne zum Eigentor werden. Nirgendwo ist die Lücke zwischen Vorstellung und Realität offensichtlicher als im Fernsehen.

In der Fernsehwerbung ist der zunehmende Trend zu beobachten, eng definierte Zielgruppen über das vergleichsweise kostengünstige Kabelfernsehen anzusprechen. Guntersville/Alabama versucht, Pensionäre durch Werbespots im ESPN-Sportkanal, der auch Angelwettbewerbe zeigt, zu erreichen. Auch der Reisekanal erreicht bestimmte Zielgruppen; die lokalen Kabelprogramme eignen sich als kostengünstiges Medium für die Werbung neuer Geschäfte und Unternehmen.

Rundfunk

Das Radio kann auf vielfältige Weise für die Standortwerbung eingesetzt werden. Rundfunkwerbung kann Ferien, Grundstücke oder Jobs anbieten. Da die verschiedenen Rundfunkstationen sich an jeweils unterschiedliche Zuhörergruppen wenden, ist es wichtig, eine sorgfältige Auswahl vorzunehmen.

Viele Radioprogramme sind speziell auf die Bedürfnisse von Touristen zugeschnitten und stellen Reiseinformationen zur Verfügung. Da bei diesen Sendern ein ständiger Bedarf nach Studiogästen herrscht, besteht für Reise- und Tagungsveranstalter die Möglichkeit, problemlos Zugang zu diesen Märkten zu erhalten. Meist werden auch aktiv lokale soziale und kulturelle Veranstaltungen gefördert wie zum Beispiel bei KMOX in St. Louis, WCCO in Minneapolis und WGN in Chicago, die regelmäßig über Veranstaltungen in ihren Städten berichten.

Zeitschriften

Der Vorteil der Zeitschriften ist, daß über sie praktisch jede Zielgruppe erreicht werden kann, deren Leseverhalten bekannt ist. Oft versuchen PR-Strategen ausführliche und vorteilhafte Geschichten über einen Standort in Zeitschriften wie zum Beispiel *Atlantic, Harpers* oder *Esquire* zu veröffentlichen. Reise- und Fremdenverkehrsbüros können im *Travel* oder anderen Magazinen, die von den Zielgruppen wahrscheinlich gelesen werden, annoncieren. Staaten werben häufig mit ganzseitigen Anzeigen in bekannten Wirtschaftsmagazinen wie *Business Week, Fortune* oder *!Forbes*, um sich als attraktive Standorte für Investitionen, Fabriken, Unternehmens- und Verkaufszweigstellen vorzustellen. Exportfirmen können in den entsprechenden Zeitschriften des Exportlandes für ihre Produkte werben.

Die Anzeige für einen Standort muß glaubwürdig sein, wenn sie effektiv sein soll. Mississippi hat zum Beispiel das »Super-Collider«-Projekt aggressiv mit einer Anzeige verfolgt, die darauf abzielte, das Image Mississippis als wissenschaftliches Zentrum zu kommunizieren. Die Anzeige behauptete zwar, Mississippi sei »der perfekte Standort für Amerikas neuen High-Tech-Quantensprung«, doch der Beweis dafür war mager und wenig beeindruckend.

Wir sind auf Kollisionskurs mit der Geschichte
Mississippi . . . mehr als nur ein Fluß
Einer der ältesten Schätze der Natur macht den Staat Mississippi zum perfekten Ort für Amerikas High-Tech-Quantensprung.
Der Superconductor Super Collider wird weltweit der größte Teilchenzerkleinerer, ein chirurgisch präzises Instrument, mit dessen Hilfe die tiefsten Geheimnisse der Materie entdeckt werden können. Mississippi ist eine hervorragende Stätte für den SSC. Aus gutem Grund. Unsere Selma-Kalkbildung übertrifft alle geologischen Erfordernisse für den Bau des Super Collider. Doch nicht nur der richtige Boden, auch das, was wir hier in Mississippi gebaut haben, ist essentiell wichtig.
Wir sprechen über unsere traditionelle technologische Führungsstärke. Mississippi ist die Heimat des National Space Technology Laboratory der NASA, des National Center for Physical Acoustics, des Institute for Technology Development und des Technology Transfer Center. Unsere Universitäten sind in der biomedizinischen Forschung, in den Polymerwissenschaften und in der Mikroelektronik führend. Durch unser Engagement für Technologie und Ausbildung sind wir der optimale Standort für das historische SSC-Projekt. Unsere beachtliche geologische Überlegenheit macht die Wahl selbstverständlich.
Wir sind am richtigen Ort. Mit dem richtigen Stoff.
Wir erzählen Ihnen gern mehr über unsere Vergangenheit, unsere Zukunft und was wir heute für Sie tun können.

Weil Mississippi im Ruf steht, den geringsten Ausbildungsgrad der Vereinigten Staaten zu haben, wird hier das Image zu sehr überzogen und wirkt gerade durch die Übertreibung wenig glaubwürdig. Das Begleitbild zeigte einen glatzköpfigen, scheinbar nackten Astronauten des Raumzeitalters und verstärkte noch die Unglaubwürdigkeit des Images.

»Elvis landet in einer fliegenden Untertasse in Myrtle Beach«

Klingt wie etwas aus der Regenbogenpresse, oder? Und genauso klingen auch einige Berichte, die über unserer Region hier verbreitet werden und die uns an Mark Twain erinnern, der einmal sagte: »Die Berichte zu meinem Tod waren weit übertrieben.«

Die Gerüchte, die über uns kursieren, wären für uns hier in Myrtle Beach vielleicht witzig, wenn sie nicht einige Leute davon abhalten würden, hierherzukommen und alles zu genießen, was wir zu bieten haben.

Tatsache ist nämlich, daß der Schaden, der hier und in North Myrtle Beach durch den Hurrikan angerichtet wurde, minimal war und sich auf einige Pools und Keller von Restaurants beschränkt hat, die direkt am Wasser liegen. Der einzige Schaden, der während der letzten Flut berichtet wurde, waren Sonnenbrände.

Wenn Sie Golf spielen möchten, rufen Sie uns wenigstens einmal an. Die Golfplätze sind so hervorragend wie eh – sechzig gibt es davon insgesamt.

Über tausend Restaurants und unsere berühmte Grand-Strand-Einkaufsstraße wartet auf Sie. Unsere Zeltplätze stehen Ihnen offen, und unsere Fischer warten darauf, mit Ihnen raus aufs Meer zu fahren und die ganz großen Fische zu angeln. Brookgreen Gardens und das historische Ufer von Georgetown sind vom Hurrikan praktisch unberührt geblieben. Wenn Sie also zu denen gehören, die sich immer noch wundern, was hier eigentlich passiert ist, dann kommen Sie und entdecken Sie, was Tausende von Besuchern bereits entdeckt haben, daß man nämlich hier in Myrtle Beach jede Menge Spaß haben kann. Rufen Sie heute an, und wählen Sie eins von über 30 000 Hotelzimmern und Ferienhäusern.

The Myrtle Beach Area
Myrtle-Beach-Handelskammer 1-800-356-3016
Myrtle-Beach-Bezirkskammer 1-800-777-7705
George-Town-Bezirkskammer 1-800-626-7477
Myrtle-Beach Hotel & Motel Association 1-800-626-7477
Myrtle Beach Golf Holiday 1-800-845-4653
South Carolina

Alabama attracts people notorious for their handwriting, and the Medical Center of the University of Alabama at Birmingham (UAB) is just one of many reasons.

Fortunately, the names of our physicians and researchers are more often seen in print, for their work in areas from cancer research to sports medicine. Alabama is a state dedicated to attracting innovative talent to improve our quality of life.

While some states follow national trends, Alabamians lead advancements in a number of areas. Medicine is just one. UAB is recognized for several innovations. One UAB researcher has been chosen to go on a NASA space shuttle mission. He will perform experiments growing protein crystals in space, which may lead to the development of treatments for cancer, diabetes and birth defects. Other UAB researchers are world-renowned for pioneering the use of genetically engineered antibodies to search out and destroy cancer cells.

Health care is Birmingham's primary industry, with 21 hospitals in the area, including Baptist Medical Centers, the nation's fourth largest not-for-profit health care system. About 100,000 medical professionals come to the area each

UAB's Medical Center has been twice named to the top three medical centers in the country by The Best In Medicine, a survey of 300 prominent physicians.

When Your Medical Facilities Are Among the Top In the Nation, You Just Seem to Attract Them.

Dr. Jim Andrews with patient Bo Jackson at the Alabama Sports Medicine and Orthopaedic Center.

year for continuing education. And, as Bo knows, one of the world's recognized leaders in sports medicine has a thriving practice at Alabama Sports Medicine and Orthopaedic Center on the HealthSouth campus. Other well-known athletes who come to the Center for treatment include Jack Nicklaus, Charles Barkley, Jerry Pate, and Bruce Smith.

The Medical Forum, another innovation in the medical field, will offer an unprecedented opportunity for physicians, educators, and research and development companies from around the world to exchange the latest advancements. Opening in Birmingham in 1992, it will provide state-of-the-art continuing education facilities for physicians and others who come to the area for further study. Several international medical companies will make the Forum their headquarters in the U.S. market.

Alabama's dedication to attracting and nurturing talent in all fields will continue, because we've never been content to follow national trends. We're more interested in setting them.

It isn't where you think it is.

mit Erlaubnis der Lewis Advertising, Birmingham, Alabama, und Economic Development Partnership of Alabama

Übersetzung der Anzeige

Das Medical Center an der University of Alabama (UAB) ist nur einer von vielen Gründen, Alabama attraktiv zu finden. Unsere Ärzte und Wissenschaftler arbeiten auf so unterschiedlichen Gebieten wie Krebsforschung oder Sportmedizin. Und Alabama möchte noch mehr innovatives Talent gewinnen, damit wir unsere Lebensqualität noch weiter verbesern können.

Manche Staaten folgen nationalen Trends, Alabama dagegen ist auf einer ganzen Reihe von Gebieten führend, und die Medizin ist nur eines davon. Das UAB hat sich seinen guten Ruf durch eine Reihe von Innovationen erworben: Ein Wissenschaftler vom UAB nimmt zum Beispiel an einer NASA-Raumfahrtexpedition teil, um im All Experimente durchzuführen, die vielleicht zu neuen Einsichten in der Krebsforschung und der Diabetesbehandlung führen werden. Andere UAB-Wissenschaftler sind weltbekannt für ihre Pionierarbeit in der Genforschung: Mit gentechnisch behandelten Antikörpern wird versucht, Krebszellen zu identifizieren und zu vernichten.

Das Gesundheitswesen ist Birminghams größte Industrie. Mit 21 Krankenhäusern einschließlich dem Baptist Medical Center, der viertgrößten Non-profit-Gesundheitsorganisation der USA. Zirka 100 000 Mediziner besuchen uns jährlich, um an Fortbildungsveranstaltungen teilzunehmen. Bo, einer der renommiertesten Sportmediziner, praktiziert am Alabama Sports Medicine and Orthopaedic Center auf dem Health South Campus. Auch andere bekannte Sportler kommen in unser Zentrum, um sich behandeln zu lassen – Jack Nicklaus zum Beispiel, Charles Barkley, Jerry Pater oder Bruce Smith. Das Medizinische Forum, eine weitere medizinische Einrichtung, bietet Ärzten, Lehrern, Wissenschaftlern und innovativen Unternehmen aus aller Welt die Möglichkeit zum gegenseitigen Erfahrungsaustausch. Wenn es 1992 in Birmingham eröffnet wird, bietet Alabama die modernste Weiterbildungsinstitution für Ärzte und andere Wissenschaftler. Das Forum wird Hauptsitz einiger internationaler medizinischer Unternehmen in den USA sein.

Alabama fühlt sich auch weiterhin verpflichtet, Talente auf allen Gebieten für sich zu gewinnen. Wir geben uns nicht damit zufrieden, nationalen Trends zu folgen. Uns liegt mehr, die Trends selber anzuführen.

Die Alabama-Anzeige auf Seite 222 ist dagegen überzeugend. Der Slogan »Es ist nicht da, wo Sie denken, daß es ist« kräftigt zunächst das kontroverse Image des Staates. Der detaillierte Text stellt die Leistungen Alabamas auf dem Gebiet der Medizin in den Mittelpunkt, unterstützt durch das Bild des Sportmediziners mit Bo Jackson, einem gefeierten Superstar. Die Werbung für Alabama ist zielgerichtet und baut auf einem Argument, das wegen seiner Glaubwürdigkeit erfolgversprechend ist.

Zeitungen

Zeitungen haben den Vorteil, daß Standortbotschaften – zum Beispiel die Ankündigung eines Festivals oder einer Kunstausstellung – schnell kommuniziert werden. In den Reisebeilagen können Anzeigen über Ferienziele veröffentlicht, im Wirtschaftsteil Geschichten und Anzeigen zu geschäftliche Möglichkeiten plaziert werden. Die künstlerische Qualität ist bei den Zeitschriften höher, doch Zeitungen können dafür anhand von geographischen Kriterien ein bestimmtes Zielpublikum kostengünstig erreichen.

Ein großer Vorteil der Zeitungen gegenüber Zeitschriften ist ihre Aktualität. Die Anzeige für Myrtle Beach/South Carolina zielte darauf, den Herbsttourismus zu retten.

Der humoristische Anfang mit Elvis Presley und Mark Twain schwächt den Ernst der aktuellen Situation ab. Nachdem der durch den Hurrikan entstandene Schaden konstatiert wird, spricht die Anzeige die Vorzüge dieser Region an. Nachteilig ist hier die Vielzahl der verwirrenden und sich überlappenden gebührenfreien Telefonnummern am Ende des Textes.

Reklametafeln

Reklametafeln sind ein geographisch fixiertes Medium, das nur im Vorbeifahren gesehen wird. Es eignet sich, um Autofahrer auf nahe gelegene Sehenswürdigkeiten hinzuweisen: »Besuchen Sie das Grat Car Museum in Walla Walla.« Fluggesellschaften benutzen sie, um Reiseziele anzupreisen, und Grundstücksbesitzer, um auf Bebauungsmöglichkeiten aufmerksam zu machen.

Viele Staaten stellen heute an ihren Landesgrenzen Reklametafeln auf, die zum Wiederkommen, ob als Bewohner oder als Unternehmer, einladen – wegen der reinen Luft, den niedrigen Steuern oder einfach aus Spaß. Einige Reklametafeln annoncieren neue staatliche Initiativen oder Unternehmen, die zum Verkauf stehen.

Direkte Postzusendungen

Mit direkten Postzusendungen können bestimmte Zielgruppen erreicht werden; die Mitteilungen können standardisiert oder individuell sein. Es kann sich um Angebote, Mahnungen, Empfehlungen oder Anfragen handeln, um einen ausführlichen Brief mit persönlichem Gruß oder um eine Farbgraphik, mit der das Interesse an einem bestimmten Standort geweckt werden soll. Im Gegensatz zur Massenwerbung läßt sich der Erfolg der direkten Postzusendungen auch unmittelbar messen. Vor der Entscheidung für die effektivste Anzeige kann mit verschiedenen Überschriften, Texten, Umschlägen, Angeboten oder Preisen experimentiert werden.

Telefon

Telemarketing ist das Verkaufsinstrument mit der höchsten Wachstumsrate. Es verbindet die Vorteile der direkten Postzusendung mit den Vorzügen des persönlichen Kundenkontakts. Per Telefon können Kunden identifiziert, Treffen vereinbart oder Verkäufe getätigt werden.

Ein großes Problem für viele Gemeinden ist die Koordination der sich rapide ausbreitenden gebührenfreien Telefonnummern, von denen es allein in Chicago zehn verschiedene gibt. Die Kunden benützen diese, um Auskünfte einzuholen, Serviceleistungen zu bestellen oder Beschwerden zu übermitteln. In Ohio bieten die Telefonzentralen, die gebührenfrei angewählt werden, nicht nur Information an, sondern nehmen auch Reservationen entgegen.

Heute werden neue und innovative Strategien eingesetzt, um das Telefon als Verkaufsinstrument optimal zu nutzen. In Idaho werden Strafgefangene zur Beantwortung von Touristenanfragen eingesetzt; New Orleans lädt Wiederholungsbesucher aus Dallas und Birmingham ein, anhand einer gebührenfreien Telefonnummer Coupons zu bestellen oder sich an einem Gewinnspiel für eine kostenlose Reise zu beteiligen. Las

Vegas mit seinen 38 Hochzeitskirchen hat nun die richtige Telefonnummer: 1-800-322-VOWS.*

Broschüren

Broschüren sind kostengünstig, flexibel und können breit gestreut werden. Der Standortanbieter kann in Broschüren die Geschichte seiner Stadt ausführlich und, falls gewünscht, erzählerisch darstellen.

Die Kleinstadt Red Oak/Iowa richtet sich mit einer Firmenbroschüre speziell an Low-Tech-Firmen; die Broschüren werden auf den entsprechenden Kongressen in den großen Tagungszentren angeboten. Es ist überraschend, die Marketer von Red Oaks, deren Broschüren das Kernstück ihrer Präsentation sind, unter den Giganten zu sehen.

Das English Tourist Board (ETB) hatte Probleme, seine Broschüren, mit denen für den inländischen Sommerurlaub geworben wurde, in den Reisebüros auszulegen; die Reisebüros argumentierten, es stünde nicht genügend Platz dafür zur Verfügung. Nun nahm das ETB sechs unterschiedliche Medienkanäle in Anspruch, um das Problem zu überwinden: 1. das Good-Housekeeping-Magazin, 2. TV Times, 3. Touristeninformationszentren, 4. Tür-zu-Tür-Lieferungen, 5. Adressen anhand der computerisierten ETB-Kundenliste und 6. Broschüren, die als Reaktion auf eine kleine Werbekampagne in der nationalen Presse ausgegeben wurden.[4]

Alternative Medien

Die Medienplaner müssen auch andere unkonventionellere Medienkanäle in Betracht ziehen; im wesentlichen sind dies Audio- und Videokassetten, Telefax, Video, Handelsmissionen, Kongresse von Reiseschriftstellern, Willkommenszentren und Konsulate. Jedes hat seine spezifischen Vorteile und Nachteile, die in nachstehender Darstellung gezeigt werden.

Die folgenden Beispiele zeigen, wie die weniger traditionellen Medienkanäle zur Standortpromotion eingesetzt werden können:

---

* 800er-Ziffern sind gebührenfreie Rufnummern, VOW = Gelübde (Anm. d. Ü.).

- Newport/Rhode Island finanzierte ein Fest zur Feier der Eröffnung der Handelsbeziehungen zwischen dem ansässigen Commodore Perry und Japan, um damit japanische Touristen anzuwerben.[5]
- Die Hongkong Tourist Association (HKTA) wollte den Tourismus durch Hunderte von Videokassetten fördern, die kopiert und verteilt wurden, aber meist als Ladenhüter in den öffentlichen Büchereien endeten. HKTA entschied sich dann für Satellitenübertragung. Zum Preis von 18 000 Dollar konnten nun wichtige Fernsehstationen erreicht und ein Film über das Dragon Boat Race gezeigt werden, das Millionen Zuschauer weltweit erreichte.[6]
- Das Sonoma County (California) Convention and Visitors Bureau verfügt nur über einen begrenzten Werbeetat. Unter diesen Umständen organisierten sie monatliche Mittagessen für Tagungsveranstalter, verteilten preiswerte Presseinformationen und veranstalteten einen Fotowettbewerb, um neue Aufnahmen für Werbezwecke zu erhalten.[7]
- Drei Kleinstädte in New South Wales/Australien wollten Unternehmen aus Sydney anlocken. Statt Geld für einen 30-Sekunden-Werbespot im Fernsehen mit begrenzter Wirkung auszugeben, erstellten die Städte eine humoristische Videokassette, die den typischen Alltag eines frustrierten Fabrikarbeiters aus Sydney zeigte, der mit Verkehrstaus, Menschenmassen und einem verärgerten Boß zu kämpfen hatte. Danach beschrieb das Video, das überall in Sydney gezeigt wurde, das leichte, billige und weniger anstrengende Leben in den Kleinstädten.

Den Konsul anrufen, um etwas über den Standort zu erfahren?

In Chicago wurden verschiedene Konsulate angerufen, um zu testen, wie Anfragen behandelt wurden. Dabei zeigte sich folgendes:

- *Island:* Der Generalkonsul von Island konnte kaum etwas über Island aussagen. Zwar bemühte er sich, zu helfen, aber er wußte nur wenig zu berichten. Seine monotone Stimme untergrub jedes weitere Interesse an seinem Land.
- *Österreich:* Die Informationen des österreichischen Vizekonsuls waren aufschlußreich; er wies auf die fünf österreichischen Büros in Washington, Chicago, New York, Los Angeles und Houston hin,

die den kulturellen Austausch und PR-Maßnahmen fördern und alle Fragen beantworten können.

- *Finnland:* Das finnische Büro konzentriert sich auf die Entwicklung und Unterstützung finnisch-amerikanischer Handelsbeziehungen. Touristenanfragen sind dabei eher von zweitrangiger Bedeutung.
- *Ungarn:* Alle ungarischen Repräsentanten in Washington, D.C., New York und Chicago waren für längere Zeit in Urlaub. Der einzig anwesende Angestellte empfahl, Informationen, die den Handel mit Ungarn betreffen, bei der Staatsbücherei einzuholen.

Wollten wir also Informationen über ein Land haben, dann wenden wir uns am besten an Österreich.

Die Wahl zwischen den hauptsächlichen Mediakategorien

Bei der Auswahl der Medienkanäle berücksichtigen Marketingfachleute die folgenden Variablen:

1. *Die Mediengewohnheiten des Zielpublikums:* Direkte Postzusendungen und Telemarketing sind zum Beispiel die effektivsten Medien, um die lokalen Entscheidungsträger zu erreichen.
2. *Das Produkt oder der Service:* Die einzelnen Mediatypen sind unterschiedlich gut für die Demonstration, die Visualisierung, die Erklärung, die Vermittlung der Glaubwürdigkeit und die Verwendung von Farbe geeignet. Das Fernsehen ist zum Beispiel das effektivste Medium, wenn ein Standort als Ganzes präsentiert oder eine emotionale Wirkung erzeugt werden soll, während eine Zeitschrift sich dazu eignet, wenn der Standort anhand eines einzigen Farbbildes vorgestellt werden soll.
3. *Botschaft:* Eine Botschaft, die eine große Zahl technischer Details enthält, wird am besten in Fachzeitschriften oder durch direkte Post übermittelt.
4. *Kosten:* Fernsehwerbung ist sehr teuer, Zeitungsanzeigen sind dagegen vergleichsweise preiswert. Entscheidend ist häufig eher das Kriterium Kosten pro Tausend als die absoluten Kosten.

Standort-Marketer nehmen eine Vielzahl von Medientypen in Anspruch, da die unterschiedlichen Publikumssegmente oft nur einem einzigen Medium zugänglich sind. Der Einsatz mehrerer Medien erhöht die Reichweite und verstärkt den Inhalt, verhindert aber, daß eine Botschaft wiederholt demselben Publikum präsentiert wird.

Mit Blick auf die Eigenschaften der jeweiligen Medien verteilt der Standortmarketer den verfügbaren Etat auf verschiedene Medienkanäle. Das Fremdenverkehrsbüro auf Jamaica könnte sich zum Beispiel entscheiden, 14 Millionen Dollar für abendliche Fernsehspots, 4 Millionen Dollar für Zeitschriften und 2 Millionen Dollar für Tageszeitungen zu verwenden.

Spezifische Medienkanäle nutzen

Der zweite Schritt ist die Auswahl des spezifischen Medieninstruments innerhalb einer Medienkategorie, das die gewünschte Reaktion auf die kostengünstigste Weise erzeugt. Nehmen wir an, das Colorado Tourism Board möchte für den Skisport werben und wählt als Zielgruppe junge männliche Erwachsene aus. Nun werden die entsprechenden Männermagazine ausgewählt, zu denen *Playboy, Home Mechanix, Esquire* und *Motorcycle* gehören. Die Medienplaner untersuchen nun die von »Standard Rate and Data« veröffentlichten Daten, die über Auflagengrößen, Kosten für verschieden große Anzeigen, für verschiedene Farben und für verschiedene Plazierungen der Anzeigen informieren. Darüber hinaus wertet der Medienplaner die in Frage kommenden Zeitschriften mit Blick auf qualitative Merkmale wie Glaubwürdigkeit, Prestige, geographische oder fachliche Differenzierung, Reproduktionsqualität, Arbeitsklima der Redaktion, Voranmeldezeiten und psychologischen Eindruckswert.

Auf der Basis all dieser Überlegungen fällt der Medienplaner die endgültige Entscheidung darüber, welcher Werbeträger mit dem vorgegebenen Budget die günstigste Reichweite, Häufigkeit und den besten Eindruckswert im Verhältnis zu den Kosten liefert. Die erste Variable, die *Reichweite*, mißt die Zahl der Personen, denen ein bestimmtes Medium zumindest einmal innerhalb einer festgelegten Zeit dargeboten wird. Für ein breites Publikum eignen sich am ehesten die Massenmedien und hier insbesondere das nationale Fernsehen.

Devils Tower, Wyoming: Ein vergessener Landstrich

Wie viele Menschen waren schon in Devils Tower/Wyoming? In den siebziger Jahren machte die beeindruckende Maschinerie Hollywoods den Ort kurzfristig zu einem Markennamen, als der äußerst erfolgreiche Film von Columbia Pictures »Seltsame Begegnung der Dritten Art« dort gedreht wurde. In diesem Film spielt der Schauspieler Richard Dreyfuss einen Durchschnittsmann, der nach dem magischen Ort sucht, an dem sich Irdische und Außerirdische treffen. In einer bemerkenswerten Szene modelliert der ahnungslose Dreyfuss am Erntedankfest aus seinem Kartoffelbrei einen großen quadratisch geformten Berg. Später trifft die gesamte US-Raumfahrtelite in Devils Tower ein, um die Außerirdischen zu begrüßen. Als der Film in die Kinos kam, erlebte Wyoming einen enormen Touristenandrang. Heute jedoch ist der Berg kein touristisches Mekka mehr; seine isolierte Lage und der Mangel an öffentlicher Unterstützung lassen die Erinnerung an den Ort verblassen. Ein einmaliger Eindruck ist der Anfang, nicht das Ende der Standortpromotion.

Manche Botschaften wirken nur aufgrund der Häufigkeit ihrer Vermittlung; diese zweite Variable ist die *Frequenz*. Wenn Orte nicht wieder – wie Devils Tower im Beispiel – in Vergessenheit versinken wollen, ist es wichtig, daß sie wiederholt gezeigt werden.

Die dritte Variable ist die *Wirkung*; sie beschreibt, wie effektiv ein bestimmter Mediatyp eine definierte Zielgruppe erreicht. Eine Anzeige für den Urlaubsort Bali wäre in einer Zeitschrift wie *Vogue* sicherlich wirkungsvoller als im *Popular Mechanics*, wo sie das falsche Zielpublikum erreichen würde. Meist ist die Wirkung der Mediatypen am besten, die die Botschaft individuell vermitteln (zum Beispiel direkte Postzusendung) oder den persönlichen Kontakt ermöglichen (wie Kongresse, Ausstellungen, Missionen und persönlicher Verkauf).

In der Regel kalkulieren die Medienplaner die Kosten pro tausend erreichter Personen. Nehmen wir an, das Colorado Tourism Board möchte Touristen aus der Region um Los Angeles gewinnen und erwägt nun, entweder in den Regionalausgaben der Zeitschrift *Times* oder in der Zeitschrift *Los Angeles* Anzeigen zu schalten. 1992 kostete eine einseitige vierfarbige Anzeige im *Times*-Magazin 16 436 Dollar und in *Los Angeles*

9 020 Dollar. *Los Angeles* ist zwar preiswerter, hat aber nur eine Auflagenziffer von 172 000 im Gegensatz zu 271 000 in der *Times*. Gerechnet nach den Kosten pro tausend erreichter Personen, ist *Los Angeles* mit 52,44 Dollar pro Tausend im Vergleich zu 60,35 Dollar der *Times* die preisgünstigere Alternative. Die Kosten für andere potentielle Mediainstrumente einschließlich Fernsehen und Radio lassen sich auf dieselbe Weise errechnen.

Die Kommunikationsziele und die Kosten entscheiden darüber, was die Medienplaner tun wollen – doch das Budget bestimmt schließlich, was sie tatsächlich tun können. Das Budget ist der entscheidende Faktor für die Mediaauswahl. Es wurden schon viele Methoden vorgeschlagen, um das Kommunikationsbudget festzulegen: Es kann als ein willkürlicher Betrag oder als Teil des Umsatzes festgesetzt werden, als Budget bleibt letzlich, was der Standort sich leisten kann; die Entscheidung kann anhand früherer Erfahrung getroffen werden, sie kann sich prozentual an dem durch die Kampagne erwarteten Gewinn oder an den Mitbewerbern orientieren; oder es wird irgendeine andere Methode gewählt.

Andererseits hängt die Höhe des Budgets auch davon ab, wieviel Information und Überzeugungskraft zur Werbung für einen bestimmten Standort erforderlich sind. Wieviel sollte ausgegeben werden, um Besucher anzuziehen? Paris und Montreal sind international bekannte Reiseorte und brauchen nur wenig Promotion. Sie werden von den Reiseveranstaltern aufgrund ihrer Bekanntheit meist automatisch in die Reisestrecken einbezogen. Wenn jedoch South Dakota Touristen gewinnen möchte, muß es, um zu überzeugen, eine ganze Reihe von Promotioninstrumenten in Gang setzen. Ein Budget für South Dakota müßte also in der Lage sein, sein »Weit-vom-Schuß«-Image zu überwinden.

Schließlich sollten die Medienplaner wissen, daß Kommunikationsinvestitionen und Erträge nicht zwangsläufig linear verlaufen. Zuwenig Investition kann schädlicher sein als gar keine Investition, doch ein bestimmtes Mindestniveau ist stets erforderlich, um das Interesse an einem Ort überhaupt erst zu wecken. Höhere Investitionen führen auch zu erhöhter Aufmerksamkeit. Gehen die Investitionen jedoch über ein bestimmtes Maß hinaus, erreichen sie unter Umständen keine entsprechend hohe Wirkung. Tatsächlich wird eine zu oft kommunizierte Botschaft von vielen nicht mehr wahrgenommen oder wirkt irritierend.

Sich für die richtige Werbezeit entscheiden

Der dritte Schritt ist die optimale Verteilung der Werbeausgaben über die Planperiode. Bei der Terminplanung ist zwischen Makroplanung und Mikroplanung zu unterscheiden. Die Makroplanung berücksichtigt saisonale und konjunkturzyklische Schwankungen. Die Größe des Publikums sowie das Interesse an einem Standort können je nach Jahreszeit unterschiedlich sein. Die meisten Marketer verzichten bei geringem Interesse auf Werbekampagnen, investieren jedoch erheblich in Werbung, sobald das Interesse für einen Ort wächst. Es ist selten, daß entgegen den Jahreszeiten oder antizyklisch geworben wird.

Die Mikroplanung befaßt sich mit der Einteilung der Mediaeinsätze innerhalb kürzerer Zeiteinheiten. Wieviel Raum sollte eine kurzfristige Werbung, etwa über eine Woche, einnehmen? Betrachten wir die drei folgenden Beispiele: Das erste ist die konzentrierte Werbung, die alle Darbietungen innerhalb eines sehr kurzen Zeitraums, zum Beispiel innerhalb eines Tages, vorstellt. Durch die hohe Konzentration kann ein hoher Aufmerksamkeitsgrad angenommen werden, der Erinnerungswert, das Interesse und die Werbewirkung bleiben für eine gewisse Zeitdauer erhalten. Im zweiten Fall, der kontinuierlichen Werbung, wird in regelmäßigen Abständen über eine längere Dauer geworben. Dies kann dann sinnvoll sein, wenn es sich um ein häufig gekauftes oder benutztes Produkt handelt und die Käufer ständig an die Märkte erinnert werden müssen. Das dritte Muster, die periodische Werbung, bedeutet, daß konzentriert, aber in zeitlichen Abständen geworben wird. Diese Werbeform erreicht einerseits höhere Aufmerksamkeit als die kontinuierliche Werbung und hat andererseits deren Erinnerungseffekt.

Bei den zeitlichen Entscheidungen sollten drei Faktoren berücksichtigt werden: Die Zielgruppenfluktuation bezeichnet die Rate, zu welcher eine bestimmte Zielgruppe zwischen zwei Perioden wechselt. Je höher die Fluktuation, um so kontinuierlicher sollte geworben werden. Die Verhaltenshäufigkeit ist der zweite Faktor: Er mißt die Häufigkeit, mit der die Zielgruppe auf die durch die Werbung gewünschte Art reagiert. Je höher die Verhaltenshäufigkeit, um so kontinuierlicher sollte die Werbung sein. Das Vergessen der Zielgruppe ist ein dritter Faktor: Je schneller eine bestimmte Botschaft oder ein Verhalten vergessen wird, um so kontinuierlicher sollte auch hier die Werbung sein.

Auswerten der Werbeergebnisse

Es ist keine leichte Aufgabe, Medienkampagnen auszuwerten. So soll beispielsweise nach offiziellen Angaben die preisgekrönte Kampagne von Zechman & Associates »Illinois: We put you in a happy state« für jeden investierten Dollar Einnahmen im Wert von 57 Dollar aus dem Tourismusgeschäft gebracht haben.[8] War die Kampagne wirklich derart produktiv, oder spielten noch andere Faktoren eine Rolle? Vielleicht erlebte die Wirtschaft gleichzeitig einen Aufschwung, oder andere Touristenorte waren in diesem Jahr weniger beliebt. Es ist schwierig, die Wirksamkeit einer Werbekampagne von anderen den Markt beeinflussenden Faktoren zu trennen.

Dennoch können Techniken zur Messung der Werbewirksamkeit helfen, mögliche Schwachstellen im Kommunikationsprozeß zu identifizieren. Erreichte die Botschaft die richtigen Personen? Wurde die Botschaft verstanden, als glaubwürdig und überzeugend wahrgenommen? Erreichte sie das Publikum häufig genug und zu den richtigen Zeiten? Hätte mehr investiert werden sollen? Jedes Werbeprogramm sollte regelmäßig auf seine Kommunikations- und Verkaufswirksamkeit überprüft werden.

Die Messung der Kommunikationswirkung zeigt, ob eine Anzeige die intendierte Kommunikationswirkung hat. Dieses *copy testing* kann sowohl vor als auch nach dem tatsächlichen Einsatz durchgeführt werden. Für den Vortest bieten sich drei hauptsächliche Methoden an:

① In der Direktauswertung werden einer Gruppe von Verbrauchern verschiedene Anzeigen vorgestellt und diese anschließend von den Verbrauchern selbst bewertet. Die Direktauswertung zeigt an, wieviel Aufmerksamkeit die Anzeige erzielt und wie sie auf das Publikum wirkt. Wenn auch diese Methode keine absolut sicheren Ergebnisse erzielen kann, so deutet doch ein hoher Testerfolg auf potentiell wirkungsvolle Werbeeffekte hin.

② Bei den Portefeuilletests wird den Testpersonen eine Sammlung von Anzeigen vorgelegt, die sie beliebig lange anschauen oder durchlesen können. Nach der Durchsicht werden die Testpersonen aufgefordert, sich an die Anzeigen – mit oder ohne Hilfe des Interviewers – zu erinnern und über jede Anzeige so viele Einzelheiten wie möglich zu erzählen. Der Erinnerungswert zeigt an, ob und wie stark eine Anzeige sich von konkurrierenden Anzeigen abheben kann und ob ihre Botschaft verstanden und im Gedächtnis behalten wurde.

③ Labortests zeigen die physiologischen Reaktionen der Testpersonen auf eine Anzeige – Herzschlag, Blutdruck, Pupillenerweiterung und Schweißabsonderung. Solche Tests können die Signalwirkung und die Fähigkeit einer Anzeige, Aufmerksamkeit zu erregen, messen, sagen jedoch wenig über ihren Einfluß auf Einstellungen, Absichten oder Vorstellungen der Testpersonen aus.

Für den Test im Anschluß an eine Werbekampagne stehen drei beliebte Methoden zur Verfügung:

① *Erinnerungstest (recall test):* Die Leser einer bestimmten Zeitschrift oder Zuschauer eines Fernsehprogramms werden gebeten, anzugeben, an welche Werbebotschaften sie sich erinnern können. Die Daten werden auf Tabellen festgehalten und geben den spezifischen Erinnerungs- und Aufmerksamkeitswert an.

② *Wiedererkennungstest (recognition test):* Die Leser einer bestimmten Ausgabe einer Zeitschrift werden gebeten, die Zeitschrift noch einmal durchzusehen und jene Anzeigen zu nennen, die sie wiedererkennen. Aus den so erhobenen Daten kann der Wiedererkennungswert dann in eigens dafür erstellten Tabellen eingetragen werden. Sie dienen zur Bewertung der Werbewirkung in verschiedenen Marktsegmenten und dem Wettbewerbsvergleich.

③ Im *Werbewirkungstest (persuasion test)* werden die Testpersonen gebeten anzugeben, ob und wie sich ihre Einstellung zu einem bestimmten Standort oder Produkt durch die Werbeanzeige geändert hat. Die Verkaufswirkung der Werbemaßnahmen läßt sich im allgemeinen schwerer feststellen als die Kommunikationswirkung, da der Verkauf von vielen verschiedenen Faktoren abhängig ist – zum Beispiel den Merkmalen des Standortes, den Kosten und der Erreichbarkeit.

Die durch die Werbung erzeugte Verkaufswirkung kann gemessen werden, indem frühere Umsätze mit früheren Werbeausgaben verglichen werden. Möglich sind auch experimentelle Messungen; hier werden im gleichen Gebiet unterschiedlich intensive Werbungen gezeigt und anschließend ihre Wirkung auf den Verkauf ausgewertet.

Die kommunikative Wirkung einer Werbekampagne kann am leichtesten durch Messungen der unmittelbaren Reaktion festgestellt werden. Bestellungen per Post oder Telefon, Anfragen nach Katalogen oder Verkaufsanrufe helfen dem Marketer, die Reaktion zu messen. Sie ermöglichen es dem Standort-Marketer, zu bestimmen, wie viele Anfragen der Briefversand nach sich zog und wie viele Verkäufe aus diesen Anfragen resultieren.

In der Regel dienen die Messungen zur Beantwortung der folgenden grundlegende Fragen:

1. Welche Reaktion wurde erhalten?
2. Wurden die Ziele erreicht?
3. Welche Änderungen werden empfohlen?

Gut geplante Auswertungsverfahren ermöglichen die ständige Verbesserung der Werbebotschaften und der Mediatypen.

Widersprüchliche Medienquellen und Botschaften

Ein Standort kann Millionen von Dollar in Werbekampagnen investieren, um Touristen, Bewohner oder Unternehmen anzulocken, nur um dann festzustellen, daß unkontrollierte Botschaften die geplante Kommunikationsaussage dominieren. Bruce Springsteen trat im Rahmen seiner weltweiten 18-Millionen-Dollar-Tour auch in Buenos Aires/Argentinien anläßlich eines Benefiz-Konzerts auf, das Amnesty International zur Verbesserung der Menschenrechte organisiert hatte. Das Konzert wurde von 60 000 Argentiniern besucht und als hochemotionelle achtstündige Rock-'n'-Roll-Show beschrieben. In den Medien wurde vermerkt, daß Bruce Springsteen eines seiner zwei Konzerte in Argentinien den 9000 argentinischen Bürgern widmete, die während der Militärregierung von 1976 und 1983 spurlos verschwunden waren. Nach Springsteens Auftritt tanzte der britische Rockstar Sting auf der Bühne mit Mitgliedern der Plaza-del-Mayo-Mütter, die sich organisiert hatten, um nach ihren verschwundenen Söhnen zu suchen. Sofort stand Argentinien im Schlaglicht der Öffentlichkeit als ein Land, das eine Geschichte schwerer Menschenrechtsverletzungen hinter sich hatte. Zwar kann solchen informellen Eindrücken mit Broschüren, Medienwerbungen, Rednertouren und Informationsveranstaltungen entgegengewirkt werden, doch sie können unter Umständen auch die sorgfältigst ausgearbeiteten Pläne zunichte machen.[9]

In einer ähnlichen Situation trat die schwarze Sängerin Miriam Makeba – eine weltbekannte im Exil lebende Künstlerin, deren Lieder jahrelang verboten waren und die in ihrem Heimatland Südafrika sehr beliebt ist – 1987 in den USA bei der Graceland-Tour von Paul Simon auf. Ihr Medienauftritt erinnerte Menschen in aller Welt an die noch immer brisante Situation in Südafrika. Diese Art informeller Eindrücke hat die Tendenz, die formellen, kontrollierten Botschaften zu neutralisieren oder zu negieren.

Standortplaner verstärken häufig selbst den gewünschten Eindruck durch weniger formale und inszenierte Ereignisse. So wurde das zweiwöchige Walt-Disney-Festival in Moskau und Leningrad arrangiert, wobei Mickey Mouse auf dem Roten Platz von Moskau mit seinem russischen Gegenpart, Mischa dem Bären, flanierte. Die Bilder der zwei Zeichentrickfiguren vor dem Roten Platz waren für die Sowjets und für Walt Disney eine riesige PR-Kampagne.

Im besten Fall verbinden sich die formellen mit den informellen Botschaften und wirken sich wechselseitig verstärkend auf das Image aus. Dies geschah, als der Entertainer Johnny Carson seiner Heimatstadt Norfolk/Nebraska einen Besuch abstattete, um dort ein Krebszentrum zu Ehren seiner Eltern einzuweihen. Carson sah es als seine Pflicht an, dem Ort seiner Kindheit, der sehr unter der Dürreperiode Ende der achtziger Jahre gelitten hatte, ein Krebszentrum zu stiften. Er sagte dazu: »Wenn man soviel Glück im Leben hat, daß man genügend Geld verdient und damit besser leben kann, als man es eigentlich verdient, hat man auch die moralische Verpflichtung, seiner Gemeinde, seinem Land oder seiner Stadt etwas zurückzuzahlen.«[10] Ein solches Ereignis bewirkt mehr Publizität für Norfolk, als jedes PR-Budget normalerweise erreichen kann.

Natürlich würde ein Standort am liebsten nur seine positiven Seiten zeigen und die Slums, die Obdachlosen, die diskriminierten Minderheiten und andere wenig schmeichelhafte Eindrücke verstecken. Doch diese Art der Medienkontrolle ist nicht vorhanden. Wahrscheinlicher ist es, daß ein Ort von ungeplanten und oft auch unwillkommenen Ereignissen heimgesucht wird. Die folgende Darstellung schildert die Probleme Jamaicas.

Jamaica Blues

Im Wirbel der tatsächlichen Geschehnisse können unvorhergesehene Ereignisse eine ganze Wirtschaft über Nacht schädigen oder zerstören. Betrachten wir diese Aussage am Beispiel Jamaicas. Die Strategie Jamaicas zur Förderung des Fremdenverkehrs war es, US-Touristen davon zu überzeugen, daß Jamaica ein Paradies ist, in dem Besucher stets willkommen sind. In Fernsehspots und Anzeigen betonte Jamaica die Sicherheit im Land, die Freundlichkeit der Bevölkerung und zeigte

Programme, in denen Touristen ihre Zeit in den Häusern von Jamaica-nern verbrachten.

Diese Kampagne wurde jedoch ständig von Medienberichten überla-gert, die über Raubüberfälle und Angriffe auf Touristen berichteten. Viele Besucher kehrten unzufrieden zurück, denn wenn sie sich abseits der traditionellen Touristenpfade bewegten, gerieten sie in bedrohliche Situationen und in Viertel, die alles andere als sicher waren.

Einen weiteren schweren Schlag erlitt Jamaica, als es 1989 von einem verheerenden Hurrikan getroffen wurde. Viele anwesende Touristen fühlten sich von der Regierung schlecht behandelt und erzählten dies auch den Reportern, von denen sie nach ihrer Rückkehr in die Vereinig-ten Staaten interviewt wurden. Millionen von Menschen hörten verär-gerte Touristen ins Mikrofon rufen: »Nie wieder gehe ich nach Jamaica – nie mehr!« Diese Bemerkungen und andere negative Eindrücke können unwiderruflich alle guten Worte und Taten auslöschen, die über die Jahre mühsam aufgebaut wurden.

Jamaica hätte nach dem Hurrikan effizient und mitfühlend reagieren müssen. Es wäre nicht schwierig gewesen, diese Probleme und die Hilfsmaßnahmen zu erklären. Statt dessen blieb der Vorgang einseitig und unbeantwortet und schadete so den Interessen Jamaicas.

Wie geht ein Standort am besten mit negativen Eindrücken um? Es gibt drei Möglichkeiten: Die erste ist, sie nach dem Motto »Tue so, als würde es das nicht geben, und es wird verschwinden!« zu ignorieren. Die zweite ist der Gegenangriff, indem einfach eine Gegenbotschaft vermittelt wird. Die dritte ist, das Problem, das Ursache des negativen Eindrucks ist, zu lösen.

Keine dieser Reaktionen ist immer und überall die beste. Es hängt viel davon ab, wie schwerwiegend, wie verbreitet und wie behebbar die negativen Eindrücke sind. Wenn es sich um keine ernsthaften Gefährdun-gen handelt, wenn das Wissen darüber begrenzt und wenn die Gefahr leicht behebbar ist, wird der negative Eindruck am besten ignoriert. Wenn der Schaden zwar nicht groß, aber bekannt ist und leicht behoben werden kann, ist ein Gegenangriff angezeigt. Wenn die Situation sehr ernst und sehr bekannt und nicht leicht zu beheben ist, muß eine langfristige Lösung gefunden werden. Nachstehende Darstellung beschreibt, wie die Politiker in Philadelphia/Mississippi auf eine negative Entwicklung reagierten.

Mississippi Burning

Die Ereignisse, die zum Film »Mississippi Burning« führten, zeigen die Herausforderung durch eine negative Entwicklung. Nach Genehmigung durch den Gouverneur von Mississippi wurde der Film in Philadelphia/Mississippi, einer Kleinstadt von 6800 Einwohnern, gedreht, die in den sechziger Jahren traurige Berühmtheit erlangt hatte, als drei Bürgerrechtler von Klu-Klux-Klan-Mitgliedern erschossen wurden. Der Gouverneur von Mississippi glaubte, daß eine Wende in den Rassenbeziehungen erfolgt sei, und verstand diesen Film als Möglichkeit, die neue Offenheit und die Wandlung des Staates zu demonstrieren. Als der Film in die Kinos kam, reagierten viele Bürger der Stadt verärgert, andere indifferent. Der Bürgermeister faßte die Stimmung folgendermaßen zusammen: »Ich denke, die meisten Leute wissen, was hier passierte. Warum laßt ihr uns nicht in Ruhe?« Der FBI-Agent Joseph Sullivan, der damals die Untersuchungen über die Morde geleitet hatte, sagte über die Gegend: »Neshoba war ein unglaublich abgeschlossenes und rassistisches Land . . . fast jeder erwachsene Weiße hatte Verbindungen zum Ku-Klux-Klan.« Die Stadt Philadelphia versuchte zu zeigen, wie sehr sich die Stadt in den letzten zwanzig Jahren geändert hatte. Der Bürgermeister sprach davon, daß die Rassentrennung in den Schulen aufgehoben sei und daß es in der Stadt schwarze Polizisten, schwarze Feuerwehrleute und schwarze Ratsherren gab. Es gab genügend Beweise, daß die Zeiten sich geändert hatten, doch das Gesamtimage der Region stammte noch aus dem Jahr 1964.
Was sollte Philadelphia nun tun, nachdem der Film in die Kinos kam? Es gab zwei Möglichkeiten. Einmal, den Film zu ignorieren und darauf zu vertrauen, daß dieser schon bald durch neue wirtschaftliche und kulturelle Ereignisse in Vergessenheit geraten würde. Die andere wäre gewesen, den Anlaß als Katalysator für die Neuentwicklung und die weitere Verbesserung der Rassenbeziehungen zu nutzen. Eine koordinierte Medien-und-PR-Kampagne hätte die Strategie unterstützen und neue Geschichten über Philadelphia verbreiten müssen. Aber nichts davon geschah. Statt dessen zeigten sich die Medien aus Philadelphia einigermaßen hilf- und einfallslos. Der Bürgermeister ging in die Defensive und wußte nicht alle Tatsachen. Schließlich behauptete er: »Es war einfach ein Zufall, daß die Morde gerade hier passierten. Die Opfer kamen nicht von hier und die Täter auch nicht.« Tatsächlich

stimmte das nicht: Neun der achtzehn Mörder waren von Neshoba County; die Gegend war ganz zweifellos eine Hochburg des Rassismus. Der Film hätte für die Stadt eine Möglichkeit sein können, sich neu zu definieren. Da sich die Dreharbeiten über Jahre hinzogen, war die Stadt vorgewarnt und hatte eine faire Chance. Zum Beispiel hätten der Bürgermeister, der Stadtrat, die führenden Geschäftsleute der Stadt und die Bewohner einen Medienschulungskurs belegen können, in dem sie gelernt hätten, wie man die Werte der Stadt am wirkungsvollsten kommunizieren kann. Philadelphia versäumte eine Möglichkeit, ein neues, besseres Image seiner selbst zu verbreiten.

Quelle: Strat Douthat, »Town's Residents Weary of ›Mississippi Burning‹«, *Chicago Sun-Times*, 12. Januar 1989, S. 47.

Zusammenfassung

Es gibt eine überwältigende Anzahl von Standorten, die um die Aufmerksamkeit der Käufer konkurrieren. In der Reisebeilage der *New York Times* wirbt praktisch jeder Standort rund um den Globus. Die Wirtschaftsjournale versprechen Zusammenarbeit und bieten Broschüren und Videokassetten für diejenigen an, die einen Standort suchen.

Die Standortpromotion ist am erfolgreichsten, wenn die Botschaft zum Medium paßt, alle Akteure an einem Strang ziehen und die Aktionen durch informelle Eindrücke verstärkt werden.

In den nächsten drei Kapiteln wenden wir den Marketinggedanken auf die vier wichtigsten Quellen der Standortentwicklung an: Tourismus und Tagungsgeschäft, Anwerbung und Entwicklung von Unternehmen, Exportförderung und neue Einwohner.

Den Tourismus und das Tagungsgeschäft anwerben

8

1990 feierten die Cunard Lines den 150. Jahrestag ihrer ersten Passagierfahrt über den Atlantik. Cunard Lines war das erste Schiffahrtsunternehmen, das 1840 den Atlantik überquerte. 1920 gab es bereits Hunderte von Wettbewerbern, und 1990 blieb Cunard als einzige Gesellschaft, die Überseefahrten anbot, übrig, denn in der Zwischenzeit erlebte die Welt der Reisen und des Tourismus eine Revolution. Die Welt war zu einer globalen Gemeinde zusammengewachsen und eröffnete den Reisenden Ziele, die noch vor Jahrzehnten undenkbar waren: die Wunder der Antarktis, die Geheimnisse des Himalajas, die tropischen Regenwälder des Amazonas, die Schönheit Tahitis, die Große Mauer in China, die dramatischen Victoria Falls, die Quellen des Nils und die Wildheit der schottischen Inseln. Der Tourismus hat sich in ein globales Geschäft verwandelt, dessen expandierender Markt heute keinen Ort der Welt mehr unberührt läßt.

Nach der World Tourism Organization (WTO) der Vereinten Nationen bereisten 1989 415 Millionen Touristen die Welt und verursachten Ausgaben von über 230 Milliarden Dollar (ohne Transport). Der Tourismus stellt 7 Prozent des gesamten Weltexports, über 25 Prozent des internationalen Handels in Dienstleistungen und über 100 Millionen Arbeitsplätze weltweit. Er beschäftigt mehr Menschen als irgendeine andere Einzelbranche; seine Infrastrukturinvestitionen (Unterkunft, Transport und Restaurants) belaufen sich – knapp berechnet – auf über 3 Billionen Dollar.[1]

Reisen und Tourismus wirken sich heute auf jeden Kontinent, jedes Land und jede Stadt aus. Der Hauptgrund, weshalb Menschen reisen – um Familienangehörige und Freunde zu besuchen –, wirkt sich auf die Wirtschaft eines jeden Landes entweder durch Ausgaben am Zielort oder durch Einnahmen am eigenen Ort aus. Die Standorte müssen also entscheiden, ob und in welchen Dimensionen sie ihren Tourismus ausbauen wollen, denn die Reisebranche ist heute das am schnellsten expandierende Geschäft und wird im nächsten Jahrhundert sehr wahrscheinlich die größte Branche weltweit sein. Doch als Wirtschaftssektor unterliegt sie auch Zyklen, Moden und intensivem Wettbewerb.

Dieses Kapitel teilt sich in zwei Abschnitte: Tourismus und Tagungsgeschäft (Kongresse, Handelsmessen und Geschäftstreffen). Zwar überschneiden sich die beiden Themen in manchen Punkten, doch ihre Märkte, Bedürfnisse, Einrichtungen und Wettbewerbsstruktur sind unterschiedlich genug, um eine jeweils eigene Behandlung zu rechtfertigen.

Der Tourismusmarkt

Die Diskussion über den Tourismus basiert auf den folgenden Fragen:

- Wie wichtig ist der Tourismus für die Wirtschaft eines Standortes?
- In welche Segmente zerfällt der Tourismusmarkt, und wie lassen sich neue Trends, Lebensstile und Präferenzen beobachten?
- Welche Strategien und Investitionen müssen Standorte und Unternehmen einsetzen, um wettbewerbsfähig zu bleiben?
- Wie kann ein Standort Nischen im Tourismus erreichen oder etablieren, und welche Bedrohungen und Chancen sind damit verbunden?
- Welche Botschaften und Medien eignen sich, um Touristen anzulocken und zu halten?
- Wie kann der Tourismus am besten organisiert und betrieben werden?

Wie wichtig ist Tourismus?

Manche Regionen haben – aufgrund ihrer Lage, ihres Klimas, begrenzter Ressourcen, ihrer Größe oder ihres kulturellen Erbes – keine andere Chance, als den Tourismus zu entwickeln und auszubauen, wenn sie ihren Lebensstandard verbessern wollen (siehe Darstellung). Andere Standorte nähern sich dem Tourismus mit gemischten und manchmal ambivalenten Gefühlen. Bali zum Beispiel befürchtet, der Tourismus könne seine Kultur zerstören, da er die Landwirtschaft verdrängt und der traditionelle wirtschaftliche Familienverband durch neue Jobs auseinandergerissen wird. »Bali und der Tourismus – das ist keine Liebesheirat«, kommentierte ein balinesischer Fremdenverkehrsexperte, der das Dilemma des kulturellen Niedergangs einerseits und des wirtschaftlichen Booms durch 500 000 Touristen pro Jahr klar erkannte.[2] London ist nicht begeistert von dem Strom von Arabern in seinen Hotels, Freizeit-, Kultur- und Transporteinrichtungen, braucht ihn aber. In vielen europäischen Hauptstädten findet in den Sommerferien ein Exodus der Einheimischen statt, die vor dem Saisontourismus in ihre Städte flüchten.

Einige Fakten über den Tourismus

Standorte sind unterschiedlich stark vom Tourismus abhängig oder an ihm interessiert. Der Tourismus ist für über die Hälfte der mehr als 178 Länder der Vereinten Nationen die größte oder zweitgrößte Wirtschaftsbranche, wobei Frankreich an der Spitze steht, gefolgt von den USA, Spanien, Italien, Österreich, Ungarn, Großbritannien, Deutschland, Kanada und der Schweiz. In der Karibik stellt der Tourismus über 70 Prozent aller Arbeitsplätze und Einkommen. In einigen karibischen Ländern, zum Beispiel in Jamaica, hängt der relative Lebensstandard und die Kreditfähigkeit gegenüber internationalen Gläubigern vom Tourismus ab. In vielen Ländern zählt das Tourismus- und Reiseministerium zu den strategisch wichtigen Regierungsinstitutionen.

Die Tourismus- und Reisebranche ist zur Zeit die zweitgrößte Dienstleistungsindustrie der USA und wird im Jahr 2000 voraussichtlich an der Spitze stehen.[1] 1988 beschäftigte die Tourismusbranche sechs Millionen Menschen, erzeugte 330 Milliarden Dollar im Einzelhandel und stellte 6 Prozent des Bruttosozialprodukts. 1988 richtete die US-Regierung die U.S. Travel and Tourism Administration im U.S. Department of Commerce ein und teilte ihr ein Jahresbudget von 16 Millionen Dollar zu (weniger als die Ausgaben von mindestens vier US-Staaten und weniger als die Hälfte der Ausgaben der meisten europäischen Länder). Im Gegensatz dazu hatte allein die United Airlines ein Werbebudget von 10 Millionen Dollar, während alle US-Inlandsfluggesellschaften im Jahr 1990 fast 500 Millionen Dollar für die Förderung des Flugverkehrs ausgaben. Nach Schätzungen des U.S. Travel Data Center werden in einer Gemeinde pro Tag und pro hundert Besucher im Schnitt 67 neue Arbeitsplätze geschaffen, 2,8 Millionen Dollar im Einzelhandel und der Dienstleistungsindustrie verdient und 189 000 Dollar staatliche und lokale Umsatzsteuern erzeugt.[2] Die durch den Tourismus generierten Steuereinnahmen der Bundesregierung und der bundesstaatlichen und Lokalregierungen belaufen sich auf über 40 Milliarden Dollar pro Jahr. Die meisten Standorte führen ihre eigenen Berechnungen über Pro-Kopf-Einnahmen, Steuervorteile und den Multiplikatoreffekt der Besucherausgaben auf ihre Wirtschaften durch. 1988 realisierte Hawaii, das an der Spitze der US-amerikanischen Touristenziele steht, 800 Millionen Dollar an Steuereinnahmen, 23 000 Arbeitsplätze und fast 5 Milliarden Dollar an Haushaltseinkommen durch die sechs Millionen Besucher, deren Gesamtausgaben sich auf 9 Milliarden Dollar beliefen.[3] Die geschätzten 25 Millionen Touristen, die New York City im Jahr 1989 besuchten, verursachten Ausgaben im Wert von 9 Milliarden Dollar, die wirtschaftliche Wirkung war etwa 12 Milliarden Dollar.[4]

Die Regierungen der einzelnen Bundesstaaten pumpen heute über 300 Millionen Dollar pro Jahr in ihr Fremdenverkehrsbudget. Dabei steht New York mit 24 Millionen Dollar an der Spitze (1988), gefolgt von Illinois (23 Millionen Dollar), Texas (18 Millionen Dollar) und Hawaii (16 Millionen Dollar). Die bundesstaatlichen Ausgaben zur Tourismusförderung übersteigen die entsprechenden Ausgaben der Bundesregierung um das Zwanzigfache – ein signifikanter Unterschied zu anderen Nationen, die den Ausbau der Tourismusbranche als eine der großen staatlichen Aufgaben betrachtet.

Quellen:
1 Rockwell Schnabel, »Inbound Tourist Could Double by the Year 200«, *Network Magazine*, November 1960, S. 6.
2 Travel Data Center, vorläufige Zahlen für 1990.
3 *1988 Annual Research Report* (revidierte Fassung), Hawaii Visitors Bureau, Market Research Department, 1989.
4 Sara Bartlett, »Lag in U.S. Tourists Hurt New York«, *New York Times*, 5. Juni 1991, S. A16.

Die Touristen sind also nicht überall gleichermaßen willkommen. Manche Geschäfte und manche Menschen profitieren davon, andere nicht. Es gibt Standorte, denen es vielleicht ohne Tourismus bessergeht, während in anderen die Kosten und Verluste – an Lebensqualität, kulturellen und gesellschaftlichen Werten – die Vorteile nicht aufwiegen. Folgende Darstellung beschreibt diese Debatte über den Tourismus in San Francisco.

Den Schleier heben

Kann eine Stadt dem Tourismus und Tagungsgeschäft auch zuviel Wert beimessen? Gibt es Risiken? Das ist die Frage, die dieser Tage in San Francisco debattiert wird, einer Stadt, in der jeder achte Dollar seiner Wirtschaft aus Besucherausgaben stammt und der Tourismus mehr Arbeitsplätze stellt als jede andere Branche.

Eine für die Öffentlichkeit wichtige Frage ist, inwieweit der Fremdenverkehr tatsächlich die Wirtschaft beeinflußt. Nach Schätzungen des kalifornischen Wirtschaftsministeriums betrugen die 1986 durch den Fremdenverkehr erzeugten Einkommen 47 Millionen Dollar, die durch den Tourismus erzielten Steuereinnahmen 78 Millionen Dollar, die Kalkulationen des Convention Bureau der Stadt ergaben dagegen den doppelten Betrag. Mit San Franciscos 3000 Restaurants und 25 000 Hotelzimmern wächst auch das Unbehagen über die Zunahme an schlechtbezahlten untertariflichen Jobs und gewerkschaftlich nicht organisierten Beschäftigten. So wichtig das Tourismus- und Tagungsgeschäft für San Francisco ist, so besorgt zeigen sich die Kritiker über die Verluste im Finanzsektor, die Abwanderung von Unternehmen in die Vororte und den relativen Niedergang der Schiffahrt und anderer Industriebranchen.

San Francisco muß zwischen drei Alternativen wählen: 1. den Tourismus noch aggressiver fördern, weil sein attraktives Umfeld und seine historische Schönheit ihm einen Wettbewerbsvorteil in dieser Industrie verschaffen, 2. den Tourismus auf seinem jetzigen Niveau halten und zugleich andere Branchen stärker aufbauen und 3. den Tourismus und andere Branchen gleichermaßen aufbauen. Wegen der unterschiedlichen Interessen der verschiedenen Wählerschaften fällt die Entscheidung nicht leicht.

Quellen: Louis Trager, »Trouble in Touristland«, *San Francisco Examiner*, 30. Juli 1989, S. D1; und Carla Marinucci, »What Becomes a Legend Most«, *San Francisco Examiner*, 30. Juli 1989, S. D1–4.

Nicht alle Standorte und nicht alle Menschen sind begeistert von den durch Tourismus geschaffenen Arbeitsplätzen. Curaçao, eine Touristeninsel vor der Küste Venezuelas, wollte den Fremdenverkehr ausbauen, als es mit der ehemals florierenden Petrochemie bergab ging. Die arbeitslosen

Ölarbeiter fühlten sich betrogen, als sie ihren mit 14 Dollar gut bezahlten Job in der Ölraffinerie gegen einen Stundenlohn von nur 4 Dollar in der Reisebranche aufgeben sollten. Jamaica erlebte dasselbe Dilemma, als die Bauxitbranche – die größte Exportindustrie Jamaicas – kollabierte und seine Industriearbeiter nun weitaus schlechter bezahlte Jobs in der Tourismusbranche annehmen sollten.

Der größte Vorteil des Tourismus sind die durch ihn geschaffenen Arbeitsplätze im Hotel- und Gastronomiegewerbe, im Einzelhandel und im Transportwesen. Diese direkten Jobs können auf Tagesbasis oder nach Ausgaben pro Reise berechnet werden. Indirekte Jobs sind jene, die durch die Ausgaben der im Tourismus Beschäftigten entstehen und die ihrerseits neue Arbeitsplätze schaffen. Ein weiterer Vorteil des Tourismus ist sein Multiplikatoreffekt, wenn direkte und indirekte Tourismusausgaben durch die lokale Wirtschaft mehrfach genutzt werden. Der Gesamtbeschäftigungszuwachs, der sich aus dem durch die Tourismusmultiplikatoren resultierenden Waren- und Dienstleistungsverbrauch ergibt, wird von der Bundesregierung, den Bundesstaaten und Gemeinden anhand von Wirtschaftswirkungsmodellen errechnet. Ein dritter Nutzen des Tourismus sind die durch Touristen erzeugten lokalen und staatlichen Steuereinnahmen. Durch den Tourismus verschiebt sich die Steuerlast teilweise auf die Nichtansässigen. In Bermuda stellt der Tourismus zum Beispiel über die Hälfte der Devisen, wodurch die Steuerlast zu gut einer Hälfte exportiert wird. Mit Einschiffungsgebühren von 20 Dollar pro Person liegen die Bermudainseln weltweit an der Spitze, ebenso wie mit ihren Importsteuern auf Gebrauchsgüter von Automobilen bis zu Kühlschränken. Außerdem ist es eines der wenigen industrialisierten Länder, in denen keine Einkommensteuer gezahlt wird. Die kumulative »Bed tax« für Hotelzimmer in New York erzeugt jährliche Steuereinnahmen von über 100 Millionen Dollar, in Dallas, Los Angeles und Houston beträgt sie über 12 Prozent. In Hawaii erzeugt der Tourismus fast 40 Prozent der gesamten staatlichen und Bezirkssteuern. Die Besteuerung der Reisenden ist mittlerweile eine beliebte, oftmals verborgene Steuerquelle, die 1991 allein in den USA auf etwa 2,5 Milliarden ansprang – Steuern auf Flugtickets, Hotelzimmer und andere Benutzergebühren.[3]

Der Tourismus erzeugt noch einen vierten Nutzen: Er stimuliert den Export landestypischer Produkte. Die geschätzten Ausgaben im Tourismus- und Tagungsgeschäft für Geschenke, Kleidung und Souvenirs rangieren zwischen 15 und 20 Prozent der Gesamtausgaben. Die Anfertigung oder Verarbeitung dieser Produkte an einem Standort wirken sich auf die Exportwirtschaft dieses betreffenden Standorts aus.

Den Tourismus segmentieren

Die Standorte müssen nicht nur entscheiden, wieviel Tourismus sie wollen und wie das Gleichgewicht zu anderen Branchen erhalten werden kann, sondern auch welche Art von Touristen sie gewinnen möchten. Natürlich ist die Wahl von vornherein durch das Klima, die Landschaft und Ressourcen, Geschichte, Kultur und die vorhandenen Einrichtungen begrenzt. Wie in jeder anderen Branche müssen die Tourismusmanager ihre tatsächlichen und potentiellen Kunden, deren Bedürfnisse und Wünsche kennen, sie müssen festlegen, welche Zielmärkte erreicht werden sollen, und sich dann für die entsprechenden Produkte, Dienstleistungen und Programme entscheiden.

Nicht jeder Tourist ist an jedem beliebigen Ferienziel interessiert. Es wäre reine Geldverschwendung, wenn ein Standort versuchte, sämtliche Touristensegmente anzuziehen.

Der »Schrotflintenansatz« ist nicht für die präzise Identifikation der Zielmärkte geeignet. Nachstehende Darstellung beschreibt, wie die Beratung der Reisenden durch zeitgemäße technologische Ausstattung verbessert werden kann.

Es gibt für Standorte zwei Möglichkeiten, die Zielmärkte zu identifizieren. Die erste ist, Informationen über die gegenwärtigen Besucher zu sammeln: Woher kommen sie? Warum kommen sie? Wie ist ihre demographische Zusammensetzung? Wie zufrieden sind sie? Wie viele kommen zum wiederholten Mal? Wieviel geben sie aus? Durch die Untersuchung dieser und anderer Fragen läßt sich feststellen, welches Touristensegment am ehesten beworben werden kann und welches die Werbeausgaben lohnt.

Elektronisches Kaufen

Die erfahrenen Reiseveranstalter von gestern sind im Aussterben begriffen; die neuen jungen Reiseagenturen verfügen über weniger Wissen aus erster Hand; auch die geographischen Kenntnisse ihrer Kunden sind relativ gering, dafür steht ihnen mehr Zeit und Geld zur Verfügung. Deshalb sollten Reiseagenturen mit Computer und Videotechnologie ausgestattet sein, um ihren Kunden die geeigneten Ferienziele anzubieten.

Der Schlüssel zum Problem liegt darin, die Urlaubswünsche und Vorlieben der Kunden zu erfragen; die Antworten könnten zum Beispiel sein:

»Ich packe nicht gern ein und aus« oder »Ich bleibe lieber am selben Ort, als viel herumzureisen«. Diese Information wird in einen Computer eingegeben, der nun eine Liste von Zielvorschlägen und Reiseprogrammen generiert, die den Wünschen der Kunden entsprechen. Die attraktivsten Reiseziele können dann über Videokassetten vorgestellt werden. So können moderne Technologien und von Experten entwickelte Softwareprogramme die Unerfahrenheit vieler Reiseveranstalter kompensieren.

Der zweite Ansatz ist, die Attraktionen des Standorts und die Art der Besucher, die sich dafür interessieren könnten, zu überprüfen und dadurch vielleicht neue Touristengruppen zu identifizieren; die derzeitigen Besucher spiegeln ja nicht unbedingt das gesamte Spektrum aller potentiell interessierten Gruppen wider. Wenn Kenia ausschließlich mit Safaris wirbt, werden die Gruppen außer acht gelassen, die an seiner Kultur oder Küche interessiert sind.

Die Besonderheiten und Sehenswürdigkeiten eines Standortes werden von den einzelnen Touristenkategorien unterschiedlich wahrgenommen. Die für den Fremdenverkehr zuständige Institution muß die Segmentierungsvariablen in den Vordergrund stellen, wie sie in Abbildung 8.1 dargestellt sind. Diese Variablen – gesuchte Attraktionen, Regionen/Gebiete, Kundenmerkmale und/oder gesuchter Nutzen – helfen, die gewünschten Besucherkategorien näher zu definieren.

Nach der Identifikation der einzelnen Touristensegmente muß festgestellt werden, wie sie erreicht werden können. Welche Nationalitäten sind am ehesten motiviert und in der Lage, ihren Urlaub an einem gegebenen Ort zu verbringen? Aruba zieht hauptsächlich Touristen an, die Sonne und Spaß wollen; sie kommen überwiegend aus den USA, Kanada und Westeuropa; Osteuropäer kommen wegen ihrer mangelnden Kaufkraft weniger in Frage; Australier haben ihre eigenen Ferienziele, um Sonne und Spaß zu genießen.

Diese Analyse kann entweder zuviel oder zuwenig Touristensegmente identifizieren. Im ersten Fall muß der potentielle Gewinn eines jeden Segments analysiert werden. Der potentielle Gewinn durch ein Touristensegment ist der Unterschied zwischen den Einnahmen aus diesem Segment und den durch Werbung und Dienstleistungen entstehenden Kosten. Die Werbekosten hängen vom jeweiligen Marketingplan, die Dienstlei-

Abbildung 8.1
Segmentationsvariablen für den Tourismusmarkt

Gesuchte Attraktionen	Märkte/ Regionen	Kunden Merkmale	Vorteile
Sonne, Meer, Ski; Naturschön-heiten; einsame Landschaften	ausländisch; einheimisch	Alter; Einkommen	Preis; Bequemlichkeit
Erholung	regional – 500 Meilen lokal –	Familie;	Qualität;
Spiele; Kultur/ Geschichte/ Menschen	saisonal das Jahr über	Singles; Fachkräfte; Lebensstil; ethnische Zugehörigkeit/ Religion	Essen; Service; Quantität; Diversität; Einrichtungen
Veranstaltungen; Sport; Vergnügungs-parks; Exklusivität; Einrichtungen/ Sport/ Hotels; einzigartige Produkte; Alkohol, Parfüm, Kleidung, Uhren			

ECON
GRAFIK

stungskosten von der erforderlichen Infrastruktur ab. Schließlich werden die potentiellen Tourismussegmente nach ihrer Rentabilität eingestuft; die Bemühungen richten sich dann auf diejenigen Segmente, die in dieser Rangfolge die obersten Plätze einnehmen (siehe Darstellung).

**Israel entwickelt und erhält seinen natürlichen Markt –
die im Ausland lebenden Juden**

Die Marketingbemühungen der Tourismusbranche Israels sind eine der
effizientesten weltweit. Mit zirka 500 000 Beschäftigten ist der Tourismus die dominierende Branche des Landes. Dabei ist die primäre
Zielgruppe amerikanische Juden, die sich aus historischen, religiösen
und persönlichen Gründen zu Israel hingezogen fühlen.
Die israelische Regierung und jüdisch-amerikanische Initiativen schufen eine umfassende Infrastruktur der pädagogischen, sozialen und
politischen Gruppen, von denen angenommen werden kann, daß sie
Israel regelmäßig besuchen. Die Kibbutzim bieten jedes Jahr Studien-
reisen für jüdische Studenten an, die dort kostengünstig leben können.
Hillel, die B'nai B'rith, der jüdisch-amerikanische Kongreß Hadassah
und andere jüdische Gruppen besuchen Israel regelmäßig aus jeweils
unterschiedlichen Gründen. Lokale Synagogen veranstalten Studienrei-
sen, auf denen Israels Kunstwerke besichtigt und theologische Themen
mit den begleitenden Rabbis diskutiert werden. Diese Studienfahrten
finden meist jährlich statt. Manche amerikanische Juden besuchen
Israel zehn- oder fünfzehnmal im Lauf ihres Lebens und können so ihre
Erfahrungen vertiefen, statt nur oberflächliche Eindrücke zu sammeln.
Je nach Interessengebiet treffen sie mit führenden Persönlichkeiten
zusammen, studieren bei Fachgelehrten oder arbeiten in den Obstplan-
tagen. Es ist für viele amerikanische Juden eine Möglichkeit, mit Israel
verbunden zu bleiben; durch ihre Erfahrungen ermutigen sie auch andere, Israel zu besuchen.
In letzter Zeit erstrecken sich Israels Marketingbemühungen auf ein
breiteres Publikum; zusammen mit Ägypten und Griechenland wurde
eine Kampagne zum Besuch dieser drei Länder initiiert. Eine weitere
Kampagne, die darauf abzielt, das Interesse am Heiligen Land zu wek-
ken, wurde vom Christian Broadcast Network unterstützt. Die Aufgabe
für Israel ist, diese neuen Märkte aufzubauen und gleichzeitig eine
Erosion seines erfolgreichen Primärmarktes zu verhindern.

Werden in der Analyse zuwenig natürliche Touristensegmente identifiziert, muß Investmentmarketing betrieben werden. Der natürliche Besu-
chermarkt wird von den bestehenden Besonderheiten eines Standortes

angezogen, während Investmentmarketing sich auf neue Attraktionen bezieht, die vielleicht zusätzlich geschaffen werden könnten. Investmentmarketing besteht daraus, Geld für Infrastrukturverbesserungen (Hotels, Transport usw.) und für Attraktionen bereitzustellen, die potentiell für ein neues Touristensegment von Interesse sein könnten. Der Erfolg des Investmentmarketings schlägt erst nach einiger Zeit zu Buche, doch dieser zeitliche Abstand muß in Kauf genommen werden, wenn nicht genügend Touristensegmente identifiziert werden können.

Nehmen wir als Beispiel Irland, das nach wie vor große Anziehungskraft besitzt – nicht nur für die in den USA lebenden Iren, sondern auch für viele Europäer. Das Irish Tourist Board stellte vor einiger Zeit fest, daß zwar eine zunehmende Zahl junger europäischer Touristen Emerald Isle wegen seiner noch unberührten Landschaft besuchte, daß sie aber als Rucksackreisende und Camper nur wenig Geld ausgaben. Nun stellt sich die Frage, ob der Zahl der Touristen (so wie es gegenwärtig gehandhabt wird) oder aber eher ihrer Ausgabebereitschaft Vorrang gegeben werden sollte. Schließlich einigte man sich darauf, daß Irland besser weniger, dafür aber einkommensstärkere und länger bleibende Touristen anziehen sollte.

Als Konsequenz wirbt das Irish Tourist Board nun nicht mehr nur mit Irlands Bergen, Gewässern und historischen Bauwerken, sondern auch mit seinen literarischen Berühmtheiten – Oscar Wilde, John Synge, Sean O'Casey, George Bernard Shaw, Brendan Behan, Samuel Beckett, W. B. Yeats und James Joyce. Das Ziel ist, kulturell interessierte Touristen der höheren Einkommensklassen für Besuche nach Dublin zu gewinnen, um ihnen dort die funkelnde irische Sprache, Irlands spezifischen Witz und Geist näherzubringen. Das Investmentmarketing der Iren schließt heute auch die Verbesserung der Dubliner Hotels und Restaurants mit ein.

Es ist sehr wichtig, die einzelnen Touristensegmente genau zu bestimmen. Daß ein Skigebiet Skifahrer anzieht, das Meer und seine Riffe für Schnorchler und Schwimmer reizvoll sind, versteht sich von selbst. Kunst und Kunsthandwerk sind interessant für Kunstliebhaber, Spielkasinos für Spieler. Doch diese Segmente alleine reichen noch nicht aus. Sun Valley, Aspen, Vail und Alta sprechen die höheren Einkommensgruppen und professionelle Skifahrer an; Keystone, Winter Park, Copper Mountain und Telluride eignen sich für den familienorientierten Urlaub, Tahoe und Squaw Valley für Skifahrer und Spieler. Monte Carlo ist für eine internationale Spielerklientel reizvoll, während Deauville/Frankreich eher den regionalen Markt um Paris anspricht. Die neuen Riverboatkasinos in Iowa eignen sich weit besser für Familien als die Kasinos in Atlantic City.

Alle diese Orte streben den Wechsel vom saisonbedingten Tourismus zum Ganzjahrestourismus an: Aspen/Colorado bietet neben Wintersport nun auch Sommerurlaub zur Erholung, für kulturelle und bildungsbezogene Aktivitäten an; Quebec möchte zusätzlich zum Saisontourismus im Sommer und Herbst Besucher für seinen Winterkarneval gewinnen; Virginia ist zusätzlich zu Sommer- und Herbsturlaubern an Frühjahrstouristen interessiert.

Sowohl Märkte als auch Attraktionen verändern sich im Lauf der Zeit. Das Shakespeare-Festival in Stratford/Kanada begann als kleine, regional begrenzte Attraktion, die sich dann auf das gesamte Land einschließlich der USA ausdehnte und schließlich internationale Bedeutung gewann (siehe Darstellung). Die meisten Musik- und Kulturveranstaltungen in Europa folgen dem Beispiel Salzburgs, Edinburghs und Spoletos. Im Sommer 1991 organisierte das Festival of Arts in Europa fünfzig Musikfestivals von Norwegen bis Spanien, einige Dutzend Tanzwettbewerbe, große Kunstausstellungen und Theateraufführungen von Londons Westend bis zu den Berliner Festwochen. Ganz Europa einschließlich der osteuropäischen Staaten engagierte sich in den für Touristen veranstalteten Sommerfestspielen.

Stratford/Kanada: Ein wachsender Theatermarkt

Jeder kennt Stratford in England als die Heimat des Shakespeareschen Theaters. Aber wie steht es mit Stratford in Kanada? Dort werden zur Zeit die erfolgreichsten Shakespeare-Festivals ausgerichtet. Tausende von Touristen kommen in den Sommermonaten nach Stratford, um seine drei Theater zu besuchen, die täglich bis zu sechs Theaterstücke aufführen; die Touristen essen in den Restaurants von Stratford, kaufen ihr Benzin in Stratford und übernachten in den ansässigen Hotels. Tatsächlich ist Stratford heute ein Synonym für das Shakespeare-Festival, zu dem sich Gäste aus aller Welt einfinden.

Wie kam es dazu? War es vom Schicksal vorgesehen, daß Stratford eine Fundgrube für Shakespeare-Liebhaber werden sollte? Gab es hier besondere Shakespeare-Reminiszenzen? War es ganz einfach folgerichtig, Shakespeare ausgerechnet in Stratford ein Denkmal zu setzen? Die Antwort auf alle diese Fragen ist »Nein«. Ursprünglich nämlich war Stratford eine Industriestadt, die sowenig mit Shakespeare zu tun hatte, wie man sich nur vorstellen kann. Zwar erinnert ein Fluß namens Avon an die Heimat des Dramatikers, aber sonst gab es kaum etwas, das eine Beziehung zu Shakespeare und den Theaterfesten nahelegte. Als es mit den ansässigen Industriebranchen bergab ging, wurden auf Initiative eines einzigen Mannes, Tom Patterson, die Möglichkeiten erforscht, Stratford in eine Shakespeare-Stadt zu verwandeln. Er allein knüpfte zahllose Kontakte, um das Konzept zu vermarkten. Nach einer Reihe gescheiterter Versuche, genügend Mittel zur Eröffnung eines Theaters zusammenzubringen, gelang es ihm schließlich, im Verbund mit Regierungssubventionen und mit Hilfe der Stadtpolitiker die erste Saison zu eröffnen. Er benutzte die Strategie des Ikonmarketing, indem er Sir Tyrone Guthrie engagierte, einen berühmten englischen Regisseur, der das erste Theaterfestspiel leitete. Weil Patterson originelle Ideen hatte und Stratford von Toronto, Detroit, New York und Chicago aus mit dem Auto zu erreichen war, fand sich allmählich ein breiteres Publikum. Darüber hinaus begannen auch die Bürger der Stadt sich für ein neues touristisches, den neuen Umständen angepaßtes Umfeld zu engagieren. Typisch englische »Country Inns« und Restaurants wurden eröffnet und »Bed and breakfast« angeboten. Heute hat Stratford drei Vier-Sterne-Restaurants und damit wahrscheinlich den größten Prozentsatz an hochrangigen Restaurants in Städten dieser Größe in ganz Nordamerika.

Natürlich kann nicht jede Stadt ihre niedergehende Schwermetallindustrie retten, indem sie Shakespeare-Festivals gründet. Fünf Zutaten waren es, denen Stratford seinen Erfolg verdankt. Erstens war der Name direkt mit Shakespeares Heimatstadt verwandt; zweitens liegt die Stadt unmittelbar an der kanadischen Grenze, was ihr ein britisches Ambiente und Glaubwürdigkeit verleiht. Drittens war auch der Markt für ein über den ganzen Sommer laufendes Shakespeare-Festival bereit. Kein Sommerfestspiel in den zentraleren Regionen hätte beispielsweise den hochwertigen Produktionsstandard bieten können, den die Gründer von Stratford anvisiert hatten. Viertens finanzierte die kanadische Regierung das Theatergebäude und die erste Spielsaison. Und fünftens wurde das Festival von Kaufleuten und Geschäftsleuten gefördert, die selbst ein großes Interesse daran hatten, Stratford als Theaterzentrum zu inszenieren. Wenn also Besucher nach Stratford kamen, präsentierten sich ihnen Buchläden, Lokale und Gärten, die ins Gesamtszenario eingebettet waren.

Der Wettbewerb um den Tourismus bringt schwache und starke Attraktionen hervor, Ups und Downs, Ins und Outs (siehe Abbildung 8.2). Die Attraktivität eines Ortes kann durch politische Gewalttaten und Unruhen, Naturkatastrophen, widrige umweltbedingte Faktoren und Massentourismus Einbußen erleiden. Griechenland und Thailand, zwei Nationen, die sehr stark vom Tourismus abhängen, sind klassische Beispiele von Ländern, deren Infrastrukturinvestitionen den Entwicklungen im Tourismus nicht mehr gewachsen sind und aufgrund von Umweltverschmutzung, ungenügender Hygienestandards und Verkehrsüberlastung bereits Einbußen erlitten. Das Nationaldenkmal Griechenlands, der ehemals weiße marmorne Parthenon in Athen, ist heute Symbole für einen vernachlässigten Umweltschutz. Thailands herrliche Strände und Tempel sind durch Verschmutzung und unzureichende sanitäre Bedingungen ernsthaft bedroht.[4] 1991 plante die indische Regierung eine Kampagne unter dem Motto: »Besucht Indien«; das Vorhaben wurde nicht nur durch die Gewalttaten sektiererischer Gruppen und durch soziale Unruhen unterlaufen, sondern auch durch Flugzeugabstürze. Westliche Länder einschließlich der USA und Japan erklärten Indien deshalb zum unsicheren Reiseziel.

Standorte, denen es nicht gelingt, die notwendige Infrastruktur bereitzustellen, gehen ein beträchtliches Risiko ein. Die Adriaküste Italiens verlor durch die negative Publicity über ihre algenverseuchten Strände, die das Baden unmöglich machen, an Wert. Die wachsende Umweltverschmutzung im Grand-Canyon-Gebiet und die Menschenmassen in Yosemite Valley haben der Attraktivität dieses großartigen Nationalparks erheblich geschadet. Einige der berühmten Wildschutzgebiete Ostafrikas verwandeln sich allmählich durch die immer häufigeren Überquerungen mit Allradgeländewagen in Staubhöllen.

Standorte müssen auf veränderte demographische Bedingungen und Lebensstile reagieren können. In den USA expandierte zum Beispiel der Tourismus ungewöhnlich stark durch die ständig wachsende Zahl von Pensionären. Der Trend zum Doppelverdienerhaushalt zieht einen Trend zu kürzeren, dafür häufigeren Urlauben nach sich. Der Anteil der länger andauernden Urlaube (zehn oder mehr Tage) ist seit Jahren rückläufig, während Kurzurlaube (drei Tage einschließlich der Wochenenden) von 1984 bis 1989 um 28 Prozent zunahmen.[5] Nach Schätzungen des U.S. Travel Data Center verlängerten sich die Urlaube zwischen 1980 und 1984 im Schnitt von 5,2 Tagen auf 5,8 Tage, um dann kontinuierlich bis zu 4,1 Tagen im Jahr 1990 zurückzugehen.[6] Hotels und Fluggesellschaften passen sich diesen Entwicklungen an, indem sie preisgünstige Wochenendtouren anbieten.

Abbildung 8.2
In- und Out-Reiseziele: US-Tourismus

In	Out
Spanien: 1992 Olympische Spiele, Weltausstellung	*Kalifornien:* Erdbeben, Feuer, Straßen, Dürre
Costa Rica: zwei Meere, Frieden	*Indien:* schlimmste Gewalttätig- keiten seit 1947, Flugzeugabstürze
Australien/Neuseeland: Outdoors, Gastfreundschaft; Banff/Lake Kouise, britisch	*Kolumbien:* Drogen, Gewalt
Kanada: Wandern, Naturschön- heiten	*Jugoslawien:* Gewalt, politische Situation
Cancún/Mexiko: neu gebaut, kulturelle Vielfalt	*Thailand:* Umweltverschmutzung, Verkehrsüberlastung, ungenügende Einrichtungen
Santa Fe/New Mexico: Wüste, Kunst	*Grand Canyon:* verschmutzt, über- füllt, ungenügende Einrichtungen
Osteuropa: billiger Handel, alte Kultur	*Haiti:* Boat people, Armut, Gewalt
Indonesien: kulturelle Vielfalt	*Rußland:* politische Unruhen, Hunger, große Entfernungen

ECON
GRAFIK

Geschäftsreisen sind heute oft ein Gemisch aus Arbeit und Freizeit. Um den Trend zu Kurzurlauben mit dem Auto aufzufangen, wird verstärkt mit lokalen und regionalen Touristenattraktionen und familienorientierten Ferienzielen geworben.

In den USA wurde der Tourismus aus dem Ausland zu einem immer wichtigeren Marktsegment. Seit dem Sturz des US-Dollars im Jahr 1985 wuchs der US-Tourismus jährlich und kletterte von 25,4 Millionen Auslandsbesuchern im Jahr 1985 auf geschätzte 44 Millionen im Jahr 1991. Europäische Touristen bevorzugen in den USA unterschiedliche Reiseziele. Britische Besucher favorisieren New York und Florida, während Reisende vom europäischen Festland eher vom Westen der USA, insbesondere von Kalifornien, fasziniert sind. Der Touristenmarkt Hawaiis besteht zu 66 Prozent aus Besuchern vom amerikanischen Festland und zu 20 Prozent aus

japanischen Touristen, die für Hawaii wegen des hohen japanischen Bruttosozialprodukts, der Ausgabebereitschaft der Japaner sowie aufgrund der
Tatsache, daß 50 Prozent aller japanischen USA-Touristen auch Hawaii
einen Besuch abstatten, besonders wichtig sind. Die Japaner sind mehr als
alle anderen Touristensegmente Wiederholungsbesucher, 1987 überstiegen
die Ausgaben japanischer Besucher diejenigen der Hawaii-Touristen vom
amerikanischen Festland um das Vierfache: Das Verhältnis lag bei 586 Dollar pro Tag gegenüber 119 Dollar pro Tag.[7]

Im allgemeinen muß ein Standort seine erfolgträchtigen Touristensegmente selbst identifizieren. Die folgende Darstellung beschreibt die
Touristenmärkte Floridas.

Floridas zahlreiche touristische Zielmärkte

Florida, dessen Bevölkerungswachstum zwischen 1980 und 1990 35 Prozent betrug, hat einen hohen Anteil an älteren Bürgern. Die Pensionäre
kurbeln die Wirtschaft des Staates an: hohe Einkommen, hoher Ver-
brauch und ein vergleichsweise geringer Bedarf an Dienstleistungen.
Pensionäre nehmen ihre Pensionen, Renten und Versicherungen, ihre
Wertpapiere und häufig den Erlös aus dem Verkauf ihrer Häuser mit
nach Florida. Häufig sind sie mehr nur als ein Touristensegment, denn
ihr vorübergehender Besuch mündet oft in einem dauerhaften Aufenthalt.
Florida wirbt auch um den Familientourismus. Allein Walt Disney
World wurde 1990 von 28,5 Millionen Menschen besucht und war damit
nach Frankreich, den USA und Spanien das viertgrößte Reiseziel. Der
Vergnügungspark Sea World of Florida zog vier Millionen Besucher,
meist Familien, an.
Auch Collegestudenten sind als Touristen willkommen. Etwa 300 000
bis 400 000 Studenten wandern Ende März und Anfang April nach
Daytona Beach, Fort Lauderdale und andere Strände Floridas.
Florida lockt auch Besucher aus dem Ausland an, die länger als US-
Besucher bleiben (vierzehn Tage gegenüber vier bis fünf Tagen) und
die im Schnitt 50 Prozent mehr pro Tag als einheimische Besucher aus-
geben.
Miami Beach, eine der Hauptattraktionen Floridas, befindet sich heute,
nach einer dreißig Jahre dauernden Flaute, wieder im Aufschwung.
In den zwanziger Jahren ein Touristen-und-Modeparadies, erlebte

Miami in den sechziger Jahren einen jähen Absturz, überholt vom Flugverkehr, vom Wettbewerb und der Eröffnung von Walt Disney World im Jahr 1972. Sein verblichener Glanz zog nur noch ältere Besucher an, und Miami Beach erntete schließlich den zweifelhaften Ruhm, die älteste Bevölkerung der Welt zu haben.

Konnte Miamis ehemaliger Glamour erneuert werden und aufs neue Touristen erreichen, die sich nach der Nostalgie von gestern sehnten? Die Regierung Floridas meinte ja und investierte zunächst 250 Millionen Dollar in die Verbesserung der öffentlichen Einrichtungen, der Dienstleistungen und Infrastruktur. Miami Beach schuf einen 700 Acre großen Art-deco-Bezirk mit 800 historisch interessanten Gebäuden und renovierten Hotels und sorgte für Unterhaltungsmöglichkeiten, Bars und Restaurants. Die Krönung dieses Booms war schließlich die großartige Einweihungsfeier des Ocean Drive im Januar 1990, die Miami Beach erneut zu einer der großen Touristenattraktionen werden ließ.

Quelle: Zu Miami Beach siehe Kent O. Bonde und Stuart L. Rogel, »Ocean Drive«, *Economic Development Commentary*, Winter 1991, S. 4 ff.

Angesichts der demographischen Trends und der Einkommensverlagerungen ist die Anpassung an veränderte Lebensstile und Bedürfnisse eine ständige Herausforderung für die Tourismusbranche. Die an einen hohen Lebensstandard gewohnten »Babyboomers« von gestern sind die älteren Babyboomers von heute, während sie früher Prestigeziele und anspruchsvolle Unterkünfte favorisierten, heute Pauschalreisen und Package-Tours, Komfort, Zuverlässigkeit und Kosteneffektivität suchen. In der Tat wird der Tourismus der neunziger Jahre von manchen als ein Rückfall in die fünfziger erlebt, ein Wiederaufleben des Stils, den ihre Eltern genossen. Die »neuen Traditionalisten« suchen nach günstigen Gelegenheiten, niedrigen Kosten, Flexibilität und Bequemlichkeit.[8]

Tourismusstrategien und Investitionen

Der Wettbewerb im wachsenden und ständigen Veränderungen unterworfenen Tourismusgeschäft ist äußerst intensiv. Der Wettbewerb verschärft sich nicht nur durch neue Ferienziele, sondern auch, wenn ehemals stagnierende Standorte sich erholen und in ihre Entwicklung investieren.

Einer der wichtigsten Trends der Standorterneuerung ist die Besinnung auf das historische Erbe – die Verpflichtung zur Wahrung der Tradition, der Sitten, Werte, Artefakte unserer Geschichte. Leavenworth/Washington, eine alte Holzfäller-und-Bergbau-Stadt, blühte auf, nachdem es sich in ein »bayrisches Dorf« verwandelte. Kemmerer/Wyoming, eine verlassene Kohlestadt, nutzte die Tatsache, daß hier der erste J.-C.-Penney-Laden eröffnete, der nun als Touristenattraktion restauriert wurde. Winterset/Iowa, der Geburtsort von John Wayne, wird heute von jährlich mehr als 30 000 Touristen besucht. Chicopee/Massachusetts, ehemaliges Zentrum der Textilindustrie, verwandelte sein ehemaliges Fabrikgelände in einen 25 Millionen Dollar schweren Amazonas-Regenwald. Seymour/Wisconsin behauptet, den ersten Hamburger der Welt produziert zu haben, und feierte im August die »Hamburger-Tage«; 1989 wurde bei dieser Gelegenheit der weltgrößte Hamburger – er wog 5520 Pfund – hergestellt.[9]

Es gibt unzählige Beispiele von Orten, die ihre Vergangenheit neu entdecken und auf diese Weise als Geburtsort berühmter Personen, als Stätte, an der berühmte Ereignisse, Schlachten oder andere »versteckte Schätze« stattfanden, aufs neue interessant werden. Sie stilisieren sich dabei auf unterschiedliche Weise: Sheboygan/Wisconsin als Stadt der Käse, Chöre, Kinder und Kirchen, Crystal City/Texas als die Welthauptstadt des Spinats, Lexington/Kentucky als das Athen des Westens, New Haven/Connecticut als die Stadt der Elche. Viele Orte tragen noch immer Spitznamen ihres ökonomischen Erbes: Hartford/Connecticut als Stadt der Versicherungen, Holyoke/Massachusetts als Stadt des Papiers, Westfield/New York als Stadt der Kinderschaukel und Patterson/New Jersey als Stadt der Seide. Mit dem heutigen Trend zu kürzeren, dafür häufigeren Ferien haben viele Orte im Umkreis von 200 Meilen der großen Metropolen neue Möglichkeiten gefunden, am Touristenmarkt mitzuspielen. Die neue Beliebtheit des familienorientierten Urlaubs bewirkt, daß manche Orte heute offensiv mit ihrer »Familienfreundlichkeit« werben. Orlando, San Diego, San Francisco und Milwaukee sind zum Beispiel besonders beliebte Reiseziele für Familien.

Durch den Golfkrieg von 1990 bis 1991 und die Angst vor terroristischen Anschlägen gingen die Überseereisen um 50 Prozent zurück, und der Auslandstourismus erlitt erhebliche Einbußen, während im gleichen Zug der lokale Tourismus und das Tagungsgeschäft von diesen Veränderungen – die sich im Slogan von 1991 »Stay close to home« niederschlugen – profitierten. Das Louisiana Office of Tourism investierte 6 Millionen Dollar in die Werbung für sein regionales Sommerurlaubsprogramm, und St. Louis wie auch Atlanta zogen nach, Hawaii zielte die Westküste an. Der Nachteil des einen Ortes ist oft der Vorteil des anderen.

In den siebziger Jahren gewannen Vergnügungsparks, angeführt von Disneyland (Anaheim 1961) und Walt Disney World (Orlando 1972), an Beliebtheit. Seitdem eröffneten in den USA mehr als hundert Vergnügungsparks, einige in Städten, die meisten in der Nähe der großen Fernstraßen. Viele dieser Einrichtungen scheiterten, sie erfüllten die Erwartungen nicht oder waren für das Familienbudget zu teuer. Angesichts des Erfolgs der Walt Disney Company versuchen viele Standorte ähnliche Projekte in kleineren Rahmen. In Tokio ist Disneyland erfolgreich, und auch in der Nähe von Paris wurde 1992 ein 4,4-Milliarden-Dollar-Disneyland eröffnet. Das »Euro Disney« erstreckt sich über 5000 Acre – ein Fünftel der Größe von Paris. Kritische Stimmen in Frankreich befürchten, Disney könne kulturschädigend sein, doch die meisten hoffen auf Erfolg und freuen sich auf weitere europäische Disneyzentren.[10]

Die Umweltschutzbewegung zwingt die Fremdenverkehrsindustrie dazu, auch Umweltaspekte zu berücksichtigen. Immer mehr Standorte versuchen, sich ein »grünes« Image anzueignen. Die Stadtplaner und Architekten passen ihre Hotelentwürfe diesen Veränderungen an – sie bauen niedriger, es gibt mehr Grünflächen, sie sind energiebewußt und beziehen den lokalen Charakter mit ein.[11] Die Touristenorte sind heute sensibler gegenüber Raum- und Bodennutzung und Überbauungsproblemen. Staatliche Tourismusinstitutionen, Fluggesellschaften, Hotelketten und Touristenorganisationen diskutieren heute Umweltthemen und überlegen, wie sich Wachstum und Umweltschutz vereinbaren lassen.

Der »Erlebnistourismus« ist heute ein wichtiger Teil des touristischen Angebots. Kleine oder ländliche Standorte, die sich ihre Identität aufbauen wollen, beginnen meist mit einem Festival oder einer besonderen Veranstaltung. Tageszeitungen und die Wochenzeitungen der Vororte geben die Ereignisse, Festivals und Feiern in ihrer Gegend bekannt; auch die Fremdenverkehrsvereine der Gemeinden stellen sicher, daß Veranstaltungskalender in den Reisebüros, in Restaurants, Hotels, Flughäfen, Bahnhöfen und Busstationen ausliegen. Fast jedes europäische Land kann von den USA über eine gebührenfreie Telefonnummer erreicht werden und stellt auf Anfrage Veranstaltungskalender zur Verfügung. Jede Großstadt in den USA hat heute ihr eigenes Sommerprogramm; in einigen Städten, so in Milwaukee, finden das ganze Jahr über Veranstaltungen und Festlichkeiten statt. Milwaukees »Lakefront-Festivals« von Juni bis September (Fest Italiania, German Fest, Afro Fest, Polish Fest usw.) ziehen Touristen aus der

Region wie auch aus den übrigen Landesteilen an und gelten als die besten ihrer Art.

Die Investitionen zur Förderung des Tourismus reichen von vergleichsweise billigen Erstveranstaltungen bis hin zu millionenschweren Projekten zur Entwicklung der Infrastruktur wie der Bau von Stadien, Transitsystemen, Flughäfen und Kongreßzentren. Ungeachtet der Kosten versuchen die Stadtplaner, den Tourismus ins Zentrum der urbanen Revitalisierung zu rücken. Bostons Quincy Market, New Yorks Lincoln Center und San Franciscos Fisherman's Wharf belegen diese Entwicklung. Die Fähigkeit, Attraktionen, öffentliche Einrichtungen und Dienstleistungen in ein leicht erreichbares touristisches Zentrum zu integrieren, macht einen großen Teil der touristischen Anziehungskraft aus.

In den eher zentral geplanten Ländern (Osteuropa und die Entwicklungsländer) wird der Fremdenverkehr von den jeweiligen Regierungen geplant und kontrolliert. Mit Tourismus kann harte Währung für den Ausbau des Handels und die Wirtschaft im allgemeinen verdient werden, und er dient nationalen Zwecken. Die Expansion des Tourismus hängt in hohem Maße von Investitionen der öffentlichen Hand ab, die sich jedoch ohne gleichzeitige Privatinvestitionen und ohne Berücksichtigung von Marktmechanismen als unfähig erweist, auf veränderte Verbraucherwünsche und -bedürfnisse zu reagieren. Heute versuchen diese Länder, die privaten Investitionen durch Joint-ventures, ausländische Eigentümer und mit Hilfe einzelner Investoren anzukurbeln. Die neue mexikanische Riviera – Puerto Vallarta, Cancún, Ixtapa – sind Beispiele erfolgreicher öffentlich-privater Infrastrukturprojekte; hier funktioniert die staatlich-private Investition in touristische Einrichtungen, angefangen von Hotels über Restaurants und Golfkurse bis hin zu Einkaufszentren.

In den USA baut der standortspezifische Tourismus bei der Planung, Finanzierung und Realisierung von Projekten zunehmend auf öffentlich-private Partnerschaften. Die öffentliche Verwaltung ist gefordert, Transparenz der Grundstückskosten zu schaffen und zu dokumentieren sowie in die Infrastruktur zu investieren. Häufig müssen private Investitionen in Hotels, Tagungszentren, Transitverkehr und Parkplätze subventioniert oder durch steuerliche Anreize gefördert werden. Die Restaurierung wird oft von Nonprofit-Unternehmen wie zum Beispiel der National Historic Trust oder der U. S. Park Service durchgeführt und von privaten Investoren unterstützt, die ihrerseits Steueranreize erhalten. Die Tourismusindustrie erzeugt Steuereinnahmen durch die Benzin-, Pacht-, Hotel- und Umsatzsteuern, mit denen dann langfristige Anleihen für touristenbezogene Infrastrukturprojekte und andere Verbesserungen finanziert werden. Auf diese Weise konnte New York City das Southport Sea Museum, das Javits-Tagungszentrum und das Ellis Island Immigration Museum als neue Touristenattraktionen gewinnen und ist damit heute eines der meistbesuchten Reiseziele in den USA.

Doch zur Förderung des Tourismus gehört weit mehr als Finanzkapital oder Investitionen in Tagungs- und Kongreßzentren. Die Standorte erkennen, daß die öffentliche Versorgung ausgebaut werden muß, insbesondere im Hinblick auf die öffentliche Sicherheit, auf den Verkehr, ärztliche Notdienste, sanitäre Einrichtungen und Straßenreinigung. Auch der interne Tourismus für die eigenen Bürger und Geschäftsleute – Einzelhändler, Reisebüros, Restaurants, Finanzinstitute, öffentliche und private Verkehrsmittel, Unterkünfte, Polizei und öffentliche Bedienstete – muß gefördert werden. Gelder müssen bereitgestellt werden für Weiterbildungsmaßnahmen, Lizenzvergaben und die Beobachtung von Geschäften und Betrieben, die mit dem Tourismus in Verbindung stehen. Die Taxifahrer Singapurs sind für ihren Service und ihre professionelle Ausbildung, zu der auch eine Sprachprüfung in Englisch sowie eine Prüfung der Sicherheitsvorschriften und Ortskenntnisse gehört, bekannt. Manche Standorte sind mit solchen Investitionen eher zurückhaltend – obwohl jeder Besucher bei seiner Ankunft zuerst mit Flughafentaxen und öffentlichen Verkehrsmitteln in Berührung kommt und diese ersten Eindrücke oft prägend sind.

Positionierung und Nischen im Touristenmarkt

Um Touristen anzuziehen, muß ein Standort zunächst die grundlegenden Kriterien wie Kosten, Bequemlichkeit und Zeit berücksichtigen. Wie alle andere Konsumenten wägen die Touristen Kosten und Nutzen von Reisezielen gegeneinander ab – die Investitionen in Zeit, Mühe und Ressourcen gegen Bildung, Spaß, Entspannung und voraussichtliche Erinnerungen. Dabei hat der Faktor Bequemlichkeit für die Reiseentscheidung verschiedene Seiten: die Reisezeit, Sprachbarrieren, Sauberkeit, sanitäre Einrichtungen, Erreichbarkeit bestimmter Zielpunkte (Strände, Attraktionen, Ferieneinrichtungen) und spezielle Bedürfnisse (Ältere, Behinderte, Kinder, Diätkost, medizinische Betreuung, Fax und Kommunikation, Mietwagen). Der Zeitfaktor umfaßt diejenigen Faktoren, die Risiken für die Reise darstellen: Kriege, Terrorismus, zivile Unruhen und politische Unsicherheit, Währungsschwankungen, Sicherheit der Flughafen- und Transitsysteme und sanitäre Bedingungen.

Prinzipiell versucht jeder Standort und jeder Reiseveranstalter wettbewerbsfähige Preise zu bieten, die Risiken zu minimieren und die Annehmlichkeiten für seine Besucher zu erhöhen. Die Reiseangebote reichen von der gesamten detaillierten Planung bis zu den unterschiedlichsten Wahlmöglichkeiten und Alternativen. Um den vielen unterschiedlichen Bedürfnissen der Touristen gerecht zu werden, reichen die Angebote von einfachen Reservationen bis zu Luxusreisen mit eingeplanten Ortsbesichtigungen und Veranstaltungen. Neben dem regulären Service vergleichen die Reisenden auch die relativen Vor- und Nachteile der unterschiedlichen Reiseziele: geographische Merkmale (lokale, regionale, nationale, internationale), besondere Interessengebiete (Wandern, Schnorcheln, Erholung) und Unterhaltung (Musik, Kunst, Shows usw.). Soll ich in Europa Ski fahren oder besser in den USA? Soll ich in Arizona oder in Florida überwintern oder ganz sichergehen und die Karibischen Inseln wählen? Wie alle anderen Konsumenten stellen Touristen ständige Kosten-Nutzen-Vergleiche hinsichtlich Qualität und Zuverlässigkeit, Service und Schönheit usw. an. Mit der Abwertung des Dollars Ende der achtziger Jahre wurden fast die Hälfte aller Unterkünfte in Vail und Aspen von ausländischen Skienthusiasten gebucht, für die der Winterurlaub in Colorado preiswerter und die Wetterbedingungen vorausschaubarer waren als in Europa. Da 80 Prozent der insgesamt sechzig Millionen Skifahrer der Welt außerhalb der USA leben und auch aufgrund der alternden Babyboom-Generation ging die US-Nachfrage nach Wintersporttourismus zurück, der sich nun vorwiegend auf Touristen aus dem Ausland richtet.[12]

Nicht nur für das Ferienziel selbst, auch für die Attraktionen am Ort muß geworben werden. Die Ferienorte müssen gewährleisten, daß ihre spezifischen Touristenziele mühelos per Bus, Schiff, Auto oder Flugzeug erreicht werden können. Entsprechende Informationen können anhand von Broschüren, Audio- und Videokassetten bei Reiseveranstaltern und auch individuell zur Verfügung gestellt werden. Alle großen Hotels bieten ihren Gästen heute Videofilme, die sie bei der Planung von Tagestouren, bei der Buchung von Veranstaltungen und dem Besuch von Sehenswürdigkeiten unterstützen. Die Busunternehmer bieten halbtägige, ganztägige oder abendliche Sightseeing-Touren an. Touristenattraktionen, Serviceleistungen und Einrichtungen auf einen überschaubaren Raum zu konzentrieren schafft Vergnügen, Abenteuer und bringt Menschen zusammen. Zu oft wird versucht, die Attraktionen mehr zu streuen, um zu große Touristenanstürme zu verhindern, doch das ist nicht immer ein Vorteil. Die Darstellung beschreibt das integrierte Konzept, mit dem Niagara Falls die »Romantiktour« vermarktet.

Niagara Falls: Das Romantikpaket

Eine wichtige Strategie im Tourismus ist die Konzeptintegration – die Konzentration aller diversen Komponenten auf ein zentrales Thema. Niagara Falls/Ontario ist ein besonders anschauliches Beispiel dieser Strategie. Die Niagarafälle sind die eines der beeindruckendsten Naturschauspiele. Doch Niagara Falls hat das Image eines Flitterwochenparadieses. Nach Gordon Paul, dem Präsidenten des Niagara Falls Tourism Council: »Das Zusammenspiel unserer Wasserfälle mit Hochzeitspaaren begann schon vor fünfzig Jahren.« Indem Flitterwochen mit den Niagarafällen assoziiert wurden, gelang es Niagara Falls, die Touristensaison bis in den Winter hinein zu verlängern. Zielkunden sind Jungverheiratete, die nicht zu weit entfernt leben und deren Budget begrenzt ist. Über fünfzig Hotels auf der Ontario-Seite bieten den Hochzeitspaaren herzförmige Badewannen, Jacuzzis, Himmelbetten und Wasserbetten. Das gesamte romantische Spektrum, angefangen vom Zimmerservice, der Champagner aufs Zimmer bringt, Spiegel an den Decken, ruhige und diskrete Viertel zielt direkt auf das Marktsegment Flitterwöchner. Zusätzlich schaffen verschiedene Wachsmuseen, eine Fülle von Restaurants und Süßwarenläden eine teils kitschige, teils romantische Märchenlandatmosphäre; gleichzeitig ist für Diskretion gesorgt, und die Hochzeitspaare, die in der Regel allein sein wollen, bleiben in ihrer Zuneigung füreinander unbeobachtet. Ihnen wird ein vollständiges Ferienpaket angeboten – dramatische Naturschönheit und ein Hotel- und Gaststättengewerbe, das sich bemüht, seine Gäste zufriedenzustellen.

Quelle: Michael Giuliano erforschte die Niagarafälle an der Nortwhestern University im Mai 1988 und interviewte Paul Gordon am 26./27. April 1988.

Ein Standort kann einen, einige oder viele seiner Attraktionen fördern. Chicagos Marketingmotto »Chicago's Got It« zeigt Bilder seiner berühmten Architektur, des Seeufers, seiner Konzerthalle, des höchsten Gebäudes der Welt, der Börse, des Wrigley Field (Heimat der Chicago Cubs), um damit die Vielfalt der Stadt zu bezeugen – eine Stadt, die alles hat: Geschäfte, Kultur, Unterhaltung, Erholung und Sport. Im Gegensatz dazu wirbt San Francisco mit seinem geschickt plazierten Image als mysteriöse Verführerin: die Fotografie der von weichem Licht gezeichneten, leicht dunstverhangenen Golden Gate Bridge mit dem Text: »Am

Anfang schuf Gott Himmel und Erde. San Francisco brauchte ein bißchen länger.«[13]

Die Standorte müssen die relative Beliebtheit ihrer Attraktionen sorgfältig beobachten, indem sie die Zahl und Kategorie der Besucher feststellen, die ein bestimmtes Touristenziel aufsuchen. Die Beliebtheit des Metropolitan Museum of Art, des Arc de Triomphe, des Big Ben oder des römischen Kolosseums kann sich plötzlich oder allmählich verändern. Deshalb sollte jeder Standort bestrebt sein, die Qualität seiner Sehenswürdigkeiten zu erhalten und zu verbessern. Virginia etabliert sich als »Geburtsort von Präsidenten«, Mississippi als »Herz des Dixies«, Griechenland als die »Wiege der Demokratie« und Florenz als das »Renaissancezentrum«. Solche Werte transzendieren die spezifischen Attraktionen und sind der Boden, auf dem der Reiz eines Ortes wachsen kann.

Doch Besonderheiten und einzelne Sehenswürdigkeiten allein ziehen noch keine Besucher an. Die meisten Touristenorte versuchen, auch immaterielle Werte zu vermitteln, die das Reiseerlebnis intensivieren und belohnen. Solche Angebote sind in die Geschichte, in die Kultur und in die Menschen selbst eingebettet. Nehmen wir New York als Beispiel: Ungefähr jeder vierte Besucher der Stadt ist Ausländer. Die Stadt ist Anziehungspunkt für eine große Zahl europäischer Besucher – zirka 50 Prozent davon Italiener oder Spanier. Die Stadtführer müssen also dafür sorgen, daß New York zur ausländerfreundlichen Stadt wird; sie können zum Beispiel Sightseeing-Touren, die auf bestimmte Nationalitäten zugeschnitten sind, anbieten, Broschüren in den Landessprachen bereitstellen und den Währungsumtausch erleichtern.[14] Damit auch diese immateriellen Werte einfließen können, versuchen die Reiseveranstalter, die kulturellen Bindungen und Verknüpfungen zwischen den Vereinigten Staaten und ihren ausländischen Gästen zu vertiefen.

Der Wettbewerb um touristische Standortvorteile erstreckt sich auf Restaurants, kulturelle Einrichtungen, Sport, Vergnügen und Unterhaltung. Welcher Ort hat die meisten Vier-Sterne-Hotels, die besten kulinarischen Genüsse, die meisten Museen und Theater, hochkarätige Sportteams, die besten Weine, die besten Chefs oder das ausgeprägteste einheimische, kulturelle oder ethnische Flair? Die Standortkampagnen werden in Spezialmagazinen lanciert: *Gourmet, National Geographic Traveler, Food and leisure, Michelin*-Führer, *New York Times Sophisticated Traveler* und im *Economist*. Ihre Aussagen und Bewertungen finden sich in den diversen Reiseführern und Broschüren oder in den Städtewerbungen. Zusätzlich zu bestimmten Stätten und Attraktionen sind auch die öffentlichen Einrichtungen von essentieller Bedeutung, nicht nur für den Fremdenverkehr, sondern auch für das Tagungsgeschäft; sie sind Teil des Wettbewerbsvorteils, den ein Ort über einen anderen genießt.[15] Die Darstellung auf S. 266 beschreibt, wie Bradford/England ein neues wettbewerbsfähiges Produkt schuf.

Mit dem Tourismusmarkt kommunizieren

Um wettbewerbsfähig zu bleiben, ist der Imageaufbau im Tourismus ebenso wichtig wie beim Erhalt und der Anlockung von Unternehmen. Das Image eines Ortes wird sehr stark von bildlichen Darstellungen – häufig durch Film oder Fernsehen – beeinflußt, manchmal auch durch Musik und in anderen Fällen durch beliebte Entertainer und bekannte Persönlichkeiten. Ein so aufgebautes Image kann jahrzehntelang aufrechterhalten werden. Irland profitiert noch heute davon, wie es in dem Film »Quiet Man« mit John Wayne und Maureen O'Hara dargestellt wurde. Die Schönheit Österreichs wird in den USA noch immer mit »The Sound of Music« verknüpft.[16] Nach dem überwältigenden Erfolg des Films »Gandhi« erlebte der indische Fremdenverkehr einen Anstieg von 50 Prozent. Atlanta, das im Bürgerkrieg durch die Armee des Generals William Sherman dem Erdboden gleichgemacht wurde, konnte sein »Vom-Winde-verweht«-Image durch die Wahl für die Olympischen Spiele 1996 neu etablieren. Die kommenden Olympischen Spiele werden als die zweite Renaissance der Stadt angesehen – nach der ersten, die 1864 nach der Zerstörung durch den Bürgerkrieg stattfand.[17] Der Touristenboom in Australien wurde durch den Schauspieler Paul Hogan aus dem Film »Crocodile Dundee« noch geschürt. Auch Olivia Newton-John und Mel Gibson wurden in australischen Werbekampagnen eingesetzt. British Air holte sich den Schauspieler Robert Morley, Mexiko Linda Ronstadt, Manchester die Beatles, Wales berief sich auf Richard Burton, und Chicago wirbt mit Michael Jordan. Auf diese Weise können neue Ereignisse, Stars aus Film, Sport und der Vergnügungsbranche und was immer es sonst noch gibt, genützt werden, um das Interesse der Touristen anzuregen und ein besonderes Standortimage aufzubauen.

Auch das Fernsehen kann zur Attraktivität eines Ortes beitragen. Die Kneipe im Fernsehhit »Cheers« wurde über Nacht zum Touristentreff. Die Serien englischer Dramen kurbelte das Interesse des amerikanischen Publikums für England an. Ende 1990 stieg der Verkauf von Literatur über den amerikanischen Bürgerkrieg und Souvenirs sprunghaft an, nachdem zuvor eine elfstündige Serie über den Bürgerkrieg im Fernsehen erschienen war.

In Virginia, wo sich der überwiegende Teil des vierjährigen Bürgerkriegs abspielte, zeigte sich der Effekt der Sendung in einem alle Rekorde brechenden Anstieg an Besuchern.

Schwieriger ist es, ein bestehendes Image zu ändern. Las Vegas zum Beispiel hat den Ruf, Hauptstadt des Sex und Glücksspiels zu sein. Noch immer stellt das Glücksspiel 60 Prozent der lokalen Wirtschaft, doch betrachten wir auch die folgenden Fakten: Las Vegas ist ein Mekka des familienorientierten Tourismus, Zentrum für Sport, Unterhaltung, Erholung und die darstellende Kunst; Las Vegas hat die am schnellsten wachsenden, anerkanntesten Universitäten im Westen der USA mit neuen Colleges und Weiterbildungsinstituten und bittersüßen Erinnerungen an das von Trainer Jerry Tarkanian geführte kontroverse nationale Basketball-Meisterschaftsteam; Las Vegas ist ein regionales High-Tech-Servicezentrum, in dem sich zwischen 1989 und 1990 neunzig neue Firmen niederließen einschließlich der Lockheed Engineering and Sciences Company. Das Umfeld um Las Vegas wurde zur am schnellsten wachsenden Region des Landes; zwischen 1980 und 1990 wuchs die Bevölkerung von 463 000 auf 768 000, jede Woche kommen 1000 Neuhinzugezogene dazu.[18]

Wie wird Las Vegas mit diesem Bevölkerungsboom fertig? Die Stadt mit ihrem effizienten Stadtmanagement und ihrer »Alles-ist-möglich«-Attitüde ist heute mit ungezügeltem Wachstum, zunehmendem Infrastruktur- und Ausbildungsbedarf und der Aussicht auf eine erodierende Lebensqualität konfrontiert. Wird Las Vegas sich neu positionieren können – von Spielchips zu Silikonchips, von Geschäftstagungen zum Familienurlaub? Ist es wirklich eine einmalige Stadt, die weiterhin auf Erfolg und Diversifikation bauen kann, oder nur eine weitere Wachstumsstadt, die Lebensqualität gegen Großstadtprobleme eintauscht?

Wird es den Imagekreisläufen ausgesetzt sein? Armut, Kommunikationsbotschaften und Kommunikationskanäle werden zum großen Teil über diese Entwicklung entscheiden.

Bradford: Ein neues Produkt schaffen

Bradford/England scheint auf den ersten Blick schlechte Karten zu haben, was seine Attraktion als Touristenort betrifft. Jahrzehntelang litt es an seinem schlechten Image und seiner niedergehenden industriellen Basis, insbesondere des produzierenden Gewerbes und der Wolltextilbranche. Der Stadtrat erkannte schließlich das Problem und gewährte einen einmaligen Zuschuß von 100 000 Pfund, um neue Touristenmärkte zu entdecken.

Die Prüfung potentieller Attraktionen ergab Vielversprechendes – alte Mühlen, das Haus der Brontë-Schwestern, Stätte von Filmen und Fernsehsendungen (Wuthering Heights, Emmerdale Farm, Last of the Summer Wine), ein industrielles Erbe und das National Museum of Photography. Ein gutes Inventar, doch die eigentliche Entscheidung mußte erst noch getroffen werden.

Das Referat für Marketingaufgaben in Bradford beschloß, die Stadt als Ferienort für Kurzurlaube neu zu positionieren. Die Gründe dafür waren einleuchtend:

1. Im Juli und August waren Kapazitäten für Kurzurlauber frei.
2. Die Stadt eignete sich ohnehin nicht für längere Aufenthalte, da es an den entsprechenden Attraktionen fehlte.
3. Die primäre Zielgruppe waren Besucher aus den umgebenden Städten.

Die Stadt begann nun, über Reiseveranstalter Wochenendtouren anzubieten. In dem Wissen, daß sie Vermittler brauchte, um ihre Zielgruppen zu erreichen, schalteten sie in einer Follow-up-Kampagne Werbeanzeigen in vielgelesenen Printmedien und lancierten dazu regelmäßig Veranstaltungen.

Der Plan war erfolgreich, und der Tourismus zog an. Den Bewohnern gefiel die neue Aufmerksamkeit, die ihrer Stadt zuteil wurde und die in der Eröffnung neuer Clubs, Weinlokale und Geschäfte sichtbaren Ausdruck fand. Die allgemeine optimistische Stimmung in Bradford war das Ergebnis kooperativer Zusammenarbeit – zwischen Stadtrat, Marketingreferat, Geschäften, Kaufleuten und Bürgern.

In den letzten Jahren stiegen die Werbeausgaben der einzelnen Bundesstaaten zur Gewinnung von Touristen rapide an. Zwischen 1987 und 1989 vervierfachten Texas, Colorado und Alaska die entsprechenden Budgets, wobei allerdings in jüngster Zeit aufgrund finanzieller Schwierigkeiten eine gewisse Stagnation eintrat.[19] Die Werbeaktivitäten der einzelnen Staaten richten sich dabei sowohl auf Touristen aus anderen Bundesstaaten als auch auf andere Nationen; Illinois wirbt beispielsweise gezielt um Touristen aus New York, Kalifornien, Texas und Japan. Es läßt multilinguale Reiseführer, Video- und Audiokassetten erstellen und teilt den Markt in ausgewählte Segmente – Golfer, Angler, Radfahrer oder Tagungsteilnehmer – ein.

Zunehmend bilden sich auch Partnerschaften mit Reiseveranstaltern und Unternehmen der Vergnügungs- und Kommunikationsbranche, um die Marketingbemühungen zu koordinieren. Die Standorte werben in nationalen Zeitschriften und Reisemagazinen und führen Marketingkampagnen gemeinsam mit Tagungsveranstaltern durch, um dem wachsenden Interesse nach kombinierten Geschäfts- und Privatreisen gerecht zu werden. Dabei zielen sie auch auf ihre eigenen Reiseagenturen und Organisationen – nach Angaben der International Association of Travel Agency Networks (IATAN) insgesamt 40000 Agenturen und 200000 Reiseveranstalter. In vielen Staaten gibt es Informationszentren entlang der großen Fernstraßen; sie sind mit Video- und Computersystemen ausgestattet, auf denen Informationen abgefragt werden können. Auch die eigenen Bewohner sind als Zielgruppe interessant, für die Broschüren, Landkarten und Veranstaltungskalender bereitgestellt werden.

Oftmals entdecken Standorte einen bislang verborgenen Schatz, der ein enormes Touristenpotential darstellt. Illinois hat mehr öffentliche und halböffentliche Golfplätze als jeder andere Staat mit Ausnahme Floridas und zielt in seiner Werbung auf ausländische Golfspieler. Zu seinen Kunden gehört ein japanischer Reiseveranstalter, der ein aus Golf und Einkaufsbesuch bestehendes Kompaktpaket für japanische Urlauber zusammengestellt hat. Pennsylvania entdeckte, daß es im Umfeld seiner ehemaligen Kohlebergwerke Golfplätze anlegen konnte, und erweiterte damit sein touristisches Angebot. Die Standorte lernen heute, mit einem bestimmten Produkt für eine bestimmte Zielgruppe zu werben.

Schließlich erfordert der effektive Aufbau des Standortimages, daß Werbung und Realität übereinstimmen. Hochglanzfotografien von Sonnenuntergängen, Stränden, Gebäuden und Veranstaltungen müssen zu dem, was der Besucher tatsächlich erlebt, passen, ansonsten läuft der Ort Gefahr, das Vertrauen der Touristen zu verlieren und einen schlechten Ruf zu gewinnen. Für Reiseveranstalter sind die Kundenreaktionen äußerst wichtig, denn die Touristen sind selbst die beste – oder schlechteste – Werbung für ein bestimmtes Reiseziel.

Tourismusmarketing organisieren und verwalten

Die Aufgabe, für ein touristenfreundliches Klima zu sorgen, nimmt ein zentrales Fremdenverkehrsbüro wahr, das öffentlich, quasiöffentlich, privat oder eine Non-profit-Gesellschaft sein kann. Außerhalb der Vereinigten Staaten werden diese Agenturen von der Regierung, dem einzelnen Staat oder der Provinz in Zusammenarbeit mit lokalen Regierungsbehörden betrieben. Die Europäische Reisekommission, eine aus 24 Nationen bestehende Gruppe, wirbt um amerikanische Touristen und koordiniert die Promotionaktionen zwischen Europa und den USA.

In manchen Städten sind die Aufgabenbereiche Tourismus und Tagungsgeschäft voneinander getrennt; wobei ersteres meist öffentlich unterstützt, letzteres von Reiseveranstaltern angeboten wird. In kleineren Gemeinden ist das Tourismusgeschäft meist der lokalen Handelskammer angegliedert und wird privatwirtschaftlich unterstützt. Lokale Handelskammern zeichneten sich in letzter Zeit als aggressive Werber für *Bed-and-breakfast*-Unterkünfte aus, eine Einrichtung, die von New England ausging und nun an der gesamten Westküste verbreitet ist.

Die einzelnen Tourismusorganisationen unterscheiden sich erheblich voneinander hinsichtlich ihres Budgets, ihrer Einnahmequellen und ihrer Marketingprogramme. Die Handelskammern spielen im allgemeinen eine wichtige Rolle in der Tourismusförderung; gemeinsam mit den Reisebüros entwickeln sie Produkte und koordinieren die Marketing- und Werbeaktivitäten. Sie unterstützen die Tourismusbranche, indem sie als Fürsprecher und Verhandlungspartner agieren und Kontakte mit Repräsentanten der Öffentlichkeit herstellen. In fast allen Fällen sind die Tourismusorganisationen der Ansicht, daß sie im Verhältnis zu ihren Aufgaben und angesichts des Wettbewerbs zuwenig finanziell unterstützt werden.

Abbildung 8.3 zeigt die Aktivitäten der Tourismus- und Tagungsorganisationen in vier großen Städten. Las Vegas ist eindeutig die größte, bestfinanzierte und aggressivste innerhalb dieser Gruppe.

Das Kongreßgeschäft

Der Tagungsmarkt teilt sich im wesentlichen in die folgenden fünf Segmente auf: Handelsmessen, Tagungen, Versammlungen, Konferenzen und Verbraucherveranstaltungen. Die entscheidenden Einnahmefaktoren sind die Größe der jeweiligen Gruppe, die Dauer des Aufenthalts und der Servicebedarf. Zehntausende von Tagungsdelegierten, die Essen bestellen, Hotels buchen, Produkte kaufen, geben während ihres Aufenthalts 7,5 Millionen Dollar aus.[20] Es überrascht daher nicht, daß die Raumanforderungen für diese Treffen in den achtziger Jahren um 5 Prozent pro Jahr stiegen und trotz der Rezession 1990 bis 1992 ein weiterer Anstieg erwartet wird.

Abbildung 8.3
Die Aktivitäten der Tourismus- und Tagungsorganisationen in vier Städten

Stadt	Las Vegas	San Francisco	Atlanta	San Diego
Etat	81 Millionen Dollar 2 Millionen Dollar für seine Zweigstelle in Chicago	9 Millionen Dollar	8 Millionen	6 Millionen
Öffentlich/ Privat	Steuern für Hotelzimmer, Tagungseinrichtungen und Tagungsbetrieb, keine privaten Geldgeber	53 Prozent Hotelsteuer 47 Prozent privat	Motel-/Motelsteuer	80 Prozent Transit 20 Prozent privat
Privat unterstützt		Mitgliedergebühren, Werbung, Gemeinschaftsunternehmen	Mitglieder, Warenverkauf	Mitgliedschaften, Gemeinschaftswerbung in vier Publikationen
Marketing	Große Werbeagenturen in: Washington, D.C., Chicago, Tokio, Taiwan; Förderung von vier neuen Hotels, eines »Water Parks«, eines neuen Disneyland-West	Werbung in Zeitschriften, Zeitungen, PSAs; Cooperate w/USTTA; Werbung für die Olympischen Spiele	Markt für »2+nights«; Konzentration auf SW und NO, Touristik- und Handelsmessen, Gemeinschaftswerbung	
Beziehungen zur Stadt	Quasiregierungsautorität; Entscheidungsinstanz ist Las Vegas	Non-profit-Organisationen; SF convention and Visitors Bureau	Non-profit-Organisationen, Atlanta Convention Bureau	Quasiöffentliche Nonprofit-Organisation; San Diego Convention & Visitors Bureau

ECON GRAFIK

Wettbewerbsfähige Kongreßzentren entwickeln

Parallel zum Wachstum des Tagungsmarktes wächst auch die Anzahl der um diesen Markt konkurrierenden Standorte und Einrichtungen. Zur Zeit stehen etwa 255 Städte in den USA und im Ausland im Wettbewerb, deren Werbe- und Promotionausgaben sich insgesamt auf jährlich 250 Millionen Dollar belaufen; die Aufwendungen der kleineren Märkte rangieren von unter 100000 Dollar, die der großen Märkte wie zum Beispiel Hongkong bis zu jährlich 16 Millionen Dollar.[21]

Zwischen 1970 und 1980 beschleunigte sich das Tempo, mit dem Tagungseinrichtungen gebaut, renoviert und modernisiert wurden, rasant. Allein zwischen 1975 und 1985 wurden 250 Einrichtungen gebaut oder renoviert, sechzig Städte erweiterten in diesem Zeitraum ihre vorhandenen Kapazitäten oder bauten neue Tagungskomplexe. Die Westküste bietet ein besonders anschauliches Beispiel für den Wettbewerbstrend im Tagungsgeschäft: Anfang der neunziger Jahre eröffnete San Diego das bislang größte Kongreßzentrum an der Westküste; darauf vergrößerte Anaheim seine bestehenden Kapazitäten, und San Francisco eröffnete Ende 1990 ebenfalls ein neues Tagungszentrum. Dies wiederum veranlaßte Los Angeles zur Erweiterung seiner bestehenden Anlagen, worauf San Diego ein Projekt initiierte, das zum Ziel hatte, die Größe seines neuen, vor achtzehn Monaten gerade erst eingeweihten Zentrums zu verdoppeln.[22]

Chicagos McGormick Place ist mit 1,6 Millionen *square feet* nach wie vor das führende Kongreßzentrum der USA und steht an siebter Stelle weltweit. Allerdings wird behauptet, daß es, ohne weitere Expansionen, diese Position an Las Vegas und andere Zentren abtreten muß. 1991 erhielt Chicago die Finanzierungszusage für den Ausbau des McGormick Place, der 1993 beginnen und 1996 fertiggestellt werden soll. Die Stadt wird dann um 75 Prozent vergrößerte Ausstellungflächen und andere Verbesserungen aufweisen können, die sie braucht, um gegenüber Las Vegas und anderen Tagungszentren wettbewerbsfähig zu bleiben. Die folgende Darstellung beschreibt, wie die Automobilausstellung Chicago ihr Prestige an Detroit verlor.

Krieg der Autos

Unter Automobilherstellern werden Automobilshows traditionell gemeinsam mit den lokalen Händlern finanziert. Auf den Automobilmessen werden die neuesten Modelle vorgestellt, und sie leiten die Frühjahrsverkaufssaison ein. Seit jeher fand die größte Automobilmesse im Februar in Chicago statt, doch der Start war stets die Auto Show Detroit im Januar, die jedoch weniger Teilnehmer anzog und weniger neue Modelle vorstellte als ihr Konkurrent Chicago. Die Organisatoren in Detroit überzeugten nun die großen Drei, ihnen mehr Wagen als üblich zur Verfügung zu stellen. General Motors, Ford und Chrysler waren einverstanden, und die Detroit-Automobilmesse wurde allgemein als die North American International Auto Show bekannt, die nun ihren Gegenspieler Chicago überrundet hatte. In der Zwischenzeit begannen die Veranstalter in Los Angeles die japanischen Hersteller zu drängen, mehr neue Modelle auf ihrer Messe vorzustellen. Die Japaner waren im Prinzip einverstanden, doch es gelang Los Angeles trotzdem nicht, eine starke Marktnische zu erobern.

Die Moral der Geschichte ist, daß bei der Anwerbung von Verbrauchermessen nichts heilig ist. Detroit hörte den Herstellern zu und stellte die technischen Qualitäten der neuen Modelle in den Vordergrund. Als Belohnung bekommt es nun die hochkarätigen Wagen. Die Chicago-Automobilmesse wird weiterhin hauptsächlich von verkaufsorientierten Händlern besucht und rangiert heute erst an zweiter Stelle. Los Angeles kämpft auf relativ verlorenem Posten, weil es sich weigerte, den Termin seiner Automesse zu verlegen, die in derselben Woche stattfindet wie die Show in Detroit. Chicago hätte die Attacke Detroits vorhersehen und verhindern können, wenn es den Input der Hersteller erhöht und seine Verkaufsaktivitäten heruntergeschraubt hätte. Los Angeles hätte lediglich im Datum mehr Flexibilität an den Tag legen müssen.

Quellen: Jim Mateja, »Chicago Auto Show under Fire«, *Chicago Tribune*, 11. Juli 1989. S. 9; und ein Interview mit Jim Mateja am 25. Juni 1992.

Der Tagungsmarkt ist weiter nach der Größe der Veranstaltungen segmentiert. Chicago führt mit knapp 25 Prozent den größten US-Tagungsmarkt an, gefolgt von New York mit 21 Prozent und Las Vegas, San Francisco und Atlanta mit jeweils 12 bis 15 Prozent. Während in Chicago bei den größten Veranstaltungen (12 500 Teilnehmer) und den kleineren Kongressen und Tagungen (weniger als 7500 Teilnehmer) führt, behaupten New York und Anaheim/Kalifornien die Spitzenstellung bei mittelgroßen Veranstaltungen (7500 bis 12 499 Teilnehmer). Während die Mehrzahl der Veranstaltungen in Chicago stattfinden, beherbergt New York insgesamt die meisten Delegierten und Teilnehmer.[23]

Das Tagungsgeschäft verlangt nach immer attraktiveren Ausstellungsflächen in Verbindung mit großzügig ausgestatteten Tagungsräumen, denn über 50 Prozent aller Tagungen organisieren zusätzlich Ausstellungen. Das Jacobs-Javits-Tagungszentrum in New York eröffnete im Jahr 1986: Der vom Architekten I. M. Pei entworfene »Crystal Palace« erstreckt sich über 1,8 Millionen *square feet*, wovon 900 000 *square feet* Ausstellungsraum sind. Das moderne, nach neuesten Erkenntnissen gebaute Zentrum bietet 10 000 Menschen Platz, kann über hundert gleichzeitig laufende Tagungen unterbringen und hat drei Großhallen zu jeweils 410 000 *square feet* – es ist eines der größten Kongreßzentren der westlichen Hemisphäre.[24]

Der Wettbewerb um das Tagungsgeschäft führt zu einem spiralenhaft ansteigenden Wettrennen der rivalisierenden Städte. Die Dynamik ist dabei sowohl intern als extern. Die interne Dynamik stammt hauptsächlich aus dem Ausbau der Hotels und Tagungsstätten, die Kapazitäten oder Überkapazitäten einrichten, um dem erwarteten Bedarf an Tagungen und Messen gerecht zu werden. Wenn die Belegung der Hotels unter die Wirtschaftlichkeit fällt – dies ist der Fall bei einer Belegung von zirka 60 Prozent –, steigt der Druck, den Ausstellungs- und Tagungsraum zu vergrößern, um die Belegungsquote wieder zu erhöhen.

Die externe Dynamik ist eine Folge der Expansionspläne der Wettbewerber. Nach Schätzungen der Tagungsveranstalter Chicagos benötigt die Stadt 1 Million *square feet* an zusätzlichem Ausstellungsraum und 300 000 *square feet* an Tagungsräumen, wenn sie ihren Marktanteil halten will. Miami, San Francisco, Los Angeles und New Orleans planen, ihre Ausstellungsflächen zu verdoppeln, Atlanta strebt eine Vergrößerung um 50 Prozent an. Auch kleinere Gemeinden verlangen immer häufiger ihren Anteil am lokalen oder regionalen Tagungsgeschäft: Sie bieten an, die regionalen Tagungseinrichtungen gegen eine Subventionierung ihrer eigenen lokalen Einrichtungen auszutauschen.

Auch der internationale Wettbewerb hat sich in den letzten Jahren intensiviert. Im Zuge des Gemeinsamen Europäischen Marktes hielten Anfang der neunziger Jahre zahlreiche Berufsverbände ihre Tagungen in Europa ab, um ihren Mitgliedern die Marktchancen für ihre Produkte zu erklären. Auch Japan, Hongkong und Korea steigen in den aggressiven Wettbewerb um den internationalen Tagungsmarkt ein.

Strategien, um das Tagungsgeschäft zu gewinnen

Im Gegensatz zu Touristenattraktionen gehört zum Tagungs- und Messegeschäft auch der Umgang mit Spezialisten, beispielsweise Vorständen von Berufsverbänden, Auswahlkomitees für Tagungszentren und Tagungsveranstaltern, die Empfehlungen für die Auswahl von Tagungszentren nach Kosten, Einrichtungen und verschiedenen zusätzlichen Einrichtungen erarbeiten. Für die Tagungszentren ist essentiell wichtig, die Wünsche der Verbände befriedigen zu können. Oft gehört dazu die Kapazität, verschiedene Veranstaltungen zur gleichen Zeit stattfinden zu lassen und erstklassige Räumlichkeiten zu vernünftigen Preisen anzubieten. Preisnachlaß bei Hotelübernachtungen, Restaurant- und Theaterbesuchen, verbilligte Flüge, Mietwagen und andere Angebote sind bereits Teil des Standardwettbewerbpakets. 1988 rangierten die Betriebskosten der zehn größten Kongreßzentren von 12,50 Dollar pro *square feet* in Las Vegas bis zu fast 50 Dollar in New York. Fast alle Kongreßzentren werden auf der Basis von steuervergünstigten Subventionen und Kapitaldiensten betrieben. Las Vegas bezuschußt zum Beispiel über 50 Prozent des 14-Millionen-Dollar-Haushaltsbudgets seines Tagungszentrums. Die hohen Betriebskosten des New Yorker Zentrums und 21 Prozent Steuern auf Hotelbelegung (*bed tax*) sind ein großer Nachteil im Preiswettbewerb mit anderen Großstädten.[25]

Die Tagungseinrichtungen müssen zudem qualitativ aufgewertet werden, um den Ansprüchen an Komfort und Ästhetik Rechnung zu tragen – Restaurants, Geschäfte, Beförderungsunternehmen, Toiletten, Sauberkeit, Auf- und Abbautempo, Sicherheit, Nähe zu zentralen Einkaufsgebieten und Restaurants. Die Tagungseinrichtungen in Washington, New Orleans und San Francisco liegen zentral, und alle wichtigen Sehenswürdigkeiten sind zu Fuß zu erreichen, im Gegensatz zu den Zentren in Los Angeles, Chicago, Miami und New York. Chicago erwägt derzeit den Bau eines speziellen Beförderungssystems, das die Einkaufszentren, Hotels und Transitlinien mit den Tagungseinrichtungen verbindet.

Jedes Kongreßzentrum hat seine spezifischen Wettbewerbsvor- und -nachteile, die über seine Chance als potentieller Tagungsort bestimmen. Chicago verfügt zum Beispiel über exzellente Einrichtungen und wettbewerbsfähige Hotel- und Restaurantpreise; zu seinen Nachteilen gehören dagegen unvorhersehbare Wetterbedingungen, hohe Kosten und ein negatives Image seiner Beschäftigten. Die Wettbewerbsfähigkeit des Javits Center in New York City ist wegen der hohen Lohnkosten und nach vielen Eigentumsdelikten ernsthaft beeinträchtigt. Die Wettbewerber aus Kalifornien – San Francisco, Los Angeles und Anaheim – können mit den Einrichtungen Chicagos nicht konkurrieren, rangieren jedoch ansonsten – von der Entfernung abgesehen – ganz oben.

Große Kongresse und Messen werden bis zu fünf Jahre im voraus gebucht. Häufig sind Tagungsveranstalter auf Jahresversammlungen zugegen, die außerhalb ihres eigenen Standorts stattfinden (und wenn die nächste Versammlung bei ihnen stattfinden soll), um für ihren Standort zu werben und die potentiellen Kunden bei der Planung ihrer nächsten Tagung zu unterstützen. Große Veranstalter wie in Chicago verfügen über gut ausgebildete Teams von etwa zwanzig bis vierzig Mitarbeitern; ihr Budget beläuft sich auf 10 bis 20 Millionen Dollar, wovon das meiste in Marketing- und Werbeaktivitäten fließt. Die Tagungsveranstalter verfolgen die Tagungskalender von Hunderten von Verbänden, Berufsverbänden, Ausstellern, Beratern und Unternehmen.

Die Tagungszentren kennen ihre Zielmärkte und die jeweiligen Marktnischen. Chicago liegt mit Großveranstaltungen von 100 000 und mehr Teilnehmern an der Spitze, ist aber trotzdem vom Wettbewerb bedroht. Die Märkte erodieren, und die Wettbewerber verstricken sich in Konkurrenzkämpfe, um die größeren und prestigeträchtigeren Veranstaltungen für sich zu gewinnen. Der Städtewettbewerb um die Kongresse der Demokraten und Republikaner bewegt sich in Multimillionen-Dollar-Dimensionen. New York und Houston waren die Sieger für das Jahr 1992, und schon jetzt entbrennen die Wettkämpfe für 1996. Häufig engagieren sich Unternehmen gemeinsam mit den Tagungszentren im Sponsoring der Veranstaltungen. Als zweitrangiges Tagungszentrum schockierte Orlando alle Tagungsveranstalter, als es 1990 zur Kongreßstadt für die American Bankers Association (ABA) gewählt wurde. Orlando bot der ABA fast 200 000 Dollar an Zuschüssen für Transportkosten und Tagungsräume. Die Kongreßzentren locken nicht nur mit Direktzahlungen, sondern mieten manchmal Kuppelstadien für Großveranstaltungen oder organisieren *special events* zur Unterhaltung der Gäste. Neulinge im Tagungsgeschäft, wie Denver, müssen in der Anfangsphase beträchtliche Verluste verkraften können, um Marktanteile zu gewinnen.

Denver: Im Tagungsspiel mitmachen

Man kann schwerlich behaupten, Denver eigne sich nicht als Tagungsort. Es ist die größte Stadt zwischen Chicago und Los Angeles, verfügt über ein außergewöhnlich gutes Klima und Naturschönheiten, zu denen einige der größten Bergketten und optimale Wintersportmöglichkeiten gehören. Sich als Tagungszentrum zu positionieren und gegen die Konkurrenten anderer großer Tagungszentren anzutreten scheint daher nicht weiter schwierig. Und trotzdem fand sich Denver Ende der achtziger Jahre zwischen Regen und Traufe.

Das Problem war, daß Denver nicht um größere Tagungen und Handelsmessen werben konnte, weil sein Kongreßzentrum, die 1969 erbaute Currigan Hall, mit 10 000 *square feet* weder mit Chicagos McGormick Place (1,5 Millionen *square feet*) noch mit New Yorks Javits Convention Center (750 000 *square feet*) oder Detroits Cobo Hall (720 000 *square feet*) oder Atlantas World Congress Center (650 000 *square feet*) konkurrieren konnte. Kein noch so effizientes Marketing konnte diesen Makel beheben.

Doch Denver reagierte, indem es eine massive Kampagne zur Errichtung eines 300 000 *square feet* großen Zentrums im Stadtkern startete. Trotz einer titanischen Schlacht um die nötigen Mittel mußten elf Kongresse im Gesamtwert von fast 15 Millionen Dollar aufgrund von Verzögerungen abgesagt werden. Zusätzlich ist die Stadt mit hohen Investitionen für den Bau eines neuen Flughafens und Dienstleistungen zur Unterstützung der neuerbauten Hotels und dem Ausbau seines Straßensystems belastet.

Werden sich diese Ausgaben lohnen? Denvers Metro Convention and Visitors Bureau behauptet, die Buchungen für 1991 lägen 300 Prozent über den Erwartungen. Vielleicht hat es geholfen, daß der erste Kongreß von den Christian Booksellers Association veranstaltet wurde.

Quelle: Douglas Vaughan, »Focus Denver: Convention Center Coming«, *New York Times*, 17. Juli 1988, S. RY1. Vaughan berichtet über unterschiedliche Unterstützungen für McCormick Place und das Javits Center von denen in zuvor zitierten Städten. Die Anzahl ist schwierig zu beweisen, da die Verkäufer das Messen übernehmen und die Schlacht um Kunden zu Übertreibungen führt.

Das Tagungsgeschäft zieht heute ständig neue und expandierende Mitspieler an, deren Märkte lokal, metropolitan, staatlich, regional, national und international sein können. Fast alle Hauptstädte der einzelnen Bundesstaaten haben zwischenzeitlich ihre eigenen Tagungszentren gebaut. Manche Konzerne wie Du Pont und Southwestern Bell betreiben eigene Hotels in den Städten, in denen ihr Stammhaus liegt, während andere, wie Arthur Andersen & Company oder IBM, ihre eigenen Konferenz- und Ausbildungszentren errichtet haben. Unternehmen und Institutionen sind heute zunehmend kostenbewußt im Hinblick auf Geschäftsreisen. Einige haben eigene Reisemanager, die sämtliche Reisearrangements und Spesenrechnungen des Unternehmens überblicken, während andere nach bestimmten organisatorischen Reiserichtlinien oder Vorgaben Verträge mit Reisebüros abschließen.

Wenn die Zeiten härter werden, sparen die Organisationen an Reisekosten, die für Fortbildungsmaßnahmen, Teilnahme an Handelsmessen oder selbst Verkaufskontakten entstehen; in manchen Fällen werden die Geschäftsreisen durch Videokonferenzen, Telekonferenzen und Faxgeräte ersetzt. Wie im Tourismus, so ist auch der Tagungsmarkt in den letzten Jahren kontinuierlich gewachsen, ist aber dennoch von ökonomischen und konjunkturellen Schwankungen abhängig.

Die Verwalter der Tagungseinrichtungen suchen engen Kontakt zur American Society of Association Executives (ASAE), dem Berufsverband der Vorstände der Handels- und Berufsverbände. Die ASAE ist hauptsächlich mit Verbandsmanagement befaßt; sie hat über 20 000 Mitglieder aus mehr als 6000 Verbänden. In Washington, D. C., gelegen, das mit nahezu 3000 Berufsverbänden als die »Verbandshauptstadt« bezeichnet werden könnte, organisiert die ASAE Schulungsprogramme für die Tagungsleiter von Berufsverbänden. Wenn die ASAE also eine Tagung in Ihrer Stadt hält, sorgen Sie dafür, daß der Verband königlich behandelt wird!

Außerdem pflegen die Tagungsleiter die Beziehungen zu den Geschäftsführern und Mitarbeitern, zu Tagungsplanern und den Ausschüssen bestimmter Verbände. Die Tagungen und Jahresversammlungen der Verbände finden in unterschiedlichen Zentren statt; die Verbände informieren sich über die Zufriedenheit ihrer Mitglieder hinsichtlich Kosten und Leistung. Die Mitgliederanwesenheit ist ein entscheidender Faktor für die Verbände; die gastgebenden Städte arbeiten daher mit den Tagungsveranstaltern an zielgerichteten Direct-mailing-Aktionen, um auf ihr spezielles Zentrum aufmerksam zu machen. Da das Wiederholungsgeschäft für die Tagungs- und Kongreßzentren lebenswichtig ist, muß nach jeder Tagung ein Follow-up stattfinden, um die Ergebnisse aufzuarbeiten.

Die Tagungsveranstalter stellen den Hotels Videokassetten und anderes Informationsmaterial zur Verfügung, um die Teilnehmer über die verschiedenen Stätten, Veranstaltungen und Aktivitäten, die während der Tagung in der Stadt stattfinden, zu informieren. Chicago schätzt, daß es zusätzliche 2 Milliarden Dollar jährlich einnehmen würde, wenn seine Geschäftsreisenden zusätzlich einen Tag in der Stadt blieben.[26]

Zusammenfassung

Der Tourismus- und der Tagungsmarkt sind eine vitale Strategie zur Standortentwicklung, die im Ansatz den Strategien zur Anlockung und zum Erhalt von Unternehmen ähnelt. In einer Gesellschaft, die sich mehr und mehr zur Dienstleistungsgesellschaft entwickelt und einen hohen und wachsenden Anteil älterer Bürger hat, kann davon ausgegangen werden, daß diese beiden Märkte schneller als andere wachsen.

Verschiedene Trends in bezug auf Tourismus und Reisen, von denen ein Standort profitieren könnte, sind es wert, festgehalten zu werden:

- Die Pläne zur wirtschaftlichen Entwicklung eines Standortes stellen den wirtschaftlichen Beitrag durch die Tourismusindustrie immer stärker in den Vordergrund.
- Durch gezieltere Marktforschung werden die Märkte weiter segmentiert; strategisches Marketing und Management wird dabei immer wichtiger.
- Geschäfts- und Privatreisen werden sich künftig vermischen, die Betonung liegt daher auf der Erhöhung des kulturellen Angebots und verbesserter Freizeitmöglichkeiten; die Standorte müssen sich mit marktübergreifenden Marketingaktivitäten auf diese Entwicklung einstellen.
- Das zunehmende Interesse an Sport und Freizeit erfordert höhere Investitionen in solche Einrichtungen.
- Der Tourismus aus dem Ausland wird zunehmen, daher müssen die Attraktionen kulturelle und traditionelle Erfahrungen einbeziehen.

In den meisten Fällen können Standorte in diese Märkte am unteren Rande des Wettbewerbs und zu relativ niedrigen Kosten einsteigen. Die Kosten für private und öffentliche Investitionen steigen jedoch rapide an, wenn Zugang zu einer breiteren Palette von Märkten gesucht wird. Am oberen Ende der Skala sind Kapitalinvestitionen für den Bau von Flughäfen, Tagungszentren, der Infrastruktur und zur Finanzierung des öffentlichen Dienstes erforderlich. Die Investition des privaten Sektors in Hotels, Einkaufszentren, Theater und Restaurants bedarf sorgfältiger und koordinierter Planung mit öffentlichen Investitionen. Es müssen neue Produkte entwickelt und bestehende Werte kontinuierlich gepflegt und verbessert werden. Abbildung 8.4 enthält einen Test, der die Besucherfreundlichkeit eines Standortes bewertet.

Der Wettbewerb in diesen Märkten wird intensiver, denn die Entwicklungen eilen der Nachfrage oft voraus. Dies kann, gekoppelt mit Konjunkturzyklen, fatale Konsequenzen für die vom Tourismus abhängigen Wirtschaften haben. Der Nutzen aus dem Tourismus- und Tagungsgeschäft mit Blick auf Beschäftigung, Einkommen und Wirtschaftswachstum ist beträchtlich. Manche Standorte haben aufgrund ihrer geographischen Lage, ihrer Geschichte oder Ressourcen kaum andere Möglichkeiten, als sich im Tourismus- und Tagungsgeschäft zu engagieren. Andere haben mehr strategische Optionen oder versuchen einen Ausgleich zwischen dem Tourismus- und Tagungsgeschäft und anderen Märkten als Teil eines integrierten Wirtschaftsförderungsplans zu schaffen. Vom Marketingstandpunkt aus betrachtet, sollen die Fremdenverkehrsorganisationen und Tagungsveranstalter ein positives Image ihres Standortes aufbauen, nicht unähnlich anderen Standortstrategien. Auch sie sind gezwungen, Produkte zu entwickeln, die eindeutig auf Konsumentenwünsche abzielen und hinsichtlich Preis, Qualität, Bequemlichkeit und anderen Faktoren wettbewerbsfähig sein müssen. Auch sie müssen ihre Produkte direkt an den Großhandel (Verbände, Reiseveranstalter usw.) verkaufen und den besten Marketingmix, die besten Instrumente und Strategien einsetzen, um ihre Käufer zu erreichen. Als Verkäufer von Dienstleistungen müssen sie auf die ständigen Veränderungen der Käuferwünsche und -bedürfnisse reagieren und die Änderungen in Lebensstilen und -gewohnheiten genau beobachten.

Schließlich hat sich das Touristen- und Tagungsgeschäft ähnlich wie andere Standortstrategien entwickelt. Was als vergleichsweise simples Massenmarketing an ein Massenpublikum oder als schlichte Standortwerbung begann, entwickelte sich zu einem differenzierten Geschäft, das auf Strategien, Wettbewerbsvorteilen, Zielmärkten und Techniken des Marketingmix aufbaut, um tatsächliche oder potentielle Käufer zu erreichen. Dennoch arbeiten vielerorts die Reise- und Tagungsveranstalter getrennt und in manchen Fällen sogar gegeneinander. Es ist in der Tat nicht unge-

Abbildung 8.4
Ein besucherfreundlicher Test für Standorte

Zwar gibt es keine präzisen Tests, mit denen sich die Besucherfreundlichkeit
eines Standortes messen ließe, doch die folgenden zehn Fragen geben einige
grobe Hinweise. Für jede positive Antwort gibt es zehn Punkte, mit sechzig
Punkten ist der Test bestanden. Alles darunter deutet auf Schwierigkeiten hin:

Punktzahl

1. Sind die zentralen Zugangspunkte in Ihrer Gemeinde/Stand-
   ort (Straßen, Eisenbahn, Flugzeug) mit Informationszentren
   für Besucher ausgestattet, oder finden sich Hinweise, wo
   entsprechende Informationen erhalten werden können?

2. Falls der Hauptzugangspunkt ein Flughafen ist, liefert dieser
   die volle Palette an Informationsdiensten (Unterkunft, Touri-
   stenstände, Videos über Attraktionen, Veranstaltungskalender, spezielle Informationen für ältere Bürger, Ausländer,
   Familien etc.)?

3. Erhalten diejenigen, die mit Besuchern in Berührung kommen
   – Taxifahrer, Bus- und Flughafenpersonal, Sicherheitsbedien-
   stete am Flughafen –, eine formale Ausbildung, und existiert
   ein System, um die Qualität dieses Service sicherzustellen?

wöhnlich, daß Tourismusbüros und Tagungsveranstalter von verschiedenen
Organisationen betreut werden. Damit kommen wir auf frühere Kapitel
über Strategien der Standortentwicklung, Imagebildung und Marketing-
maßnahmen zurück, bei denen zersplitterte und unkoordinierte Aktivitäten
noch immer eher die Regel als die Ausnahme sind.

Die Marketingstrategien für den Tourismus und das Tagungsgeschäft müssen koordiniert werden, wenn sie effektiv sein wollen, und zuweilen andere Standortstrategien anführen. Die strategische Koordination

Punktzahl

4. Bieten Hotels/Motels genügend Besucherinformationen über Veranstaltungen, Sehenswürdigkeiten, Restaurants und Freizeitgestaltung?

5. Gibt es eine Organisation/Agentur, die für den Fremdenverkehr verantwortlich ist, und werden öffentliche Mittel für deren Aktivitäten zur Verfügung gestellt?

6. Hat diese Organisation/Agentur ein Marketingprofil der Besucher erstellt, und wird dieses bei den Marketingaktivitäten eingesetzt?

7. Ist das Tagungs- und Tourismusgeschäft auf ausländische Besucher eingestellt (Fremdsprachen, Orientierungshilfen, spezielle Interessen, Gebräuche usw.)?

8. Existieren genügend Einrichtungen, um tatsächliche oder erwartete Besucherwünsche zu befriedigen (Preispalette, Einrichtungen, Erreichbarkeit usw.)?

9. Sind Attraktionen und Veranstaltungen leicht und kostengünstig zu erreichen?

10. Heißt der Ort die Besucher willkommen und paßt sich ihren Bedürfnissen an (Geschäftszeiten, Kreditkarten, Sprache, Verkehr, öffentliche Dienste usw.)?

ECON
GRAFIK

produziert bessere Ergebnisse und geringere Kosten als vertikales Marketing. Außerdem können auch die unterschiedlichen Kundenbedürfnisse miteinander verbunden werden: ein Besucher, der seinen Urlaub an einem Ort verbringt, an dem er vielleicht auch seine Firma ansiedeln möchte, oder – vergleichbar – ein ausländischer Kunde, der sich in einen Investor verwandelt. In jedem Fall sollten die Marketingstrategien aufeinander abgestimmt sein; ihr Ziel ist, das Standortimage zu verbessern und die richtigen Botschaften zu vermitteln.

Unternehmen anwerben, erhalten und vergrößern

9

Jeder Standort erfüllt bestimmte ökonomische Funktionen. Seine Wirtschaft kann diversifiziert sein oder als Monostruktur den Standort dominieren. In manchen Orten überwiegt die Dienstleistungsbranche, andere leben von der Landwirtschaft. Die wirtschaftlichen Aktivitäten der Standorte sind jedoch nicht ausschließlich von den sie umgebenden wirtschaftlichen Grenzen abhängig. Das heißt, ein kleines Dorf in Kauai muß nicht unbedingt Zuckerrohr anpflanzen, und ein Vorort von Detroit muß nicht zwangsläufig Automobile herstellen. Betrachtet man die Standorte durch eine größere regionale Linse, wird eher verständlich, wie sie im nationalen oder internationalen Kontext funktionieren.

Die Wettbewerbsfähigkeit ist keine unveränderliche Größe. Ein Standort kann in einem Moment lebendig und dynamisch sein, prädestiniert für Wachstum und Weiterentwicklung, und doch im nächsten von der Vernichtung von Arbeitsplätzen, der Abwanderung von Bewohnern und Firmen getroffen werden. Größe und Lage allein sind keine Garantie für das wirtschaftliche Überleben. Ebenso wie Konzerngiganten und ganze Industriebranchen können auch Standorte durch technologischen Wandel, harten Wettbewerb und veränderte Verbraucherwünsche aufblühen oder untergehen.

In den letzten sechzig Jahren bildeten sich verschiedene Muster der Standortstrategien heraus. Von 1930 bis 1975 dominierte die Anwerbung von Unternehmen als bevorzugte Strategie, um verlorengegangene Arbeitsplätze zu ersetzen oder Beschäftigungszuwachs zu erreichen. Ende der siebziger Jahre wurde diese Strategie zugunsten des Erhalts und der Vergrößerung bestehender Unternehmen aufgegeben; seither ist dies die oberste Priorität geblieben. Doch mit Beginn der achtziger Jahre begannen die Standorte mit einer weiteren Wachstumsstrategie, die auf inneres Wachstum – die Förderung von Neugründungen und Kleinunternehmen – setzte. Diese Entwicklung ergab sich aus den fundamentalen Änderungen, die zwischen 1970 bis 1990 über die Wirtschaft der USA hereinbrachen. Erfolgreiche Standorte überlebten diese Veränderungen; sie verstanden die drei Schlüsselfaktoren, auf denen Unternehmensentscheidungen über Investition oder Nichtinvestition in Standorte basieren: 1. Unternehmens- oder Branchenmerkmale, 2. Standortmerkmale, 3. äußere Kräfte, die auf die Wirtschaft eines Standortes einwirken. Wenn nötig, nahmen diese Standorte die Hilfe der Regierung in Anspruch, um das Ruder wieder zu ihren Gunsten herumzureißen.

Es gibt sechs generische Strategien, die Standorte zur Verbesserung ihrer Wettbewerbsposition einzusetzen:

1. Anlocken von Besuchern und Geschäftsleuten;
2. Anwerben von Unternehmen aus anderen Regionen;
3. Erhalt und Expansion bestehender Unternehmen;
4. Förderung von Kleinunternehmen und Hilfe bei Existenzgründungen;
5. Exportpromotion und Auslandsinvestitionen;
6. Bevölkerungszuwachs oder Veränderung der Bevölkerungsstruktur.

In Kapitel 8 diskutierten wir bereits die erste Strategie zur Förderung des Tourismus- und des Tagungsgeschäfts. In diesem Kapitel werden wir die Strategien zur Gewinnung, zum Erhalt und zur Erweiterung von Unternehmen untersuchen und uns in den Kapiteln 10 und 11 der Export- und Investitionsförderung und der Veränderung der Bevölkerungsstruktur zuwenden.

Anwerben von Unternehmen aus anderen Regionen

In den Vereinigten Staaten hat das Anlocken von Betrieben aus anderen Regionen eine lange Tradition. Ein Standort muß sich seiner Stärken ebenso wie seiner Schwächen bewußt sein, wenn es gilt, das Interesse von Unternehmen zu gewinnen. Der Grund, weshalb Standorte in den siebziger Jahren Unternehmen und Branchen verloren, lag darin, daß sich aufgrund des zunehmenden internationalen Wettbewerbs plötzlich die Kriterien zur Standortbewertung geändert hatten. Niedrigere Kosten, qualifizierte Arbeitskräfte, eine zentralere Lage, bessere Lebensqualität oder stärkere Unterstützung des Umfelds standen nun im Vordergrund.

Wie Firmen ihre Standorte auswählen

Alle Aktivitäten, die auf das Anwerben von Unternehmen zielen, sollten mit einer Bewertung der wirtschaftlichen Lage und der Prüfung der lokalen Besonderheiten beginnen. Die regelmäßige und exakte Überprüfung der Betriebsbedingungen, der Kostenfaktoren und der Lebensqualität sind die Voraussetzung, um die Wettbewerbsfähigkeit gegenüber anderen Standorten richtig einzuschätzen. In Abbildung 9.1 sind die Schlüsselfaktoren aufgeführt, die Unternehmen ihren Standortentscheidungen zugrunde legen.

Abbildung 9.1
Schlüsselfaktoren für die Standortsuche der Unternehmen

---

1. Lokaler Arbeitsmarkt;
2. Zugang zu Kunden und Zulieferermärkten;
3. öffentliche Einrichtungen und Infrastruktur;
4. Transport;
5. Schulsystem, Aus- und Weiterbildungsmöglichkeiten;
6. Lebensqualität;
7. wirtschaftliches Klima;
8. Zugang zu FuE-Einrichtungen;
9. Kapitalverfügbarkeit;
10. Steuern und Verordnungen.   ECON
                                                        GRAFIK

Wenn ein Unternehmen sich zum Bau einer neuen Produktionsstätte oder zur Umsiedlung entschlossen hat, folgt der in zwei Phasen verlaufende Auswahlprozeß: zunächst die Suche nach einer Region, die über die gewünschten ökonomischen Eigenschaften verfügt. Die regionale Wahl gründet sich auf allgemeine wirtschaftliche Bedingungen und Produktionsfaktoren: Arbeitskräfte, Transport, Märkte und Materialien. Nach Roger Schmenner sind es vor allem sechs Kriterien, die der Entscheidung eines großen Herstellers zum Bau einer neuen Anlage zugrunde liegen: Lohnkosten, gewerkschaftliche Organisation, Marktnähe, Nähe zu Zulieferern und Ressourcen, Nähe zu anderen Firmen und Lebensqualität.[1] Die relative Bedeutung dieser und anderer Faktoren hängt natürlich von der jeweiligen Branche und den spezifischen Bedürfnissen der Firma ab.

In der zweiten Stufe verengt sich die Suche auf einen geeigneten Ort innerhalb der gewählten Region; nun kommen weitere Faktoren ins Spiel. Mit der Unterstützung von Beratern und Immobilienfirmen trifft das Unternehmen nun seine Entscheidung für zunächst zwei oder drei Orte; an diesem Punkt können verschiedene Anreize oder auch subjektivere Faktoren, wie die Nähe zu einem bevorzugten Golfplatz, ins Spiel kommen.

Zwischen 1970 und 1990 veränderten sich die Bedürfnisse der Industrie, das heißt, daß sich die Wettbewerbsvorteile, die Stärken und Schwächen eines Standorts ebenfalls änderten. Wie aus Abbildung 9.2 ersichtlich, rückten nun zunehmend wirtschaftsunabhängige Faktoren in den Vordergrund. Zwischen Kosten- und Nichtkostenfaktoren drängten sich Qualitätsfaktoren, die sich auf die unterschiedlichsten Gebiete erstreckten: Qualität des Schulsystems, qualifizierte Arbeitskräfte, politische und finanzielle Stabilität, moderne Telekommunikationssysteme, gute Infrastruktur, Erholungsmöglichkeiten und Sportteams, Einkaufseinrichtungen, kulturelle Institutionen und allgemeine Lebensqualität.[2] Auch Umweltaspekte rückten zusehends in den Mittelpunkt; damit war nicht lediglich die Luftreinheit gemeint, sondern auch die Einhaltung stärkerer gesetzlicher Vorgaben, zum Beispiel für industrielle Abwassersysteme und Abfallbeseitigung.[3]

In einem Markt mit vielen Verkäufern, aber wenigen Käufern kann der Verkäufer vor allem mit besonderen Anreizen seine relative Wettbewerbsposition verbessern. Wem das nicht möglich ist, der muß die Wettbewerbsvorteile auf standort- und firmenspezifische Faktoren verlagern, insbesondere auf Nichtkostenfaktoren. Standorte mit vielen positiven Merkmalen wie Universitäten, Forschungszentren und guter Lebensqualität können ein größeres Unternehmensspektrum anziehen als diejenigen Standorte, die Investitionen solcher Art unterlassen haben.

Im Wettbewerb um Produktionsanlagen wird meist – neben der Arbeitsplatzbeschaffung – darauf abgezielt, die Steuerbasis zu erweitern, die Grundstückswerte anzuheben und die Grundstückssteuern von Hauseigentümern auf den gewerblichen und industriellen Sektor zu verschieben. 1979 lancierte die Economic Development Authority in Fairfax County/Virginia ein äußerst erfolgreiches Programm zur Unternehmensgewinnung, durch die der Anteil der gebietsfremden Steuerbasis von 12 Prozent auf 21 Prozent erhöht werden sollte. Die zwischen 1979 und 1985 erzielten Ergebnisse waren beeindruckend: eine von ehemals 12 Prozent auf 25 Prozent erhöhte Steuerbasis, eine um 10 reduzierte Grundstückssteuer, Ausdehnung der öffentlichen Dienste, finanzielle Stabilität und eine erstklassige Anleihebewertung. Kurz, die Strategie funktionierte für Standorte wie Fairfax County

Abbildung 9.2
Frühere und heutige Standortkriterien

Kriterien	früher	heute
Arbeitskräfte	Billiglöhne, ungelernt	Qualität, hochqualifiziert
Steuerklima	niedrige Steuern, einfacher Service	moderate Steuern, hoher Service
Anreize	Billigstproduktion, billiges Land, billige Arbeit	Wertschöpfung, adaptive Arbeitskräfte, Experten
öffentliche Einrichtungen	Wohnungen, Transport	Kultur, Freizeit, Museen, Einkaufen, Flughafen
Weiterbildung	nicht wichtig	qualifizierte Schulen und Forschungseinrichtungen
Schulen	Verfügbarkeit, keine Qualitätsansprüche	qualifizierte Schulen
Verordnungen	minimal	Kompatibilität der Lebensqualität und Geschäftsflexibilität
Energie	Kosten/Verfügbarkeit	Verläßlichkeit
Kommunikation	angenommen	Technologiezugang
Unternehmens-kommunikation	aggressive Handels-kammer	partnerschaftlich

ECON GRAFIK

außerordentlich gut, bis Ende der achtziger Jahre das exzessive Wachstum und die damit zusammenhängenden Kosten zum Problem wurden.[4]

Das Wettrennen um die High-Tech-Branche

Früher konzentrierten sich die Gemeinden ausschließlich auf die Anwerbung der herstellenden Industrie. Heute werden »saubere« Anlagen (die auch unter »Leichtindustrien« firmieren, da Montage und Chemikalienproduktion anderswo stattfinden) gegenüber den »schmutzigen« Fabriken bevorzugt, die Emissionen ausstoßen, Giftmüll produzieren oder für deren Nebenprodukte eine Sonderbehandlung notwendig ist. Von 1975 bis

1980 stand die Anwerbung von High-Tech-Unternehmen auf der Prioritä-
tenliste von Gemeinden aller Größen und Gebiete ganz oben. Sechs Staa-
ten – North Carolina, Arizona, Illinois, Michigan, Massachusetts und New
York – steckten einige hundert Millionen Dollar in Bemühungen, Silicon
Valleys aufzubauen. Die High-Tech-Korridore sprossen: Colorados Silicon
Mountain Corridor, Silicon Gulch zwischen Austin und San Antonio, Bionic
Valley in Salt Lake City, Floridas Silicon Swamp, Arizonas Silicon Desert,
Ann Arbors National Center for Ronotics und Oregons Sunset Corridor, um
nur einige zu nennen. In Schottland wurde die 70 Meilen lange Strecke
zwischen Edinburgh und Glasgow Silicon Glen getauft, und die Franzosen
drängten auf »Sunrise-Branchen« an der Riviera. Das weltweit ehrgeizigste
High-Tech-Venture, Japans Technopolis-Konzept, umfaßt den Bau von
neunzehn High-Tech-Städten, die mit Tokio durch *Bullet*-Züge verbunden
werden sollen. Das High-Tech-Rennen basierte allerdings auf einigen fundamentalen Annahmen, die sich als falsch oder fehlgeleitet herausstellten.
Tatsache ist:

- Nicht alle Standorte haben dieselbe Chance, sich einen Anteil am
  High-Tech-Wachstumsgeschäft zu sichern.
- Die Anzahl potentieller High-Tech-Firmen und Arbeitsplätze im
  Verhältnis zu den bestehenden industriellen Jobs wird weit über-
  schätzt.
- Das Wachstumspotential der einzelnen neuen Technologien läßt
  sich nur schwer ermitteln; ebenso schwer ist die Identifikation der
  arbeitsintensiveren im Verhältnis zu den kapitalintensiveren Technologien.
- Die Standortauswahl der traditionellen herstellenden Branchen
  basiert auf ganz anderen Kriterien als die der High-Tech-Firmen,
  da hier die Betriebskosten kaum ins Gewicht fallen, hingegen
  nichttraditionelle Faktoren wie Qualität der Forschungszentren,
  das natürliche Umfeld und die Attraktivität des Standorts für
  Ingenieure und Wissenschaftler wichtige Variablen sind.[5]

Heute, nach über einem Jahrzehnt, sind viele High-Tech-Regionen
unausgelastet oder werden zu hochsubventionierten Forschungszentren,
Übungsfirmen und Technologiezentren, die ihren erwarteten Nutzen erst
noch erwirtschaften müssen. Tatsache ist, daß High-Tech-Unternehmen
ihre Standortentscheidungen nach einigen grundlegenden Faktoren ausrichten: urbane Gegenden, starke Universitäten, Erreichbarkeit der Flughä-

fen, Konzentration auf Regierungs- und Rüstungsforschung, Lebensqualität und vor allem Verfügbarkeit von technischem und anderweitig qualifiziertem Personal. In den USA sind 40 Prozent aller High-Tech-Jobs auf vier Staaten und 70 Prozent auf zehn Staaten konzentriert.[6] Mark Satterthwaite stellte fest, daß High-Tech-Firmen dazu tendieren, sich aufgrund brancheninterner Notwendigkeiten und vor allem wegen des Bedarfs an spezialisierten, erfahrenen und qualifizierten Fachkräften zusammenzuballen.[7] Standorte, die diesen Bedürfnissen gerecht werden, die eine attraktive Lage mit einem brancheninternen Arbeitsmarkt verbinden, verschaffen sich Wettbewerbsvorteile, indem sie den Firmen Kosten und Zeit für die Anwerbung, Prüfung und Einstellung ihrer Arbeitskräfte sparen helfen. Vielleicht ist jeder Standort an High-Tech-Unternehmen interessiert, trotzdem liegt im High-Tech nicht immer die Zukunft. Manche Orte mußten diese Lektion unter großen Schwierigkeiten lernen. Das Fallbeispiel unterstreicht diesen Punkt.

Die wenigen Standorte, die tatsächlich High-Tech-Branchen anziehen können, müssen ihre politische Strategie auf Informationen über ihren Arbeitsmarkt und den Austausch der potentiellen Firmen untereinander richten. Die Marketingstrategie besteht darin, mit Anzeigen und Attraktionen qualifizierte Arbeitskräfte und High-Tech-Profis zu erreichen.

Eine Schrauben-und-Bolzen-Stadt

In den achtziger Jahren gab es in Amerika wohl kaum einen traurigeren Ort als Rockford/Illinois. 90 Meilen westlich von Chicago gelegen, schien Rockford den Anschluß an das High-Tech-und-Dienstleistungs-Amerika verloren zu haben. Der Zusammenbruch Rockfords, einer Stadt mit 138 000 Einwohnern, war so vollständig, daß die Arbeitslosenquote auf fast 25 Prozent anstieg. Veraltete Anlagen und die internationale Konkurrenz ließen die industrielle Basis – die Schrauben-, Bolzen-, Hammer- und Möbelindustrie – erodieren. Ein Symbol des Zusammenbruchs war die Eliminierung aller Sportprogramme an den High-Schools. Wie erklärt eine Stadt den Eltern und Kindern, daß es Football, Basketball und Baseball – die rituellen Spiele der amerikanischen Jugend – plötzlich nicht mehr gibt? Der Schaden für das Image von Rockford war verheerend, als die Medien landesweit über die Misere berichteten: Eltern, die ihre Kinder nun auf katholische Schulen schickten oder fanden, daß Park-Distrikt-Programme nun die einzige Alternative waren.

Nach dieser fatalen Situation begann Rockford, sein Schicksal in die Hand zu nehmen. Die Arbeitslosenzahlen fielen auf 8 Prozent, und die Stadt entwickelte neue Perspektiven. Zwar hat die Kommune den Elan der Nachkriegsjahre noch nicht ganz wiedergewonnen, doch erste Anzeichen einer Kehrtwendung begannen sichtbar zu werden.

Wie brachte Rockford dies zustande? Die Erholung verlief in zwei Phasen, von denen die erste von Innovationsbereitschaft und finanzieller Unterstützung geprägt war. Die Aktivitäten der Führer Rockfords umfaßten die folgenden Gebiete:

1. Sie errichteten eine Wirtschaftsförderungsgesellschaft in Chicago, um Kontakt mit den Auslandsmärkten herzustellen und ihre preisgünstigen Immobilien in Chicago anzubieten.
2. Sie studierten das Schicksal ähnlicher Städte und entschieden dann, daß ihre Zukunft im Low-Tech-Bereich liegt.
3. Sie reetablierten die Rockford Local Development Corporation, die Unternehmensneugründungen finanzierte.
4. Sie zielten auf die Entwicklung von Kleinunternehmen, indem sie ein Technologiezentrum am Rock Valley College finanzierten.

Im zweiten Stadium wurden die Aktivitäten noch gezielter:

1. Die Anreize für Unternehmensansiedlungen und -erweiterungen wurden eingeschränkt und knüpften sich an Bedingungen.
2. Man finanzierte die Entwicklung hochwertiger Computerprogramme, die die Suche nach geeigneten Low-Tech-Firmen unterstützten.
3. Zielunternehmen wurden über ihre Region, ihre starke industrielle Basis, die niedrigen Löhne und Lebenskosten informiert.
4. Man betonte die qualitative Verbesserung Rockfords, indem Kleinunternehmen mit Technologie, Effizienz und Arbeitskräften unterstützt wurden.

Der Erfolg des Programms war beachtlich. Zwischen 1985 und 1992 betrugen die Exporteinnahmen über 140 Millionen Dollar. Viele der Unternehmen Rockfords investierten in neue Anlagen und Maschinen. Die Probleme sind damit nicht vollständig beseitigt, und noch immer hat Rockford mit Slumbezirken und dem Verfall seiner Innenstadt zu kämpfen. Heute ist Rockford ein Nischenmarkt, der preisgünstige Wohnungen, erfahrene und billige Arbeitskräfte und ein starkes Unterstützungssystem für die Low-Tech-Branche aufweisen kann. Auf lange Sicht wird der Bewährungstest Rockfords darin bestehen, sich weiterhin veränderten Bedingungen anzupassen, um die vielversprechenden Anfänge fortsetzen zu können.

Quellen: Steve Kerch, »Rockford Rebounding«, *Chicago Tribune*, 17. Juli 1988, Ab. 16, S. 1. Interview mit Jim Jenkins, Council of 100, Rockford, 23. April 1992.

Dienstleistungen, Unternehmensstammhäuser und regionale Unternehmenszentralen anziehen

Seit den sechziger Jahren blieb die Zahl der industriellen Arbeiter mit etwa zwanzig Millionen relativ konstant, während die Beschäftigung im Dienstleistungssektor sprunghaft anstieg.[8] Demzufolge verzeichneten nur wenige Standorte ein Nettowachstum an Jobs in der herstellenden Industrie. Der Übergang zur Dienstleistungsindustrie erwies sich als mühevoll. Nach herkömmlicher Sicht sind die Arbeitsplätze in der Servicebranche schlecht bezahlt, niedrig qualifiziert, auf Großstädte konzentriert; der wirtschaftliche Multiplikatoreffekt ist gering. Zwar stimmt diese Ansicht nicht ganz, doch sie wird von vielen Stadtplanern geteilt, für die die Ansiedlung von Dienstleistungsunternehmen weniger wünschenswert ist als die von herstellenden Betrieben. Dagegen war die Position der meisten älteren Industriestädte eine ganz andere: Sie wollten die oft ausgeprägt konjunkturabhängigen Wirtschaftsbranchen durch Unternehmen der Dienstleistungsbranche ersetzen. Nach den Spuren, die die Rezession von 1973 bis 1975 hinterlassen hatte – die Entlassungen in der Industrie gegenüber dem Servicesektor standen im Verhältnis zehn zu eins –, förderten diese Städte das Wachstum im Dienstleistungssektor als eine Form der industriellen Diversifikation.[9]

Inzwischen wurde von Wirtschaftswissenschaftlern die Frage diskutiert, ob der Servicesektor unabhängig genug von der herstellenden Industrie geworden war, um aus sich selbst heraus zu wachsen. Bei gegenseitiger Abhängigkeit von herstellender Industrie und Servicesektor müßten die Standortstrategien darauf abzielen, einerseits die niedergehende herstellende Industrie zu schützen und zu fördern und andererseits den Servicesektor auszubauen. Bei zunehmender gegenseitiger Unabhängigkeit sind die Standorte unter Umständen gut beraten, Strategien zu entwickeln, die die Übergangsphase von einer Branche zur anderen vorantreiben.[10] Manchmal ist die strategische Wahlmöglichkeit weniger komplex – zum Beispiel bei Regierungs- und Gesundheitszentren, neuen Büroenklaven in den Vorstädten oder ländlichen Agrargemeinden. Solche Standorte basieren ihre Wirtschaften auf den Servicesektor.

Die Fehler der traditionellen Sichtweise wurden durch verschiedene Ereignisse und Forschungsergebnisse deutlich. Nach William Byers tätigten im metropolitanen Seattle über die Hälfte der Serviceproduzenten über 10 Prozent ihrer Geschäfte außerhalb der Region. Für 1100 Firmen mit insgesamt 84 000 Beschäftigten lag das Hauptgeschäft außerhalb Seattles. Der entscheidende Punkt war hier, daß »die Anzahl der durch den Export von Dienstleistungen geschaffenen Arbeitsplätze größer war als die Anzahl der exportgebundenen Jobs in der herstellenden Industrie in der zentralen Puget-Sound-Region«.[11]

Dienstleistungsfirmen boten gutbezahlte Jobs und ein überraschendes Exportpotential, und ihr Multiplikatorwert war höher als allgemeinhin angenommen. Doch diese Entdeckung nützte den Standorten wenig, die in der Diversifikation im Servicesektor Schutz vor den Wirtschaftszyklen suchten.

Die Flaute in der Dienstleistungsbranche Ende der achtziger und Anfang der neunziger Jahre traf den Arbeitsmarkt in New York City extrem hart; in der Rezession von 1990 bis 1992 verloren in den USA fast drei Millionen Beschäftigte ihren Arbeitsplatz; das Verhältnis im Vergleich zur Dienstleistungsindustrie betrug nun drei zu eins (gegenüber zehn zu eins in der Rezession von 1973 bis 1975).

Eines der primären Ziele der größeren Standorte war die Anwerbung von Stammhäusern von *Fortune-500*-Firmen. Die Faktoren, die die Standortwahl der Unternehmen beeinflußten, sind:[12]

- Wie ist die Entfernung zu unseren gegenwärtigen Einrichtungen und Kunden?
- Können wir mit den vorhandenen Verkehrs- und Kommunikationssystemen unsere Einrichtungen und unsere Kunden leicht erreichen?
- Sind die Voraussetzungen zur beruflichen und unternehmerischen Unterstützung gegeben?
- Herrscht ein allgemeines hohes Qualitätsniveau? Firmen und Steuern? Betriebskosten? Lebensqualität? Image der Gemeinde?

Allerdings ist festzustellen, daß Stammhäuser selten umsiedeln. Wenn ein Unternehmen den Firmensitz nicht verändern möchte, nützt kein Anreiz und keine Anlockung. Meist erfolgt eine Umsiedlung erst, wenn die Firma unter Druck gerät (zum Beispiel durch Übernahmen, Zusammenschlüsse, Umstrukturierungen und Neuorganisierungen) oder wenn die Arbeitsbedingungen an einem bestimmten Ort zu wünschen übriglassen (höhere Betriebskosten und Steuern, Verschlechterung der Lebensqualität).

Firmensitze und Regional- oder Spartenniederlassungen, regionale/divisionale Büros waren vor allem zwischen 1970 und 1990 eine beliebte Zielgruppe, wobei ihre Attraktivität sich eher ihrem Image als der Realität verdankte, nämlich der Vorstellung, Unternehmensstammhäuser seien 1. Zentren hochbezahlter, professioneller Arbeitsplätze, 2. benötigten große Büroflächen und neue Bürogebäude, 3. kauften den größten Teil ihres geschäftlichen und professionellen Service am Ort, 4. böten großzügige Stiftungen und anderweitige Hilfen für die Kommune und 5. verbesserten das Image der Kommune und zögen weitere Unternehmen an. Auch wenn einige Firmen diesem Image tatsächlich entsprechen, fallen doch die meisten in einem oder mehreren dieser Punkte hinter den Erwartungen zurück. Zwischen 1970 und 1990 verzeichneten zum Beispiel *Fortune-500*-Unternehmen einen Nettoverlust von fast vier Millionen Arbeitsplätzen. Nach den durch die modernen Technologien vorangetriebenen Dezentralisierungsmaßnahmen und Unternehmensverkleinerungen wurden auch aus den Stammhäusern kleinere, weniger hochkarätige Operationen, die weniger lokalen Service beanspruchten und weniger zum gesellschaftlichen und sozialen Leben der Kommune beitrugen.

Regionale Kostenunterschiede können allerdings die Umsiedlung von Unternehmenssitzen und -sparten mit beeinflussen. Die Kostenexplosion auf dem Wohnungsmarkt kann die Unternehmen zur Flucht veranlassen wie zum Beispiel im Fall der United Parcel Service (UPS), die in den Siebzigern aus Manhattan in die Außenbezirke New Yorks flohen, nur um 1991 zu verkünden, daß sie ihren Greenwich Office Park in Connecticut verlassen und sich im vorstädtischen Atlanta niederlassen würden. Heute wirken sich die spiralenhaft steigenden Wohungspreise in Fairfield County/Connecticut negativ auf die Kultur aus, und manche meinen, die Ansiedlung von Firmensitzen sei »eher eine Bestrafung als eine Belohnung«.[13]

Der regionale Wohnungsmarkt ist ebenso wie die Arbeitskosten ein Barometer für das Wohlergehen der regionalen Wirtschaft. Teilt man den durchschnittlichen Erlös aus einem Hausverkauf durch den durchschnittlichen Jahreslohn, erhalten wir eine »Erschwinglichkeitsziffer«, die auch als

Indikator dafür dient, wann etwa ein wirtschaftlicher Boom seinen Höhepunkt erreicht hat. Ende der achtziger Jahre stiegen die Durchschnittspreise für Häuser in sieben großen Städten an der West- und Ostküste (Boston, New York, Providence, Hartford, Anaheim, San Francisco und San Diego) um mehr als das Sechsfache des durchschnittlichen Jahreseinkommens an; in der Folge wurde es erheblich schwieriger, Fachkräfte und gelernte Arbeitskräfte für diese Städte zu gewinnen.[14] Bei einem Durchschnittspreis für Häuser von 95 000 Dollar verlieren Staaten wie etwa Hawaii, Massachusetts, Connecticut, New Jersey und Kalifornien, deren Verkaufspreis für Häuser zwischen 150 000 und 214 000 Dollar rangiert, gegenüber Staaten mit durchschnittlichen oder unterdurchschnittlichen Wohnungspreisen wie Texas, Oregon, Washington, Tennessee und Nebraska an Boden, wenn es darum geht, regionale Verkaufsbüros oder Spartenfilialen zu eröffnen.

Dallas ist ein klassisches Beispiel dafür, wie niedrige Wohnkosten der Umsiedlung und Vergrößerung von Unternehmen einen enormen Aufschwung geben können. Der überwiegend depressive Immobilienmarkt in Dallas hatte zur Folge, daß die Durchschnittspreise für Häuser – 93 200 Dollar – in den Jahren 1986 bis 1990 weitgehend konstant blieben. In dieser Zeit schufen die folgenden Unternehmen 500 neue Arbeitsplätze: American Airlines, General Motors, UPS, Fox Meyer Corporation und Cardinal Industries (1986), LTV Aerospace und J. C. Penney Company (1987), GRTE, Texas Instruments, Fujitsu Ten Corporations of America, Children's Medical Center (1988), E-Systems, MCI Communications Corporation, GTE, J. B. Hunt Transport Services und American Airlines (1989).[15]

Nachdem die Standortstrategien sich auf den Dienstleistungssektor konzentrierten, entwickelte sich die Vorstellung – die sich allerdings als illusorisch erwies –, daß neue Bürogebäude irgendwie auch neue Jobs schufen. Zugegeben, neue Strukturen können die äußere Erscheinung eines Standortes verbessern, sie können Modernität und Schwung signalisieren, doch wie Carl Patton dazu bemerkte: »Das Überrationale könnte überzeugen, wenn die Städte die öffentlichen Mittel nicht in Büroentwicklung investieren.«[16]

Sie taten es, und viele bezahlten sehr teuer für den Versuch, einen Markt zu schaffen, der zunächst einmal gar nicht existierte. Fast 45 Prozent aller je gebauten Büroflächen wurden in den achtziger Jahren errichtet; diese gigantische Überproduktion kann die Entwicklung von Neubauten bis ins nächste Jahrhundert beeinträchtigen.[17]

Anwerbung von Einzelhandel und Einkaufszentren

Wahrscheinlich hat kein Phänomen die Landschaft und die Wirtschaft der Standorte mehr verändert als die Entwicklung im Einzelhandel. Von Hausierern über die Kaufhäuser, von kleinen Spezialitätenläden bis hin zu den riesigen Einkaufszentren an den Stadtgrenzen oder dem Direktverkauf prägt der Einzelhandel das Gesicht von Städten und Regionen.

Vor nicht allzu langer Zeit kauften die meisten Amerikaner in den Kaufhäusern, die in den Innenstädten ebenso wie in den ländlichen Gegenden florierten. Als Gimbels sein riesiges Haus in Manhattan schloß, endete damit eine Ära, in der die Warenhäuser jedes Stadtzentrum in jeder amerikanischen Stadt dominierten, denn bald schlossen J. C. Hudson in Detroit, die Lit Brothers in Philadelphia, Woodward and Lothrop in Washington, D. C.; andere wurden übernommen oder schlossen sich zusammen wie Marshall Field's, Saks Fifth Avenue, Bloomingdales, Jordan Marsh Stores Corporation, Carter Hawley Hale Stores und andere ehemalige Giganten. Als die Warenhäuser im Stadtzentrum aufgeben mußten oder in die Vororte umsiedelten, setzte dies einen Dominoeffekt in Gang, der sich im öffentlichen Transport, der Restaurant- und Unterhaltungsbranche fortsetzte, auf die gesamte Gemeinde ausstrahlte, die Immobilienwerte fallen ließ und auf Beschäftigungswachstum und Steuereinnahmen drückte.[18]

In den sechziger und siebziger Jahren breiteten sich die Einkaufszentren in den Vororten aus und verlagerten die Steuerstruktur und das Wachstum innerhalb und zwischen den Kommunen und selbst zwischen den Staaten. Eines der größten Einkaufszentren der Welt ist das in Woodfield/Illinois gelegene Schaumburg, dessen Einzelhandel 550 Millionen Dollar einbringt, 4000 bis 6000 Leute beschäftigt und in dem an den Wochenenden 100 000 Personen ihre Einkäufe tätigen. Die Umsatzsteuereinnahmen sind so hoch, daß die Kommune keine Vermögensteuer für die kommunalen Dienste erhebt.[19] Im Bemühen, sich den Verlagerungen im Einzelhandel anzupassen, wurden in den Städten Fußgängerzonen, vielstöckige Parkhäuser und andere Maßnahmen forciert, um den Verlust an Käufern zu kompensieren. Selbst einige ältere Vororte wurden von den neuen Trends und neuem Käuferverhalten, wie dem zunehmenden Qualitätsbewußtsein, überrannt. Die eigentlichen Verlierer waren kleinere Gemeinden, als die Wal-Mart Stores, der größte Einzelhändler der Nation mit einer starken ländlichen Basis, durch seine Umsiedlungsstrategien die Bedingungen mancher Gemeinde änderte. Der Einzelhandelswettbewerb produzierte Gewinner und Verlierer, doch im Gegensatz zum Bausektor erschloß er kaum neue

Arbeitsplätze oder andere Vorteile. Es war ein klassisches Nullsummenspiel mit hohem Risiko.

Keine Gemeinde blieb von diesen tiefgreifenden Änderungen unberührt. Nachdem der Wettbewerb sich verschärft hatte und die Giganten den veränderten Marktbedingungen zum Opfer fielen, setzten die Standorte ihre bewährten Techniken ein – Steuererleichterungen, Infrastrukturverbesserungen, Distrikte für speziellen Gebrauch und Erleichterungen in den Vermögen- und Umsatzsteuern –, um sich Vorteile gegenüber ihren Nachbarn zu verschaffen. Die Konkurrenz im Einzelhandel änderte nicht nur die wirtschaftlichen Bedingungen der Standorte, sondern wandelte auch ihr soziales und gesellschaftliches Gefüge. Der Tod der Warenhäuser hat sich fundamental auf den Charakter und die Lebensfähigkeit vieler Stadtzentren ausgewirkt.

In New England, einer dichten Region von Kleinstädten und Ortschaften mit je eigenem traditionellen Gewerbezentrum, haben die großen Einkaufszentren nach und nach die älteren Gemeinden negativ beeinflußt. Der Verfall der Stadtzentren begann nach dem Zweiten Weltkrieg – geschürt durch immer neue Einkaufszentren an den Peripherien und entlang der Highways, bis schließlich das regionale Einkaufszentrum entstand. In dünnbesiedelten Gegenden mit niedriger Einkommensstruktur ist das Einkaufszentrum ein klassisches Nullsummenspiel, eine Kaufverlagerung von einem Ort zum anderen. In dichtbesiedelten Gegenden mit hoher Einkommensstruktur sind die Stadtzentren eher in der Lage, sich gegen die urbane Ausdehnung und härtere Konkurrenz zu wehren. Doch die Lektion gilt insofern für alle, als Gemeinden diese Entwicklungen vorwegnehmen müssen, und zwar sowohl indem sie ihre Gewerbebezirke auf Veränderungen vorbereiten und jeden möglichen Wettbewerbsvorteil nutzen wie auch in Verhandlungen mit den Kommunen, denen es gelingt, Einkaufszentren anzuziehen. In diesem Sinn folgt die Entwicklung der Stadtzentren demselben Muster wie die Anziehung, der Erhalt oder die Neugründung von Unternehmen.

Kritik an der Anreizstrategie

Die Jahre von 1970 bis 1990 zeichneten sich vor allem dadurch aus, daß Standorte immer stärker auf Anreize setzten: die Verbreitung, Größeneskalation und der immer häufiger praktizierte Ansatz, mit staatlich subventionierten Mitteln bestimmte Industriebranchen und deren Unternehmen zu einem von Standorten und ihren Politikern gewünschten Verhalten zu veranlassen, mehr Arbeitsplätze, mehr Wachstum und mehr Produktion. Daß der erwartete Erfolg sich dennoch nicht einstellte, wirft einige Fragen auf: Wie konnten die Anreize alle anderen von Staaten und Regionen initiierten Aktivitäten zur Beeinflussung ihrer Wirtschaft an Bedeutung übertreffen? Welche Rolle werden diese Anreize voraussichtlich in den neunziger Jahren spielen?

Die Eskalation und die nationale Ausweitung der Incentivefeldzüge datiert aus der Mitte der siebziger Jahre und wurde durch Verlagerungen innerhalb der regionalen Wirtschaften und den Wettbewerb geschürt. Der unkontrollierte und zuweilen unkritische Einsatz von Anreizpaketen wurde in einer neuen Ära der Schornsteinjagd zur allgemein üblichen Strategie.[20] Zwischen 1966 und 1980 führte praktisch jeder Bundesstaat mindestens einen neuen Finanzanreiz – Steuerbefreiungen oder spezielle Serviceleistungen – ein, um Industrien zu gewinnen und zu erhalten. Der Council of State Governments, die National Governors Association, die National Association of State Development Officials dokumentierten diese zunehmende Eskalation der Anreizpolitik.[21]

Nachdem Scranton/Pennsylvania 1978 Volkswagen – den ersten Automobilhersteller – mit einem 78 Millionen Dollar schweren Anreizpaket angelockt hatte, bahnte sich die Suche nach Anwerbung hochbezahlter Jobs in der Automobilbranche ihren Weg durch die gesamte US-Wirtschaft und beeinflußte auch andere Industriebranchen. Von 1978 bis 1988 errichteten japanische Automobilhersteller in den USA sieben große Montagewerke (und drei in Kanada), die über 200 Zulieferfirmen nach sich zogen. 1985, mitten im Transplant-Phänomen, gab General Motors den Bau eines Anlagenkomplexes in Höhe von 5 Milliarden Dollar bekannt, der bis 1989 bis zu 500 000 Compact cars namens Saturn produzieren sollte. 38 Staaten bewarben sich daraufhin in öffentlichen oder privaten Vorschlägen; über die Hälfte der Gouverneure dieser Staaten betrachteten Saturn sowohl als persönliche wie auch als politische Kampagne und marschierten zur technischen Zentrale von GM in Warren/Michigan, bewaffnet mit Hochglanzbroschüren, Videotapes und Bündeln voller weiterer Leckerbissen, die sie dem Konzerngiganten anboten. Wie verlautet, winkten dem Gewinner 6000 Fabrikjobs, 22 000 damit zusammenhängende Arbeitsplätze in der Kommune und ein wirtschaftlicher Aufschwung von mindestens 500 Millionen Dollar.[22]

Kaum verwunderlich, daß im industriellen Kern des Mittelwestens – in den siebziger Jahren von manchen als US-Manufakturzentrum abgeschrieben – die Jagd nach Automobilfirmen einen Incentivetaumel auslösen würde, der mit der Zeit die fundamentalen Entscheidungskriterien für Firmenstandorte zu verzerren begann. Allein 1985 gab es einschließlich Saturn vier große Deals – Michigan ergatterte Mazda Motor, die 550 Millionen Dollar investierten und 3500 Arbeiter einstellten; Toyota Motor investierten 800 Millionen Dollar in den Staat Kentucky und schufen 3500 neue Jobs; und Diamond Star Motor sicherten Illinois 600 Millionen Dollar zu und 2500 Arbeitsplätze.[23] Die aufgeheizte Konkurrenzschlacht im Mittelwesten griff bald auch auf andere Regionen über, auf andere Industrien und andere Branchen.

In einer Zeit um sich greifender ökonomischer Desorientierung und der Unternehmensumstrukturierungen erwarten Unternehmen verständlicherweise, daß Standorte sich um sie bemühen. Einerseits wurden die Standorte beschuldigt, weil sie selektiv und ohne Notwendigkeit die Gewinne einzelner Firmen durch die Subventionierung von Kapitalkosten und/ oder Senkung der Betriebskosten erhöhten, während die Unternehmen andererseits beschuldigt wurden, den freien Agenten zu spielen und sich jeweils für den großzügigsten Anbieter zu entscheiden. Jede Seite beschuldigte die andere.

Als die Anreizpolitik noch in ihren Kinderschuhen steckte, hatte sie eine gewisse zwingende Logik, nämlich daß Anreize einen temporären Vorteil verschaffen konnten, einen Wettbewerbsvorteil nach Art des »Wer zuerst kommt, mahlt zuerst«. Doch je mehr Staaten und Standorte sich am Anreizwettstreit beteiligten, um so mehr verblaßte auch der Wettbewerbsvorteil. Aber das negative Nullsummenspiel (bei dem alle Spieler verlieren) beendete diese Praxis nicht. Noch immer sind Standorte willens, Anreize anzubieten, um Unternehmen anzulocken oder zu erhalten. Aus der Sicht der gewählten öffentlichen Politiker war die Anreizmethode ursprünglich in jedem Fall ein Gewinnspiel, unabhängig davon, was Wirtschaftswissenschaftler und andere davon hielten. Würde ein Politiker eine Konzession verweigern oder sich an den Angebotsspielen nicht beteiligen, könnte ihn das bei der nächsten Wahl Stimmen kosten, wenn es nicht gelang, ein Unternehmen anzulocken oder zu erhalten. Würden sie zuviel bezahlen oder Anreize auf Kosten anderer Werte anbieten (Steuerkapital), läge das kurzfristige Risiko noch immer eher beim ersteren als beim letzteren.[24] Die Anreize eskalierten allein aus defensiven Gründen. Die beiden Jahrzehnte werden vielleicht am ehesten durch einen Kommentar in der *Chicago Tribune* auf eine Formel gebracht, in der der große Nutzen für Illinois durch die Gewinnung des GM Saturn Automobilwerks im Jahr 1985 gerühmt wurde.

Auch wenn es nicht klappt, hat Illinois demonstriert, daß es die Wichtigkeit neuer Branchen versteht und daß es weiß, wie man ein unschlagbares Incentivepaket zusammensetzt. Das ist eine wichtige Botschaft für alle Unternehmen hier, im ganzen Land – und in Übersee.[25]

Was bewirkte eine Veränderung dieses wirtschaftspolitischen Kalküls? Was hat das unkontrollierte Wettrüsten der Anreizstrategien entschärft, das nahelegt, daß Incentives in den neunziger Jahren eine weit weniger wichtige Rolle für die Standortentwicklung spielen werden als in den beiden Jahrzehnten zuvor? Es sind verschiedene Faktoren, die diesen Wandel hervorriefen: 1. enttäuschte Erwartungen, 2. die Rezession zwischen 1990 und 1992, 3. die wachsende Erkenntnis der ökonomischen Bedeutung anderer Strategien zur Standortentwicklung. Wir wollen jeden einzelnen Trend kurz untersuchen.

Die Beweise häuften sich, daß nicht alle Anreize den zuvor gepriesenen Nutzen erbrachten, als einige der hochkarätigsten Incentivefeldzüge gescheitert waren oder bestenfalls die Erwartungen nicht erfüllen konnten. 1988 schloß das VW-Werk in Scranton; das Milliarden-Dollar-Super-Collider-Projekt in Texas scheiterte, weil die Regierung die erforderlichen Mittel nicht bereitstellte; Chrysler verkaufte seinen Anteil am Mitsubishi-Werk in Bloomington/Normal, nachdem Illinois 88,8 Millionen Dollar in das Projekt investiert hatte. Die Angebotskriege und aufgeblähte Incentivepakete begannen in den Medien negative Aufmerksamkeit zu erregen, als deutlich wurde, daß Standortkäufer wie im Rausch 100 000 Dollar für jeden neugeschaffenen Nettojob zahlten. Darüber hinaus gab es Beweise, daß Firmen, die sich die höchsten Anreize verschufen, auch dazu tendierten, erneut umzusiedeln, sobald der firmenspezifische Nutzen erschöpft war oder sich anderswo Kostenvorteile boten.

Was die Öffentlichkeit an der Anreizpolitik erboste, waren jedoch nicht einfach gescheiterte Deals, sondern die Tatsache, daß sie sich von den Unternehmen und ihren Unterhändlern ausgenützt fühlte. Die Standorte wurden gegeneinander ausgespielt über Arbeitsplätze und Konzessionen (siehe Darstellung). Louisville siegte über Kansas City, als die Presbyterian Church USA ihren Firmensitz mit einem 30-Millionen-Dollar-Paket in Kentucky ansiedelte. San Antonio schlug zahlreiche Bewerber um Orlandos Sea Worlds mit einem gestifteten Kredit und einem vollen Erlaß der Vermögensteuer.

Mr. Clean umwerben

John Vlahakis, Executive-Vizepräsident der Venus Laboratories Inc., entdeckte, daß auch eine kleine Firma von den Incentivekriegen profitieren konnte. In den Medien gab er bekannt, daß das Geschäftsklima in Illinois ihn unglücklich machte und er deshalb dabei sei, Angebote für eine Umsiedlung einzuholen. Als Hersteller von Reinigungsmitteln, der in normalen Zeiten nur hundert Leute beschäftigte, dachte er zunächst, seine Wanderlust würde ignoriert. Doch im Gegenteil: Im neuen wettbewerbsorientierten Klima wurde er mit Angeboten geradezu überschüttet. Die Seaway Port Authority von Duluth/Minnesota bot ihm bestes freies Land am Flughafen an. Ubiquitous/Wisconsin bot 500 000 Dollar für Schulungsmaßnahmen, um 30 Prozent verbilligte Elektrizität, kostenlose Wasserversorgung und Land zu Schleuderpreisen. In Iowa wurde er auf der Suche nach potentiellen Standorten im Düsenjet über den Staat geflogen, und es wurde ihm eine Version von Monty Halls »Let's make a Deal« angeboten. Er wollte sich mit Anbietern aus Missouri treffen und verzögerte gleichzeitig Angebote für Treffen mit anderen Staaten. Vlahakis hatte die Hold-ups von Rust-Oleum, Subaru und Penney's gesehen und entschied, daß auch kleine Firmen profitieren sollten.

Quellen: Interview mit John Vlahakis, 17. Juni 1991. Siehe auch Tom Andoreli, »We Suspect This Gentleman's Phone Will Be Busy This Week«, *Crain's Chicago Business*, 15. Juli 1991, S. 8.

Die Öffentlichkeit begann nun gegen Politiker Stellung zu beziehen, die exzessive Anreizpakete anboten. Indianas Verantwortlicher für Wirtschaftsförderung, Lieutenant Governor John Mutz, verlor die Wahl zum Gouverneur, als die tatsächlichen Kosten für die Gewinnung des japanischen Subaru-Isuzu-Werks in Lafayette bekannt wurden. Daß erfolgreiche Incentivepakete sich gegen Amtsinhaber in Indiana/Illinois und andere richten konnten, machte aus einem politischen Gewinnspiel ein politisches Risikospiel. Gewählte Politiker konnten ihren Widerstand gegen Unternehmensbestechung verstärken. Das Spiel hatte sich gedreht und mit ihm die Größe und die Bedeutung von Incentivepaketen.

Öffentliche Politiker waren die geschickteren Standorthändler. Statt Ad-hoc- und Von-Fall-zu-Fall-Aktivitäten entwickelten sie systematische

Subventionsstrategien. Sie lernten, die Kosten und den Nutzen von Subventionen zu analysieren und mit Unternehmen als gleichberechtigten Partnern zu verhandeln. Schließlich lernten sie, wie sie sich selbst und öffentliche Investitionen durch rechtsverbindliche Verträge schützen konnten, zu denen die Ungültigkeit von Vereinbarungen bei Nichterfüllung und Erholung der Subventionsausgaben ebenso gehörten wie Strafen und Anpassungen für Neuverhandlungen von Vereinbarungen und Nichterfüllung.

Die Rezession von 1990 bis 1992 trug zeitweise zur Entschärfung der Angebotsschlachten bei. In dieser Zeit wurden die Steuern erhöht und die Staatsausgaben um 50 Milliarden Dollar gekürzt. Manche Staaten im Süden der USA gerieten in schwere wirtschaftliche Schwierigkeiten, weil ihre ohnehin billigen Löhne mit den noch niedrigeren der Auslandskonkurrenz nicht mithalten konnten. In einer Zeit, die von Entlassungen, Abbau der öffentlichen Dienste und Steuererhöhungen geprägt war, konnten sich die öffentlichen Politiker das Risiko riesiger Steueranreize zur Anziehung von Arbeitsplätzen nicht leisten. Die National Governors Association organisierte Aktionen, um den Incentivekrieg einzudämmen; regional erwärmten sich die Gouverneure für Vereinbarungen und Verträge, um unfaire Praktiken auszuschließen.

Jede erfolgreiche Standortentwicklung erfordert letztlich Strategien und Pläne, die über den engen Einsatz von Incentives hinausgehen. Zur Standortentwicklung gehört auch die Entwicklung von Humankapital, Aus- und Weiterbildung, Infrastruktur, Unternehmens- und Umweltverordnungen, Bodennutzung, Naturressourcen, finanzielle Stabilität, Lebensqualität und andere Aspekte. Diese anderen Funktionen fallen in staatliche und lokale Einflußbereiche und sind weitaus wirkungsvoller als die Schornsteinjagd oder Incentives. Würden diese Faktoren in der Werteskala der Standortentwicklung größere Beachtung und Anerkennung finden, würde die Anreizmethode an Bedeutung und an praktischer Anwendung verlieren.

Erhalt und Erweiterung bestehender Firmen

Die Hauptursache für die Strategieverlagerung von der Anwerbung zum Erhalt und zur Expansion von Unternehmen war der immer sichtbarere Beweis, daß die überragende Mehrheit der in den USA neu geschaffenen Jobs aus bestehenden Betrieben und Neugründungen stammte. Die lokalen Regierungen mußten vorhandene Unternehmen als vorderste Verteidigungslinie erhalten, da sonst Beschäftigungsverluste drohen würden, die als Anzeichen einer geschwächten Wirtschaft oder eines schlechten Unternehmensklimas interpretiert werden könnten oder als Anzeichen für kommende Steuererhöhungen, die dann die Steuereinbußen durch die Abwanderungen kompensieren sollten.

Gegenwärtig ist der Erhalt und die Erweiterung ansässiger Unternehmen die beliebteste Strategie zur Standortentwicklung, und daran dürfte sich auch in der nächsten Zukunft kaum etwas ändern.[26] Pennsylvania ist ein Beispiel für die Bemühungen der Regierung, die Wettbewerbsfähigkeit und das Unternehmensklima zu verbessern und in Technologien und Innovationen zu investieren, um das Wachstum bestehender Betriebe zu fördern und die Gründung neuer Firmen zu ermöglichen. Zwischen 1979 und 1984 verlor Pennsylvania über ein Viertel seiner industriellen Arbeitsplätze, vierzig der größten Konzerne reduzierten die Zahl der Beschäftigten um die Hälfte. Pennsylvania, das vier der fünfzig besten Forschungsinstitute der USA beherbergt und in der Technikerausbildung führend ist, konzentrierte sich nun darauf, die Konkurrenzfähigkeit seiner wirtschaftlichen Basis und seiner Unternehmen zu erhöhen. Indem Pennsylvania sich vom Modell der Unternehmensanwerbung verabschiedete – was einer Rücknahme seines früheren Engagements für VW gleichkam –, wurde die Ben-Franklin-Partnerschaft zwischen den Universitäten und der Privatwirtschaft zum nationalen Vorbild für die Ankurbelung von Innovationen, die Kommerzialisierung neuer Technologien und die Unterstützung älterer Unternehmen zur Anpassung an technologische Veränderungen. Die Partnerschaft investierte außerdem in die berufliche Fortbildung und Weiterqualifizierung der Arbeiter im Umgang mit neuen Technologien und ihrer Anwendung.[27]

Die Verlagerung hin zum Erhalt von Unternehmen wird durch zwei lokale politische Führer verkörpert, von denen der eine als Pionier dieser Strategie gilt und der andere bescheidene Erfolge in ihrer Durchführung erzielte. Die Philadelphia Industrial Development Corporation (PIDC) – 1958 als quasiöffentliche Partnerschaft zwischen der Greater Philadelphia Chamber of Commerce und der Stadt Philadelphia gegründet – wurde zu einer – wenn nicht zur ersten – stadtbasierenden Wirtschaftsförderungsgesellschaft der USA. Sie war mit der Vollmacht ausgestattet, Schulden zu machen, Bauland auszuschreiben und freies Land zu besetzen. Mit Beginn ihrer Tätigkeit in den frühen siebziger Jahren rückte die PIDC den Erhalt von Unternehmen ins Zentrum ihrer Aktivitäten; ihre Marketingstrategien wurden nun zum organisationsinternen Marketing, das sich vor allem damit beschäftigte, die städtischen Organisationen und ihre Bediensteten besser auf die Bedürfnisse der Unternehmenskunden einzustellen. PIDC baute eine Außendienststelle auf, die jährlich mit jedem größeren Arbeitgeber in Philadelphia einmal Kontakt aufnahm, um herauszufinden, wie der öffentliche Service den Bedürfnissen der Unternehmen noch besser entsprechen könnte. Es wurde darüber hinaus ein Frühwarnsystem über mögliche Firmenabwanderungen und über Firmen, die expandieren wollten, entwickelt. Philadelphia erlebte in späteren Jahren Phasen der politischen und finanziellen Unsicherheiten, doch es war der Vorreiter für unzählige weitere Ansätze zur Standortentwicklung.[28]

Illinois behält Sears, und der Verlierer Charlotte feiert

Am 31. Oktober 1988 gab Sears, Roebuck & Company, ein häufig genanntes Übernahmeziel, bekannt, daß es seinen über 1 Milliarde Dollar teuren 95stöckigen Büroturm Sears Tower zum Verkauf freigäbe und die 6000 Mitglieder der Merchandise Group aus Chicago »innerhalb der nächsten Jahre in kleinere, preiswertere Einrichtungen möglicherweise in einem Vorort Chicagos oder in einem anderen Staat« ansiedeln würde. Der Sears-Vorsitzende Edward A. Brennan erklärte damals: »Es ist unser Wunsch, in der Gegend um Chicago zu bleiben, aber wir müssen uns auch alle Optionen offenhalten.« An diesem Punkt engagierte sich der damalige Gouverneur von Illinois, James Thompson, und bot »alle Ressourcen« seines Amtes, um Sears bei der Suche nach einem geeigneten Standort in Illinois zu helfen.

Was dann folgte, war ein acht Monate andauerndes Drama, in welchem Sears einen Standort in der Gegend um Chicago ablehnte, die geschätzte Zahl der künftig Beschäftigten herunterfuhr und seine Auswahl auf Atlanta, Charlotte, Dallas, Denver, Houston, Kansas City und Pittsburgh verengte – neben den Vororten Chicagos. Die Verhandlungsstrategie von Illinois war, herauszufinden, was Sears brauchte, um dann multiple Angebote zu unterbreiten und schließlich die ursprüngliche Kaufforderung von Sears zu treffen. Weil Sears als Symbol des starken Chicago-Einzelhandels gilt und wegen Thompsons Hartnäckigkeit, mit der er Sears halten wollte, zog die Sears-Saga nationale und internationale Aufmerksamkeit auf sich. Sollte Illinois 6000 Arbeitsplätze verlieren, verkündeten Politiker in Illinois öffentlich, dann würde dies zu Einbußen von 411 Millionen Dollar Einkommensteuer, 19,4 Millionen Dollar an sonstigen staatlichen und lokalen Steuern führen; 2200 indirekte Jobs gingen verloren und fast 1 Milliarde an totalen direkten und indirekten Kosten. Die Saga schloß am 26. Juni 1989, als Sears den Umzug seiner Merchandise Group in die Hoffmans Estates, einen nordwestlich Chicagos gelegenen Vorort im sogenannten »Golden Corridor«, bekanntgab – zu einem geschätzten Incentivepaket von 107 Millionen Dollar.

Nur einen Monat nachdem Hoffman Estates den Zuschlag erhalten hatte, demonstrierte die Stadt Charlotte, wie man mit einem Verlust fertig wird. Sie schaltete eine ganzseitige Anzeige mit dem Titel: »Über den Anreiz, der Sears in Chicago hält, haben Sie schon gelesen. Lesen Sie jetzt, was Sears beinahe nach Charlotte gebracht hätte.« Dann zitierte die Anzeige eine ausführliche Liste von Neuakquisitionen, angefangen vom National Basketball Association Team bis zu Okuma Machine Tools. Charlotte hat verstanden, daß ein wettbewerbsfähiges Umfeld eine optimistische Sichtweise und einen intelligenten Texter braucht.

Quelle: Merrill Goozner, »City Meets Sears to Save Jobs«, *Chicago Tribune*, 11. November 1988, S. 1; und Charlotte-Anzeige in *Crain's Chicago Business*, 31. Juli 1991, S. 13.

Eine Konstante, die alle Aktivitäten der Standortentwicklung durchzieht, ist, daß Unternehmen über die Entscheidungen der Behörden hinsichtlich Bodennutzung, Anlagenplanung, Bauplanung, Infrastrukturverbesserungen und Genehmigungen informiert werden müssen. Standorte, die diese Ziele kontinuierlich, ökonomisch und schnell verfolgen, verschaffen sich einen Wettbewerbsvorteil. PIDC hat sich auch einen Ruf als führender Advokat des *one-stop shopping* erworben – eine einzige städtische Institution, die den Firmenkunden bei Problemen hilft, die unweigerlich Dutzende von städtischen Organisationen treffen: Steuern, Verordnungen, Genehmigungen, öffentliche Einrichtungen, Parkmöglichkeiten, Schnee- und Abfallbeseitigung, Arbeitnehmersicherheit, Zugang zu Straßen usw. Dieses Konzept konzentrierten Kundendienstes und intern organisatorischen Marketings wurde zur Grundlage für viele erfolgreiche Programme zum Erhalt der ansässigen Unternehmen.

Die strategische Verlagerung auf den Erhalt von Unternehmen immunisierte die Standorte nicht dagegen, sich in Megadeals zu engagieren, die denen zur Anlockung von Unternehmen verwandt sind. Der Stolz der Bürger und die politischen Überlebensstrategien verführen viele Städte, den mit Abwanderung drohenden Firmen zuviel zu bezahlen.

Wenn der strategische Schwerpunkt auf dem Erhalt bestehender Unternehmen liegt, muß zwischen Firmen unterschieden werden, deren Bleiben für den jeweiligen Standort von Vorteil ist, und jenen, die keinen Gewinn bedeuten. Solche Unterscheidungen zu treffen ist allerdings im Rückblick einfacher als dann, wenn die Entscheidung in einer emotional angespannten Lage getroffen werden muß. Durch die Bezuschussung ineffizienter, technologisch veralteter und wettbewerbsunfähiger Unternehmen im Namen des Unternehmenserhalts zögern die Staaten und Standorte lediglich das Unvermeidbare hinaus – Werksschließungen, Unternehmensbankrott und die Vernichtung von Arbeitsplätzen. Mit der Erteilung von Subventionen und Krediten zum Erhalt von Unternehmen gehen Standorte erhebliche Risiken ein, falls die betreffende Firma sich trotzdem nicht halten kann. Manche Standorte versuchten, den Wandel zu verhindern oder zu verzögern, indem sie Gesetze zur Schließung von Anlagen, Abfindungen und der Sanierung von Firmengelände verabschiedeten, Steuerstrafen für den Fall der Betriebsschließung verhängten und Ähnliches. Zwar bieten die Strategien zum Erhalt und der Expansion von Unternehmen potentiell größere Vorteile als die traditionellen Strategien zur Firmengewinnung, gleichzeitig laden sie jedoch zum Mißbrauch ein, der sich schädigend auf die Investitionsbereitschaft auswirken und Unternehmen abschrecken könnte, sich an einem bestimmten Standort niederzulassen oder ein neues Werk zu gründen. Alle Strategien und Programme zum Erhalt lokaler Unternehmen sollten also mit den Marktkräften und Markttrends kompatibel sein, statt sich gegen den Markt zu richten.

Arlington und Ypsilanti kämpfen um eine Betriebsstätte von General Motors

Nach Verlusten in Rekordhöhe gab der Präsident der General Motors Corporation im Dezember 1991 bekannt, daß GM – der größte Automobilhersteller der Nation – 74 000 Beschäftigte entlassen und 21 Werke schließen würde. Mit der Konsolidierung der Produktion würde GM eines seiner zwei Werke, die Automobile mit Hinterradantrieb herstellen, schließen: entweder Arlington/Texas, 20 Meilen von Dallas/Fort Worth entfernt, oder das Willow-Run-Werk in Ypsilanti/Michigan, 20 Meilen westlich von Detroit.

GM, das die Produktionsstätte in Arlington 1950 errichtete, als dies noch eine kleine ländliche Stadt mit 7800 Einwohnern war, ist heute der größte private Arbeitgeber und wichtigste lokale Steuerzahler Arlingtons, der siebtgrößten Stadt von Texas. Die Schließung in Arlington würde für Texas Einbußen von 1 Milliarde Dollar bedeuten, einen Einkommensverlust von 208 Millionen Dollar, die Vernichtung von 3750 Arbeitsplätzen und 7800 anderer Jobs außerhalb General Motors. Das Willow-Run-Werk in Ypsilanti beschäftigte 1990 2600 Menschen, die insgesamt etwa 180 Millionen verdienten. Mit seiner Schließung würden 60 000 Beschäftigte ihren Arbeitsplatz und Ypsilanti 50 Millionen Dollar an privatem Einkommen verlieren sowie 35 Millionen Dollar im Einzelhandel, und sie hätte die Vernichtung weiterer 10 000 Jobs in Michigan, die von GM abhängig waren, zur Folge. Zuvor waren beide Kommunen zum Schutz der GM-Werke Steuerkonzessionen eingegangen.

In diesem klassischen Nullsummenspiel wurden zwei Gemeinden, die über 1000 Meilen voneinander entfernt lagen, gegeneinander ausgespielt, um das Überleben ihres größten industriellen Arbeitgebers zu sichern. Während GM-Manager abstritten, die Gemeinden oder Staaten um Konzessionen auszuspielen, führten diese einen verzweifelten Überlebenskampf. Der drohende Verlust des einzigen Automobilwerks in Texas mobilisierte den Gouverneur und die Kongreßabgeordneten des Staates. In Ypsilanti war das Risiko sogar noch größer, da die von Ford und GM abhängigen Zulieferer mit der Schließung des GM-Werks ebenfalls untergehen würden. Während die Politiker in Michigan entschlossen waren, für den Erhalt der Arbeitsplätze in Willow Run zu kämpfen, bestand ein Sprecher der Republikaner, Gouverneur John Engler, darauf: »Was wir nicht tun werden, ist, ein Incentivekrieg anzuzetteln und sie dafür zu bezahlen, daß sie hierbleiben.« Die Gouverneurin von Texas, Ann Richards, bemerkte später, daß ihr Staat GM ein Angebot unterbreiten wollte, das diese nicht ablehnen könnten. Gouverneur Engler antwortete, daß er »es mit allem, was Texas anbietet, aufnehmen wird«. Arlington ging schließlich als Sieger hervor – aufgrund eines aggressiven Incentivepakets einschließlich kritischer Arbeitskonzessionen.

Sollte diese Situation der Vorbote für die nächste Runde im Incentivekrieg der Staaten sein? Zwar nicht über die Ansiedlung eines neuen Werks oder selbst die *Beggar-thy-neighbor*-Umsiedlung von einem Staat in den anderen, sondern eher in der Form einer industriellen Triage? Ein kränkelnder Unternehmensriese, der beim Versuch, wettbewerbsfähig zu bleiben, abspeckt und konsolidiert und, indem er dies tut, unter den verschiedenen verwundeten Werken und Gemeinden entscheidet, wen er leben und sterben läßt?

Quellen: Siehe Thomas Hayes, »A Crusade to Save the Soul of Arlington«, *New York Times,* 2. Januar 1992, Abschn. 3, S. 1–2; Donna Rosato, »GM Rebuff Bids«, *USA TODAY,* 6. Februar 1992, S. B1; Hayes, »Making a Difference«, *New York Times,* 1. März 1992, S. 10F.

Förderung von Kleinunternehmen und Unterstützung von Neugründungen

Mitte der achtziger Jahre änderten sich die Strategien zur Standortentwicklung ein drittes Mal; sie zielten nun auf die Förderung von Unternehmensgründungen und -erweiterungen. Im Bestreben, den Start für Neugründungen zu erleichtern, arbeiteten die Standort-Marketing-Strategen mit dem Marktplatz zusammen, um die Anwendung neuer Technologien und die berufliche Weiterbildung zu fördern und die Lücken in den Kapitalmärkten zu schließen. Damit wurde eine neue Phase der Standortentwicklung eingeleitet, die weniger auf Anreize setzte als vielmehr auf qualifizierte Schul- und Hochschulausbildung, auf qualifizierte Arbeitskräfte, den Anforderungen entsprechende Flughäfen, Telekommunikations- und Infrastruktursysteme und eine effiziente Regierung. Die Verlagerung von Quantität (Land, Arbeit, Incentives) zur Qualität brachte neue und innovative Strategien zur Standortverbesserung hervor (siehe Darstellung).

Omaha macht den Dialog zur dominierenden Branche

Ein klassisches Beispiel dafür, wie eine Stadt von seiner geographischen Lage profitieren, Arbeitnehmer qualifizieren und andere Werte erzielen konnte, ist Omaha – ein im amerikanischen Mittelwesten gelegenes Telemarketing- und -kommunikationszentrum mit über 25 Telemarketing- und Buchungssystemen und über 10 000 Beschäftigten in dieser Wachstumsbranche.
Neben seiner Lage in der zentralen Zeitzone hat die 350 000-Einwohner-Stadt niedrige Grundstückspreise, moderate Löhne und Lebenskosten,

eine zuverlässige Arbeiterschaft und ein hochmodernes Telekommunikationszentrum, das vom Defense Department's Strategic Air Command unterstützt wird. Omahas Vorteil ist nicht nur, daß es eine der ersten Verbindungen der Ost-West- und Nord-Süd-Faseroptikbranchen (*lines*) ist, sondern auch, weil es konzentriertes »Know-how« unterstützt – Schulungsprogramme, die einen Pool an Management- und Servicepersonal hervorbringen, der im Vergleich zu anderen US-Städten gleicher Größe unübertroffen ist.

Auch international sind Standorte im Telekommunikationswettbewerb eingestiegen. Die Entscheidung um den wichtigsten Finanzplatz Europas – London, Zürich, Frankfurt oder Paris – wird weitgehend davon abhängen, wer als erstes ein modernsten Erfordernissen entsprechendes Telekommunikationssystem entwickeln kann; im Telekommunikationswettbewerb sind Zeitzonen entscheidender als geographische Grenzen, die Informationsnetze in den Neunzigern ebenso wichtig wie die Zugverbindungen in den Achtzigern. Damit eröffnen die Dezentralisierungskräfte des Informationszeitalters Möglichkeiten, die noch vor zwei Jahrzehnten, als der Standortwettbewerb erstmals an Tempo zulegte, undenkbar waren.

Quelle: Barnaby J. Feder, »Omaha: Talk, Talk, Talk of Telemarketing«, *New York Times*, 20. Juli 1991, S. 1.

In seiner Veröffentlichung *Laboratories for Democracy* wies David Osborne nach, daß Standorte, die ihre Bemühungen auf diese neuen Ziele richteten, bestrebt waren, die intellektuelle Infrastruktur zu verbessern, indem sie die Universitäten aufwerteten und Programme zur Entwicklung und Kommerzialisierung moderner Technologien lancierten. Dabei standen die folgenden vier Modelle im Vordergrund:

1. Forschungszentren, von denen es 1990 bereits mehr als 300 gab;
2. universitäre Wirtschaftsforschungskonsortien (*business-academic research consortia*), die heute vielfach prosperieren;
3. die Vergabe öffentlicher Forschungsstipendien an Unternehmen zur Entwicklung neuer Technologien mit kommerzieller Anwendung sowie für neue Herstellungsverfahren, die viele Staaten und Städte heute bereitstellen und
4. die vielbewunderte Ben-Franklin-Partnership, die von Osborne als umfassendes Modell bezeichnet wird, weil jedes ihrer Technologiezentren auf öffentlich-privaten Partnerschaften beruht und auf

spezifische Märkte, Unternehmen und Ausbildungserfordernisse zielt.[29]

Die meisten Unternehmensförderungsprojekte sind darauf ausgerichtet, die Abwehr der privaten Kapitalmärkte gegen die Finanzierung von Neugründungen zu überwinden. In Pennsylvania/Michigan und anderswo initiierten die Standortentwickler eigene Kapitalprogramme, um dieser Haltung und den Kostenkontrollen durch das private Risikokapital entgegenzuwirken. So entstanden neue öffentlich-private Partnerschaften für Risikokredite, die den jungen Unternehmen in der Gründungs- und Aufbauphase helfen sollten.

Die Bemühungen, Konzerngesellschaften, Universitäten und Unternehmer an einen Tisch zu bringen, zeigen sich heute in vielfältiger Form: Technologiezentren, Übungsfirmen und Forschungskonsortien. Nur wenigen Standorten gelang, was das MTI – das Massachusetts Technology Institute – für die Wirtschaft des Staates geleistet hat, indem es Hardware- und Softwarefirmen auslagerte. In direkter Nähe zum MTI gelegen, hat East Cambridge auf einem etwa eine Quadratmeile großen Gebiet zwischen 1983 und 1990 schätzungsweise 17 000 neue Jobs geschaffen – mehr, als acht andere Staaten im selben Zeitraum zusammen erreichten.[30] Von großen Universitäten bis hin zu den Netzwerken kommunaler Colleges illustrieren zahlreiche Beispiele, wie durch Ausbildungsprojekte Betriebe, Universitäten, Unternehmer, Kapitalgeber und andere die Entwicklung von Neugründungen gefördert werden kann.

David Birchs Veröffentlichungen waren ein weiterer Anlaß, nach alternativen Strategien zum verblassenden Stern der Unternehmensgewinnung zu suchen. In seinem Buch *The Job Generation Process* (Der Prozeß der Arbeitsplatzbeschaffung) betonte Birch, daß zwischen 1969 und 1976 Betriebe mit weniger als hundert Beschäftigten netto 82 Prozent der neuen Jobs in den USA schufen.[31] Das Ergebnis seiner Studie, daß Kleinunternehmen zum Motor des Beschäftigungswachstums wurden, ist mittlerweile aufgrund der beträchtlichen Unterschiede zwischen Staaten und Standorten und verschiedenen Konjunkturzyklen revidiert und verfeinert worden. Doch im wesentlichen sind die Erkenntnisse Birchs auch heute noch gültig. Ihm sind die Daten und die Begründungen zu verdanken, die Standortpraktikern und andere für neue Strategien, Ansätze und Programme benötigen, um von der Methode der Unternehmensanwerbung zum Erhalt der Unternehmen und von hier zum Wachstum der lokalen Wirtschaft zu gelangen.

Die These vom Kleinunternehmen als Retter der US-Wirtschaft muß modifiziert werden. Kleine, im Wachstum begriffene Unternehmen brauchen meist ein Jahrzehnt oder länger, um sich zu entwickeln. Im übrigen wachsen die meisten nicht, wenn auch die Quote der scheiternden Betriebe geringer sein mag als gemeinhin angenommen. In seiner Analyse von neun Millionen Unternehmen, die bei Dun & Bradstreet und in den Akten der Small-Business-Administration zwischen 1970 und 1988 registriert waren, kam Birch zu dem Ergebnis, daß 40 Prozent aller Neugründungen die ersten sechs Jahre überlebten; tatsächlich schufen mindestens 66 Prozent dieser Firmen zusätzliche Arbeitsplätze.[32] Diese Daten sind wichtig, um neue wachstumsorientierte Unternehmen zu identifizieren und ihnen, wo immer möglich, Hilfestellung zu geben. Unter den mehr als siebzehn Millionen Firmen, die Birch seit 1969 untersuchte, wiesen 70 000 Unternehmen eine Wachstumsrate von mindestens 20 Prozent pro Jahr auf, die er als »Gazellen« bezeichnete. Im Gegensatz dazu umfaßten die »Elefanten« etwa 7000 größere Publikumsgesellschaften, deren Wachstumsraten minimal waren, zu den »Mäusen« gehörten sechzehn bis siebzehn Millionen Firmen mit vier oder weniger Mitarbeitern, die keinerlei Wachstum zu verzeichnen hatten oder untergingen. Die Implikation für die lokalen Standortstrategen ist klar: die Gazellen zu finden und alles irgend mögliche zu tun, um sie zu unterstützen und zum Bleiben zu veranlassen.[33]

Es ist durchaus nicht einfach, Gazellen, Elefanten und Mäuse voneinander zu unterscheiden. Die Schaffung eines unternehmerischen Umfelds, die Förderung neuer Technologien und die Unterstützung von Neugründungen ist keineswegs eine Erfolgsgarantie. Investitions- und Kreditprogramme können kostenintensiv sein, der Prozeß, bis neue Firmen sich etabliert haben, kann Jahre dauern, und die Anstrengungen, die Gewinner ausfindig zu machen, kann an wettbewerbsorientierten Marktkräften und am technologischen Fortschritt scheitern. Sowohl das hochgepriesene Silicon Valley wie Bostons Route 218 erleben Aufschwung- sowie Abschwungphasen, und Dutzende von Forschungszentren sind heute hoch subventionierte Immobilien-Ventures. Der Ansatz der Konzentration auf öffentliche Pensionsfondsinvestitionen (deren Wert 1990 fast 800 Milliarden Dollar betrug) auf geographisch umrissene Unternehmen (Staaten, Bezirke oder Städte) kann den Ertrag begrenzen, der Diversifikation im Weg stehen und das Risiko ungünstiger Renditen erhöhen. Dabei sind einzelne Staaten in einer besseren Lage und können in der Regel mehr Talent anziehen als Städte, während Partnerschaften zwischen öffentlichen und privaten Organisationen, die das Risiko verteilen, einer einzigen Regierungseinheit, die im Alleingang operiert, vorzuziehen sind. Dabei ist die Höhe des Risikokapitals vieler Städte so gering, daß die Wirkung auf die lokale oder staatliche Wirtschaft minimal ist, während ein notleidender Kredit sich sehr stark auf die künftige Expansion auswirken kann. Die meisten Standorte sind gut beraten, zu denken, bevor sie handeln.

Ob ein Ort aktiv an der Entwicklung von Neugründungen beteiligt ist, kann anhand der Fragen bewertet werden, die in Abbildung 9.3 auf Seite 312 aufgeführt sind. Jeder nichterreichte Punkt auf diesem nicht ganz vollständigen, aber dennoch sehr hilfreichen Lackmustest ist ein Hinweis auf eine Neubewertung eines Standortes für sein Engagement zur Entwicklung von Neugründungen.

Zusammenfassung

Der weltweite Wettbewerb zur Anziehung und zum Erhalt von Unternehmen hat neue Strategien der Standortentwicklung mit sich gebracht. Welche Praktiken, Ansätze, Anreize oder Methode funktionieren, welche scheitern? Wir glauben, daß unter gewissen Umständen einige Strategien besser funktionieren als andere; im folgenden versuchen wir, die Unterschiede herauszuarbeiten.

Mit Beginn der siebziger Jahre führten die tiefgreifenden ökonomischen Veränderungen zu einer starken Nachfrage der Öffentlichkeit nach staatlicher Intervention. Der Wirtschaftswandel war eine enorme Herausforderung. Die Aufgabe war mit einer Neuordnung der politischen und staatlichen Verantwortlichkeiten verbunden, die den Standorten – Staaten und Ortschaften – eine neue Rolle in der Standortentwicklung zuwiesen.

Das Jahrzehnt von 1970 bis 1980 beschleunigte in überwältigendem Maße die Schicksale bestimmter Industriebranchen und der Standorte, die von ihnen abhängig waren. Es folgte der schmerzhafte ökonomische Übergang von einer stabilen Industriewirtschaft, die die globalen Märkte dominierte, zu einer sich rapide verändernden wissensintensiven Wirtschaft, die einem erbitterten weltweiten Wettbewerb unterlag. Ohne ein zugrundeliegendes Verständnis für die Marktdynamik oder die Wettbewerbsstrukturen überboten sich die Standorte, um verlorene Arbeitsplätze und Unternehmen zu ersetzen, indem sie Standortwechsler im Ausland oder zu Hause gewinnen wollten. Als diese Strategie scheiterte oder die Erwartungen nicht erfüllen konnte oder sich aus Kostengründen als untragbar erwies, versuchten die Standorte als nächstes, die vorhandenen Industriebranchen und Unternehmen zu erhalten oder den Schwerpunkt auf die Unterstützung bestehender oder expandierender Firmen zu legen. Doch auch dieser An-

Abbildung 9.3
Ein Test des Unternehmensklimas, um das unternehmerische Klima der Standorte zu messen

Hintergrund: Seit Ende der achtziger Jahre verfolgen fast alle Standorte die Strategie, Neugründungen sowie das Wachstum und die Entwicklung von Kleinunternehmen zu fördern. Es gibt keine endgültigen Tests, um ein günstiges Klima oder eine Kultur zu messen, in der kleine Unternehmen wachsen können. Doch die folgenden zehn Fragen, die vom *Inc.*-Magazin entwickelt wurden, können grob anzeigen, wo Ihre Gemeinde steht. Bei zehn Punkten für jede positive Antwort ist der Test mit sechzig Punkten bestanden. Standorte können den Test periodisch anwenden, um Ziele und Erfolge in der Entwicklung von neuen Firmen zu testen.

Punktzahl

1. Sind bei Treffen zwischen dem Bürgermeister Ihrer Stadt und den Unternehmensführern ebenso viele Geschäftsführer von mittelgroßen Firmen anwesend wie Banker und Konzernführer?

2. Werden Unternehmer eingeladen, um den besten sportlichen und sozialen Country Clubs beizutreten?

3. Verfolgt die lokale Zeitung das Schicksal der Neugründungen und der mittelgroßen Wachstumsfirmen mit derselben Intensität und Ernsthaftigkeit wie bei den großen Firmen?

satz war nur begrenzt erfolgreich, und wieder erwiesen sich die Erwartungen als zu hochgesteckt. Diese Strategie allein konnte die Flut neuer Technologien, Wettbewerbskräfte und industrieller Umstrukturierungen nicht aufhalten. Schließlich wendeten sich die Standorte einem dritten generischen Ansatz zu, einer umfassenderen und mit den Kräften des Marktes kompatibleren Strategie, nämlich ihre eigenen Wirtschaften und Unternehmen zu entwickeln. Dieser letzte Ansatz bedeutete, mit neuen Programmen zu experimentieren, die private und öffentliche Ressourcen einsetzten, um den

Punktzahl

4. Sind innovative Firmen in der Lage, nahezu ihre gesamte professionelle Belegschaft aus der Gegend zu rekrutieren?

5. Gibt es eine große sichtbare Risikokapital-Community?

6. Ermuntert die örtliche Universität ihre Fakultäten und Studenten, an unternehmerischen Neuentwicklungen teilzunehmen?

7. Sind Wachstumsfirmen, Geschäftsführer und Investoren zu gleichen Teilen in den Vorständen der drei größten Banken vertreten?

8. Verbringen die Unternehmensentwicklungsinstitutionen mehr Zeit damit, das Wachstum ansässiger Firmen zu fördern, als Zweigniederlassungen von auswärtigen Unternehmen anzuwerben?

9. Gibt es ein ordentliches, erschwingliches Büro- und Fabrikgelände für Firmen im zentralen Geschäftsbezirk?

10 Können Sie spontan 10 Spin-offs der letzten Zeit nennen – Wachstumsfirmen, die von Unternehmern gegründet wurden –, die große Firmen verlassen haben?

Quelle: »The Business Climate Test«, *Inc,* März 1988, S. 81. Neudruck mit Erlaubnis *Inc*-Magazin, März 1988, durch Goldhirsh Groups, Inc, 38 Commercial Wharf, Boston, MA 02110.

älteren Industrien in ihrem Anpassungsprozeß zu helfen, die Qualifikation der Arbeitskräfte zu verbessern, Neugründungen zu unterstützen und das Wachstum neuer Unternehmen zu ermöglichen.

Eine Lektion war, daß Standorte die Märkte nicht zwingen konnten, auf das zu reagieren, was die Regierung wollte, sondern daß sie positiv auf die Trends und Kräfte antworten mußten, die den Markt bestimmen.[34] Defensive Strategien und Aktionen, um die Kräfte des Marktes zu hemmen, haben sich als Mißerfolg erwiesen, während offensive und interaktive Aktivitäten die kreative Zusammenarbeit zwischen Standorten und Unternehmen ermöglichten. In diesem Lernprozeß hinkte die Regierung den Marktveränderungen hinterher, und die Strategien scheiterten daran, daß sie nicht schnell genug auf die industriellen Veränderungen reagierten.

Die zweite Lektion besteht darin, daß Standorte ebenso wie Investoren häufig meinten, den Markt überlisten zu können, Gewinner und Verlierer auswählen zu können, Marktnischen selbst bestimmen und erhalten zu können, Industrien und Technologien für das Wachstum und die Expansion zu targeten, die richtigen Auslandsinvestitionen auszuwählen, die besten Branchen zum Erhalt auszuwählen oder die optimale Umwelt für florierendes Unternehmertum zu gestalten. Zwar boten diese Ansätze einen gewissen Vorteil gegenüber dem Schornsteinjagen oder undurchdachten Bemühungen, wahllos Unternehmen anzuziehen; doch noch immer waren Standorte mit den Unvorhersehbarkeiten der Märkte konfrontiert. Die Wettbewerbsvorteile eines Standorts lieferten einige wertvolle Einsichten und Hinweise auf Chancen, aber die Wettbewerbskräfte waren noch immer jenseits der Kontrolle oder des Einflußbereichs der Standorte.

Die dritte Lektion ist, daß die Standortentwicklung weit über die engmaschigen Programme, Strategien, Organisationen und Institutionen zur Wirtschaftsförderung hinausgehen. Das Committee for Economic Development bezieht sich auf diese breiter gefaßte Rolle und Verantwortlichkeiten der Standorte als den Grundlagen für Wachstum, Adaption und Wettbewerbsfähigkeit: fähige und motivierte Arbeitskräfte, eine gesunde Infrastruktur, eine effiziente Umweltpolitik, Universitäten und andere Forschungsinstitute, ein System von Verordnungs-Kapital und technischer Unterstützung, das zu Wachstum und Entwicklung ermuntert, und finanzielle Stabilität. Wie Scott Fosler feststellte: »Die neuen Strategien, konzipiert von einem Staat oder einer lokalen Regierung für eine hochgradig komplexe Einheit der Produktion, in der zahlreiche Teile – soziale und politische ebenso wie die strikt wirtschaftlich definierten – integral miteinander verbunden sind.«[35] Die Folge dieses umfassenderen Konzepts der Standortentwicklung ist, daß die Beziehungen und Verantwortlichkeiten zwischen öffentlichem und privatem Sektor verwischen. Dazu gehören neue Partnerschaften, neue Institutionen und neue Ansätze, um multiple komplexe Aktivitäten zur Standortentwicklung auszuführen. Eine breitere, umfassendere Sicht der Standortentwicklung erweist sich als dynamischer, katalytischer und interaktiver und responsiver als ein hierarchisches Organisationsmodell.

Die vierte Lektion betrifft das Gleichgewicht, die Stabilität und einen integrierten Ansatz der Standortentwicklung. Wenn ein Standort gelernt hat, daß uns, was funktioniert, zweideutig und unsicher ist und daß es keine magischen Sesam-öffne-dich-Formeln für die Standortentwicklung gibt, erkennen viele, daß es unproduktiv ist, auf einen einzigen Ansatz, eine einzige Investition oder selbst eine einzige Industrie zu setzen, um Wohlstand zu erlangen. Diejenigen Standorte mit einer diversifizierten Wirtschaft und dem Potential dazu waren motiviert wie der vorsichtige Investor, ein gemischtes und diversifiziertes Portfolio zu entwickeln, um sich gegen die Abhängigkeiten der Monostruktur abzusichern. Die wirtschaftlichen Anreize und Ansätze eines Standortes sollten nicht die Wahl des Standortes derart verzerren, daß sie Ungerechtigkeiten in der Steuerpolitik herbeiführen, Ausgaben von den öffentlichen Diensten wegnehmen, die Infrastruktur vernachlässigen oder zuwenig in die Entwicklung des Humankapitals investieren. Ein enger Fokus von Strategien und Aktionen könnte durchaus nutzbringende Konsequenzen für ein bestimmtes Unternehmen oder eine bestimmte Branche bringen, kann sich aber auf bestehende Unternehmen, andere Betriebe und Umsiedlungsentscheidungen negativ auswirken. Demzufolge sind Standorte besser dran, wenn sie ausgewogene Strategien wählen (Erhalt, Anziehung, Wachstum neuer Unternehmen), die Basisdienstleistungen in den Vordergrund stellen und eher die öffentlichen Einrichtungen betonen, als alles der Wirtschaftsförderung unterzuordnen.

Anreize sollten als begrenzte Technik angesehen werden, deren Vorzüge jeweils genau analysiert werden müssen. Zunächst sollte man Anreize als Kosten für den Bereitsteller und als Nutzen für den Empfänger betrachten. In den meisten Fällen, die Subventionen von Kapital und Krediten einschließen (Kredite, Zuschüsse, Steuererleichterungen, die an Kapitalinvestitionen gebunden sind), übersteigen die Kosten für die Regierung, die die Subvention gewährt, den Nutzen für das jeweilige Unternehmen. Entsprechend übersteigen die Kosten-Nutzen-Relationen für Standorte meist die unmittelbaren Vorteile, und abhängig von der Wahl der wirtschaftlichen Multiplikatoren, übertreiben sie oft den Dominoeffekt auf sekundäre Vorteile, die aus dem Erhalt und der Gewinnung von Unternehmen entstehen.[36] Andererseits kann man auf Anreize und Programme hinweisen, wo die Kosten minimal, der Hebeleffekt groß und das Verzerrungspotential gering sind. Programme zum Beispiel, welche die Informationskosten reduzieren – wo man Kapital erhält, gebietsspezifische Daten, Verfügbarkeit der Arbeitskräfte, wie der Export erleichtert werden kann, der Technologietransfer und ähnliches –, können für Standorte extrem günstig sein und für Unternehmen auch.

Schließlich gehört zur Realität des Anreizwettrennens, daß kein Standort auf lange Sicht deren praktischen Nutzen einschätzen kann. Ende 1991 unterzeichneten New Jersey/Connecticut, New York City und der Staat New York einen Nichtaggressionspakt, um zu verhindern, daß Unternehmen die verschiedenen Regionen gegeneinander ausspielten; sie kürzten die öffentlichen Zuschüsse, die darauf beruhten. Die vier Regierungen sicherten sich außerdem zu, beim regionalen Marketing und der Regionalentwicklung zusammenzuarbeiten. Innerhalb eines Jahres fiel selbst dieser moderate Ansatz in Mißkredit, da alle vier ihre Anreize beträchtlich erhöht hatten, sich gegenseitig die Geschäfte wegnahmen und zum Gegenschlag ausholten. In diesem Fall hatte die Wirtschaftsförderung über faires Verhalten gesiegt.[37]

Den Export ausweiten und Auslands- investitionen ankurbeln 10

Daß ein alkoholisches Produkt in Schweden zur Haushaltsmarke aufsteigt, ist ziemlich unwahrscheinlich, denn alkoholische Mäßigung hat hier Tradition; bis 1955 war Alkohol in Schweden streng rationiert. Dennoch ist der Exporterfolg des staatseigenen »Absolut Wodka«, der in den USA in den letzten zehn Jahren mehr als die Hälfte des riesigen, äußerst wettbewerbsintensiven Marktes für importierten Wodka übernahm, eine der großen Exportgeschichten. Wenn Verbraucher heute an Wodka denken, denken sie an Schweden – unzweifelhaft ein entscheidender Faktor für den Exporterfolg.[1]

Natürlich können Standorte ihre Wirtschaftslage verbessern, indem sie Touristen und Unternehmen anlocken; ihr Wachstum kann jedoch auch vorangetrieben werden, wenn sie ihre Unternehmen zum Export motivieren. Dieses Kapitel handelt davon, wie einzelstaatliche und lokale Regierungen Handels- und Auslandsinvestitionen fördern können. Die Exportförderung hat sich zur bedeutenden Standortstrategie entwickelt und wird wahrscheinlich in den kommenden Jahren eine noch wichtigere Rolle spielen. Wir wollen an dieser Stelle die folgenden Fragen diskutieren:

- Wie wichtig ist der Export für die Wirtschaft eines Standortes?
- Welche Firmen sind gegenwärtig im Export tätig, und welche Waren und Dienstleistungen haben zur Zeit das größte Exportpotential?
- Welche Programme, Dienstleistungen und Aktivitäten tragen am effektivsten dazu bei, daß Exportfirmen expandieren und nichtexportierende Firmen sich im Export engagieren?
- Welche Strategien kann ein Standort einsetzen, um das Image seiner exportfähigen Produkte zu verbessern und um eine positive Identifikation mit seinen Produkten zu erreichen?
- Wie läßt sich der Erfolg von Exportförderungsprogrammen nachweisen?

Wie wichtig ist der Export für die Wirtschaft eines Standortes?

Exporte sind die Menge und der Wert von Waren und Dienstleistungen, die an einem Standort produziert und an einem anderen verkauft werden. Eine Wirtschaft, die nicht exportiert, ist kaum vorstellbar, denn dies hieße, alles, was produziert wird, auch selbst zu konsumieren. Stellen Sie sich einen Ort vor, der ausschließlich Äpfel anpflanzt – und daß alle Äpfel auch lokal konsumiert würden. Er wäre gezwungen, andere Waren, die er nicht selbst produziert, zu importieren: Nahrungsmittel, Computer, Fahrzeuge. Aber wie könnten die Importgüter bezahlt werden? Letztlich gäbe es nur die Möglichkeit, so viel zu exportieren, daß die Importe bezahlt werden können.

Der Export ist der Lebensnerv vieler Städte, Regionen und Nationen. Singapur und Hongkong leben und sterben mit dem Export. Ihr Wohlstand hängt vom aggressiven Export ihrer Produkte ab – Schuhe, Unterhaltungselektronik, Bankkredite und Kleidung –, denn nur so sind sie in der Lage, für die Güter, die sie importieren, zu zahlen. Etwas größere Länder wie beispielsweise Finnland, Schweden, Norwegen, Dänemark, Belgien oder die Niederlande haben wegen ihrer kleinen Inlandsmärkte den Außenhandel geradezu zur Kunst erhoben. 1989 betrugen die Exportaktivitäten aller zwölf Länder der Europäischen Union im Schnitt 30 Prozent ihres Bruttosozialprodukts. Der Lebensstandard dieser Länder ist historisch eng mit dem Erfolg ihrer Exportwirtschaft verknüpft.

Der Export dient nicht nur der Zahlung von Importen, sondern ist für viele Länder das Fundament ihrer Vitalität und ihres Wohlstands. Dies trifft ganz besonders auf Japan, Taiwan und Südkorea zu. Japan ist das extreme Beispiel eines Landes, das viele weltweit gewünschte Waren herstellt – Unterhaltungselektronik, Automobile und Motorräder, Uhren, Musikinstrumente und Computer. Die Exportstärke Japans entstand nicht zufällig, sondern durch sorgfältige und geschichte Motivierung und Förderung der Exporte durch Regierung und Finanzwirtschaft.

Vor zwei Jahrzehnten produzierten US-Firmen fast 100 Prozent aller in den USA gekauften Unterhaltungselektronik, heute ist ihr Anteil unter die 5-Prozent-Marke gefallen. Ausländische Automobilhersteller hatten vor zwanzig Jahren einen Marktanteil am US-Automarkt von lediglich 10 Prozent im Vergleich zu einem Marktanteil von 40 Prozent, den Auslandsimporte und japanische Hersteller in den USA heute für sich einnehmen. 1970 standen etwa 20 Prozent der in den USA hergestellten Waren in Konkurrenz mit dem Ausland, in den neunziger Jahren sind es bereits 75 Prozent. Globalisierung ist im amerikanischen Wirtschaftsleben zur Realität geworden, die keinen Standort unberührt läßt.

Die Bedeutung des Exporthandels darf nicht unterschätzt werden. Buffalo verdankt die Revitalisierung, die es in der letzten Zeit erfahren hat, hauptsächlich seiner internationalen Position als Tor zu den größten kanadischen Märkten und dem zwischen den USA und Kanada getroffenen Freihandelsabkommen (siehe Darstellung unten). Houston ist das klassische Beispiel einer US-Stadt, die sich neben New York und Los Angeles als Stadt von Weltrang, als internationaler Hafen und Tor zum Welthandel positionieren konnte (siehe Darstellung S. 321).

Buffalo: Wiederauferstehen durch den Handel

1991 erklärte die *New York Times*, daß Buffalo sich nun nachweislich erholt habe. Ein Artikel räumte ein, daß die Gemeinheiten im Musical »A Chorus Lines« – »Buffalo – ein Ort, der den Selbstmord überflüssig macht« – und die endlosen Witze über eingefrorene Autos heute nicht mehr ankommen. Überall ist der Beweis der Wende sichtbar. 1990 fiel die Arbeitslosenquote zum erstenmal seit Ende der siebziger Jahre unter den für den Staat üblichen Durchschnitt. Als Zweiter im Super Bowl XXVI führte Buffalo einen fanatischen Feldzug, um eines der berühmten Baseballteams zu gewinnen; es kann neue Einkaufszentren, expandierende Unternehmen und aufstrebende Kleinbetriebe vorweisen. Buffalos Wiedergeburt verdankt sich dem 1988 geschlossenen Freihandelsabkommen mit Kanada, das als weltweit größte und komplexeste Handelsbeziehung die Art und Weise, wie Geschäfte in Nordamerika getätigt werden, grundlegend veränderte.

In der Vergangenheit stigmatisiert durch seine ungünstige geographische Lage im *snow belt*, ist Buffalo heute der Nutznießer ebendieser Lage, jenseits des kanadischen Niagaraflusses an der Grenze Kanadas gelegen, des größten Handelspartners der USA. Mit vergleichsweise billigem Land, erschwinglichen Arbeitskosten und guten Transportmöglichkeiten wurden Buffalo und Erie County ein neues Tor zum riesigen US-Markt. In Sichtweite der verlassenen Bethlehem-Stahlwerke, die zu ihren besten Zeiten 22 000 Arbeiter beschäftigten, bevor sie 1983 schlossen, expandieren heute Gewerbeparks und Industriezentren; es werden Pläne für eine 1,5 Millionen Dollar schwere Fabrikverkaufsstelle – angeblich die weltweit größte – entwickelt. Der Einkauf jenseits der Landesgrenze stieg, gemessen an eintägigen Einkaufstrips, zwischen 1990 und 1991 sprunghaft um 20 Prozent an und beträgt heute 2 Milliarden Dollar pro Jahr an der 4000 Meilen langen Grenze zwischen Kanada und den USA. Die kanadischen Käufer profitieren von niedrigeren Preisen, billigerem Benzin und dem schwächeren US-Dollar. Seit 1988 verlagerten über neunzig kanadische Firmen ihren Standort in die Region um Buffalo oder expandierten dort aufgrund der Vergünstigungen hinsichtlich Steuern, Löhnen, Grundstückspreisen oder Marktzugang. Ähnlich prosperieren und diversifizieren die Städte Port Huron/Michigan und Plattsburgh/New York. In den Handelskriegen bedeutet die Erholung einer Stadt den Kollaps einer anderen; Buffalos Aufstieg geht zu Lasten Kanadas.

Quellen: John Pettibone Mackenzie, »Editorial Notebook: Buffalo Finally Favored«, *New York Times*, 23. Januar 1991, S. 18; Kevin Sack, »Buffalo Moves from Rust Belt to Money Belt«, *New York Times*, 20. Juli 1990, S. A14; Bernard Wysocki, »Canada Suffers Exodus of Jobs and Shoppers«, *Wall Street Journal*, 20. Juni 1991, S. 1; und Alan Freeman, »Ottawa Foresaw Effects«, *The Globe and Mail*, 18. September 1991, S. 1

Der Nutzen, den ein Standort durch den Außenhandel erzielt, ist weitgehend abhängig davon, ob seine Industrien export- oder importorientiert sind. Standorte mit einer stark exportorientierten Wirtschaft – Flugzeugbau, Dienstleistungen, Chemie und Computer – profitieren sowohl direkt als auch indirekt durch den Dominoeffekt dieser Exporte auf den lokalen Arbeitsmarkt und die Kaufkraft der Bewohner. Überwiegend importorientierte Branchen – die Automobilindustrie, Textilien, Unterhaltungselektronik, Metallprodukte und Reifen – werden durch wachsende Importe eher geschwächt. Manche Standorte versuchen, den Export anzukurbeln (Exportpromotion). Andere versuchen, den Import zu drosseln und die Waren und Dienstleistungen selbst herzustellen (Importsubstitution).[2]

Houston: Ein neuer internationaler Standort

- Internationales Geschäft als Zentrum – Dienstleistungs-, Finanz-, Medizin- und Industriestandort.
- Port of Houston, größter Hafen der USA (1988), gemessen an Außenhandelstonnage, mit 22 Milliarden Dollar Jahresexport/Import.
- 53 Auslandskonsulate und 61 Auslandsbanken – mehr als sonstwo im Süden oder im Südwesten.
- 574 ansässige Unternehmen mit 108 ausländischen Filialen; 623 Auslandsfirmen aus 51 Nationen.
- Houstons Texas Medical Center – das größte medizinische Zentrum weltweit mit der größten Konzentration von Ärzten, Wissenschaftlern und Forschern in den USA.
- Die viertgrößte Stadt der USA im drittgrößten US-Staat und Nummer sechs der am schnellsten wachsenden Städte.
- Das Bruttosozialprodukt nähert sich der 100-Milliarden-Dollar-Grenze; in der 500 Meilen großen metropolitanen Gegend leben 29 Millionen Menschen oder 12 Prozent der amerikanischen Gesamtbevölkerung.
- Dreizehn *Fortune-500*-Firmensitze; 21 Unternehmen auf der *Forbes-500*-Liste.

Quelle: Darstellungen und Zeugnis der Stadt Houston und der Greater Houston Handelskammer vor dem U.S. Department of Transportation, Washington, D. C., U.S. Japan Service Case Docket 46438, April 1990.

Ein Beispiel für das Aufeinandertreffen dieser beiden Basisstrategien ist der neue Schwerpunkt, der auf die Vermittlung von Kleinunternehmen gelegt wird. Meist geschieht das durch Makler, die lokale Unternehmen ausfindig machen, die Waren und Dienstleistungen anbieten, die gegenwärtig ihre Waren von Lieferanten außerhalb der Region oder des Staates bezogen werden. Ein zentralisiertes Vermittlungssystem ist effizienter, effektiver und kostengünstiger als unkoordinierte Privatinitiativen. So kann zum Beispiel der ausländische oder auswärtige Zulieferer eines Herstellers in Oregon durch einen ansässigen Zulieferer ersetzt werden (Importsubstitution) und der Kontakt zwischen einem ausländischen oder auswärtigen Produzenten mit einem Zulieferer aus Oregon hergestellt werden (Exportpromotion). Die Vermittlungsprogramme erleichtern den

Marktzugang für Kleinunternehmen (lokal, inländisch und ausländisch) und stoßen oft auf brachliegende Qualifikationen, Ressourcen und technische Fähigkeiten, die genutzt werden können.[3] Oregon, Washington, Colorado, Tennessee und New York haben bereits solche Vermittlungsprogramme verabschiedet.

In ihrem Bestreben, international wettbewerbsfähig zu werden, stoßen Standorte manchmal auf Indifferenz oder Widerstand. Pollster Daniel Yankelovich beobachtete, daß »über 80 Prozent aller Amerikaner angeben, über Wettbewerbsfähigkeit gehört oder gelesen zu haben, und ebenso vielen ist unser Handelsdefizit bewußt, doch ein genuines Verständnis der Situation fehlt«.[4] Nach Meinungsumfragen, die 1991 vom Council on Competitiveness durchgeführt wurden, werfen Amerikaner dem Land im allgemeinen und der Regierung im besonderen vor, nicht angemessen auf die ökonomischen Herausforderungen zu reagieren.[5] Die Darstellung beschreibt, wie die Politiker der einzelnen Bundesstaaten sich der Globalisierung bewußt werden.

Der neue Weg: Wandel in den Einstellungen gegenüber Auslandsinvestitionen

Die Standortstrategien zur Förderung des Außenhandels und der Gewinnung von Auslandsinvestitionen lassen sich in zwei Phasen einteilen, von denen die eine in die Zeit zwischen 1969 und 1985 fiel, die andere 1985 ihren Anfang nahm. Im ersten Stadium ging es in erster Linie um die Anwerbung der Schwerindustrie aus dem Ausland, wobei – ähnlich wie bei der Anlockung von Wirtschaftsbranchen aus anderen Bundesstaaten – verschiedene Anreize eingesetzt wurden. Virginia stieg als erster US-Staat in das internationale Geschäft ein, als es 1969 Abgeordnete nach Brüssel sandte, um Programme zur Wirtschaftsförderung zu lancieren. Damals wurden weder von der US-Regierung noch von den einzelnen Bundesstaaten Außenhandelsaktivitäten oder Auslandsinvestitionen als sonderlich wichtig angesehen: im U.S. Department of Commerce war nur ein einziger Mitarbeiter für alle Angelegenheiten im Zusammenhang mit Auslandsinvestitionen zuständig.[1] In den folgenden Jahren propagierten eine Reihe von Standorten die Vorteile, die sich aus der Außenhandelsstrategie für den heimischen Arbeitsmarkt ergaben: Scaranton/Pennsylvania und Volkswagen, Chesterfield County/Virginia und Imperial Chemical Industries, Greenwood/South Carolina und Fuji Film, Swepsonville/North Carolina und Honda-Rasenmäher, um nur einige zu nennen.

Ebenso wichtig war der Versuch, Investitionen aus dem Ausland anzuziehen, als während der Reagan-Administration Anfang der achtziger Jahre der amerikanische Dollar aufgrund der strikten Währungs- und Finanzpolitik im Vergleich zu anderen wichtigen Währungen anstieg. Gleichzeitig zog das Importgeschäft bei nachlassender Exporttätigkeit an, und riesige Auslandsinvestitionen flossen in die Vereinigten Staaten. Nachdem die USA achtzig Jahre lang Nettoexporteur von Auslandsinvestitionen gewesen waren, wurde es nun in den Achtzigern zum Nettoimporteur. Das Ergebnis war, daß lokale und bundesstaatliche Politiker auf der Suche nach weiteren Investoren rund um den Globus reisten. »Die Rivalitäten zwischen Städten und Staaten um Auslandsinvestitionen stellen den Kampf um den Super Bowl weit in den Schatten«, bemerkte ein Beobachter dazu.[2]

Die Strategie, die vor 1985 auf Firmengewinnung und Auslandsinvestitionen ausgerichtet war, verlagerte sich nach 1985 auf die Förderung des Exports. Die Gründe waren sowohl ökonomische als auch politische. Als sich die rezessionsgeschüttelte US-Wirtschaft zu erholen begann und die Zinsen fielen, fiel auch der Dollar gegenüber den wichtigen Auslandswährungen, was sich stimulierend auf den Export auswirkte. Politisch wendete sich die übertriebene, weitverbreitete Anreizstrategie, mit der ausländische Firmen und Kapital angeworben wurden, gegen sich selbst. Nicht nur empörte sich die Öffentlichkeit über den »Ausverkauf Amerikas«, sondern auch darüber, daß die vom Steuerzahler finanzierten Subventionen für ausländische Konkurrenten auf amerikanischem Boden zu Verlusten am heimischen Arbeitsmarkt führen könnten. Die amerikanische Geschäftswelt war wegen der unfairen Wettbewerbsvorteile alarmiert, die den ausländischen Firmen zu ihren Lasten gewährt wurden.

In der zweiten Phase der globalen Strategie reagierten die Standorte auf die genannten ökonomischen und politischen Trends, indem sie sich zum Außenhandel bekannten und die ansässigen Firmen auf vielfältige Weise bei ihren Exportbemühungen unterstützten. Zwischen 1984 und 1990 stiegen die staatlichen Aufwendungen zur Exportförderung um das Sechsfache, die Zahl der bundesstaatlichen Repräsentanzen in Übersee erhöhten sich um das Dreifache. Nicht nur der Außenhandel wurde also durch diese Entwicklungen angekurbelt, sondern

Bürgermeister, Gouverneure und Lokalpolitiker agierten auch als Botschafter, die für die Wirtschaft und die Menschen ihrer Heimat warben.

In den achtziger Jahren wurde die Realität des globalen Wettbewerbs deutlicher denn je und veranlaßte schließlich die einzelnen Staaten zum Handeln:

- Im Jahr 1986 gab es in Tokio ebenso viele bundesstaatliche Repräsentanzen wie in Washington, D. C.
- 1987 bis 1988 war North Carolina führend im Bau neuer Produktionsanlagen und Unternehmensexpansionen, die hauptsächlich mit Hilfe von Auslandsinvestitionen finanziert wurden.[3]
- 1989 unternahmen Gouverneure aus 41 Staaten 82 Reisen in 35 Länder (ohne Kanada und Mexiko).
- 1990 pumpten die Bundesstaaten 92 Millionen Dollar in die Exportförderung und Beschaffung von Auslandsinvestitionen und unterstützten 161 Repräsentanzen im Ausland.[4]
- 1991 vergab die World Trade Commission Kaliforniens Exportkredite im Wert von fast 100 Millionen Dollar – das größte Exportfinanzierungsprogramm im Vergleich mit 26 anderen Staaten.

Quellen: 1) Blaine, Liner, »States and Localitiers in the Global Marketplace«, *Intergovernmental Perspective,* Frühjahr 1990, S. 13; 2) Martin Tolchin und Susan Tolchin, *Buying into America* (New York: Times Books, 1988), S. 13; 3) Hugh O'Neill, »The Role of the States in Trade Development«, *The Academy of Political Science* 37, Nr. 1 (1990), S. 181 f. 4) William E. Nothdurft, »The Export Game«, *Governing,* August 1992, S. 57–61.

Bewertung des Exportpotentials eines Standortes

Jedes Programm zur Exportförderung muß zunächst tatsächliche und potentielle Exporteure identifizieren. Ein Analyseinstrument, die Wirtschaftsstrukturanalyse, vergleicht das lokale Produktionsvolumen einer Branche mit dem nationalen Gesamtvolumen dieses Sektors. Ist der Exportquotient eines Standorts größer als eins, legt dies nahe, daß die Branche außerhalb der Region exportiert; ein Quotient von weniger als eins zeigt dagegen an, daß die Güter und Dienstleistungen dieser Industrie teilweise importiert werden. Wenn also 15 Prozent der Arbeitnehmer Detroits in der

Autobranche beschäftigt sind und nur 5 Prozent aller Amerikaner in dieser Branche arbeiten, können wir annehmen, daß Detroits Automobilindustrie im Export tätig ist – ausgehend von der Prämisse, daß Detroit nicht disproportional mehr Fahrzeuge kauft als der Rest der Vereinigten Staaten. Dieses grobe Meßinstrument liefert einige Angaben über die Exportwirtschaft eines Standortes und auch darüber, wo ein potentieller Wettbewerbsvorteil liegen könnte.

Die nächste Aufgabe ist es, die nichtexportierenden Unternehmen und Industrien, die jedoch über Exportpotential verfügen, zu identifizieren. Diese Unternehmen können Produkte oder Dienstleistungen anbieten, die in einem Markt außerhalb der Region einen gewissen Wettbewerbsvorteil hätten, die durch eine Alleinstellung auf dem Markt, besondere Produktmerkmale oder Qualität oder ein starkes Markenimage hervorstechen. Manche dieser Unternehmen beginnen von sich aus, im Export tätig zu werden. Die Gründe können unterschiedlicher Natur sein: Überkapazität, plötzliche Aufträge aus dem Ausland, Marktangriff eines Wettbewerbers oder Economies-of-sale-Erwägungen. Gleichzeitig zögert manchmal das Firmenmanagement, weil hohe Kosten und Risiken befürchtet werden oder auch weil das Export-Know-how fehlt. Hier können die Standortrepräsentanten eine positive Rolle spielen, indem sie Marktchancen außerhalb der Region identifizieren, bei der Suche nach Vertriebs- oder Importfirmen helfen, Fortbildungsmaßnahmen organisieren und Exportkredite und -versicherungen anbieten.

1991 entfielen 7,5 Prozent der gesamten Wirtschaftsaktivitäten der USA auf den Export, verglichen mit 31 Prozent in China, 28 Prozent in Deutschland, 27 Prozent in Korea und 13,5 Prozent in Japan. Präsident Bush engagierte sich für die zukünftige Stellung der USA als »Exportsupermacht«, gleichzeitig wurden die USA von Kritiker William Nothdurft als der Welt größte Exportversager bezeichnet.[6] Das Problem ist, daß derzeit nur eine kleine Anzahl von US-Firmen nennenswert am Export beteiligt ist. Den Löwenanteil der US-Exporte stellen hochkarätige Großunternehmen in Flugzeugbau, gewerblichen Dienstleistungen, Elektromaschinen, Chemikalien, Computer, Pkws und Lastwagen. Über die Hälfte aller US-Exporte entfallen auf nur hundert Firmen, und nur ein kleiner Teil der US-Unternehmen ist auf den Überseemärkten tätig. Nehmen wir Illinois als Beispiel, ein Staat, der in den Achtzigern unter den ersten acht rangierte. In den letzten beiden Jahrzehnten stellten fünf Wirtschaftsbranchen – Maschinen, Lebensmittelprodukte, die Elektroindustrie, die chemische Industrie und Transportausrüstung – 75 Prozent

bis 80 Prozent des Gesamtexports. Unter den 20 000 Fertigungsunternehmen sind nur etwa 5 Prozent oder 900 Firmen im Export tätig. Die
Repräsentanten von Illinois sind entsprechend in Sorge über die Konzentration und die Wettbewerbsposition ihrer Exportfirmen und die vergleichsweise geringe Anzahl von in Illinois ansässigen Firmen, die überhaupt exportieren. Es ist daher verständlich, daß Illinois massiv in Strategien zur Exportförderung investiert.

Im Gegensatz zu der etablierten Anschauung, daß größere Firmen
eher exportorientiert sind als kleine, identifizierte David Birch etwa tausend
Unternehmen, die er nach Beschäftigtenzahl (1 bis 19, 20 bis 49, 50 bis 99,
100 bis 499 und über 500) gliederte. Er stellte fest, daß die zweitgrößte
Kategorie exportierender Firmen 20 bis 49 Mitarbeiter beschäftigte und
über die Hälfte aller exportierenden Firmen weniger als hundert Beschäftigte zählten.[7] Ebenfalls konträr zur herrschenden Meinung, wonach es sich
bei kleinen Exportfirmen vorwiegend um High-Tech-Firmen handelt, wurde
in der Untersuchung deutlich, daß die Kleinexporteure in stabilen oder
niedergehenden, viele davon in Low-Tech-Branchen konzentriert sind – der
Schmuckindustrie, Metallverarbeitung und in der Spezialmaschinenindu-
strie. Diese Firmen haben Marktnischen gefunden und profitieren von dem
rückläufigen Trend in der Technologiebranche und der Großindustrie. Dennoch bleibt der Tatbestand, daß 90 Prozent aller kleinen US-Firmen weder
Waren noch Dienstleistungen exportieren. Deutschland, die größte Indu-
strieexportnation, hat lange Zeit davon profitiert und fördert insbesondere
den Export seiner mittelständischen Betriebe (siehe Darstellung). Nothdurft fand heraus, daß die Investitionen der europäischen Länder zur Förderung des Exports die entsprechenden Investitionen in den USA um das
Achtfache übersteigen.[8]

Bis vor kurzem bestand vielerorts die Annahme, das Exportpotential
läge in der herstellenden Industrie und weit weniger im Dienstleistungssektor. Doch nicht nur zog der Anteil der Dienstleistungen in der US-Handels-
bilanz im Lauf der Jahre erfreulich an, Dienstleistungen erwiesen sich auch
als weit exportfähiger als ursprünglich angenommen. Nehmen wir zum
Beispiel Arthur Andersen, die größte Wirtschafts- und Unternehmensbera-
tungsgesellschaft der USA, deren einheimischer Markt nur langsam wächst
und von scharfem Wettbewerb geprägt ist. 1990 stiegen die Einkünfte aus
Überseefilialen um 35 Prozent, verglichen mit einem Wachstum von 14 Prozent auf den US-Märkten.[9]

Deutschland rüstet seine mittelständischen Betriebe für den Export

Die mittelständischen Unternehmen in Deutschland sind das Modell eines erfolgreichen Exportkonzepts. Im Gegensatz zu Japan und den USA mit ihren dominierenden Großunternehmen tragen in Deutschland die etwa 100 000 mittelständischen Unternehmen ein Drittel zum Gesamtexport bei. Deutschlands Strategie für diese Firmen basiert auf einem Dreistufenplan:

1. Staatliche und städtische Organisationen identifizieren das Exportpotential der Unternehmen und erstellen entsprechende Umsatzprognosen.
2. Die mittelständischen Firmen werden darin unterstützt, ihre Produkte schnell auf den Markt zu bringen.
3. Die mittelständischen Firmen werden ermuntert, in Ausbildungsprogramme sowie in Forschung und Entwicklung zu investieren. Die Produkte sind für die Auslandsmärkte attraktiv, weil sie marktgerecht und langlebig sind.

Das deutsche Modell stellt Kooperation, Kleinbetriebe und Nischenmarketing in den Vordergrund. Die Regierung ist im Vergleich zu lokalen Institutionen, die den Export direkt unterstützen, von nachrangiger Bedeutung.

Quelle: Gail E. Shares und John Templeman, »Think Small«, *Business Week*, 4. November 1991, S. 58–65.

Die Exportstrategien sind also für große und kleine Firmen, für die Hersteller von Waren ebenso wie für Dienstleister, große und kleine Standorte von gleichrangiger Bedeutung. Manche US-Kleinstädte verdanken ihre Rettung der Tatsache, daß sie sich im Export zu engagieren begannen. Glennville zum Beispiel, ein kleiner Ort in Georgia, war lange Zeit bestenfalls für seine Alfalfas, süßen Zwiebeln und Chicorée bekannt. 1966 gab es hier nur eine einzige Wirtschaftsbranche, die Ersatzteile für Rasenmäher montierte und regional über die Rotary Corporation vertrieb. Dreizehn Jahre später war Rotary eine 7-Millionen-Dollar-Firma, die ihre Produkte in 38 Ländern, einschließlich Singapur, Kanada, Europa und Neuseeland, exportierte. Das Beispiel Glennvilles – die Möglichkeit, daß Kleinbetriebe Arbeitsplätze in kleinen Kommunen schaffen können – wiederholt sich überall in den USA und in den Handelsnationen.

Gleichzeitig muß darauf geachtet werden, nicht die falschen Firmen zu Exporttätigkeiten zu ermutigen. Manche Unternehmen eignen sich nicht für den Export und müssen daran gehindert werden, eine für sie katastrophale Investition zu tätigen. Die häufigsten Fehler beim Einstieg in das Exportgeschäft sind:

- mangelhafte Marketingpläne, ungenügende Vorbereitung und falsche Märkte;
- unzureichende Kenntnis der Überseeagenten, Vertriebsfirmen und Partner;
- mangelnde Bereitschaft, die Produkte den jeweiligen Landesvorschriften, kulturellen Präferenzen oder landesüblichen Preisen anzupassen;
- Gebrauchsanweisungen, Garantien und ähnliches nicht in die Landessprache zu übersetzen und/oder den Service der Produkte zu vernachlässigen;
- unzureichende Investitionen, um für den Markteintritt oder die Erreichung einer Marktposition gewappnet zu sein, oder Jagd nach Aufträgen statt geordnetem Wachstum;
- mangelndes Verständnis für die Risiken im Überseehandel einschließlich der im Exportland üblichen Geschäftspraktiken und des wirtschaftspolitischen Umfelds.

Wie bei jeder anderen Dienstleistung hat auch bei den staatlich unterstützten Aktivitäten zur Exportförderung die Zufriedenheit des Kunden Priorität. Entsprechend sollten Standorte sich nicht nur auf den Produktverkauf, sondern auch auf die Zusammenarbeit mit Beratungsfirmen konzentrieren, um die gröbsten Exportfallen zu vermeiden.

Möglichkeiten, die Unternehmen in ihrer Exporttätigkeit zu unterstützen

Regierungen und ihre Exportförderungsinstitutionen stehen vor der schwierigsten Aufgabe, Nichtexporteure in Exporteure zu verwandeln und Exporteure bei der Ausweitung ihrer Exportaktivitäten zu unterstützen. Bei der Unterstützung und Stimulierung des Exports spielen die entsprechenden Institutionen mindestens zehn verschiedene Rollen zugleich: Sie sind Informant, Makler, Disponent, Lehrer und Berater, Finanzier, Gastgeber, Zielsetzer, Werber und Anlagenplaner.

Exportinformationen

Die in den USA führende Exportförderungsorganisation U.S. and Foreign Commercial Service (USFCS) unterhält in 120 Städten im Ausland und in mehr als sechzig Ländern Zweigstellen. Ihre US-weiten Bezirksfilialen ermöglichen den Zugang zur National Trade Data Bank, einer computergestützten Datenbank für Marktforschungsinformationen, die von staatlichen Organisationen gesammelt wurden. Die Datenbank umfaßt Tausende von Marktforschungsdaten, angefangen von detaillierten Länderstudien bis hin zu einer Auflistung von insgesamt 46 000 Auslandsagenturen und Vertriebsfirmen. Die Daten werden durch die Datenbanken der einzelnen Bundesstaaten ergänzt, die wiederum von ihren Überseefilialen und Handelsrepräsentanten branchen-, markt- und produktspezifische Informationen einholen. Jede Gegend hat ihre eigene Referenzliste, kennt die Namen von Unternehmensvorständen und weiß Möglichkeiten, nichtexportierende Unternehmen mit Exportfirmen zusammenzubringen.

Die World Trade Center Association (WTCA), eine private Non-profit-Gesellschaft mit über 200 Mitgliedern in sechzig Ländern, hat ihr eigenes Netzwerk und computergestützte Kommunikations- und Handelsinformationsdienste. Die Small Business Foundation of America betreibt die Export Opportunity Hotline, die über Marktforschung im Ausland, Exportfinanzierung, Konzessionsvergabe und Versicherungsfragen Auskunft erteilt und darüber, wo Hilfe zu erhalten ist. Überall in den USA gibt es Auslandskonsulate und Handelsvertreter, die länderspezifische Fragen beantworten können. Die Japanese Economic Trade Representative Organization (JETRO) unterhält zum Beispiel über siebzig Filialen in den USA und unterstützt US-Firmen, die sich über den japanischen Markt informieren wollen.

Die Zweigstellen des U. S. Commerce Department bieten spezialisierte Handelsdienste an. Das Office of Export Promotion beschäftigt sich mit Exportkontrollen und Lizenzvergabe. Die Small Business Administration (SBA) stellt Publikationen sowie technische und finanzielle Unterstützung zur Verfügung, darüber hinaus organisiert sie Workshops, Seminare und andere für Kleinbetriebe interessante Veranstaltungen. Die International Economic Policy beschäftigt Fachkräfte, die länderspezifische Auskünfte über die Bedingungen an Auslandsmärkten, Tarife, Geschäftspraktiken und neueste Informationen über multilaterale

Handelsabkommen liefern. Die Export-Import-Bank, ein staatlich un-
terstütztes Unternehmen, hilft bei Käufer- und Verkäuferkrediten. Der
Foreign Agricultural Service im U. S. Department of Agriculture liefert
eine ganze Palette von Dienstleistungen, ähnlich wie das Commerce
Department, doch auf die landwirtschaftlichen Exportmärkte ausgerichtet. Die Agency for International Development (A.I.D.) erleichtert
Exportgeschäfte in Verbindung mit der US-Entwicklungshilfe, während
die quasiöffentliche Overseas Private Investment Corporation (OPIC)
Risikoversicherungen (Währungs- und Enteignungsrisiken) für US-Unternehmen in Entwicklungsländern anbietet.

Informanten

Wer exportieren möchte, braucht Informationen über seinen zukünftigen Markt. Oft fehlen die notwendigen Mittel, um die Marktgröße und die
Konkurrenz, die Qualität und Integrität der Vertriebsfirmen mit der erforderlichen Sorgfalt zu überprüfen. Die zukünftigen Exporteure stehen vor
Märkten mit unterschiedlichen Gesetzen, Kulturen, Währungen und Sprachen, und jeder einzelne Faktor bedeutet Unsicherheit und Risiko. Kein
Wunder also, wenn viele Firmen zögern, sich im Export zu engagieren.

Doch die Firmen können Kosten und Risiken reduzieren, indem sie
sich an staatliche Institutionen wenden, die gegen ein geringes Entgelt eine
Fülle von Informationsmaterial zur Verfügung stellen. Die Darstellung beschreibt einige der wichtigsten Informationsquellen.

Makler

Ein Ableger der Informantenrolle ist die spezialisiertere Funktion als
Makler. Hierzu gehört der spezialisierte Service für einzelne Firmen, Industrien oder auch Produkte. Ein potentieller Exporteur möchte vielleicht ein
neues oder verbessertes Produkt exportieren, weiß jedoch zuwenig über die
Region oder das Land, in dem ein potentieller Markt existiert. In solchen
Fällen können Kontaktpersonen, Agenturen, Vertriebsfirmen oder auch
Auslandsfirmen identifiziert werden, die als Lizenzinhaber oder als Partner
eines Joint-ventures in Frage kommen. Das U. S. Commerce Department
bietet drei Formen des Maklerservice an: 1. Verkaufsvergleiche – die Ein-

schätzung, wie sich ein bestimmtes Produkt auf einem bestimmten Markt verkaufen wird, einschließlich Information über Wettbewerber und Verkaufskanäle; 2. Agenten/Vertriebsfirmen – Hilfe bei der Identifikation von Auslandsrepräsentanten – und 3. internationale Handelsdaten über potentielle Partner in Übersee.

Disponenten

Die Exportförderungsagentur stellt den Kontakt zwischen ansässigen Firmen, ausländischen Handelsmissionen und Handelsmessen her. Illinois konzentriert sich zum Beispiel auf Handelsmessen für Autoersatzteile, Elektronik, Nahrungsmittelverarbeitung und wissenschaftliche Meßgeräte. Die Standorte zielen auf die Teilnahme bestimmter Firmen und bieten in manchen Fällen teilweise oder vollständige Übernahme der Reisekosten sowie der Auslagen für die Produktausstellung, Dolmetscher und andere notwendige Dienstleistungen an. Inländische und ausländische Mitarbeiter helfen, Agenturen, Vertriebsfirmen, Speditionen und Lizenzpartner in einem bestimmten Land oder einer Region zu identifizieren, Treffen zu vereinbaren und potentielle Kunden ausfindig zu machen.

Katalogmessen sind eine preiswerte Alternative zu den Handelsmessen; die Firmen haben hier die Möglichkeit, Waren vorzustellen, Produktinformation in verschiedenen Sprachen zu liefern und Kontakte zwischen Einkäufern und Verkäufern herzustellen, ohne die Notwendigkeit, ins Ausland zu reisen. Das U. S. Department of Commerce veröffentlicht den *Commercial News USA*, einen Katalog, der neue US-Produkte und -Dienste vorstellt und an mehr als 100 000 Einkäufer, Agenturen und ausländische Vertriebsfirmen verschickt wird.

Lehrer und Berater

Der U. S. and Foreign Commercial Service (USFCS) und die Small Business Administration (SBA) organisieren Exportseminare, in denen Politiker, Fachleute und Handelsspezialisten aus den verschiedensten Teilen der USA beteiligt sind. Jede Stadt kann ihre eigenen Seminare, Workshops, Konferenzen und Schulungen veranstalten, an denen Schulen und Universitäten, Handelskammern, Beratungsfirmen und Non-profit-Organisationen beteiligt sind. Einige Staaten organisieren Weiterbildungskurse für

Firmen, die Exportieren oder in einen neuen Markt eindringen wollen, andere bieten Fortbildungsseminare als Teil ihres Anreizprogramms für Investitionen aus dem Ausland an.

Irland macht sein Beratungs-Know-how zum Exportartikel. Mit seinem Exportzielmarketing berät Irland Länder wie zum Beispiel Costa Rica, China, Pakistan, Nigeria und Panama, wem und wohin sie ihre Produkte liefern können. Im Rahmen ihrer Beratungstätigkeit empfahlen sie beispielsweise Panama zum Export einfacher Elektronikprodukte nach Spanien, Italien und Frankreich. In der Zukunft werden die Unternehmen Schulung und Beratung überall dort suchen, wo es angeboten wird, und sich nicht auf ihren eigenen Staat oder ihre eigene Nation beschränken.

Finanziers

1990 stellten 26 Staaten den Exporteuren Kreditgarantien und weitere Finanzhilfen zur Verfügung, um Defizite in der Kreditabsicherung durch die Bundesregierung und die Banken zu decken. Zu nennen sind hier die Export-Import-Bank, die ausschließlich in Washington mit Unterstützung von vier Großfirmen operiert, sowie die SBA (Small Business Administration) und die Overseas Private Investment Corporation (OPIC), die sich auf Investitionen in Entwicklungsländern konzentrieren.

Andere Bundesstaaten haben die obengenannten Defizite mit Hilfe staatlicher Finanzinstitute geschlossen, die mit dem Recht ausgestattet sind, Anleihen auszugeben, Kredite aufzunehmen sowie gesicherte und ungesicherte Schuldscheine zu verzinsen, zu verkaufen oder zu handeln. 1983 gründete Illinois die Export Development Authority zur Unterstützung des Exports; die World Trade Commission in Kalifornien gilt als das größte staatliche Exportfinanzierungsinstitut. Einige Staaten haben eigene Exporthandelsfirmen gegründet, zum Beispiel XPORT, die erste öffentlich finanzierte Handelsgesellschaft der USA, die seit 1982 der New York und New Jersey Port Authority angeschlossen ist. Auf Vertragsbasis unterstützt XPORT Unternehmen bei der Bereitstellung eines umfassenden Exportservice einschließlich Marketing, Finanzierung, Versicherung und Vergabe von Exportlizenzen.

Zwei große Störfaktoren im Außenhandel sind die zeitliche Verzögerung bei der Eintreibung von Schulden und das Zahlungsrisiko. Im allgemeinen fordern die Banken Sicherheiten bei der Finanzierung von Auslandsaufträgen; dies verschafft den Regierungen die Gelegenheit, ihrerseits den

Export dadurch zu fördern, daß sie die Risiken der Kreditgeber durch Versicherungen und andere Maßnahmen abdecken.

Gastgeber

Ein guter Gastgeber zu sein – die allgemeine Aufgabe des Tourismus – schließt ein, daß der Besuch von Auslandsfirmen und Auslandsdelegationen gefördert wird und die wechselseitigen Beziehungen gepflegt werden. Der Tourismus und das Tagungsgeschäft erweisen sich hier als nutzbringend, denn beide haben Implikationen für den Handel und Auslandsinvestitionen; sie können Touristen und Gäste in Händler und Investoren verwandeln. Standorte können zum Beispiel den Besuch ausländischer Firmen zu Handelsmessen und Ausstellungen fördern und Treffen zwischen Geschäftspartnern arrangieren. In den Nachkriegsjahren hat sich das Modell der »Partnerstädte« entwickelt, das den kulturellen Austausch und allgemein die Pflege der gegenseitigen Beziehung in den Vordergrund stellt (Stadt zu Stadt, Staat zu Nation, Staat zu Region); die formalen Vereinbarungen bewirken Verbesserungen im bilateralen Handel, fördern Investitionen, Tourismus, den Technologietransfer, Ausbildung und Kultur. Chicago ist Partner für neun Städte einschließlich Osaka, Kiew und Prag, Illinois unterzeichnete Verträge mit Provinzen in China, mit Japan, Rußland, Spanien, Israel und Mexiko. Hawaii hat mehr als fünfzig Partnerstädte oder Partnernationen in Asien. Diese Beziehungen mögen für sich selbst nicht viel bedeuten, insgesamt sind es Bausteine, die globale Chancen und Beziehungen eröffnen und dem internationalen Austausch dienen.

Zielsetzer

Statt für alle Unternehmen alles zu repräsentieren, zielen die meisten Staaten und Städte auf bestimmte Industriebranchen und Unternehmen, die je nach Organisationsstruktur und verfügbaren Ressourcen nach geographischer Lage, Sektor und Produkten ausgewählt und die ausländischen Märkte gezielt auf bestimmte einheimische Firmen und ihre Produkte abgestimmt werden.

Die USFCS zielt auf Unternehmen, die am ehesten von den staatlichen Exportförderungsprogrammen profitieren können. Das U. S. Commerce Department befaßt sich derzeit mit Firmen, deren Exportaktivitäten unregelmäßig oder nur geringfügig sind und sich nur auf einige wenige Märkte beschränken. Typischerweise sind dies meist »reagierende« Firmen, deren Überseegeschäfte auf Aufträgen basieren, die sie ohne eigenes Zutun erhalten haben. Bei den unregelmäßig exportierenden US-Unternehmen handelt es sich um zirka 86 000 Klein- oder Mittelbetriebe, die in weniger als fünf Auslandsmärkte exportieren. Auf sie entfallen 80 Prozent aller exportierenden US-Firmen.[10]

Werber

Während zu allen obenerwähnten Aktivitäten und Projekten Handelsstimuli gehören, sind darüber hinaus zusätzliche übergreifende Programme notwendig, um das Bewußtsein für die Chancen im Außenhandel zu schärfen. Ebenso wie Standorte massiv in die Förderung des Tourismus investieren, müssen auch Investition geleitet werden, um ein breitgefächertes Publikum im Handel zu erreichen. Das Instrumentarium dazu sind Werbeanzeigen, Telefonwerbung, Werbetafeln, Videokassetten, Werbebriefe und andere Promotionsaktivitäten. Der Marketingaspekt wird in der Exportförderung häufig vernachlässigt. Die Standorte neigen dazu, zuviel in die Servicebereitstellung und zuwenig in die Servicevermarktung zu investieren.

Es gibt keine zwei Standorte mit identischen oder nahezu identischen internationalen Handelsprogrammen, denn sie unterscheiden sich in ihrem Unternehmens- und Branchenmix, in ihrer geographischen Lage und in ihren Auslandsmärkten.[11] Nachfolgende Darstellung zeigt die Aktivitäten und Pläne zur Förderung des Außenhandels im Staat Illinois.

Die Bemühungen von Illinois zur Ankurbelung von Exportaktivitäten

Die Förderung des Außenhandels umfaßt in Illinois die folgenden Aktivitäten:
- Produkte und Produzenten werden den Kunden oder potentiellen Käufern auf Handelsmessen, Handelsmissionen, in Katalogen vorgestellt.
- Potentielle Kunden werden den Verkäufern und ihren Repräsentanten vorgestellt, indem der Besuch von Handelsdelegationen, Käufern und Repräsentanten finanziert wird.

- Der Informationsaustausch zwischen tatsächlichen und potentiellen Käufern und Verkäufern wird durch Übeseerepräsentanzen und Marktstudien gefördert; es werden Listen von Exporteuren, Exportagenturen, Vertriebsfirmen und Handelsgesellschaften erstellt; die Öffentlichkeit wird über die Bedeutung des Exports aufgeklärt.
- Die gegenseitigen Beziehungen werden durch Studentenaustauschprogramme, Stipendien und Städte-, Staats- oder Landespartnerschaften verbessert; es werden Veranstaltungen, ethnische Feste und Kulturprogramme angeboten.
- Es werden bestimmte Regionen und Länder im Ausland ausgewählt, die für potentielle oder bestehende Exportunternehmen interessant sind.

Illinois hat kürzlich seine wichtigsten Exportförderungsstrategien für die neunziger Jahre aufgelegt. Sie enthalten:

- Verstärkung des Anteils am Gesamtexport der USA; Konzentration auf bestimmte Exportchancen;
- Erhöhung der Zahl der exportierenden Firmen; Förderung der Handelsaktivitäten mit Kanada;
- Unterstützung der exportierenden EG-Länder; auf wirtschaftliche und Marktveränderungen reagieren;
- Verstärkung der Präsenz in schwierigen Märkten mit Langzeitpotential: die frühere UdSSR und ehemalige DDR, Ungarn und die Republik China;
- Verstärkung der Präsenz in Mexiko;
- Unterstützung der Servicefirmen; Programme zur Förderungen der Servicefirmen im Ausland entwickeln;
- Verbesserung der Beziehungen zu Beratungsfirmen, Banken, Handelsverbänden, Kongreßzentren und generell zu Handelsförderungsagenturen im Ausland;
- Nutzung kostengünstiger Chancen; Förderung von Katalogmessen;
- Verbesserung der Printmaterialien und Auflagenerhöhung;
- Verbesserung der Exportdatenbanken, Förderung des Informationsaustauschs zwischen den Überseefilialen und Chicago fördern.

Quelle: Illinois Department of Commerce and Community Affairs, verschiedene Planungsunterlagen und Veröffentlichungen 1990.

Im Zwielicht: Freihandelszonen

1934 verabschiedete der Kongreß den »Foreign Trade Zones Act« (Gesetz über Freihandelszonen), um den internationalen Handel zu stimulieren und neue Arbeitsplätze zu schaffen. Unter Freihandelszone wird ein von der Bundesregierung bewilligten und von den jeweiligen Bundesstaaten näher bezeichnetes Gebiet innerhalb der Vereinigten Staaten – meist in der Nähe eines Zollhafens – bezeichnet, in dem Binnen- und Außenhandel getätigt werden. Waren, die in dieses Gebiet eingeführt werden, können hier weiterverarbeitet, umverpackt, zusammengesetzt und repariert werden. Beim Import in die USA fallen für solche Endprodukte weniger Zollgebühren an, als für diese Produkte oder Produktbestandteile sonst verlangt wird.

Vor 1970 gab es lediglich zwölf dieser Freihandelszonen, die Zahl liegt heute höher, nachdem Subzonen zum Zweck der Herstellung bestimmter Produkte wie Autos, Fahrräder, Schreibmaschinen und Schiffe erlaubt wurden. Die Freihandelszone Miamis, die unspezifischen Zwecken dient, funktioniert wie ein Industriepark oder eine Lagerhaus- und Vertriebsanlage, die in diesem Fall das Zentrum europäischer und asiatischer Firmen ist, die nach Südamerika exportieren. 1988 gab es bereits 138 Freihandelszonen und 106 Subzonen, die von 2000 Firmen genutzt wurden; das eingesetzte Kapital betrug 5,6 Milliarden Dollar, die Beschäftigtenzahl insgesamt 170 000, und das gehandelte Warenvolumen betrug fast 80 Milliarden Dollar.

Die Freihandelszonen, die meist von den an der Küste oder den großen Seen gelegenen Staaten benützt werden, tragen insofern zum Erhalt von Arbeitsplätzen bei, als sie Unternehmen an einem Standort konzentrieren, die sonst vielleicht ihre Ware im Ausland herstellt, montiert oder gelagert hätten. In den Freihandelssubzonen sind 24 Automobilmontagewerke ansässig; dies führte zu Beschwerden der einheimischen Automobilzulieferer wegen unlauteren Wettbewerbs. Seit 1991 wurden die Bestimmungen für die Freihandelszonen strenger definiert; sie müssen heute ihren Nutzen für die Allgemeinheit belegen können, um anerkannt zu werden.

Quelle: The National Association of Foreign Trade Zones, *An American Success Story* (Washington, D. C.: NAFTZ, 1989).

Anlagenplaner

Manche Standorte sind offenbar besser für den Außenhandel gerüstet als andere. Sie liegen an Küsten oder Landesgrenzen oder besitzen internationale Häfen oder Flughäfen. Diese bevorzugten Städte haben ihre Vorteile unterschiedlich geschickt vermarktet: Hampton Roads/Norfolk, Seattle-Tacoma und Los Angeles haben effizientere Häfen als Chicago, Boston oder San Francisco; Chicago wiederum hat zuerst vom technologischen Wandel profitiert, indem es in den Fünfzigern mit dem Bau des O'Hare-Flughafens von Propeller- zu Düsenflugzeugen umstieg. In den Sechzigern baute Dallas einen neuen Flughafen in Fort Worth, der heute im Passagierverkehr nur vom O'Hare-Flughafen übertroffen wird. Die Entwicklung im Flughafenbau stagnierte bis in die achtziger Jahre, als die Passagierbeförderung nach Deregulierungsmaßnahmen im Flugverkehr anzog. Die Standorte begriffen nun den Ausbau der Flugkapazität zunehmend als unentbehrliche Investition für die Beschaffung von Arbeitsplätzen und um globale wirtschaftliche Anbindung zu gewährleisten. Angespornt durch die Strategien des Federal Express in Memphis, konkurrierten auch die kleineren Kommunen und Flughäfen für Anteile am Air-cargo-Geschäft. Entscheidend ist hier, daß die Standorte viele direkte Rollen spielen können, um die Firmen in ihren Exportaktivitäten zu unterstützen, sowie eine wertvolle indirekte Rolle bei der Entwicklung und dem Ausbau vorhandener Anlagen als Voraussetzung für diese Aktivitäten.

Das Standortimage der Herkunftsländer verbessern

Wenn die Qualität und der Kaufpreis aller Markenprodukte einer Produktkategorie von den Konsumenten als gleichrangig wahrgenommen würde, würden die Käufer wahrscheinlich dem Artikel, der im eigenen Ort oder Staat produziert wird, den Vorzug geben. Dieses Konsumentenverhalten trägt zu den lokalen Einnahmen bei und stellt Arbeitsplätze sicher; außerdem erfährt der Hersteller schnell, wenn die Verbraucher mit dem Produkt unzufrieden sind. Trotzdem werden die Markenprodukte einer Produktkategorie selten als gleichwertig wahrgenommen. Tatsächlich unterscheiden die Konsumenten sehr stark zwischen den einzelnen Produkten; ihre Bewertungen beruhen zum großen Teil auf dem Image des Herkunftslandes (siehe Darstellung über »Schweizer Messer«). Eine jährliche

Meinungsumfrage unter 2500 US-Verbrauchern ergab, daß der Kauf importierter Produkte mit gewissen Schuldgefühlen verbunden war, obwohl 1990
etwa 62 Prozent die Aussage bejahten, daß »es sich nicht lohnt, für ein
Produkt mehr zu zahlen, nur weil es in den USA hergestellt wurde«. Derselben Aussage stimmten im Jahr 1988 57 Prozent aller Befragten zu.[12]

Der Herkunftsort eines Produktes kann sich negativ, positiv oder
neutral auf den Kauf des Produkts auswirken. Fast überall auf der Welt
weckt das Etikett »Made in Italy« positive Assoziationen. Ebenso wird von
japanischen Produkten wie Automobilen und Unterhaltungselektronik
hohe Produktqualität und Zuverlässigkeit erwartet. (Das war vor dreißig
Jahren natürlich noch ganz anders.) Im anderen Extrem würde ein in Polen
hergestelltes Auto oder eine Stereoanlage eher auf negative Resonanz sto
ßen. Dazwischen liegen Produkte – meist Rohstoffe und natürliche Ressourcen wie nigerianisches Öl oder kanadisches Holz –, die vom Image des
Herkunftslandes kaum berührt werden.

Die Präferenzen der Verbraucher für in bestimmten Regionen hergestellte Produkte basieren auf persönlicher Erfahrung und Informationen
über die Produktqualität, -zuverlässigkeit und Service. Johnny Johansson
behauptet, daß Verbraucher von der Beschriftung und dem Etikett des
Produkts auf die Produktqualität schließen.[13] Danach halten die Käufer
Druckmaschinen aus Deutschland für hochwertiger als beispielsweise aus
Bulgarien. Studien über Herkunftsländer kamen zum folgenden Ergebnis:

- Der Einfluß durch das Herkunftsland variiert je nach Produktart
  (zum Beispiel Automobile gegen Öl).
- In hochindustrialisierten Ländern tendieren die Konsumenten
  dazu, die Inlandsprodukte hoch zu bewerten, während die Konsumenten in Entwicklungsländern die Qualität ausländischer Waren
  höher einschätzen; Industrienationen neigen zu Vorurteilen gegenüber Produkten, die in Entwicklungsländern oder in Osteuropa
  hergestellt werden.
- Kampagnen zum Kauf von einheimischen Produkten sind selten
  erfolgreich, wenn die Produkte als minderwertig im Vergleich zu
  den entsprechenden Auslandsprodukten betrachtet werden.
- Bestimmte Länder haben sich einen guten Ruf im Hinblick auf
  einige ihrer Produkte erworben: Automobile und Unterhaltungselektronik aus Japan, High-Tech-Innovationen, Soft-Drinks, Spielzeuge, Zigaretten und Jeans aus den USA, Wein, Parfüm und
  Luxusgüter aus Frankreich; zum Teil erstreckt sich der gute Ruf

über die Produkteigenschaften hinaus auch auf die Erreichbarkeit und Servicezuverlässigkeit.

- Je besser das Image eines Landes, um so deutlicher sollte das Herkunftsland bei der Markenpositionierung in den Vordergrund gerückt werden.
- Die Einstellung zum Herkunftsland kann sich im Lauf der Zeit ändern. Ein Beispiel dafür ist Japan, dessen Qualitätsimage sich nach dem Zweiten Weltkrieg erheblich verbessert hat; auch koreanische Produkte genießen heute ein größeres Ansehen.[14]

**Qualität der Schweizer Messer –
Ein Sprungbrett für andere Produkte**

Für weniger als 30 Dollar kann man das original Standardmesser des Schweizer Herstellers Victorinox Cutler kaufen, der seit 1891 Schweizer Armeemesser herstellt. Das Standardmodell ist nur eines von 295 unterschiedlichen Modellen dieser beinah schier unzerstörbaren Taschenmesser, die von Victorinox weltweit verkauft werden. Schweizer Armeemesser können für die verschiedensten Zwecke benutzt werden, als Nagelschere, Säge, Flaschenöffner oder Korkenzieher. Es gibt einfache Economy-Modelle und Modelle mit 29 verschiedenen Funktionen. 1989 wurde für 33 Millionen Dollar die rot-silbernen Schweizer Armeemesser praktisch ohne jede Werbung gekauft, im Gegensatz zu 1 Million Dollar vor erst sechzehn Jahren. Die Schweizer Armeemesser sind heute fast Kultgegenstände, die Namen berühmter Benutzer sind Legion. Das Herkunftsland, die Schweiz, wird als einer der Hauptfaktoren für den Reiz dieses Markenartikels betrachtet. Kürzlich wurde die Stärke dieses Markennamens benutzt, um Schweizer Uhren, Kompasse und Sonnenbrillen zu verkaufen, in der Hoffnung, daß sich seine Faszination auf diese Gegenstände überträgt. Alle diese Produkte werden in der Schweiz hergestellt. Markennamenverletzungen durch billige Produktimitationen werden vom Hersteller streng verfolgt. Der Erfolg der Bezeichnung »Schweizer Armee« beim Produktmarketing einer Reihe von Produkten verdankt sich der hohen Produktqualität, die der anderer hochwertiger Schweizer Produkte wie Uhren, Konfekt und Schweizer Maschinen entspricht.

Quelle: Fleming Meeks, »Blade Runner«, *!Forbes*, 15. Oktober 1990, S. 164–167.

Was kann ein Standort tun, der vergleichsweise hochwertige oder
überlegene Produkte herstellt, die Konsumenten das Herkunftsland aber
dennoch negativ wahrnehmen? Eine Möglichkeit besteht darin, Joint-ventures oder Koproduktionen einzugehen, das heißt, das Produkt an einem
anderen Standort mit positiverem Image herzustellen. Südkorea stellt zum
Beispiel qualitativ gute Lederjacken her, die es für die Endarbeiten nach
Italien schickt. Das Endprodukt wird dann mit einem »Made-in-Italy«-
Etikett versehen und mit einem entsprechend höheren Preis exportiert.
AT&T und Gold Star, ein koreanisches Joint-venture, schafft einen größeren Markt für Fertigwaren, die dem Standard von AT&T entsprechen, aber
in Korea hergestellt werden. Motorola läßt schnurlose Telefone oder Piep-
ser, wie sie von Ärzten verwendet werden, in Kuala Lumpur herstellen und
erstickt damit eventuelle Bedenken der Verbraucher über eine wenig bekannte Stadt in Malaysia im Keim.

Eine andere Standortstrategie besteht darin, eine bekannte Persönlichkeit zu engagieren, die für das Produkt wirbt und so das Mißtrauen der
ansässigen Konsumenten überwindet. Als Mazda Motors of America noch
unbekannt und Japan noch weniger gut angesehen war, ließ Mazda seine
Produkte von dem US-Schauspieler James Garner in den Medien anprei-
sen. Als das Unternehmen Nike den europäischen Markt für Turnschuhe
gewinnen wollte, warb es mit dem bekanntesten professionellen Basketball-
spieler der Nation, Michael Jordan, der bei den Nike-Ausstellungen riesige
Menschenmengen um sich scharte. Eine Variante dieses Ansatzes sind
Staatsbesuche – zum Beispiel wenn die Königin Elizabeth von England und
Prinz Philip verschiedene Länder besuchen, um gute Beziehungen aufzubauen. In der Folge preisen britische Verkaufsleute alles an, was es an
britischen Produkten überhaupt gibt – von Reisen bis zu britischem Leinen
und Pullovern. Standorte und ihre Unternehmen arbeiten oft mit ähnlichen
Strategien, indem sie Kunstausstellungen, Künstlertourneen oder kulturelle Ereignisse finanzieren.

In seinem Buch *Competitive Advantages of Nations* (dt.: Nationale Wettbewerbsvorteile) behauptet Michael Porter, daß Nationen in bestimmten Industrien erfolgreich sind, weil ihr heimatliches Umfeld das zu-
kunftsorientierteste, dynamischste und herausforderndste ist. Nach einer
vierjährigen Studie über den Wettbewerbserfolg in zehn führenden Handelsnationen kam Porter zu dem Schluß, daß Firmen, die einem scharfen
inländischen Wettbewerb ausgesetzt sind, sich auch im internationalen
Wettbewerb besser behaupten können. Wettbewerbsvorteile entstehen immer dann, wenn die Wettbewerber geographisch konzentriert um ihre über-

legene Position hinsichtlich Innovationen, Effizienz und Qualität kämpfen müssen.[15]

Dieser Wettbewerb ermöglicht es den Standorten auch, ihren Namen und den Namen der Region auf die Produkte abzustimmen: Italienische Schmuckunternehmen in und um Aerezzo und Valenza, Besteck in Solingen/Deutschland, Motorräder und Musikinstrumente in Hamamatsu, Japan. Porters Argument macht deutlich, daß die Standortnamen mit den Verbraucherprodukten assoziiert werden: belgische Schokolade, französischer Wein, irischer Whiskey, polnischer Schinken, kolumbianischer Kaffee und deutsches Bier.

Wenn der Name eines Standortes erst einmal mit einer Produktkategorie identifiziert wird, kann die Integrität und Exklusivität durch Verordnungen und Gesetze geschützt werden. Das U. S. Department of Agriculture hat zum Beispiel seit 1937 Marketingaufträge ermutigt, die spezifische Anpflanzregionen für spezielle Produkte definieren. Vidalia-Zwiebeln, eine süße Zwiebel aus Georgia, hat ihr Label auf dreizehn Bezirke in Georgia und sechs andere Bezirke beschränkt. Wenn Produzenten sich auf designierte Gegenden einigen und die Genehmigung der USDA für einen Marketingauftrag erhalten, richten sich die entsprechenden Verordnungen auf Qualitätsfaktoren wie Güte, Größe und andere Produkteigenschaften (zum Beispiel kalifornische Mandeln und Weine, Kartoffeln aus Idaho, Käse aus Wisconsin, Papayas aus Hawaii).[16] Staaten scheuen heute keine Kosten, um diejenigen Firmen zu verfolgen, die mit falschen Produktetikettierungen arbeiten.

Eine interessante Variante zur Zuordnung eines Produktes zum Herstellungsort ist das grenzüberschreitende ethnische Marketing. Aufgrund historischer, kultureller und gegenwärtiger Verknüpfungen zwischen bestimmten US-Staaten und -Regionen und ihren europäischen Kontrahenten zielen die Exportbemühungen und die Strategien zur Gewinnung von Auslandsinvestitionen auf ebensolche Länder ab: Minnesota und Skandinavien, Wisconsin und Deutschland, Rhode Island und Italien, Massachusetts und Irland. Auch umgekehrt funktioniert diese Art des Marketings. Die ethnische Identifikation mit Produkten und Herkunftsländern kann eine positive Kraft im internationalen Verkauf und Marketing sein.

Funktionieren Exportförderungsprogramme?

Gouverneure, Gesetzgeber, Medien, Unternehmen und Steuerzahler möchten gerne wissen, ob Programme zur Exportförderung tatsächlich effektiv sind. Die Beweise dafür sind gemischt. Es ist schwierig, die Gesamtwirkung solcher Programme zu bewerten, obwohl einige von ihnen eindeutig zur Exportentwicklung beigetragen haben.

Die staatlichen und lokalen Politiker rechtfertigen öffentliche Investitionen in Exportaktivitäten und Handelsprogramme, indem sie auf ihren erwiesenen Nutzen hinweisen; die Schaffung und Erhaltung direkter und indirekter Arbeitsplätze, Auslandsinvestitionen, Firmenneugründungen und -erweiterungen, Umsatz, Output und Einkommen. Der Wert der in den USA gehaltenen Auslandsaktiva erhöhte sich zum Beispiel zwischen 1980 und 1988 auf 1,8 Trillionen Dollar, das heißt auf das Vierfache. Politiker in Illinois bestätigen, daß ihre Repräsentanz in Brüssel zwischen 1977 und 1988 262 europäische Firmen dazu ermutigte, mehr als 1 Milliarde Dollar in Neugründungen und Firmenexpansionen in Illinois zu investieren, die insgesamt 8300 neue Arbeitsplätze schufen. Virginias ehemaliger Gouverneur Gerard Baliles stellte fest, daß in Virginia zwischen 1986 und 1988 76 Auslandsfirmen gegründet wurden oder expandierten – eine Gesamtinvestition von 535 Millionen Dollar und die Schaffung von mehr als 600 Arbeitsplätzen.[17] Nach Studien des Congressional Research Service ist damit der Beweis erbracht, daß für 60 Dollar, die ein Staat in die Förderung von Auslandsinvestitionen investiert, 40 000 Dollar an Fremdkapital und je ein neuer Arbeitsplatz erzeugt werden.

Kritiker wie der Wirtschaftentwicklungsexperte David Osborne halten dagegen, daß »die Aktivitäten zur Promotion des Außenhandels der meisten Staaten, Überseefilialen ... und Goodwilltouren kaum etwas bringen«.[18] Andere wiederum meinen, daß öffentlich finanzierte Handelsprogramme zu ehrgeizig, zu unspezifisch und zu vereinzelt sind. Der ehemalige Vizepräsident von CED, Scott Fosler, ist der Ansicht, daß Promotionprogramme zuwenig überprüft sind und langfristig ausgewertet werden müssen.[19] Doch selbst wenn bewertete Daten vorliegen, so warnt Blaine Liner vom Urban Institute, besteht die Gefahr, daß der Zusammenhang zwischen Ursache und Wirkung nicht identifiziert werden kann, es schwer ist, die Zeitspanne bis zum Erfolg zu bemessen, und andere Unsicherheiten eine Rolle spielen.[20]

Martin und Susan Tolchin zum Beispiel konnten keine eindeutige Beziehungen zwischen dem vom Export abgeleiteten Bruttosozialprodukt und den staatlichen Exportförderungsmaßnahmen erkennen. Noch konnten sie eine eindeutige Verbindung erkennen zwischen den erfolgreichen Bemühungen um Auslandsinvestitionen und der Qualität oder Quantität der Repräsentanzen im Ausland.[21] Tennessee, der Staat, dem es gelang, innerhalb kürzester Zeit die meisten japanischen Produktionsanlagen anzulocken, hatte keine einzige offizielle Repräsentanz im Ausland (wenn auch seine Gouverneure verschiedene Handelsmissionen nach Japan anführten). 1970 schloß Kalifornien unter dem damaligen Gouverneur Ronald Reagan seine Handelsstellen in London und Tokio und sparte damit 105 500 Dollar ein; erst 1986 wurden die Auslandsstellen wieder eröffnet. In der Zwischenzeit tätigte Japan mehr als ein Drittel seiner gesamten Investitionen in kalifornische Immobilien. Dagegen wuchs das Handelsungleichgewicht des Staates von einem 2,1-Milliarden-Dollar-Defizit im Jahr 1980 auf 37 Milliarden Dollar im Jahr 1986 – 13 Prozent des gesamten US-Handelsdefizits.[22]

Die Gesamtausgaben für die Exportentwicklung von 45 Staaten betrugen nach einer Erhebung der National Association of State Development Agencies nur 50 Millionen Dollar.[23] Selbst in Illinois, ein Staat, der sehr viel Geld in Exportprogramme investiert, betrugen 1990 bis 1991 die Kosten für Handelsprogramme nur 9 Millionen Dollar des gesamten Staatshaushalts von 26,5 Milliarden Dollar – dies ist weniger als 1 Prozent des Budgets der wichtigsten Wirtschaftsförderungsagenturen des Staates. Tolchin und Tolchin stellten fest, daß die Durchschnittsausgaben der Staaten für Auslandsinvestitionen und Handel von 235 000 Dollar im Jahr 1979 auf 980 000 Dollar im Jahr 1986 kletterten, zwar eine beträchtliche Erhöhung, aber kein wirklich großer staatlicher Aufwand.[24] Eine im Jahr 1990 durchgeführte Studie beobachtete, daß Kalifornien, Illinois, New York und Michigan die größten Handelsbudgets vorwiesen, Illinois und Kalifornien die meisten Mitarbeiter, New York und Kalifornien waren führend in der Organisation von Seminaren und Konferenzen, Michigan veranstaltete die meisten Handelsmessen.[25]

Individuell sind die Ergebnisse leichter meßbar. Die meisten Staaten dokumentieren die Anzahl ihrer jährlichen Handelsmissionen, Katalogmessen, Seminare, Unternehmensförderungen; Illinois hielt zum Beispiel im Steuerjahr 1990 die folgenden Errungenschaften ihrer Wirtschaftsförderungsgesellschaft fest: 28 Katalogmessen für 525 Unternehmen; 23 Handelsmessen und Missionen für 105 Unternehmen, die zu einem wahrscheinlichen Erstjahresergebnis von 50 Millionen Dollar führten; Überweisungen von Auslandsinvestoren halfen 67 Firmen bei der Expansion oder Umsiedlung.[26]

Manche Programme dokumentieren die Häufigkeit von Kontakten zwischen Käufern und Verkäufern und die Anzahl der Kontakte, aus denen sich Geschäftsverbindungen ergaben. Kaum ein Standort dokumentiert diese Aktivitäten jedoch über einen längeren Zeitraum, und alle sind mit dem Problem konfrontiert, Unterlagen über letztendlich private Geschäftstransaktionen zu halten.

Gouverneur Baliles erwarb sich den Ruf als Reisegouverneur, der »Hühnerschenkel in Hongkong, Weine in Taipeh, Holz in Tokio und Kohle in Seoul verkaufte«.[27] Der frühere Gouverneur von Illinois, Jim Thompson, eröffnete elf Handelsmessen im Ausland, mehr als irgendein anderer Staat. Zwischen 1989 und 1990 führte er sechs Handelsmissionen in Deutschland, Kanada, Mexiko, Israel, Japan, Polen, der Sowjetunion und dem Vereinigten Königreich. Für jede Mission setzte er Ziele – Investitionen, Verkäufe, Partnerschaftsbeziehungen mit Städten, kulturellen Austausch, Eröffnung von Handelsbüros –, von denen Gesetzgeber, Medien und die Öffentlichkeit unterrichtet wurden. Doch diese Taktik kann politisch sehr delikat sein. Die Reisen des Gouverneurs wurden so kontrovers, daß sein Nachfolger die Repräsentanzen im Ausland teilweise schloß, das Außenhandelsbudget und entsprechende Reisen ins Ausland kürzte.[28] Angesichts der Rezession von 1990 bis 1992 sahen sich viele Staaten veranlaßt, den Etat für politische Auslandsreisen zu reduzieren. Dies ist die jüngste Wende in den Bemühungen der Staaten, den Export und Auslandsinvestitionen in den Griff zu bekommen.

Demarketing von Handelsprogrammen

Staat nach Staat schraubt seine internationalen Exporthandelsprogramme zurück, und zwar aus den folgenden Gründen:
1. Der Nutzen der Exportprogramme wird oft übertrieben; es wird als Erfolg dieser Programme verbucht, was auch ohne sie eingetreten wäre.
2. Viele Exportförderungsprogramme sind rein politische Instrumente, die sich besser für Kampagnen als für die Förderung des Außenhandels eignen; die Auslandsbesuche und Handelsmissionen der Gouverneure sind PR-Maßnahmen, erzielen aber selten Verkaufserfolge.
3. Die Zielsetzungen der Exportprogramme sind unpräzise definiert und daher im Ergebnis schwer meßbar.

Diese Belastungen, verbunden mit der Haushaltskrise vieler Bundesstaaten, stellen das gesamte Projekt in Frage. Es gibt jedoch auch viele
wertvolle Programme, die durch mangelnde Finanzierung in ihrer Wirkung schwer beeinträchtigt werden. William E. Nothdurft bemerkte
dazu: »Bis vor kurzem gab es für die Staaten nur wenig Grund, strategisch über ihre internationalen Programme nachzudenken. Die Promotion war das Ziel und die Verkaufstechniken das wichtigste.« Nothdurft
kommt statt dessen zu folgenden Überlegungen, die er von den erfolgreichen Exportstrategien der Europäer ableitet:

- Das große Problem besteht in der Identifikation »exportbereiter«
  Firmen. Viele Marktprobleme können mit den richtigen Qualifikationen und Haltungen gelöst werden;
- Die besten Exportfirmen engagieren sich voll und ganz im Export und sehen dies als langfristigen Prozeß statt als Einzelmaß-
  nahme.
- Die beste Exporthilfe resultiert aus einer Kombination privater und
  quasiprivater Quellen. Die Regierung sollte die Bemühungen unterstützen, ohne jedoch dabei eine primäre Rolle zu spielen.
- Das Exportgeschäft muß sich lohnen: Firmen sollten für den Rat
  bezahlen.

Die Bundesstaaten haben ihre Exportprogramme schlecht vermarktet.
Sie müssen neue Initiativen in Gang setzen, um den Gesetzgeber davon
zu überzeugen, daß Investitionen Arbeitsplätze schaffen, die Arbeitnehmer zufriedenstellen und den Arbeitgebern bessere Unternehmensmöglichkeiten bieten.

Erfolgreiche Exporteure verstehen, daß Kontrolle, Vision, Infrastruktur
und Realisierung zu einem erfolgreichen Marketingkonzept gehören,
daß dagegen schlecht geplante, kostenspielige Exportprogramme zum
Scheitern verurteilt sind.

Quelle: William E. Nothdurft, »The Export Game«, *Governing*, August 1992, S. 57–61

Zusammenfassung

Die Förderung des Außenhandels und der Auslandsinvestitionen wurde zu einer weiteren wichtigen Strategie zur Standortentwicklung, die heute ebenso wichtig ist wie die Aktivitäten zum Erhalt, zur Gewinnung oder zur Neugründung von Unternehmen oder zur Förderung des Tourismus und des Tagungsgeschäfts. Was in den siebziger Jahren als Erweiterung der traditionellen Standortansätze zur Wirtschaftsentwicklung begann – im wesentlichen die Anlockung von Industrien mittels Anreizen –, entwickelte sich zu einem breiteren, ausgewogeneren Ansatz zur ökonomischen Globalisierung.

Wie bei anderen Aspekten der Standortentwicklung reagierten die Firmen auf die Globalisierung und die ökonomischen Wechselbeziehungen schneller als die Regierung. Die Rolle der Gouverneure und Bürgermeister als neue Akteure auf der internationale Szene ist, die von Befürwortern, Repräsentanten und Maklern, die sich für die Wettbewerbsfähigkeit ihrer Standorte einsetzen.

1989 stellte der damalige Präsident George Bush fest, daß »die Gouverneure unsere Wirtschaftsgesandten werden – die den Ruf Amerikas als internationalen Mitbewerber wiederherstellen und die Weltmärkte für amerikanische Waren und Dienstleistungen vergrößern«.[29] Diese Politiker wirken heute als Berater in der Handelspolitik, zum Beispiel bei der Uruguay-Runde, den GATT-Vereinbarungen oder den Freihandelsabkommen mit Kanada und Mexiko. Sie sind im allgemeinen weniger protektionistisch als ihre nationalen Kontrahenten, die häufig das Ausland für die Handelsprobleme verantwortlich machen. Staatliche und lokale Politiker sind kreativer, flexibler und visionärer bei der Lösung von Handelsproblemen als die Bundesregierung. Da die weltwirtschaftlichen Kräfte sich zu definierten Handelsblöcken in Nordamerika, Asien und Europa hinbewegen, werden die nationalen Grenzen sich wahrscheinlich verwischen.[30] Der Föderalismus trennt noch immer diese Bemühungen, die Debatte über die staatlichen Rechte oder zentrale Kontrolle und den freien Handel im Inneren, doch größeren Handelsbarrieren nach außen.[31] Dennoch werden große multinationale Märkte die Integration weiterhin betreiben. Im Effekt wird die Wettbewerbsfähigkeit der Standorte identifizierbarer: Südflorida mit Lateinamerika, Los Angeles mit dem Nordwestpazifik zum Pacific Basin, New York City mit Tokio und London, die Staaten an der Nordgrenze mit den kanadischen Provinzen.[32]

Da die Interessen divergieren und aufgrund der regionalen und sub-

Abbildung 10.1
Bewertung des Exportklima

Punktzahl

1. Können Sie die führenden Hersteller und Dienstleistungs-
   exporteure Ihres Standortes nennen?

2. Bietet Ihre Handelskammer zumindest einmal jährlich Exportprogramme an?

3. Unterstützt die Universität oder das College am Ort potentielle Exporteure in der Identifizierung von Überseemärkten
   und Geschäftsmöglichkeiten im Ausland?

4. Ist Ihr größtes Finanzinstitut mit Exportfinanzierung, Akkredi-
   tiven und der Absicherung von Währungsrisiken vertraut?

5. Fördert Ihre Wirtschaftsförderungsagentur Handelsseminare,
   Handels- oder Katalogmessen, oder ist sie bei Marketingaufgaben behilflich?

6. Hilft Ihre lokale Wirtschaftsförderungsagentur, potentielle Exportfirmen zu identifizieren und entsprechende Kontakte zu
   knüpfen?

7. Falls Ihr Standort eine Partnerschaft im Ausland hat, wurden
   mit dieser neue Kontakte oder Geschäftsbeziehungen hergestellt?

8. Organisiert Ihr Bürgermeister oder Lokalpolitiker Handelsmissionen, um die Beziehungen ins Ausland zu fördern?

9. Hat Ihre Kommune eine realistische Einschätzung über das
   Exportpotential der lokalen Wirtschaft?

10. Können Sie Strategien zur Exportförderung Ihrer ansässigen
    Unternehmen und/oder Wirtschaftsförderungsagenturen be-
    nennen?

ECON
GRAFIK

regionalen ökonomische Differenzierung müssen die Standortstrategien globaler werden und auf strategisches Marketing abzielen, damit ihre Standorte, ihre Menschen und Unternehmen eine eigene unverwechselbare Rolle im Vergleich zu anderen Standorten und Regionen spielen können. Die lokale Reaktion auf den wirtschaftlichen Wandel wird ein immer vitalerer Bestandteil in der nationalen Wettbewerbsfähigkeit. Zum Schluß dieses Kapitels stellen wir einen einfachen Test, mit dem die Exportfähigkeit eines Standortes gemessen werden kann (siehe Abbildung 10.1). Es gibt zehn Punkte für jede positive Antwort, mit sechzig Punkten ist der Test bestanden.

Bewohner
anwerben

11

Standorte versuchen nicht nur, Touristen, Betriebe und Investoren anzulokken – ihre Strategien richten sich auch darauf, Bewohner zu gewinnen und
mit ihnen eine lebensfähige Gemeinde aufzubauen. Dabei sind sie bestrebt,
bestimmte Gruppen zu gewinnen, andere dagegen fernzuhalten. Zu den
attraktiven Zielgruppen gehören Fachleute, Investoren, Wohlhabende, junge
Familien, Rentner und hochqualifizierte Berufsgruppen wie Ärzte. Gleichzeitig sind sie vielleicht bemüht, die niedrigen Einkommensklassen, Obdachlose, Kriminelle und illegale Immigranten fernzuhalten. Verständlicherweise bleibt die Strategie, gewisse Menschen anzulocken oder andere
auszuschließen, kontrovers.

Betrachten wir die folgenden Beispiele, die in der letzten Zeit international berichtet wurden:

- Die USA verdreifachen die Visagenehmigungen (140 000) für hochqualifizierte Fachkräfte und genehmigen erstmals 10 000 Einwan-
  derungsgesuche von Immigranten, die mindestens 1 Millionen Dollar in die Wirtschaft pumpen, zehn Vollzeitjobs schaffen oder
  500 000 Dollar in bestimmten Gegenden investieren.
- Italien verweigert albanischen Asylsuchenden die Einreise.
- England verdoppelt die Strafen für ausländische Fluggesellschaften, die nicht ordnungsgemäß identifizierte Passagiere aus dem
  Ausland nach England befördern.

Auf der nationalen Ebene:

- Der Gouverneur von Kalifornien schlägt vor, das Staatsdefizit
  durch eine Kürzung der Sozialleistungen um 25 Prozent aufzufül-
  len.
- New Yorks Einwohnergesetz für Wohlfahrtsempfänger ist nicht
  verfassungsrechtlich.

- Michigan kürzt Unterstützungszahlungen für Nichtbehinderte, um Steuererhöhungen zu vermeiden.
- Nach Meinung des Gesetzgebers bezuschußt die University of Wisconsin zu viele Studenten aus anderen Bundesstaaten.
- Northwesterners (Oregon und Washington) beleidigen Autofahrer mit kalifornischen Nummernschildern.

Und auf der lokalen Ebene:

- Clinton/New Jersey zahlt Kopfgeld für neue Arbeitnehmer, um den Arbeitskräftemangel zu überwinden.
- Koochiching County/Minnesota stellt jedem 44 Acker Bauland oder verlassenes Farmland zur Verfügung, der ein Haus baut und sich verpflichtet, für mindestens zehn Jahre am Ort zu bleiben.
- Yonkers/New York: City Council verweigert Gerichtsanordnung zum Bau von erschwinglichen Wohnungen für Arme und Minderheiten.
- Ohio/Illinois zahlt Zuwanderern 3000 Dollar Grundsteuern für den Kauf von Häusern und 5000 Dollar für den Hausbau.[1]

Diese Überschriften erzählen von den Strategien, die Standorte – Nationen, Staaten und lokale Regierungen – entwickeln, um bestimmte Öffentlichkeitssegmente oder identifizierbare Gruppen anzuwerben/fernzuhalten, zu ermutigen/entmutigen. Auf der nationalen Ebene geht es um die Einwanderungspolitik: Wer darf auf welcher Grundlage und für wie lange ins Land? Auf der bundesstaatlichen Ebene handelt es sich überwiegend um Steuerfragen, Haushaltsbudgets und Verordnungen. Im Gegensatz dazu kommen bei den Kommunen neben den ebengenannten Bereichen noch Aspekte wie Bodennutzung, Raumaufteilung, Bauverordnungen, Gesundheits- und Sicherheitsstandards hinzu. Die Aktionen, die von Regierungen initiiert werden, die Politik, die sie anstreben, die Programme, die sie verabschieden oder erweitern, sind selten neutral. Sie haben Auswirkungen und Konsequenzen, die, wenn auch mitunter subtil, bestimmte Segmente der Bevölkerung bevorzugen oder ablehnen.

Im vorliegenden Kapitel wollen wir die folgenden Fragen diskutieren:

- Warum ist die Anwerbung von Bewohnern für die Standorte wichtig geworden?
- Welche Bevölkerungsgruppen möchte ein Standort aus welchen Gründen anwerben? Welche Segmente sollen dagegen innerhalb des geltenden Rechts ferngehalten werden?
- Mit welchen Strategien/Programmen gelingt es, bestimmte Bevölkerungssegmente anzuwerben/fernzuhalten, und wie können diese Strategien und Programme vermarktet werden?

Warum die Anwerbung von Bewohnern für Standorte wichtig ist

Standorte waren an der Zuwanderung von Menschen – Händlern, Siedlern und Arbeitern – interessiert, noch ehe sich Regierungen oder Gesetze darum kümmerten. Die Politik der einzelnen Nationen war häufig darauf ausgerichtet, billige Arbeit oder neue Märkte auszuschöpfen – sei es durch Kriege, Sklaverei oder feudalistische Systeme. In den USA siedelten sich Auswanderer an, die aus ihrem Heimatland England vor religiöser Verfolgung flohen, englische Verbrecher und Außenseiter wurden nach Australien verbannt, englische Soldaten nach Indien geschickt. Die USA öffneten ihre Grenzen zum Westen, indem sie 160 Acker freies Land jedem gewährten, der sich verpflichtete, es zu bewirtschaften. Die Eisenbahn importierte Zehntausende von chinesischen Arbeitern für den Ausbau der Eisenbahnlinien nach Westen. Die industrialisierten Städte im Norden, Chicago und vor allem Detroit holten schwarze Arbeiter aus dem Süden, die für die arbeitsintensive Fleischverarbeitungs- und Automobilbranche gebraucht wurden. Die Farmer im Südwesten stellten mexikanische Landarbeiter für die Ernte ein. Das Nachkriegseuropa liefert eine Fülle von Beispielen für die Anwerbung billiger Arbeitskräfte, die als »Gastarbeiter« bezeichnet wurden: Türken und Jugoslawen in Deutschland, Algerier in Frankreich und Italiener in der Schweiz. Anhand der US-amerikanischen Einwanderungsgesetze der letzten 200 Jahre zeigt sich besonders deutlich, daß die Regierungen ihre Einwanderungspolitik der jeweiligen wirtschaftlichen Situation anpassen.

Einwanderungspolitik in den USA:
Vier einschneidende Veränderungen

Jedes Land legt seine Einwanderungspolitik nach internationalem Recht und nationaler Souveränität fest. Die Einwanderungsgesetze ändern sich im Verlauf der Geschichte parallel zu veränderten Bedürfnissen, Werten und Einstellungen gegenüber den Zugewanderten. Die Vereinigten Staaten haben weltweit die meisten Einwanderer, die beispielsweise in den achtziger Jahren ein Drittel der Gesamtbevölkerung ausmachten. Zwischen 1980 und 1990 stieg die Zahl der Einwanderer stärker an als in jeder anderen Dekade des 20. Jahrhunderts, ausgenommen die Zeit zwischen 1900 bis 1910, als acht Millionen Einwanderer ins Land kamen.

In den USA ist die Einstellung zu den Einwanderern gemischt und widersprüchlich, manchmal entgegenkommend, zu anderen Zeiten abweisend. Die USA hatten erst ab 1882 ein allgemeingültiges Einwanderungsgesetz; damals wurde das erste Gesetz verabschiedet, das die Zuwanderung von Strafgefangenen und geistig Behinderten verbot und die Immigration chinesischer Einwanderer begrenzte. Die zweite große Veränderung erfolgte 1924; ein Quotengesetz regelte die Zuwanderung von Immigranten prozentual zu der Quote an Immigranten des Landes, die bereits in den USA lebten. Vor diesen Zulassungsbeschränkungen waren die USA ein offenes Einwandererland, das nach der Prämisse verfuhr: ». . . Give me your tired, your poor . . . The wretched refuse of your teeming shore.«* Die Großzügigkeit, die das Gedicht von Emma Lazarus beschreibt und die in der Freiheitsstatue eingemeißelt ist, war Bestandteil des amerikanischen Wertesystems und des egalitären Geistes, der bis 1924 in den USA vorherrschte.

1965 vollzog sich ein erneuter Wandel, als die USA das System der »nationalen Herkunft« annullierten und es mit dem »Präferenzsystem« ersetzten, das nahe Verwandte von bereits in den USA lebenden Zuwanderern bevorzugte, außerdem Fachkräfte, Wissenschaftler, Künstler und andere, deren Talente gewünscht wurden. Die Verlagerung im Jahr 1965 hin zu gelernten und ungelernten Arbeitern, an denen in den USA

---

* Gebt uns eure Müden, eure Armen . . . die Gestrandeten von euren namenlosen Küsten (Anm. d. Ü.).

Mangel herrschte, markierte eine allmähliche und doch auffällige Hinwendung zu den »wertschöpfenden« Einwanderern, die nach ökonomischen Kriterien beurteilt wurden. Anfang der achtziger Jahre wurde der Zustrom illegaler Einwanderer zum offenkundigen, im US-Kongreß definierten Problem. Seit 1977 betrug deren Zahl jährlich eine Million, insgesamt lebten in den USA zwölf Millionen illegale Einwanderer, schätzungsweise die Hälfte davon aus Mexiko. Das vieldiskutierte Thema wurde von den unterschiedlichen Interessengruppen unterschiedlich interpretiert: von »Hispanics«, Gewerkschaften, bundesstaatlichen und lokalen Regierungen, religiösen Gruppen, Farmern und Unternehmensorganisationen. Die konkreten Sorgen kreisten um Geld und Steuern, Arbeitsstandards und Löhne, Arbeitslosenzahlen und öffentliche Dienste. Doch die Debatte traf auch den Kern fundamentaler Wertvorstellungen der amerikanischen Identität und der amerikanischen Ideale. Da es keinen Konsensus darüber gab, ob die massenhafte illegale Bevölkerung der US-Wirtschaft schadete oder ihr nutzte, legte der »Immigration Reform and Control Act« aus dem Jahr 1986 ein umfassendes Amnestieprogramm für diejenigen fest, die vor 1981 eingewandert waren; zudem sah das Gesetz Sanktionen für Unternehmen, die illegale Arbeiter beschäftigten, vor. Das Gesetz war nicht beliebt, doch es stellte einen Kompromiß dar, einerseits die Grenzen im Süden zu schließen und andererseits bürgerliche Freiheiten zu bewahren und denjenigen die Staatsbürgerschaft zu verleihen, die vor 1981 illegal in die USA eingewandert waren.

Ende der neunziger Jahre entschlossen sich die USA zu einer vierten bedeutsamen Verlagerung ihrer Einwanderungspolitik, eine auffällige Abkehr der bisherigen, die weitgehend auf den Anstrengungen beruhte, den ökonomischen Nutzen, der sich mit der Immigration verband, zu vergrößern. Dazu gehörten die folgenden Regelungen:

- Die Obergrenze für die legale Zuwanderung wurde um 40 Prozent von 500 000 auf 700 000 heraufgesetzt.
- Es wurden 40 000 Einreisegenehmigungen für hochqualifizierte Arbeitskräfte aus den Bereichen Kunst, Wissenschaft, Ausbildung, Wirtschaft oder Sport gewährt, weitere 40 000 Visa für andere gelernte Arbeiter wie zum Beispiel Fachkräfte mit Grundausbildung.
- 10 000 Visagesuche von Investoren wurden genehmigt, die bestimmte wirtschaftliche Kriterien erfüllen.

Das Gesetz von 1990 stieß auf breite Kritik und wurde als eine Verletzung amerikanischer Werte betrachtet. »Die USA versuchen, die Topleute aus aller Welt zu bekommen«, bemerkte ein ausländischer Diplomat, während ein anderer kommentierte, die USA würden »Greenbacks gegen Green cards«* handeln. Die Befürworter hielten dagegen, daß die USA mit den Sonderregelungen für Investoren keine Bürgerrechte verkaufen, sondern lediglich mit Kanada und Australien konkurrieren, die zuvor ähnliche Gesetze verabschiedet hatten, um wohlhabende Asiaten, insbesondere Flüchtlinge aus Hongkong, bei sich aufzunehmen. Arbeitswissenschaftler verteidigten das neue Gesetz mit Hinweis auf die unterschiedlichen Leistungen, die gelernte und ungelernte Zuwanderer in den sechziger und siebziger Jahren erbracht hatten, und auf die wachsende Ungleichheit der Einkommen, der Sozialkosten und des Beitrags zur US-Wirtschaft zwischen den beiden Gruppen. Mit dem Gesetz von 1990 beteiligte sich die amerikanische Nation am globalen Wettrennen nach Talenten, Qualifikationen und Wohlstand, das mittlerweile die Einwanderungspolitik fast aller Länder prägte.

Quellen: Diana Solios und Pauline Yoshihashi, »Immigration Bill expands Access to US«, *Wall Street Journal*, 5. November 1990, S. A16; siehe auch George Borjas, *Friends or Strangers: the Impact of Immigration on the US-Economy* (New York: Basic Books, 1990).

---

* *Greenbacks – Wechsel oder Wertpapiere; Green card – Bezeichnung für das Einwanderungsvisum* (Anm. d. Ü.).

Ein weltweites Problem:
Die Suche nach Talenten und Identität

Demographie ist die statistische Studie über die Zusammensetzung der Bevölkerung. Im Informationszeitalter liefern demographische Daten wichtige Informationen, die sich auf den Zustrom von Menschen und Ressourcen auswirken und für die Standorte von großer Bedeutung sind. In Dritte-Welt-Ländern, deren rapides Bevölkerungswachstum das ökonomische Wachstum überholt, wächst die Besorgnis über Hungersnöte, Arbeitslosigkeit und soziale Unruhen. In Regionen mit geringerem Bevölkerungszuwachs – die Vereinigten Staaten, Europa und Ostasien – wird das Wachstum als wichtig für den wirtschaftlichen Fortschritt gesehen, der an Märkte, Arbeitsplätze, Economies of scale und steigenden Lebensstandard gebunden ist. In »geburtenarmen« Staaten wird befürchtet, daß die modernen Nationen sich nicht mehr selbst reproduzieren können und die ökonomische und geopolitische Stärke von Ländern wie Deutschland oder Japan dadurch geschwächt wird. 1987 stellte Ben Wattenberg, eine moderne Kassandra, dazu fest: »Eine Nation ohne substantielle Bevölkerung kann nicht auf dauerhaften globalen Einfluß hoffen.«[2] Gleichzeitig wehren sich manche Länder dagegen, die Bevölkerungszahlen durch die Zuwanderung von Immigranten zu erhöhen.

Die strategische Position einer Nation wächst mit ihrer Fähigkeit, Humankapital und Sachkapital regional und global anzuwerben. Singapur zielt zum Beispiel darauf, die »intellektuelle Hauptstadt Südostasiens zu werden«, und wirbt weltweit um hochqualifizierte Fachkräfte (Rechtsanwälte, Ärzte, Ingenieure, Architekten, Wirtschaftsprüfer), um teuren Service künftig ins übrige Asien zu exportieren. Korea versucht, in den USA lebende und arbeitende Koreaner zur Rückkehr zu bewegen, und lockt mit hochbezahlten Jobs in Forschung und Technik. Japan mit seiner extrem homogenen Bevölkerung sieht sich wachsendem Arbeitsmangel gegenüber und befürchtet gleichzeitig eine kulturelle Krise als Folge der Modifizierung der Einwanderungsgesetze und des Zustroms ausländischer Arbeiter. Die Einwanderungspolitik berührt die Innen- und Außenpolitik eines jeden Landes und hat einen erheblichen Einfluß darauf, wie Standorte sich vermarkten.

Umgang mit neuen Zuwanderungsströmen

Nachdem der Eiserne Vorhang gefallen war, der dramatische Umwälzungen in Osteuropa zur Folge hatte, strömten Millionen von Immigranten nach Finnland, Polen, Deutschland, Österreich und anderen westeuropäischen Ländern und berührten dabei den Nerv alter Feindschaften und Nationalismen. Der Zustrom, der in eine Zeit der Rezession und hohen Arbeitslosigkeit fiel, schürte die Furcht vor Entlassungen und erhöhten ökonomischen und sozialen Kosten. In Deutschland hatte die Wiedervereinigung praktisch über Nacht die demographische Landschaft verwandelt. Israel wird von einer Rekordzahl an Zuwanderern aus der früheren Sowjetunion überflutet und versucht nun durch interne und externe Maßnahmen, seine Einwanderungsprobleme zu bewältigen, die das Gesicht der Nation dramatisch verändern. Österreich hatte seit 1945 600 000 Flüchtlinge aufgenommen; in der Folge verstärkte sich der Druck des rechtskonservativen politischen Flügels, der auf Begrenzung der Zuwandererzahlen und Ausweisung neu eingetroffener Flüchtlinge drängte.[1] Die massive Zuwanderung aus Osteuropa bedroht in der Tat die innere Stabilität und den sozialen Frieden; es wurden sogar Stimmen nach einem neuen Eisernen Vorhang in Westeuropa laut.[2] Ebenso wie die Einwanderer die demographische Zusammensetzung in den USA veränderten, bringt die Immigration in Europa weitreichende Veränderungen mit sich. Der Anteil der nicht weißen Bevölkerung Großbritanniens betrug im Jahr 1945 weniger als 20 000; 1990 waren es fast 5 Prozent oder 2,6 Millionen der Gesamtbevölkerung. 1960 lebten in Berlin 22 000 Ausländer, im Jahr 1990 waren es 312 000, die Hälfte davon aus der Türkei.

Über lange Zeit konnten Einwanderer aus den ehemaligen europäischen Kolonien die Staatsbürgerschaft erwerben; nach deutschem Recht dürfen Einwanderer einreisen, die nachweislich deutscher Abstammung sind; Großbritannien begrüßte zunächst die Einwanderer aus seinen früheren Kolonien, um ihnen später die Einreise zu verweigern. Ebenso wie in Athen vor fast 3 000 Jahren darüber debattiert wurde, wer Athener ist, geht es heute darum, welche Gruppen in ein Land gelassen werden und welche nicht. Das Problem hat mittlerweile weltweite Dimensionen angenommen. Die Gesetze beruhen teilweise aus den Bestimmungen der UNO-Konvention aus dem Jahr 1951; danach erhält jeder in den USA und den Ländern der Europäischen Union Asylsuchende Schutz, der nachweislich »eine Verfolgung aus Gründen der Rassenzugehörigkeit, Religion, Nationalität, Mitgliedschaft in einer bestimmten sozialen oder politischen Gruppe« befürchten muß. 1991 verzeichnete Westeuropa über 500 000 Asylanten; jede Nation hat ihre eigene, oft enge Interpretation von dem, was »politische Verfolgung« bedeutet.[3]

Quellen: 1) Brenda Fowler, »With the New Look, Far Right Makers Gains in Austria«, *New York Times*, 7. Oktober 1990, S. 3; 2) Robert D. Hormats, »Don't let the West Erect A New Iron Curtain«, *Wall Street Journal*, 27. Dezember 1990, S. A16; 3) Craig, Whitney, »Europeans Look for Ways to Bar Immigrants«, *New York Times*, 29. Dezember 1991, S. 1.

Defensive und offensive Strategien zur Anwerbung von Bewohnern

Die Strategien zur Anwerbung bzw. dem Fernhalten von Bevölkerungsgruppen sind nicht mit den Strategien der Einwanderungspolitik zu verwechseln, die landesweit gelten. Vor der Gewährung der Bürgerrechte – Wahlrecht, Recht auf Wohnung, Arbeit und öffentliche Einrichtungen – für die US-Minderheiten wurden bundesstaatliche und lokale Gesetze verabschiedet, die bestimmte Bevölkerungssegmente von der vollständigen Teilnahme am gesellschaftlichen, sozialen und wirtschaftlichen Leben ausschlossen; sie gründeten auf Rassen- und ethnischer Zugehörigkeit, politischer Gruppierung, Religion, physischer oder geistiger Verfassung und vorhandenen finanziellen Mitteln. Die Trennung de jure existierte in fast allen Südstaaten, die De-facto-Segregation überall sonst. In einigen Bundesstaaten war das Nichtzahlen von Steuern bereits Grund, um die Ärmeren zu vertreiben. Es wurden Gesetze erlassen, die Landstreichern oder Analphabeten das Wahlrecht verweigerten; Wohnortnachweise als Voraussetzung für staatliche Wohlfahrtsbeihilfen oder das Verbot, staatliche Grenzen zu übertreten, waren nur einige der Mittel, mit denen Standorte versuchten, unerwünschte Bewohner fernzuhalten oder zu vertreiben.

Heute kämpfen Staaten und Städte offensiv darum, Bewohner, die bestimmten Kriterien entsprechen, anzuwerben. Dieses Phänomen läßt sich anhand der folgenden Trends erklären:

- Es besteht Bedarf nach qualifizierten statt nach unqualifizierten Arbeitern.
- In den USA wächst der Anteil der Älteren, deren Ausgaben die Kosten für in Anspruch genommenen Dienstleistungen übersteigen.
- Die Einkommen der US-Hochschulabsolventen und der Minderqualifizierten klaffen immer weiter auseinander.

Damit wird der Faktor Humankapital zur immer wichtigeren Determinanten für das wirtschaftliche Wohlergehen; die Politiker sind häufig gezwungen, zwischen zwei Strategien zu wählen – Kapitalentwicklung im Land oder Anziehung von Kapital von außen. Manche Standorte verfolgen beide Strategien, andere setzen keine von beiden ein. Immer klarer sehen Standorte auch die Vorteile einer Strategie, die auf das Anwerben von Pensionären setzt – eine neue Form des Standortwettbewerbs um Menschen.

Bevölkerungsimperativ:
Wachstum, Nullwachstum, Wachstumsverlust

Eine Reihe von Standorten versucht neue Bewohner zu gewinnen, weil sie mit einem signifikanten Bevölkerungsrückgang konfrontiert sind. Koochiching County/Minnesota und Ohio/Illinois sind Beispiele ländlicher Gebiete, die von massivem Bevölkerungsverlust bedroht sind. Hier müssen neue Bewohner angeworben werden, damit das Land bewirtschaftet, Häuser bewohnt und Kinder in die Schulen geschickt werden können. Die Strategie, mit Anreizen zu werben, richtet sich auf moderne Pioniere, die die Mittel besitzen, ein Haus zu kaufen, zu investieren, Steuern zu bezahlen oder ein Geschäft zu gründen.

In den achtziger Jahren lancierten vier Bundesstaaten, die Bevölkerungsverluste verzeichneten – West Virginia, Iowa, Wyoming und North Dakota –, jeweils eigene Kampagnen, um diese Entwicklung aufzuhalten. Wyoming versuchte, bestimmte Branchen für sich zu gewinnen; der Staat lockte mit niedrigen Steuern und warb national in den Zeitschriften *Plants & Sites* und *Newsweek*. Die Hoffnung war, daß die neuen Unternehmen neue Bewohner mit sich bringen und die Ansässigen zum Bleiben motiviert würden (s. Darstellung).

Umgekehrt müssen Standorte, die in den siebziger und achtziger Jahren einen hohen Bevölkerungszuwachs zu verzeichnen hatten, heute den Wunsch ihrer Bewohner nach Wachstumseinschränkung berücksichtigen. Nicht immer bringt das Bevölkerungswachstum auch einen Anstieg der Beschäftigungszahlen, des Einkommens und niedrigere Steuern mit sich. Im Gegenteil, die Wachstumsdynamik führt zu Steuererhöhungen, um für Infrastruktur und Schulen, Verkehrswege und Umweltschutzmaßnahmen bezahlen zu können, denn gerade die zunehmende Umweltverschmutzung wird von vielen als Beeinträchtigung der Lebensqualität angesehen. DuPage County/Illinois, der in den Siebziger Jahren am schnellsten wachsende Bezirk des Bundesstaates und des gesamten Mittelwestens, in dem die Woodfield Shopping Mall als größter Erzeuger von Umsatzsteuern ansässig ist, kämpft heute gegen Haltungen ihrer Bürger an, die sich gegen Steuern, gegen Wachstum und gegen wirtschaftliche Weiterentwicklung wenden. Die Region Pacific Northwest begann sich mit einer Nullwachstumsstrategie anzufreunden, als die Wirtschaft in den Siebzigern zunächst einen Aufschwung, dann einen Abschwung erlebte. Auch als die Wirtschaft sich Mitte der achtziger Jahre wieder erholte, gewann die Nullwachstumshaltung weiter an Boden.

Die Bewohner der Wachstumsstädte im Bundesstaat Washington –
Seattle, Olympia und Bremerton – reagierten mit unverhohlener Feindse-
ligkeit auf den Zustrom von Kaliforniern, die nach dem letzten Erdbeben
Schutz bei ihnen suchten. Die Furcht, »kalifornisiert« zu werden, verlieh den
Umweltschutzaktivitäten Washingtons, die auf Wachstumsbegrenzung ge-

---

Paramount entdeckt die Attraktion der Kleinstadt

Im Film »Baby Boom« spielt Diana Keaton die Rolle einer New Yorker
Werberin mit »Burnout-Syndrom«, die in eine Kleinstadt in New England zieht. Dort trifft sie auf alle erwarteten Alpträume; der Brunnen ist
ohne Wasser, die Heizrohre frieren ein, die Ansässigen sind unfreundlich
und mißtrauisch, und sie selbst wird immer depressiver und einsamer.
Doch innerhalb von zwei Kinostunden entdeckt sie einen gutaussehen-
den Arzt, eröffnet eine Kette für Baby-food und lernt schließlich, die
kleine Stadt zu lieben.
Chevy Chase, der die Rolle des ebenfalls ausgebrannten New-York-City-
Sportredakteurs in dem Film »Funny Farm« spielt, litt sogar noch mehr
am Kleinstadtsyndrom als Diana Keaton. Doch dann entwickelte er
sich zum lokalen Sportredakteur und wurde zum geliebten Trainer des
heimischen Baseballteams.
Die ums Überleben kämpfenden Kleinstädte Amerikas sind sich bewußt, daß es ihnen an unternehmerischen Großstadtmenschen fehlt.
Ende der Achtziger bot die Kleinstadt Rolfe/Iowa mit einer Bevölkerung
von 700 Menschen kostenloses Land und 1200 Dollar in bar für jeden,
der dort ein Haus im Wert von mindestens 30 000 Dollar baute. Die
Ergebnisse waren ermutigend, denn siebzig Menschen zogen hinzu, die
ihr eigenes Einkommen verdienen. Einige Zuwanderer wundern sich
noch immer, wo der *bagel* * *shop* geblieben ist, oder sehnen sich nach
einer kleinen Theateraufführung von Peer Gynt, trotzdem scheint es
sich um einen dauerhaften Trend zu handeln.

Quelle: For Rolfe/Iowa-see Roger Munns, »Iowa Farm Town Gets Its Wish: People«,
Chicago Sun Times, 2. Januar 1990, S. 44.

---

* *Bagel* = Gebäck, das für einige Regionen typisch ist (Anm. d. Ü.).

richtet waren, zusätzlichen Impetus. Die Flüchtlinge aus Kalifornien flohen auch vor dem überteuerten Wohnungsmarkt und benutzten die von der Regierung bereitgestellten Mittel, um billigere Häuser in Washington, Oregon, Nevada und Arizona zu kaufen, wodurch wiederum die Grundstückspreise anzogen. Die kalifornischen Ausländer oder »Eigentumsflüchtlinge« wurden eisig empfangen, insbesondere im Nordwesten.

Die Nordkalifornier versuchen heute massiv, das Wachstum zu begrenzen und die Zuwanderung zu den neuen Wachstumsgegenden Chico, Santa Rosa-Petulama, Stockton und Sacramento einzudämmen. Das gleiche Phänomen ist in New Mexico zu beobachten, dessen Wachstum an siebter Stelle der USA liegt; Las Cruces und Santa Fe gehören heute zu den fünfzig dynamischsten Wachstumsgegenden unter den 320 offiziell designierten US-Metrolopen. Oft wird versucht, das ungezügelte Wachstum durch Umweltschutzgesetze, Bodennutzungs-, Raumordnungs- und Wohnungsbauverordnungen zu drosseln; andere fordern Zusatzgebühren für Infrastrukturmaßnahmen und für Inanspruchnahme öffentlicher Leistungen. Durch Anhebung der Landerschließungskosten wird versucht, entweder weitere Bebauung zu verhindern oder die Grundstücksbesitzer oder -makler mit den entstehenden Kosten zu belasten. Ähnliche Vorschriften und Regelungen finden zunehmend ihren Ausdruck in entsprechenden Gesetzen.

Eine weitere Kategorie von Standorten, meist ältere – Städte, Kleinstädte und Metropolen –, wachsen weder, noch schrumpfen sie in größerem Ausmaß, und obwohl Wachstum angestrebt ist, müssen sie realistischerweise lernen, mit sehr begrenzten Wachstumsaussichten zu leben. Zwischen 1980 und 1990 trugen die 320 metropolitanen Gegenden mit 1 Prozent zum Wachstum der US-Gesamtbevölkerung – von 76 Prozent auf 77 Prozent – bei. Im letzten Jahrzehnt wies ein Viertel dieser Gebiete – die meisten im Süden und Westen gelegen – die doppelte Wachstumsrate im Vergleich zum Rest der USA auf, zirka 60 Prozent wuchsen im Gesamtvergleich langsamer als die übrigen US-Staaten. Die meisten metropolitanen Gebieten verzeichnen zur Zeit einen relativ geringen Bevökerungszuwachs, der auch für die Zukunft prognostiziert wird, da beide Wachstumsquellen – der natürliche Zuwachs und die Zuwanderung – abnehmen.[3]

Langsames Wachstum, Nullwachstum und Wachstumsverlust können in denjenigen Standorten zu wirtschaftlicher Stagnation führen, deren industrielle Basis sich nicht entsprechend den veränderten ökonomischen Bedingungen entwickelte oder die vorwiegend aus schrumpfenden Wirtschaftsbranchen besteht. In manchen älteren Standorten, denen aufgrund ihrer qualifizierten Arbeitskräfte oder ihrer vorteilhaften geographischen Lage der Übergang zu stabileren Industrien gelungen ist, stagniert zwar dennoch das Wachstum, aber die Aussichten, wirtschaftlich gesund zu bleiben, sind vielversprechend. Zu diesen Standorten gehören im Osten und im Mittelwesten Binghamton/New York, Sioux Falls/South Dakota, Rockford/Illinois, Louisville/Kentucky und Toledo/Ohio. Angesichts der schwindenden Zuwanderung aus ländlichen Regionen und der Anwerbung von Immigranten aus anderen Standorten besteht ihre Aufgabe hauptsächlich darin, qualifizierte Arbeit – ihr wichtigstes Vermögen – zu gewinnen und zu halten.

Die Strategien, um die Bevölkerungszahlen zu verringern, zu erhöhen oder konstant zu halten, können also je nach Standort unterschiedlich sein. Das Bevölkerungswachstum insgesamt, wie auch in den großen Metropolen, verlangsamt sich; Wachstum beruht heute auf

1. natürlichem Zuwachs: Geburten, rückläufigen Sterbeziffern;
2. Zuwanderung aus ländlichen Gebieten;
3. Zuwanderung aus anderen metropolitanen Regionen und
4. Zuwanderung aus dem Ausland.

Der hohe Bevölkerungszuwachs in Städten wie Naples/Florida, Riverside und San Bernardino/Kalifornien oder Fort Pierce/Florida – in den achtziger Jahren die am schnellsten wachsenden Gegenden – ging zu Lasten anderer metropolitaner Gebiete. Im Gegensatz dazu zielen Standorte wie Nassau und die Suffolk-Bezirke/New York, die kaum Wachstum verzeichnen, hauptsächlich darauf, den Status quo aufrechtzuerhalten. Sie versuchen, ein Gleichgewicht zwischen Zuwanderern und Abwanderern zu erhalten, und hoffen, daß Geburts- und Sterberaten konstant bleiben.

Eine stabile Wachstumssituation hängt außerdem entscheidend vom Unternehmens-Branchen-Mix und der Qualität der Arbeitskräfte ab.[4]

Definition des anzuwerbenden Bevölkerungssegments

Standorte unterscheiden sich darin, welche Bevölkerungsgruppen sie für sich gewinnen wollen und welche nicht. Manchen ist vielleicht an Pensionären, qualifizierten Fachkräften und an den höheren Einkommensgruppen gelegen, in anderen Fällen besteht ein Bedarf nach ungelernten Arbeitskräften. Im folgenden untersuchen wir die Bemühungen, Pensionäre und verschiedene andere Bevölkerungssegmente anzuwerben.

Die Zielgruppe der Pensionäre

Florida ist US-weit führend in der Anwerbung der älteren Bevölkerung, der Pensionäre, auf die 1980 90 Prozent der Gesamtbevölkerung Floridas entfiel. Der Reingewinn zwischen der Zu- und Abwanderung dieser Bevölkerungsgruppe betrug in Florida zwischen 1985 und 1990 5 Milliarden Dollar, Arizona nahm einen schwachen zweiten Platz mit einem Reingewinn von 1 Milliarde Dollar ein. New York war dagegen der Verlierer: Mit der Abwanderung seiner älteren Bürger verlor es 2,9 Milliarden Dollar und Illinois, Verlierer an zweiter Stelle, in derselben Zeit 1 Milliarde Dollar.[5]

Der Wettbewerb um die Älteren wird durch die insgesamt alternde Bevölkerung der USA noch verstärkt. Die mittleren Haushaltseinkommen sind typischerweise Haushalte im Alter von 45 bis 54 Jahren, während das Durchschnittsreinvermögen auf Haushalte von 65 und 69 Jahren zutrifft.[6] Der größte Teil des Reinvermögens entfällt auf Hauseigentum. Kein Wunder also, daß manche Standort-Marketer auf die älteren Bevölkerungsschichten aufgrund des Einkommens, Reinvermögens, hohen Verbrauchs und häufig niedrigen Servicebedürfnissen abzielen. Da die Pensionäre hohe Kaufkraft besitzen und die Steuerbasis vergrößern, werden sie von manchen Standort-Marketern als neue »Wachstumsindustrie« angesehen, die besonders für kleinere Städte interessant sein könnte. Neben Florida, Arizona, New Mexico und Kalifornien, die alle große Pensionärsgemeinden haben, hat sich kein Staat besser für die Anwerbung dieses Bevölkerungssegments positioniert als South Carolina (s. Darstellung).

South Carolina zielt auf die Älteren

South Carolina, das für Pensionäre attraktiv ist, hat systematisch mit der Verbesserung seiner Position begonnen. Zwar hat es noch nicht den höchsten Anteil an Pensionären, doch seine Vorteile für diese Gruppe sind überzeugend: angenehme klimatische Bedingungen – Berge und Meer – und, was am wichtigsten ist, niedrige Steuern und Lebenskosten. Als es diese Chance erkannte, kaufte South Carolina 1986 mehr als 3000 Acker Land am dünnbesiedelten Savannah River. Die Regierung sorgte für Straßen und andere Infrastrukturmaßnahmen und verkaufte dann das Land an eine Organisation, die die Entwicklung eines Alterswohnsitzes für 12 000 Pensionäre vorsah – ein gelungenes Beispiel dafür, wie Staaten um den Anteil dieses Bevölkerungssegments erfolgreich werben können.

Gegenüber großen Konkurrenten wie Florida und Kalifornien versucht South Carolina den entscheidenden Vorteil auszunutzen, den es aufgrund seiner billigeren Lebenshaltungskosten genießt, insbesondere da die Steuern in Kalifornien und Florida wegen des starken Bevölkerungszuwachses, der Ausgaben für Infrastruktur und öffentliche Versorgung stark ansteigen. Sollte South Carolina seinen Kostenvorteil weiterhin beibehalten, würde es allein dadurch im Lauf der Zeit für einen größeren Teil dieser Bevölkerungsgruppe interessant werden.

Um die Wettbewerbsposition South Carolinas auszubauen, wurde 1987 eine Non-profit-Organisation gegründet, die South Carolina Retirement Communities Association (SRCA), die mit den entsprechenden Marketingaufgaben betraut wurde. Es handelt sich dabei um ein Konsortium aus vierzig Privatunternehmen einschließlich des South Carolina Parks, Recreation and Tourism Department und der South Carolina Commission on Aging. In seinen Bemühungen, den Staat als Pensionärszentrum zu positionieren, schätzte die Organisation, daß »etwa 70 Prozent des Wachstums von Pensionären erzeugt wird, die nach South Carolina ziehen (und) von denen jeder 100 000 Dollar für den Hauskauf und die Einrichtung ausgibt«.

South Carolina ließ auch eine Schätzung über die Besucher des potentiellen Alterswohnsitzes vornehmen, die einige interessante Einsichten über die Ziele der Pensionäre eröffnete. Zum Beispiel wird vor dem Kauf der Ort mindestens dreimal besucht – ein klarer Hinweis darauf, daß für diese Besuche die notwendigen Voraussetzungen geschaffen werden müssen. Es besteht eine direkte Verbindung zwischen Tourismus und dem, was euphemistisch die Seniorenbranche genannt wird, vor allem, daß aus Besuchern oftmals Bewohner werden. Die in South Carolina durchgeführte Meinungsumfrage zeigte auch, daß 58 Prozent der potentiellen Pensionäre eine ländliche Gegend bevorzugten.

Dies war für die Marketingstrategen interessant, die nun das ländliche und kleinstädtische Image des Staates vermarkten konnten. Die Kleinstädte in South Carolina finden heute, was andere bereits vor ihnen entdeckten – daß ihre Lebensfähigkeit von sozialer Sicherheit, Pensionen, Rentenversicherungen und dem Einkommen der Älteren abhängt.

Die Hauptmission der SCRCA ist es, die Wettbewerbsposition South

Carolinas zu verbessern, indem es als ausgezeichneter Aufenthaltsort für Pensionäre mit seinen starken Konkurrenten Florida und Kalifornien rivalisiert. Das heißt nicht nur, in Wohnungsbau und Infrastruktur zu investieren, sondern auch Kontrolle über die Immobilienfirmen auszuüben und den Fortschritt auch in den nächsten hundert Jahren voranzutreiben.

South Carolina versucht heute, vielen der Werte zu entsprechen, die schon nach dem Zweiten Weltkrieg die Pensionäre anzog. Die Stadt Kingstree im Bezirk Williamsburg ist ein gutes Beispiel für diesen Ansatz. Ein lokaler Kolumnist nannte zehn Qualitäten, die seinen Bezirk von Florida unterscheiden:

1. die spezielle Geschichte von Williamsburg County;
2. die Gemütlichkeit und Behäbigkeit des Kleinstadtlebens;
3. niedrige Steuern und vernünftige Grundstückspreise;
4. eine freundliche Atmosphäre;
5. ein Paradies zum Fischen, Jagen und Golfen;
6. nahe gelegene Berge und Küsten;
7. Weiterbildungsmöglichkeiten an lokalen Colleges;
8. berufliche und Freizeitaktivitäten in Florence und Charleston;
9. Kirchen für alle Religionen;
10. Flughafen in Myrtle Beach und Charleston sowie ein Bezirksflugplatz.

Quellen: »South Carolina Group Seeking to Attract Retirees«, *Charlotte Observer*, 22. März 1987, S. 26; Charles Walker, »Williamsburg Is a Great Place«, *The News*, 1. Mai 1988, S. 2B.

Zwischen 1970 und 1980 entwickelten sich viele ländliche Bezirke zu beliebten Zentren für Pensionäre; die Zuwanderung der über Sechzigjährigen stieg in ungefähr 500 Kommunen auf mindestens 15 Prozent, bei weitem schneller als in den metropolitanen Gegenden. Überall in den USA gibt es diese »Pensionärszentren«, häufig in reizvollen Landschaften gelegen, mit Freizeit- und Erholungseinrichtungen; auf diese Weise können die Kommunen sich revitalisieren und ihre Beschäftigungs- und Einkommenssituation verbessern.[7]

Nicht zu vergessen sind auch die nördlicheren und abgelegeneren Standorte, die ebenfalls bei Pensionären beliebt sind – zum Beispiel Michigans Halbinsel, Minnesotas »Iron Range«, West-Massachusetts und der

nördliche Teil des Staates New York. Nachdem Silver Bay/Minnesota
seinen wichtigsten Arbeitgeber, die Reserve Mining Corporation, verloren
hatte, schalteten die verantwortlichen Behörden US-weit Anzeigen, um
Pensionäre auf sich aufmerksam zu machen, und waren teilweise damit
erfolgreich.[8] Massachusetts unterstützte die Werbung für die Mount-Crey-
lock-Region im nördlichen Berkshire und investierte in Wintersportmöglichkeiten, Golf, Tennis und andere Einrichtungen.

Im allgemeinen suchen Pensionäre Standorte, die Freizeitaktivitäten
anbieten, wo sie ihren Hobbys wie zum Beispiel Malen, Kunsthandwerk
oder dem Schreiben nachgehen können. Auch ärztliche Versorgung und
Gesundheits- und Fitneßeinrichtungen sind wichtig, ebenso wie Verkehrsbedingungen und öffentlicher Transport. Manche Unternehmen und Geschäfte profitieren sehr von der älteren Bevölkerung und sind bereit, die
Standorte bei der Gewinnung von Pensionären zu unterstützen. Unternehmen, die auf Gesundheitsvorsorge, Beratung, Ausbildung, Finanzmanage-
ment konzentriert sind, belegen diesen Trend.[9] Die wachsende Zahl von
Pensionären bringt die Nachfrage nach bestimmten Dienstleistungen mit
sich, mit denen ein Standort werben und die er entwickeln kann.

Warmes Klima und reizvolle Umgebung sind jedoch nicht die einzigen
Faktoren in der Standortwerbung für die ältere Bevölkerung. So haben mindestens sechs Bundesstaaten Bemühungen in die Wege geleitet, um eine
geschätzte Zahl von 1,6 Millionen Militärangehörigen für sich zu gewinnen,
die zum Ende des Jahrhunderts in weit größerer Anzahl als früher in Pen-
sion gehen, abgesehen von fast 700 000 beim Militär Beschäftigten, die zwischen 1992 und 1995 vorzeitig die Armee verlassen. Viele von ihnen sind auf
der Suche nach einer neuen beruflichen Laufbahn (die Armeeangehörigen
werden nach einer zwanzigjährigen Dienstzeit im Durchschnitt mit Mitte
Vierzig entlassen) in der Nähe von Militärbasen, damit sie die medizini-
schen Einrichtungen und Diskountgeschäfte weiterhin benutzen können.
Wie andere wohlhabende Pensionäre gelten die Exsoldaten als gut ausgebil-
det, gesund, haben ein überdurchschnittliches verfügbares Einkommen und
engagieren sich in Bürgerprojekten. Nach dem *Governing*-Magazin sind die
Bundesstaaten Kalifornien, Michigan, New Jersey, New York, Pennsylvania
und Texas führend in der Suche nach Schlüsselstellungen für ehemalige Mi-
litärangehörige. Am offensivsten wirbt Florida um diese Gruppe, für deren
»zweite berufliche Laufbahn« es Investitionen im Wert von 500 000 Dollar
geleistet hat.[10]

Manche Standorte, die Pensionäre anwerben, versuchen gleichzeitig,
Familien mit kleinen Kindern fernzuhalten. In diesen Fällen wird Familien

mit Kindern der Zutritt verweigert oder durch restriktive Pachtbedingungen und Verträge erschwert. Sun City/Arizona verfolgte erstmals eine solche Strategie, gefolgt von Long Boat Key in Naples/Florida. Um die Steuern auf niedrigem Niveau zu halten und Freizeiteinrichtungen auf die älteren Bevölkerungssegmente auszurichten, schließen sich auch andere Standorte mit hohem älteren Bevölkerungsanteil diesem Modell an.

Ein Standort, der ein College oder eine Universität hat, besitzt ebenfalls hohe Attraktion für ältere Menschen. Amherst, Williamstown und North Hampton/Massachusetts, Palo Alto/Kalifornien, Ann Arbor/Michigan und Williamsburg und Charlottesville/Virginia haben heute große Pensionärsgemeinden. Die Lebensqualität in diesen Gemeinden hängt direkt mit ihrer Universität und den entsprechenden Ressourcen zusammen. Die erhöhte Attraktivität für Senioren hat allerdings einen gegenteiligen Effekt auf die Wohnungssituation der Studenten, die durch steigende Mieten gezwungen werden, sich in die preiswerteren Studentenwohnheime auf dem Campus zurückzuziehen.

Die Bedeutung eines effektiven Standortmarketings für Pensionäre wird von potentieller Konkurrenz aus dem Ausland noch unterstrichen. Sollte das US-mexikanische Handelsabkommen Ausländern den Besitz mexikanischen Landes erlauben, wird dies voraussichtlich zu einer enormen Anwerbung von US-amerikanischen Pensionären seitens der Mexikaner führen. Ein weiterer Trend, der sich in den letzten Jahren bemerkbar machte, ist, daß amerikanische Pensionäre sich auf ihre europäischen Wurzeln besinnen und in ihre ehemalige Heimat zurückkehren. Ein Beispiel dafür ist Polen, wo die Lebenskosten niedrig sind und umfassende Versorgung zu moderaten Preisen angeboten wird.

Andere Bevölkerungssegmente anwerben

Die erhöhte Beweglichkeit der Bevölkerung ist ein wichtiger Faktor beim Geschäft, Menschen anzuwerben. Im Informationszeitalter können die Menschen selbst definieren, wo sie arbeiten wollen, um zu leben, statt dort zu leben, wo sie arbeiten. Die moderne Stadt ist eine Erfindung des 19. Jahrhunderts. Zum Beispiel wurde jedes einzelne Transportmittel bis 1914 erfunden. Wie Peter Drucker beobachtete: »Es ist heute unendlich viel einfacher, billiger und schneller, das zu tun, was im 19. Jahrhundert noch gar nicht möglich war: weltweit zu kommunizieren und die Büroarbeit dahin zu verlegen, wo die Menschen sind.«[11]

Futuristen denken heute über eine Welt nach, die aus bürofreien Städten besteht, eine neue Ära der elektronischen Heimindustrie, die mehr Leute zu Hause beschäftigt als in zentralisierten Arbeitsplätzen. Der Exodus von den Städten in die Vorstädte als Wohnort und Arbeitsplatz ist ein Phänomen in den USA, in Großbritannien, auf dem europäischen Festland und in Japan. Die Marketingherausforderung für große Städte besteht dann darin, wie diese Trends in Technik und Lebensstilen dazu genutzt werden können, den Exodus aufzuhalten und bestimmte Segmente der urbanen Bevölkerung zu halten. Darüber hinaus versuchen größere Städte, einen Teil der Städtewanderung durch die Anwerbung von Fachkräften aufzufangen, neue Bevölkerungssegmente für ihre Stadt zu finden und andere aus den Vororten zurück in die Stadt zu holen.

Die Standorte müssen sich den Erfordernissen einer mobilen Nation anpassen. Etwa 20 Prozent der Amerikaner ziehen pro Jahr um. Von 1960 bis 1989 wechselten über 91 Prozent der Haushalte den Wohnort, und beinahe die Hälfte aller Haushalte zog allein in den Jahren von 1985 bis 1989 um.[12] Die überwiegende Mehrzahl dieser Umzüge findet innerhalb einer Kommune, eines Bezirks oder Bundesstaats statt. Ungefähr 10 bis 20 Prozent ziehen in einen anderen Bundesstaat oder ins Ausland. Die treibende Kraft für diese Mobilität ist der Wechsel von Arbeitsplätzen. Die Menschen wechseln ihren Arbeitsplatz und ihren Beruf. Nach dem U. S. Bureau of Labor Statistics wechseln 9 bis 12 Prozent aller Arbeitnehmer jedes Jahr die Art ihrer Arbeit, eine Zahl, die in 1986 zehn Millionen betrug.[13]

Um eine mobile Bevölkerung anzuziehen und zu halten, müssen Standorte lernen, die verschiedenen individuellen Lebensstile anzusprechen. Die demographischen Veränderungen und neue Lebensstile haben ihre eigene Sprache erzeugt, die Einstellungen und Verhalten kennzeichnet: Die YUPPIEs *(young urban professionals)*, ein kleines Segment der Babyboomer-Generation, multipliziert mit einer Vielzahl weiterer Lebensstile, ethnischen Bevölkerungen und Altersgruppen: Bubbies (Schwarze), Guppies (Homosexuelle), Huppies (Hispanos) und Juppies (Japaner). Die mittelalterlichen Yuppies werden zu Muppies. DINKS *(double income no kids)* sind die Familienversion der Yuppies, die, sollten sie doch Kinder bekommen, zu DEWKS werden *(double earners with kids)*.[14] Die Marketingfachleute segmentieren laufend neue Gruppen nach Verbraucherverhalten und Einstellungen, die dann als Traditionalisten, Trendsetter, Arrivierte, Etablierte usw. etikettiert werden. Im Zug der familiären Veränderungen erfanden die Marketer alle möglichen Bezeichnungen, um die traditionelle Kernfamilie von anderen Lebensstilen zu unterscheiden.

Vom statistischen Standpunkt aus betrachtet, sind die Veränderungen, die in den Familien in der jüngsten Zeit stattfanden, dramatisch. 1970 wurde der Verbrauchermarkt von Ehepaaren mit Kindern dominiert; 1990 gab es keinen dominierenden Familientyp. Statt dessen gibt es kinderlose Ehepaare, Ehepaare mit Kindern, Alleinstehende, Alleinstehende mit Kindern, Rumpffamilien, Pensionäre und Wohngemeinschaften.[15]

Die Änderungen in der Familiengröße und im Familieneinkommen sind entscheidend für das Standort-Marketing. Die Lebensstile sind zwar an die Größe des Haushalts und Einkommen gebunden, sind aber nicht zwangsläufig davon abhängig. Standorte, die Bewohner auf der Basis ihrer beruflichen Qualifikationen, Einkommen oder anderen Charakteristika anwerben oder halten wollen, müssen sich den Lebensstilen und Bedürfnissen dieser Bevölkerungssegmente anpassen. Im *The Rating Guide to Life in America's Small Cities* bewertet G. Scott Thomas die 219 »metropolitanen Gebiete« der Nation, die viele der Vorteile des Großstadtlebens (Sport, Kunst, Einkaufsmöglichkeiten usw.) besitzen, doch nicht ihre Probleme.

Es gibt Städte in Bezirken von mindestens 40000 Einwohnern, die nicht Teil einer Metrogegend sind. Fünf der von Thomas als Topstädte bewerteten Städte liegen im Staat New York, fünf der westlichen Top ten in Washington. Dazu gehören Städte wie Ithaka/New York, Ames/Iowa, Mankato/Minnesota, Fredericksburg/Virginia und Hattiesburg/Mississippi.[16] In der Tat können sich Städte auch als Alternative zur Großstadtethik plazieren – alle Vorteile, keine Kosten. Der Faktor der Lebensqualität – Luftreinheit, Naturschönheiten, Freizeitangebote, kulturelle und soziale Einrichtungen – sind im Standort-Marketing von großem Wert. Auch die kleinen Städte werden von Marketingstrategen, denen die Metrogegenden zu überfüllt und zu wettbewerbsintensiv sind, neu entdeckt. Viele Firmen suchen heute ebenfalls den Weg zu den kleineren und neuen Märkten.[17]

Große Städte sind jedoch in keiner Weise hilflos dem Wettbewerb preisgegeben. Die drei größten Städte Kanadas – Toronto, Montreal und Vancouver – wachsen auch weiterhin. Vor Jahren entdeckten städtische Marketingprofis das Segment der im Psychojargon als »Empty Nesters« (*empty nest* = leeres Nest) bezeichneten: Ehepaare, deren Kinder bereits aus dem Haus sind. Die Attraktivität des urbanen Lebens im Vergleich zum Vorortleben für junge Singles, Doppelverdiener ohne Kinder und ältere Pensionäre ist ein Phänomen, an das sich Städte anpassen müssen. Manchmal erfolgt die Revitalisierung, wenn wohlhabende Neuankömmlinge Häuser in heruntergekommenen Bezirken renovieren und instand setzen; in anderen Fällen wird eine Gegend aufgewertet, wenn die einkommensschwächeren Gruppen die Sanierung der vernachlässigten Viertel selbst in die Hand nehmen. In noch anderen Fällen, beispielsweise in Dearborn Park, entstand eine vollkommen neue Wohngemeinde, die von einer in Chicago ansässigen öffentlich-privaten Partnerschaft an der Stadtperipherie gebaut wurde.

In seiner Veröffentlichung *City: Life on the New Frontier* fand Joe Garreau heraus, daß 200 Standorte zu diesen Randstädten gehören: 5 Millionen *square foot* an Büroflächen, 600 000 *square foot* Räumlichkeiten für den Einzelhandel, mehr Arbeitsplätze als Schlafzimmer und doch von Bewohnern als ein zusammenhängender Ort Leben wahrgenommen. Nach Garreau »bündeln sich in den Randstädten die individuellen amerikanischen Werte und Entscheidungen darüber, wo es sich am besten leben, arbeiten und spielen läßt – wie man ein Heim gestaltet«.[18] Die Randstädte begannen sich 10 Meilen vom Stadtkern entfernt zu entfalten und erstrecken sich wie zum Beispiel in San Francisco über den halben Staat hinaus. Sie sind ein Produkt des Informationszeitalters, enthalten alle Funktionen, die auch eine Innenstadt anbietet, ihre Einkaufszentren sind das Äquivalent zum früheren Marktplatz. Sie sind ein neues und wachsendes Phänomen, ein neuer Standortmitbewerber zwischen den Städten und den traditionelleren Vororten.

Strategien zur Anwerbung/Entmutigung von Bewohnern

Es ist verführerisch, anzunehmen, daß Verbraucher in den Kommunen leben, die ihren Präferenzen am ehesten entsprechen;[19] aber es stimmt nicht immer. Menschen finden es schwierig und riskant umzuziehen, selbst wenn ihre Gemeinde unattraktiv geworden ist und andere Kommunen attraktiver erscheinen. Darüber hinaus fühlen sie sich vielleicht in einigen Gemeinden nicht willkommen. Tatsache ist, daß Standorte Strategien entwickeln, um bestimmte Bevölkerungssegmente zu gewinnen, zu halten oder fernzuhalten. Die National Commission on Affordable Housing kam 1990 zu dem Ergebnis, daß »ausschließende, willkürliche und unnötige Verordnungen Barrieren für erschwingliche Wohnungen schufen, indem die Kosten in einigen Kommunen um 25 bis 30 Prozent erhöht wurden«.[20] Die Steuer und ordnungspolitische Struktur Floridas – keine Einkommensteuer, keine Erbschaftsteuer und lasche Konkursgesetze – ist bei den älteren Bewohnern sehr beliebt, während die relativ geringen Ausgaben im

Bildungssektor nicht gerade attraktiv für junge Familien sind, die ihre Kinder in öffentliche Schulen schicken wollen. Im anderen Extrem ist zum Beispiel Winnetka/Illinois für junge Familien der oberen Einkommensklassen wegen seines qualifizierten Schulsystems interessant. Die jährlichen Grund- und Vermögensteuern rangieren von 6000 bis zu 12000 Dollar, können aber auch bis zu 30000 Dollar ansteigen. Über die Hälfte der Grundsteuern werden für das öffentliche Schulsystem verwandt. Offenbar sind die Empty Nesters weniger glücklich darüber, diese hohen Steuern zahlen zu müssen.

Die Attraktivität eines Standortes hängt von der öffentlichen Versorgung und der Höhe der Steuern ab, die für deren Bereitstellung erforderlich sind. Ein Standort muß entscheiden, wieviel jeweils für ein gutes öffentliches Schulsystem, für Dienstleistungen, die auf die älteren Bürger ausgerichtet sind, und für Sozialleistungen verwendet werden soll. Der Unterschied in der Höhe der Soziallasten differiert zum Beispiel in den zehn größten Bundesstaaten erheblich. Wisconsin reorganisierte sein Wohlfahrtssystem Ende der 80er Jahre, um die Zuwanderung der Sozialhilfemp-

---

Kalifornien: Steuerzahler gegen Steuerverschwender

Gouverneur Pete Wilson behauptet, daß der größte und schillerndste Staat der USA auf ein finanzielles Desaster hinsteuert. Seiner Meinung nach konsumieren zu viele Zuwanderer und Wohlfahrtsempfänger die Vorteile des Staates, während die einkommenerzeugende Mittelschicht Kalifornien verläßt, wenn sie beruflich die Spitze erreicht hat. Die »Erzeuger« werden ersetzt durch »Verbraucher«, die mehr Service in Anspruch nehmen, als sie an Steuern bezahlen. Nach Berechnungen des Staates werden die Steuerempfänger die Steuerbezahler bis 1995 zahlenmäßig übertreffen. Kalifornien, das 12 Prozent der US-Gesamtbevölkerung stellt und das 26 Prozent seiner Ausgaben für die öffentliche Wohlfahrt verwendet, versucht diese Ausgaben nun drastisch zu kürzen, um Sozialhilfeempfänger zu entmutigen hierherzuziehen. Dem goldenen Staat geht langsam das Gold aus.

Quellen: Andrea Pollack, »Cracks in Californias Economy«, *New York Times*, 9. Februar 1991, S. 17; und Pollack, »California Dreams, Moving in, or Out«, *New York Times*, 29. Dezember 1991, S. 1.

fänger ins südliche Wisconsin zu bremsen. Kalifornien würde zur Zeit gerne seine Spitzenstellung als Wohlfahrtsstaat aufgeben, weil es den explodierenden Kosten nicht mehr gewachsen ist (s. Darstellung).[21]

Je größer der bereitgestellte Service, um so höher auch die Steuern. Wenn diejenigen Bevölkerungsgruppen, die die meisten Steuern einbringen, disproportional davon profitieren, werden sie den Standort vielleicht verlassen. Auf der Suche nach guten Schulen ziehen beispielsweise viele junge Familien von den Städten in die Vororte, wo die hohen Steuerabgaben zumindest proportional zum erzielten Nutzen stehen.

Neue Bewohner anzuwerben geht über die öffentliche Versorgung und über die Besteuerung hinaus. Obwohl fast alle Standorte behaupten, Fremden gegenüber freundlich, warm und willkommen zu sein, sieht es in der Realität teilweise anders aus. Die informelle Struktur eines Standortes – seine Kirchen, seine Bürgergruppierungen und Fraktionen, Clubs, schulische und berufliche Organisationen – formen die Einstellung gegenüber Fremden im Laufe der Zeit. Beim Versuch, bestimmte Segmente anzuziehen, sind Informationen darüber, wie ein Standort dieses Segment aufnehmen wird, eine ebenso wichtige Marketingaktivität wie die formalen Strategien.

Standort-Demarketing

Zu Beginn der neunziger Jahre deuten zwei ineinandergreifende Trends auf einen noch größeren Standortwettbewerb hin; der eine bezieht sich auf den Zustrom von Immigranten und der andere auf den Konflikt zwischen Umweltbelangen und Beschäftigungschancen. Diese beiden Trends kollidieren oft, wenn die Regierungen versuchen, bestimmte Gruppen anzuziehen und andere fernzuhalten.

Die Zusammensetzung der Rassenzugehörigkeit war in den letzten Jahren drastischen Änderungen unterworfen. Sie sind nicht überall in den Vereinigten Staaten gleich. Im nördlichen Teil New Englands und dem oberen Mittelwesten änderte sich kaum etwas, und die Bevölkerung ist nach wie vor zu 95 Prozent weiß. Im Gegensatz dazu nahm in Kalifornien, dem am schnellsten wachsenden Staat der USA mit dem größten Anteil an Zuwanderern, der Anteil der europäischen Einwanderer von zwei Drittel auf 57 Prozent zu.[22] 90 Prozent der Immigranten wählen die Metroregionen: die Dominikaner, Jamaicaner und Chinesen New York City, die Mexikaner, Filipinos und Südkoreaner Los Angeles, die Mexikaner Chicago, die Kubaner Miami, die Chinesen San Francisco, die Südkoreaner Baltimore, die Vietnamesen Atlanta, die Inder Detroit, die Mexikaner und Vietnamesen Denver, die Filipinos, Vietnamesen und Südkoreaner Seattle.[23]

Die demographischen und gesellschaftlichen Veränderungen werfen die Frage auf, wer für die Obdachlosen, die Ungelernten, die Ausbildung der Kinder, die ständige Zunahme an Gefängnisinsassen und für andere soziale und wirtschaftliche Kosten zahlen muß. Die Zahl der Obdachlosen stieg von geschätzten 230 000 (nach der Volkszählung 1990) auf heute drei Millionen an. Ihre Konzentration auf die Großstädte produziert ein erstaunliches Areal an politischen Aktionen, vom Verbot der Benutzung öffentlicher Einrichtungen bis zu Gesetzen für Landstreicher und den Abtransport in andere Gegenden.[24]

Eine Möglichkeit, das Problem der ungelernten Immigranten und der Obdachlosen zu lösen, ist, die Wirtschaftsunternehmen anzuziehen, die sie beschäftigen. Doch je umweltbewußter ein Standort ist – gemessen an seiner Umweltpolitik, Bodennutzung, Bevölkerungsdichte, Raumordnung und ähnliches –, um so mehr arbeiten diese Strategien gegen die niedrigen Einkommensschichten, Fabrikarbeiter und erschwingliche Wohnungen. Je weniger umweltbewußt ein Standort ist, um so eher wird er eine Strategie verfolgen, um weniger qualifizierte Arbeiter anzustellen. Je ungehemmter das Wettbewerbsspiel, um so größer die Unterschiede unter den einzelnen Standorten und ihre Marketingbemühungen um Bewohner.

Bei der Entscheidung, wen es anzuwerben oder fernzuhalten gilt, wer akzeptabel ist und wer nicht, sehen sich Standorte meist einer Identitätskrise gegenüber, denn ihre Werte, Traditionen und moralischen Überzeugungen werden in die Waagschale geworfen. Anders als im Geschäftsleben, das die Bedürfnisse der Verbraucher stillen will und durch den gemeinsamen Wunsch nach Gewinn verbunden ist, gibt es bei der Anwerbung von Menschen keinen gemeinsamen Handlungskonsens. Die Aktivitäten können höchst kontrovers und offen konfliktreich sein.

Zusammenfassung

Das Anwerben von Bewohnern und seine Kehrseite, ihr Fernhalten, um Kosten zu vermeiden, sind Standortphänomene, die sich in den letzten Jahren krasser zeigten und ausbreiteten. Die Rolle der Regierung bei der Einkommensverteilung und den Standards für soziale Gerechtigkeit schwingt zwischen der Sorge um Chancengleichheit und der Sorge um wirtschaftliche Effizienz.[25] Wie diese Fragen gelöst werden, hängt vorrangig vom wirtschaftlichen Wachstum der gesamten Nation ab. Bei wirtschaftlichem Stillstand oder Rückgang sehen manche die Tendenz, daß sich Standorte eindeutiger für und gegen bestimmte Bevölkerungssegmente entscheiden. Die gleiche Tendenz findet sich bei den europäischen Nationen, wo Asylanten auf offene Feindschaft stoßen und der nationalistische Druck zur Schließung der Grenzen wächst.

Das Anwerben von Menschen – ob durch staatliche Einwanderungspolitik, bestimmte Steuerstrukturen oder die Bündelung von Steuern und öffentlichen Diensten – ist in einer demokratischen Gesellschaft immer ein komplexes und kompliziertes Geschäft. Es ist umstritten und konfliktträchtig. Ebenso wie sich die nationalen Einwanderungsgesetze änderten und den Wettbewerb um die Qualifizierten, Talentierten und Wohlhabenden reflektieren, versuchen auch die Standorte, Bewohner anzulocken. Der Wettbewerb wird meist anhand verschiedener Marketingstrategien ausgetragen, die bestimmte Bevölkerungssegmente gewinnen und halten wollen. In den kommenden Jahren wird sich der Standortwettbewerb um Menschen wahrscheinlich noch weiter verschärfen.

Den Wandel organisieren

12

In diesem Buch behaupten wir, daß Standorte – Städte, Staaten, Regionen und ganze Nationen – sich einer wachsenden Krise gegenübersehen. Über periodische, durch Konjunkturzyklen hervorgerufene Herausforderungen hinaus sind Standorte heute mit neuen Entwicklungen am Weltmarkt, in der Technologie, im politischen und im ökonomischen Umfeld konfrontiert. Diese Entwicklungen zwingen uns zu fundamentalen Fragen darüber, was Standorte tun können, um zu überleben und, wenn möglich, zu prosperieren.

Auf dem Weg ins Informationszeitalter wächst auch die Mobilität von Menschen und Unternehmen. Durch die daraus resultierenden Trends und Veränderungen wird es notwendig, daß Standorte regelmäßig und stets aufs neue beurteilen, ob sie die Bedürfnisse ihrer Bürger erfüllen. Welche Werte schöpfen sie? Eine Studie des *Fortune*-Magazins 1991 über die von Unternehmen bevorzugten Städte bemerkt dazu: »Die besten ... sind diejenigen, die den besten Wert bieten.«[1] Standorte müssen eine präzisere Vorstellung darüber entwickeln, welche Funktionen sie ausüben und welche Rolle sie in der lokalen, nationalen und globalen Wirtschaft spielen wollen. Sie müssen Fragen beantworten können wie zum Beispiel: Wer möchte hier leben und arbeiten, unter welchen Bedingungen und mit welchen Erwartungen? Ein Standort, der es versäumt, seine künftige Situation vorwegzunehmen und sein Potential kritisch zu überprüfen, wird es kaum mit seinen Mitbewerbern aufnehmen können.

In diesem letzten Kapitel fassen wir die wichtigsten Herausforderungen, mit denen Standorte konfrontiert werden, zusammen und schlagen Möglichkeiten vor, wie sie diesen Herausforderungen begegnen können. Insbesondere wenden wir uns drei Themen zu:

- Welchen Kernherausforderungen sehen sich Standorte heute gegenüber?
- Wie können Standorte positiv auf diese Herausforderungen reagieren?
- Warum ist Standortmarketing notwendig?

Welchen Kernherausforderungen sehen sich Standorte heute gegenüber?

Die Weltwirtschaft durchläuft zur Zeit grundlegende Veränderungen, die sich auf alle Standorte überall auf der Welt heute und in der Zukunft auswirken werden. Wer für die Planung und Führung eines Standortes verantwortlich ist, muß neue Denkmuster entwickeln. Die früher üblichen Sofortlösungen wie Unternehmensanwerbung, der Bau von Sportstadien und Tagungszentren oder die Werbeinvestitionen zur Tourismusförderung sind nicht imstande, die Ursachen des heutigen Standortdilemmas an der Wurzel zu packen.

Im wesentlichen sind Standorte heute mit den folgenden Herausforderungen konfrontiert:

1. Standorte sind zunehmend aufgrund der immer rapideren Veränderungen im globalen wirtschaftlichen, politischen und technologischen Umfeld gefährdet

Es gab einmal eine Zeit, in der die Bewohner einer Stadt oder Region in der Gewißheit lebten, daß sich der gewerbliche und industrielle Charakter ihres Standortes im Laufe ihres Lebens nicht ändern würde. Morgen war mehr oder weniger dasselbe wie heute. Pittsburgh blieb die Stahlhauptstadt und Detroit das Zentrum der Automobilindustrie, New England stand für die Schuhfabrikation usw. Heute lernen wir, daß die Veränderung und nicht die Stabilität die Konstante ist. Heute wird außerhalb Pennsylvanias mehr US-Stahl produziert als in Pennsylvania selbst, mehr Autos werden außerhalb als in Michigan gebaut und mehr Schuhe außerhalb New Englands als in New England hergestellt. Bald werden die US-Multis mehr Stahl, Automobile und Schuhe außerhalb der Vereinigten Staaten als in den USA produzieren.

Tatsache ist, daß auch in der Weltwirtschaft die Unternehmens- und Branchenstandorte wechseln werden. Mobile Unternehmen erwägen die Umsiedlung aus Kostengründen, weil sie qualifizierte Mitarbeiter und/oder bessere Lebensqualität suchen. Die Firmen ziehen von den arbeitskostenintensiven Nordstaaten in die billigeren Südstaaten; viele Unternehmen verlagern ihren Standort nach New Mexico, in den Fernen Osten, nach Osteuropa. Die nagende Frage wird sein: Auf welche Industrien und Unternehmen können die Gemeinden zurückgreifen, wenn diese Firmen und Industrien abwandern?

Lokale Firmen wechseln nicht nur deshalb ihren Standort, weil es anderswo kostengünstiger ist, sondern auch deshalb, weil sie den Kampf um die Nachfrage verlieren. Lokale Unternehmen, die einst über gesicherte Märkte verfügten, sind heute durch die massive Konkurrenz multinationaler Konzerne bedroht, die über größere Ressourcen verfügen und bessere Produkte zu niedrigeren Preisen anbieten.

Die größere Mobilität der Industrie resultiert hauptsächlich aus den dynamischen Fortschritten der Kommunikations-, Transport- und Informationssysteme, die die Beförderung von Waren, Dienstleistungen, Technologie und Kapital über die Landesgrenzen hinweg ermöglicht haben. Das Ergebnis ist ein dramatischer Schrumpfungsprozeß von Raum und Zeit. Heute können Standorte nicht mehr erwarten, alle ihre wichtigen Industrien und Betriebe halten zu können. Sie müssen bereit sein, niedergehende oder wettbewerbsunfähige Industrien abzuwerfen und sie durch neue und wertschöpfendere zu ersetzen.

Im alten Wirtschaftssystem wurden Waren an bestimmten Orten nach dem Niedrigkostenprinzip hergestellt. Sie hatten ausgeprägte nationale und oft standortspezifische Identitäten. In der neuen Wirtschaft können Waren an verschiedenen Orten produziert und an anderen Orten montiert und zusammengebaut werden. Robert Reich beobachtete:

> Die Präzisionsausstattung für Eishockey wird in Schweden entworfen, in Kanada finanziert und in Cleveland und Dänemark aus Legierungen montiert, deren molekulare Struktur in Delaware erforscht und patentiert und in Japan hergestellt wurde, um dann in Nordamerika und Europa verkauft zu werden.[2]

Das gleiche Prinzip gilt für Dienstleistungsanbieter, die ihre Informationen aus einer Vielzahl von Orten empfangen, sie dann anderswo verarbeiten, interpretieren und analysieren und sie in noch anderen Orten verbreiten. Zunächst zogen die Buchhaltungen der Konzerne aus den Städten in die Vororte, dann in Billiglohnregionen; Citicorp siedelte seinen Kreditkartenbereich in Tampa/Florida und Sioux Falls/South Dakota an. Bestimmte Branchen wie Versicherungen, Banken und Verlage verlegen Teilbereiche auf die Karibischen Inseln, Irland, Portugal und die Philippinen, wo die Lohnkosten weit niedriger sind. Immer mehr Großunternehmen lagern ihre internen Informationssysteme aus und profitieren dann von spezialisierten Firmen und Technologien, die innerhalb oder außerhalb der USA gelegen sein können.

Die Standorte werden auch von tiefergreifenden politischen Entwick-

lungen beeinflußt. Das Ende des kalten Krieges bedeutet, daß die von
der Rüstungsindustrie abhängigen Städte, Staaten und Regionen – diejenigen mit einer Militärbasis oder Rüstungsproduktionen – neue Strategien
und Programme entwickeln müssen, um die Auswirkungen auf die Arbeitsplätze abzufedern und die kommerzielle Umwandlung für neue Märkte zu
erleichtern. Südkalifornien beispielsweise versucht, sich als neues globales
Zentrum für elektrische Fahrzeugtechnologie zu positionieren. Das Gleichgewicht der Weltmächte verschiebt sich. Asien erlebt heute einen wirtschaftlichen Boom und kann nun den nächsten Schritt zur Industrialisie-
rung tun, der in Japan und im Westen bereits erreicht wurde. Westeuropa
marschiert in Richtung des weltgrößten Verbraucherblocks. Einige Staaten
Südamerikas – insbesondere Mexiko, Chile und Argentinien – haben plötzlich ihren Wirtschaftsmotor in Gang gesetzt und ziehen starke Investitionen
und neue Industrien an.

Wenn man von irgendwelchen herausstechenden Merkmalen für die
Zeit nach dem kalten Krieg sprechen wollte, könnte man den Kapitalman-
gel nennen. Die meisten Nationen, Staaten und Städte sind verschuldet; sie
sind nicht in der Lage, genügend interne oder externe Mittel zu generieren,
um ausreichend in die Gewinnung von Wettbewerbsvorteilen zu investieren
oder die Bedürfnisse der Konsumenten zu befriedigen. Die rapide Urbani-
sierung hat die begrenzten Ressourcen des öffentlichen Sektors in allen
Entwicklungsländern belastet. Die wichtigsten Kapitalländer – die Vereinigten Staaten, Deutschland und Japan – sind selbst mit einem enormen
Kapitalbedarf zur Befriedigung ihres internen Bedarfs konfrontiert – ganz
abgesehen von der wachsenden internationalen Verpflichtung gegenüber
Osteuropa, der früheren Sowjetunion und den Entwicklungsländern.[3]

Der entscheidende Punkt ist, daß externe Kräfte sich schnell und oft
unerwartet wandeln und mit ihnen das Schicksal der Standorte. Kommen
dann noch Konjunkturzyklen, handelspolitische Faktoren und fluktuie-
rende Währungsschwankungen zu diesen Unsicherheiten hinzu, versteht
man die Schwierigkeiten, die Standorte haben, die in diesem turbulenten
externen Umfeld funktionieren müssen.

2. Standorte sind zunehmend aufgrund normaler Prozesse oder wegen der urbanen Evolution und des urbanen Verfalls gefährdet

Meist beginnen Standorte als ländlich-agrikulturelle Gemeinden,
entwickeln sich dann zu kleinen Ortschaften, zu Städten und schließlich zu
metropolitanen Gebieten. In der modernen Zeit verwandeln sich die Handelszentren in industrielle Zentren und schließlich in Produzenten von

Dienstleistungen. Mit den wachsenden Problemen der Städte – Umweltverschmutzung, Kriminalität, Verkehrsüberlastung, schlechte Schulen und Dienstleistungen, hohe Steuern – nimmt auch die Abwanderung der Bevölkerung in die Vororte zu. Ursprünglich pendelten die Bewohner der Vororte zu ihren Arbeitsplätzen in die Stadt, heute ziehen Arbeitsplätze und Beschäftigung in die Vororte – ein Muster, das sich in nahezu allen Metropolen der USA wiederholt.

Zurück bleiben eine Konzentration einkommensschwächerer Schichten, höhere Servicekosten und der Mangel an Ressourcen, den die höheren Regierungsebenen nicht ausgleichen; nun muß die Stadt mit ihren finanziellen Beschränkungen leben und sowohl ihre Dienstleistungen reduzieren als auch die Pflege ihrer Einrichtungen einschränken. Spiralförmig verschlechtern sich die Infrastruktur, die Lücken im Service werden größer, und das Elend greift um sich. In der Zwischenzeit greifen die Metropolen von den nahen Vororten immer weiter in die entfernter gelegenen Ortschaften hinein. Fabriken und Büros werden weiter außerhalb angesiedelt. Bald entstehen saubere und gutfunktionierende Satellitenstädte um die ehemalige Kernstadt, deren niedergehende Wirtschaft und Arbeitsplatzverluste unausweichlich zur Verschlechterung der Lebensqualität führen.

Vor einem Jahrhundert erfolgte ein einschneidender Technologiewandel, der das städtische Wachstum förderte und gleichzeitig von diesem Wachstum profitierte: Elektrizität, der Verbrennungsmotor, Abwasser- und Kanalisationssysteme, Aufzüge und stahlkonstruierte Gebäude. Ein Jahrhundert später wurden moderne Technologien entwickelt, die nicht an urbane Standorte gebunden sind und es ermöglichen, daß wirtschaftliche Aktivitäten nahezu überall auf der Welt stattfinden können – Satellitenkommunikation, Mikroprozessoren, Roboter, Lasertechnologie, Faseroptik, Mikrocomputer und integrierte Schaltkreise. In den siebziger und achtziger Jahren schafften einige Städte den erfolgreichen Übergang von der Industrie- zur Dienstleistungsgesellschaft, nur um dann zu entdecken, daß neue Technologien nicht nur die Arbeit im Büro, sondern auch die Standortentscheidungen der Dienstleistungsfirmen und Industrien grundlegend veränderten. Vor fast zwanzig Jahren konstatierte Wilbur Thompson, der Vater der Stadtökonomie, daß Städte es versäumt haben, sich schnell genug zu erneuern, veraltetes urbanes Kapital und Industrien abzuwerfen und für Entvölkerung zu sorgen, um den nächsten Zyklus der Stabilisierung oder des Wachstums in die Wege zu leiten.[4] Während man sich generell darüber einig ist, daß Standorte schneller auf den Wandel reagieren müssen, herrscht sehr viel weniger Übereinstimmung über die spezifischen Fakto-

ren, aufgrund deren manche Metropolen schneller wachsen als andere und
wieder andere überhaupt stagnieren.[5] Wir verstehen die Komponenten des
Niedergangs viel besser als die sich rapide verändernden Faktoren, die das
Wachstum bewirken.

3. Standorte müssen mit immer mehr Mitbewerbern um immer knappere Ressourcen konkurrieren

Den wachsenden Problemen versuchten die Standorte mit Hilfe von
immer mehr Wirtschaftsförderungsgesellschaften Herr zu werden, die in
spezifischen Aufgabenbereichen tätig waren – Planung, Finanzierung, Marketing, Tourismus, Export –, aber alle auf die Standortverbesserung zielten.
Sie initiieren Werbekampagnen mit öffentlichen Geldern und versuchen
Ressourcen von außerhalb oder auch aus ihrer eigenen Kommune anzuziehen. Bald entdecken sie, daß andere Standorte es ihnen gleichtun oder sie in
ihren Bemühungen und ihrer Geschicklichkeit übertreffen. Die krasse Realität ist, daß es Standortverkäufer in Hülle und Fülle gibt, die auf der Jagd
nach einer sehr begrenzten Anzahl von Standortkäufern sind. Den Käufern
stehen immer umfassendere Informationen zur Verfügung – einschließlich
Standortbewertungen, Immobilieninformationen, Beratern und neuen
Softwareprogrammen, die hochdifferenzierte und brauchbare Daten über
einen Standort liefern. Diese Informationen erlauben den Standortkäufern,
sorgfältige Vergleiche der Kosten, der Anreize und der Lebensqualität anzustellen. Manchmal sind die Konzessionen an die Käufer so hoch, daß selbst
der Gewinner Gefahr läuft, schließlich zum Verlierer zu werden. Die Anreiz-
schlachten, die in den USA in den siebziger und achtziger Jahren geführt
wurden, sind heute Teil des globalen Phänomens der neunziger Jahre.

Der Wettbewerb wird sich in Zukunft noch weiter verschärfen. Die
Lockung durch preiswerte hochqualifizierte Güter und Dienstleistungen
aus Osteuropa, Südamerika und Südostasien wird unweigerlich Ressourcen
aus Regionen mit hohen Lohnkosten und einer schlecht ausgebildeten
Arbeiterschaft abziehen. In den USA konkurrieren über 25 000 geopolitische
Standorte, Bezirke, Großstädte und Staaten um Ressourcen; bei einer
globalen Hochrechnung dieser Zahl kommen wir auf die atemberaubende
Zahl von über 700 000 tatsächlichen oder potentiellen Wettbewerbern.

Standorte müssen die Prämissen, auf denen sie ihre Zukunft aufbauen, neu überdenken. Sie müssen mehr über ihre Zielkunden wissen,
wenn sie Unternehmen und Menschen anlocken, Produkte exportieren, den
Tourismus und Investitionen fördern wollen. Jeder Standort muß die Wettbewerbssituation erkennen und seine Qualitäten als Wettbewerber schär-

fen. Seit den Schriften von David Ricardo vor nunmehr fast 200 Jahren haben Wirtschaftswissenschaftler die Reduzierung von Handelsbarrieren bejaht, insbesondere deswegen, weil niedrigere Kosten und höheres Wachstum den Verlust an Arbeitsplätzen und Einkommen überwiegen, der einige Branchen und Standorte während dieses Prozesses treffen wird. Wir wissen heute sehr viel besser, wer gewinnt oder verliert und wo diese Gewinne und Verluste stattfinden.

Standorte müssen den Wandel bejahen, statt sich ihm zu verweigern. 1985 definierte der Präsident der Commission on Industrial Competitiveness den Wettbewerb als »den Grad, zu welchem eine Nation – freie und faire Marktbedingungen vorausgesetzt – Waren und Dienstleistungen produziert, die auf internationalen Märkten bestehen können und gleichzeitig die Realeinkommen der Bürger aufrechterhalten oder steigern«.[6] Diese Herausforderung gilt nicht nur für Nationen, sondern für alle Regionen und für alle Standorte.

4. Standorte müssen sich heute stärker auf ihre eigenen lokalen Ressourcen verlassen, um sich für den wachsenden Wettbewerb zu wappnen

Unternehmen ebenso wie Nationen werden von den heutigen Trends und Kräften in zwei Richtungen gleichzeitig gezogen. »Global denken, lokal handeln« ist das neue Paradigma. Unternehmen müssen heute ihre Zukunft und ihre Operationen global planen und in ihrer Geschäftspraxis lokal denken. Nationen und Staaten wachsen durch die Leitprinzipien der Handelsblöcke und die Notwendigkeit, gemeinsame Regeln zu finden, enger zusammen; durch kurzsichtige Interessen und provinzielle Bedürfnisse werden sie auseinandergerissen. Auch die Standorte selbst werden von diesem zentripetalen und zentrifugalen Druck durch die Unternehmen und höhere Regierungsebenen getroffen, der die vorangegangene Maxime gewissermaßen umkehrt in »Lokal denken, global handeln«. Dieses Paradigma verlangt zunächst ein Verständnis dessen, was ein Standort hat oder haben könnte und was ein anderer braucht oder wünscht; zweitens müssen die eigenen identifizierten Standortvorteile einem breiten Zielpublikum vermittelt werden. Was Standorte zur Stärkung ihrer Wettbewerbsfähigkeit tun müssen, kann sich sowohl in der Intensität als auch in der Art von dem unterscheiden, was für den Erhalt der Wettbewerbsfähigkeit von Nationen/Staaten oder bestimmten Industrien und Unternehmen notwendig ist. Die tatsächlichen oder potentiellen Werte und Ressourcen hängen von Faktoren ab, die je nach Standort unterschiedlich sein können.

Wegen der hohen Staatsverschuldungen gelingt es den meisten Ländern heute nicht mehr, die substantiellen direkten Hilfen zu leisten, die den Kommunen in ihrem Wettbewerbskampf helfen könnten. Und selbst da, wo die Ressourcen zur gezielten Unterstützung vorhanden sind, können die Regierungen sie häufig aus Gründen der Verteilungsgerechtigkeit nicht gewähren. Darüber hinaus besteht ein weltweiter Trend hin zur nationalen Zersplitterung, der durch immer breitgestreutere lokale Wahlmöglichkeiten und Zuständigkeiten geprägt ist. Immer neue Nationen bilden sich, alte Grenzen weichen auf, und Hunderte von Nationalitäten suchen nach Identität durch größere Autonomie und nationalstaatlichen Status. Selbst die vielgepriesenen Schritte zur europäischen Integration erleiden Rückschläge, wie sich bei der Abstimmung für den Vertrag von Maastricht zeigte; in diesem Fall wurde befürchtet, Deutschland könne zuviel Kontrolle ausüben, und zugleich wurde Besorgnis um den Verlust nationaler Souveränität laut.

Wir werden vielleicht den erneuten Aufstieg mächtiger Stadtstaaten erleben – Singapur, Hongkong sind Beispiele dafür. Der Wohlstand der Nationen wird durch die Summe seiner Teile erzeugt: Industrien, Menschen und Standorte. Die Nationen verbessern ihre Wettbewerbsfähigkeit dann, wenn auch ihre Städte und Regionen wettbewerbsfähiger werden.

Angesichts der mächtigen neuen Kräfte, die unsere Welt verändern – der globale Wettbewerb, der rasante technologische Wandel und die politische Zersplitterung –, haben Standorte einfach keine andere Wahl, als bei der Planung ihrer Zukunft strategischer und unternehmerischer zu denken.

Was müssen Standorte tun, um diese Aufgaben zu erfüllen?

Wir haben gesehen, wie sich die Struktur und Branchenzusammensetzung der Standorte verändern kann: Massachusetts von Textilien zu Computern, Texas von natürlichen Ressourcen zur Raumfahrt und neuen Technologien, North und South Carolina von Textilien und Landwirtschaft zur Güterproduktion.

»Viele Staaten glauben heute«, bemerkte Scott Fosler, »daß die Aktionen, die sie unternehmen oder unterlassen, sich signifikant auf die Neugründung, das Wachstum, die Innovationsfähigkeit, die Entwicklung und Vermarktung neuer Produkte, die Produktivität, die Entwicklung der

Exportmärkte, die Verkleinerung, den Niedergang, die Umsiedlung und Schließung von Unternehmen auswirken.«[7]

Im allgemeinen gilt: Je kleiner ein Standort ist, um so deutlicher zeigt sich, was er tun kann, um sein Schicksal zu steuern.

Ältere Industriestädte wie Pittsburgh, Baltimore, St. Paul und Glasgow haben in den vergangenen dreißig Jahren Bemerkenswertes erreicht. Die Situation eines Standortes muß nicht zwangsläufig hoffnungslos sein, denn immer gibt es einige tatsächliche oder potentielle Ressourcen, die es im Wettbewerb auszuschöpfen gilt. Um das Schicksal zu ihren Gunsten zu wenden, müssen die Standorte langfristiger denken und kurzfristige Aktionen in diese breitergefaßte, auf die Zukunft gerichtete Perspektive einbetten.

Wer heute die Wettbewerbssituation eines Standortes oder einer Region zu verbessern sucht, wird von Ratgebern geradezu überrannt: von Stadtplanern, Beratern, Wirtschaftswissenschaftlern, Investmentbankern, Immobilienunternehmen und anderen Unternehmensprofis. Der frühere Medienkommentator Eri Sevareid beobachtete einmal: »Die Hauptursache der Probleme sind ihre Lösungen.« Für Standortentwickler übersetzt, heißt das: »Wem höre ich zu?« und »Wie gehe ich mit Experten um?«

Um der Standortentwicklung in den kommenden Jahren zu helfen, schlagen wir ein Zehnpunkteprogramm vor; es soll einen groben Rahmen für die Standortentwicklung ins 21. Jahrhundert darstellen.

Lösung 1: Standorte müssen eine strategische Vision entwickeln, um die kommenden Herausforderungen zu bewältigen

Nur wenige Standorte können heute eine strategische Vision ihrer Ziele für die nächsten zehn oder zwanzig Jahre formulieren. Jeder möchte florierende Industrien, wachsende Realeinkommen und qualifizierte Jobs. Doch dieser Wunsch oder diese Hoffnung ist noch keine Vision. Eine Vision definiert ein realistisches Bild dessen, was aus einem Standort im nächsten Jahrzehnt und darüber hinaus werden kann: als Ort, an dem man leben, arbeiten und spielen kann. Eine Vision ist mehr als auf bestimmte Unternehmen abzuzielen, die man gerne am Ort hätte. Das Committee for Economic Development liefert die folgende Definition: »Eine effektive Vision kann spezifische Aktionen der Regierung zusammenführen und in die richtige Richtung leiten; sie hilft, die Fallen und Verführungen der Sofortlösungen zu umgehen, die eine dauerhafte Verbesserung unterminieren.«[8]

Minneapolis ist das Beispiel einer Stadt, die ihre Vision für das 21. Jahrhundert geschmiedet hat. Die Ziele sind:

1. eine Stadt mit einem sicheren Umfeld für alle Bürger;
2. eine Stadt mit Arbeitsplätzen für alle, die arbeiten wollen;
3. eine faire Stadt, die Diversifikation anstrebt und daran arbeitet, die bürgerlichen Werte zu stärken;
4. eine Stadt, in der alle Kinder für die Schule und auf das Berufsleben vorbereitet werden und in der die Familien sich auf unterstützende Netzwerke in den Stadtvierteln verlassen können;
5. eine Stadt, in der die Stadtviertel durch Bürgerbeteiligung und stadtteilbezogenen Service revitalisiert werden; es wird ein Zwanzig-Jahres-Revitalisierungsplan ausgearbeitet;
6. eine Stadt mit angemessenen und erschwinglichen Wohnungen für alle Wohnungssuchenden;
7. eine Stadt, die sauber, gesund und attraktiv ist;
8. eine Stadt, die einen vitalen und wirtschaftlich gesunden Stadtkern hat;
9. eine Stadt, die sich durch kulturelle Vielfalt, Freizeit- und Erholungseinrichtungen auszeichnet;
10. eine Stadt, die finanziell gesund und gut verwaltet ist.

Diese Ziele sind direkt und leicht verständlich. Das Ziel, die Öffentlichkeit zur Formulierung und Akzeptanz einer Vision zu motivieren, erweitert den Diskussionsrahmen vom ursprünglichen »Was zu tun ist« zum konfliktträchtigeren Terrain »Wie ist es zu bewerkstelligen?« und »Wer bezahlt was?« Der Bürgermeister von Minneapolis, Donald M. Fraser, sagte über die Ziele seiner Stadt: »Mit einer starken Führung . . . können die gewählten Politiker dieser Vision Form und Substanz verleihen . . . Der Weg hin zur Realisierung einer Vision ist letztendlich ebenso wichtig wie die Vision selbst. Vielleicht sogar noch wichtiger.«[9]
Ein weiteres Beispiel für die Kraft von Visionen wollen wir am Beispiel Tennessee vorstellen:

Der Gouverneur von Tennessee, Lamar Alexander (1979 bis 1987), verfolgte das Ziel der wirtschaftlichen Entwicklung, indem er eine höchst erfolgreiche industrielle Rekrutierung mit der Verbesserung der öffentlichen Dienste verband, um Firmen zu gewinnen und zu halten. Zu letzterem gehörte die Konzentration auf drei Basisdienstleistungen: die Umwelt, Straßen und Schulen. Alexanders Programm zur Verbesserung des Schulsystems bewirkte durchgreifende Veränderungen des gesamten Ausbildungssystems, von der Grundschule über die weiterführende Schule bis zur College- und Universitätsausbildung. Durch Steuererhöhungen konnten das Bildungssystem verbessert und an Leistung geknüpfte Schul- und Weiterbildungsgebühren finanziert werden – ein Vorgänger der nationalen Schulreform. Durch diese Innovationen wurde Alexander in eine Führungsposition unter seinen Mitgouverneuren katapultiert, ein Erfolgsweg, der 1990 in seiner Ernennung zum US-Sekretär für Bildung kumulierte. Die Bedeutung, die Tennessee dem Ausbildungssektor beimaß, machte sich reichlich bezahlt, denn das positive Klima war Grund für General Motors, seine Multimilliarden-Dollar-Produktionsstätte Saturn in Tennessee anzusiedeln.[10]

Lösung 2: Standorte müssen einen marktorientierten strategischen Planungsprozeß in Gang setzen, um die neuen Herausforderungen zu bewältigen

Alle Standorte engagieren sich auf die eine oder andere Weise in Planungsaktivitäten, sei es aufgrund finanzieller, materiell-technischer oder sozialer Notwendigkeiten. Die Vorhaben umfassen langfristige Haushaltsbudgets, staatliche Bauvorhaben, Ausbildungsbelange. Viele Standorte leiden an zu vielen Plänen; zu viele Studien von Planungsgruppen über öffentliche Verwaltungen zeigen an, daß strategische Planungen häufig als Managementinstrument eingesetzt wurden, um die grundlegenden Richtungen, Ziele und Ressourcenzuteilungen festzulegen. Insgesamt hat sich jedoch die strategische Planung bei organisatorischen Einheiten mit gemeinsamer Mission sinnvoller erwiesen als in hochdiversifizierten fragmentierten kommunalen oder metropolitanen Bereichen.

Gleichzeitig bestehen zwischen öffentlichem und privatem Sektor fundamentale Unterschiede in der Art, wie Ressourcen zugeteilt werden. David Osborne und Ted Gaebler bemerken dazu: »Die wenigsten öffentlichen Institutionen werden von den Kunden finanziert, die Unternehmen dagegen schon.«[11] Öffentliche Institutionen werden von legislativen Gremien oder Ausschüssen geführt: gewählten öffentlichen Repräsentanten, die ihren Wählern – häufig politischen Gruppierungen – verpflichtet sind. Dies wirkt sich nicht nur nachteilig auf die langfristige Zukunftsplanung aus, sondern kann auch dazu führen, daß andere Standortinteressen vernachlässigt werden.

Demzufolge resultieren aus der verzweifelten Suche der Standorte nach Antworten auf ihre Planungsprobleme verschiedene kurzlebige Soforthilfen zur Besänftigung verschiedener Interessengruppen, die sofortige Lösungen suchen. Die häufigsten sind die Anwerbung von Unternehmen; größere Kapitalprojekte zum Bau von Sportstadien bis zu Kongreßzentren, neue Touristenattraktionen wie Festivalmärkte, Einkaufszentren oder die aktuellen Spielkasinos, die nach den Worten eines Hotelmanagers Ende der neunziger Jahre in jeder größeren US-Stadt zu finden sein werden. Häufig werden die kurzfristigen Lösungen jenseits der Regierungsinstanzen erzwungen – von einem Stadtplaner, einem Unternehmer, einem Unternehmen, das den Standortwechsel plant: dort also, wo die Aussichten auf verlorene Chancen sofortige Entscheidungen verlangen.

Diese ebengenannten Strategien geben scheinbar die Antwort auf eines oder mehrere Probleme. Häufig ist ihr Nutzen eher ein symbolischer – die Beruhigung, daß die Zukunft durch einige spezifische Aktionen gesichert werden kann. Schließlich ist das Versprechen, jetzt Arbeitsplätze zu schaffen, verführerischer als das auf dauerhafte und besserbezahlte Jobs irgendwann in der Zukunft. Leider stellen sich viele der Sofortlösungen als Nieten oder weiße Elefanten heraus, die in den meisten Fällen den Test für einen lebensfähigen Plan zur Verbesserung des kommunalen Lebens nicht bestehen.

Oft bieten solche Lückenbüßermaßnahmen nur die vage Hoffnung, daß sie andere Verbesserungen auslösen; manchmal materialisiert sich diese Hoffnung und manchmal nicht. Das Motto der achtziger Jahre – »Baue, und sie werden kommen« – schlug in der Immobilienentwicklung ebenso fehl wie in der gesamten Standortentwicklung. Kaum jemals sind solche Vorschläge imstande, die Probleme einer Gemeinde tatsächlich zu lösen. Ihr Ansatz ist nicht, die grundlegenden Fragen zu behandeln, eher, sie zu vermeiden – wie zum Beispiel die Flucht in die Vororte, die zunehmende Kriminalität, die Verschlechterung des Ausbildungswesens und der Transportsysteme oder die Mängel im Wohnungsbau. Osborne bemerkt dazu: »Die Frage, welche wirtschaftliche Entwicklung funktioniert, setzt fälschlicherweise auf Übungsfirmen, Forschungszentren, Finanzierung von Risikokapital, Kleinunternehmenskredite und andere Programme. (Er folgert, daß) die spezifischen Programme weniger wichtig sind als die Art und Weise, wie die Programme durchgeführt werden, welche Prinzipien der Strategie zugrunde liegen und wie die einzelnen Teile zusammenpassen.«[12]

Unbestritten müssen Standorte dem strategischen Planungsprozeß, der über momentane politische Interessen hinausgeht und die breiteren Perspektiven der Märkte in die Standortplanung integriert, größeres Gewicht beimessen. Die strategische Marktplanung kann als Wegweiser für die Entwicklung der Standorte dienen – eine Folie, die spezifische Aktionen und Vorschläge, die unweigerlich auftauchen, filtert und bewertet. Es reicht heute nicht mehr, rein defensiv auf Vorschläge und Änderungen zu reagieren, vielmehr ist eine aktive und offensive Standortpolitik gefordert. Das heißt nicht, die politischen Realitäten zu ignorieren, sondern eher, die politischen Notwendigkeiten mit den Kräften des Marktes zu versöhnen. Die Standorte müssen ihre Ressourcen, ihre Möglichkeiten und ihre Kunden identifizieren. Sie müssen die Bedürfnisse, die Wahrnehmungen, die Präferenzen und die Kaufentscheidungen ihrer potentiellen Kunden vorwegnehmen. Sie müssen das Szenario ihrer Zukunft entwerfen und ihre Wettbewerbsvorteile darauf ausrichten.

Die Standorte müssen ihre gegenwärtigen und künftigen Rivalen kennen und verstehen. Sie müssen sich selbst als Konkurrent ihrer Mitbewerber betrachten, die um dieselben Touristen, Wirtschaftsunternehmen und Investoren kämpfen. Weil sich der Standortwettbewerb durch die unausweichlichen Kräfte der modernen Technologie und des Globalismus fundamental geändert hat, gehen die Rivalitäten weit über Städte, Vororte und Regionen hinaus. Die Konkurrenz von heute ist international. Die Zielkunden werden unweigerlich Vergleiche anstellen und den Ort auswählen, der ihren Interessen am ehesten entspricht.

Lösung 3: Standorte brauchen eine genuine Marktperspektive gegenüber ihren Produkten und Kunden

Die Welt bewegt sich mit großer Geschwindigkeit auf eine mehr marktorientierte konsumentenzentrierte Wirtschaft hin. Das Ziel ist demokratisch wie vielleicht niemals zuvor – die Macht und die Wahl in die Hände der Bürger zu legen. Ein öffentlicher Sektor, der nur seinen eigenen Bedürfnissen dient, Ausgaben und Steuern ohne Blick auf den neuen Wettbewerb plant, wird in der Standortentwicklung den kürzeren ziehen. Bürger, die zwar die Kosten, nicht aber den Nutzen der öffentlichen Ausgaben sehen, können kaum davon überzeugt werden, daß bestimmte Investitionen für die Zukunft erforderlich sind.

In einer Zeit, in der vom öffentlichen Sektor mehr Leistung mit weniger Mitteln verlangt wird, muß auch in der Politik unternehmerisch gedacht und geplant werden. Die tatsächlich entstehenden Kosten der öffentlichen Leistungen müssen kalkuliert werden und in die Preise, die die Nachfrage bestimmen, einfließen. Es müssen verstärkt eigene Ressourcen durch den Verkauf von Dienstleistungen geschaffen werden; Kosten können durch Benutzergebühren und Verträge mit privaten Servicefirmen gesenkt und dabei kann die Qualität des Service aufrechterhalten werden. Vielleicht wird es notwendig, aus bestimmten öffentlichen Diensten auszusteigen und Programme zu streichen, die den Bedürfnissen der Öffentlichkeit nicht mehr entsprechen. Ausgabebezogenes Denken muß durch investitionsbezogenes Denken ersetzt werden, sei es durch präventive Maßnahmen zur Vermeidung späterer Kosten oder durch die Verteilung der Ressourcen dahin, wo sie die größte Rentabilität versprechen. Ein marktorientierter Standort erfüllt die Bedürfnisse seiner Kunden und richtet seine Ressourcen auf das Wohlergehen seiner Bürger.[13]

Schließlich ist Gedeih und Verderb der Standorte davon abhängig, was für die Entwicklung qualifizierter, motivierter und zufriedener Bürger – Arbeiter, Lehrer, Investoren, Unternehmer, Manager – getan wird. Das Humankapital ist eine der vitalsten Ressourcen, die ein Standort im Standortwettbewerb besitzt oder entwickelt. Standorte, die unqualifizierte Arbeitskräfte in qualifizierte verwandeln, Innovationen und Unternehmergeist fördern und lebenslanges Lernen und Weiterbildung ins Zentrum rücken, gewinnen damit in der neuen Wirtschaftsordnung einen entscheidenden Wettbewerbsvorteil.[14] Die wichtigsten Industrien der Zukunft, in der neue Technologien kommerziell angewendet werden, sind wahrscheinlich in denjenigen Standorten zu finden, die über genügend qualifizierte Arbeitskräfte verfügen. Standorte, die wenig anderes tun, als ihre gebildete und ausgebildete Arbeiterschaft zu pflegen, verbessern ihren Wettbewerbsvorteil auf lange Sicht vielleicht mehr als diejenigen, die eine Reihe einmaliger Investitionen für einen einzigen Arbeitgeber oder eine einzige Kapitalinvestition tätigen.

Die öffentliche Meinung reagiert besonders sensibel auf Entscheidungen, die die Mittelverwendung betreffen. Langfristige Investitionsentscheidungen, für die Finanzmittel aufgenommen werden müssen, verteilen die Kosten und Nutzen über einen langen Zeitraum, während operative Entscheidungen, die Personalentscheidungen betreffen, meist jährlich getroffen und hier die langfristigen Nutzen kurzfristigen Anforderungen untergeordnet werden.

Wir müssen das Humankapital auf dieselbe Weise betrachten wie das Sachkapital – als Investitionen, deren Kosten und Erträge sich über die Zeit verteilen. Da der heutige Wettbewerb verlangt, daß Waren für internationale Märkte produziert und die Realeinkommen erhöht werden, spielen Ausbildung und Fortbildung in diesem Entwicklungsprozeß eine immer wichtigere Rolle.

Lösung 4: Standorte müssen in ihren Programmen und Dienstleistungen auf Qualität setzen, um konkurrenzfähig zu bleiben

Im Alltag beurteilen Menschen Standorte weniger nach einer großartigen Vision als nach der Qualität ihrer tagtäglichen Dienstleistungen. Für ihr Urteil ist ausschlaggebend, wie glatt der Verkehr verläuft, wie sauber Luft und Straßen sind, wie gut das Ausbildungssystem ist, wie verfügbar kulturelle Einrichtungen und Erholungsmöglichkeiten sind. Die Qualität der Dienstleistungen wird nicht nur von den Bewohnern und ansässigen Firmen registriert, sondern auch von denjenigen, die einen privaten Umzug, eine Unternehmensumsiedlung oder eine Kapitalinvestition erwägen. Das gleiche Prinzip gilt für das Tourismus- und Tagungsgeschäft, in dem sich der Wettbewerb parallel dazu verschärft, daß immer mehr Standorte in ihre Attraktivität investieren. Über die Infrastruktur hinaus basiert der Erfolg immer stärker auf der Servicequalität, die von der Privatwirtschaft und den Regierungen gleichermaßen bereitgestellt wird.

Mit steigendem Lebensstandard entwickeln die Bürger in der Regel auch höhere Leistungserwartungen. Bei ihren Umzugsentscheidungen sind für Unternehmen zunehmend Faktoren der Lebensqualität und nicht mehr ausschließlich Kostenfaktoren bestimmend. Hohe Servicequalität erfordert deshalb kontinuierliche Investitionen in die Infrastruktur und öffentliche Einrichtungen – Museen, Theater, Sport, Unterhaltung, Erholung –, um die Wettbewerbsposition zu erhalten. Tatsache ist, daß durch Steuereinnahmen und Kredite diese Bedürfnisse nicht immer gedeckt werden können und daher eine Planungs- und Marktperspektive noch dringlicher wird. Diejenigen Standorte, die sich überlegen, wie sie hohe Servicequalität erreichen und erhalten können, sind im Standortwettbewerb eindeutig überlegen.

Für viele Standorte ist der Übergang zu einem strategischen Planungsprozeß und Marktperspektiven für ihre Produkte und Dienstleistungen ein evolutionärer Ansatz, der oft damit beginnt, öffentliche Dienstleistungen dem Wettbewerb auszusetzen, den Service teilweise zu privatisieren und die Prinzipien des »Total Quality Management« (TQM) auch der öffentlichen Versorgung zugrunde zu legen. Sobald die Technik der größeren Wettbewerbsfähigkeit und Kundenorientierung internalisiert ist, werden die Standorte auch extern kundenorientierter operieren. Das erstere führt zwar nicht zwangsläufig zum letzteren, doch die Denkweise der Märkte und das Erfüllen identifizierbarer Bedürfnisse kann sich wechselseitig befruchten (siehe Darstellung).

**Privatisierung und andere Antworten
zur Qualitätsverbesserung der öffentlichen Leistungen**

Der öffentliche Sektor, der seiner Natur nach weitgehend monopolistisch ist, hinkt dem privaten Sektor häufig hinterher, was die Reaktion auf die Bedürfnisse und Serviceerfordernisse der Bürger angeht. Eine Reihe von Mechanismen können dem öffentlichen Sektor helfen, angemessener auf die Bedürfnisse seiner Bürger zu reagieren:

1. *Privatisierung:* Inanspruchnahme privater Unternehmen für Service, der zuvor vom öffentlichen Sektor erbracht wurde. Außerhalb der USA gehört dazu der Verkauf von Vermögen der öffentlichen Hand an den privaten Sektor und die Privatisierung von Regierungsinstitutionen. Innerhalb der USA bezieht sich die Privatisierung meist auf die Auslagerung öffentlicher Dienste in die Hand von Privatunternehmen; die Bürger haben dadurch die Option mehr, weniger oder dieselbe Serviceleistung wie zuvor zu bekommen. Die Wahlmöglichkeiten spornen den Wettbewerb unter den Dienstleistern an und haben zur Folge, daß auf die Zufriedenheit der Kunden geachtet wird, da im anderen Fall der Vertrag annulliert oder nicht erneuert wird.

2. *Belegsystem:* Die Bürger erhalten einen Basiskredit und können wählen, ob sie den Kredit für öffentliche Dienste oder ein konkurrierendes Privatunternehmen verwenden wollen.

3. *Garantien:* Hier verpflichtet sich eine öffentliche Institution, verärgerten Bürgern Ausgleich für den von ihr verursachten Schaden zu bezahlen. Die britische Regierung erwägt zum Beispiel die Einführung folgender Neuerungen:

   ● Bei Zugverspätung oder Stornierung durch die British Rail erhalten die Fahrgäste Gutscheine in Höhe des Fahrpreises für Reisen außerhalb der Hauptreisezeiten.

   ● Haushalte können auf Kosten der Stadt die Dienste eines privaten Müllabfuhrunternehmens in Anspruch nehmen, wenn die städtische Müllabfuhr die festgesetzten Zeiten nicht einhält.

   ● Patienten, die unter dem National Health Scheme unangemessen lange auf eine Operation warten müssen, werden in Höhe der Kosten entschädigt, die der Organisation durch die Behandlung entstanden wäre.

Es kommt hier darauf an, daß öffentliche Unternehmen ebenso lei-
stungsfähig sein müssen wie privatwirtschaftlich geführte. Dazu müssen die Bedürfnisse und Erwartungen der Bürger identifiziert und Vertriebssysteme errichtet werden; die öffentlich Bediensteten müssen in
Schulungen und Fortbildungen für die neuen Erfordernisse motiviert
und auf sie vorbereitet werden; darüber hinaus ist die Implementierung
eines fortlaufenden Systems zur Qualitätsverbesserung notwendig. Der
tatsächliche Gewinn der Privatisierung besteht darin, daß auch im
öffentlichen Dienst der Umgang mit Kunden gelernt wird und durch die
Möglichkeit der Wahl unterschiedliche Bedürfnisse erfüllt werden können. Statt lediglich auf Bedarf zu reagieren, muß der öffentliche Sektor
seine Dienste *unternehmerisch* und *innovativ* anbieten.

Lösung 5: Standorte brauchen Qualifikation, um effektiv zu kommunizieren und ihren Wettbewerbsvorteil stärken zu können

Ein qualitativ hochwertiger und attraktiver Standort zu sein ist die
eine Sache; diese besondere Qualität zu kommunizieren eine andere. Standorte müssen sich geschickt positionieren und ihre verschiedenen Zielgruppen individuell ansprechen. Sie müssen ihre Botschaften hochdifferenzier-
ten Käuferschichten anpassen und doch gleichzeitig ein Image entwickeln,
das ihre Besonderheiten verkörpert und in sich vereinigt. Nehmen wir
Brownsville/Texas, dessen Positionierung »am Meer, an der Grenze« die
Nähe zum Golf von Mexiko und damit zur größten Freihandelszone der
Nation als auch zum Grenzübergang nach Mexiko signalisiert. Oder man
denke an Indianapolis als Sportzentrum, Pittsburgh als Dienstleistungs-
und Forschungszentrum, Mexiko als Zentrum der Montagearbeit für Nordamerika, Hongkong als regionale Quelle für Low-Tech-Produkte und preiswerte Arbeit und Seattle als Zentrum für Softwareentwicklung. Nur einen
Slogan auszuwählen wie zum Beispiel »Pleasantville – Ein schöner Ort zum
Leben und Arbeiten« reicht nicht aus. Statt dessen muß ein Standortkon-
zept entwickelt werden, aus dem die Bürger Energie, Orientierung und Stolz
schöpfen können. Das Konzept muß ehrlich sein, die Botschaft, die es
ausstrahlt, mit der Realität übereinstimmen.

In dem heutigen von erbittertem Wettbewerb geprägten Markt schufen die Verbindungen von Industrie, Universitäten, Regierung und Investoren eine Wachstumssynergie in solch scheinbar unterschiedlichen Städten
wie Salt Lake City, wie die Vorstädte Philadelphias, Champaign-Urbana/

Illinois und Tucson/Arizona. In Minnesotas »Medical Allex« werden 30 Prozent der Einnahmen von zirka dreißig Herstellern medizinischer Geräte erzeugt und durch den Export noch weiter in die Höhe getrieben; andere Standorte in anderen Wachstumsregionen tun es ihnen gleich. Standorte und Unternehmen lernen heute, welches Rezept das Wachstum am besten fördert – die Mischung variiert je nach Standort, aber die Ingredienzen sind überwiegend dieselben.[15] In diesen Standorten stimmen Image und Realität überein, wenn durch neue Technologien und Unternehmen neue Arbeitsplätze geschaffen werden.

Lösung 6: Standorte müssen ihre Wirtschaft diversifizieren und Mechanismen zur flexiblen Anpassung an veränderte Bedingungen entwickeln

Standorte dürfen sich nicht auf eine einzige oder einige wenige Wirtschaftsbranchen oder Unternehmen verlassen, wenn sie ihre Zukunft erfolgreich gestalten wollen. Aufgrund der technologischen Erneuerungen blühen Industrien heute schnell auf und gehen ebenso schnell unter. Sie müssen weltweit und schnell auf Kostenvorteile reagieren, die sich anderswo ergeben. Daher sind Standorte darauf angewiesen, sich ein gut ausbalanciertes Unternehmensportefeuille zu schaffen.

»Nationen sind nicht in isolierten Branchen erfolgreich, sondern in Industriekonglomeraten, die durch vertikale und horizontale Beziehungen miteinander verbunden sind.«[16] Dieses Phänomen, das sich in Silicon Valley/Kalifornien und in Bostons Route 128 (eine Industrie-und-Gewerbe-Region) deutlich zeigt, wiederholt sich in den Netzwerken, Allianzen, Jointventures und Produktentwicklungen der herstellenden und Dienstleistungsbranchen sowohl innerhalb als auch außerhalb der USA. In den siebziger und achtziger Jahren wurde die Diversifikation zur Priorität von Standorten, die den Konjunkturzyklen entgehen wollten, während die Industrienetzwerke zum Schlüsselkonzept der neunziger Jahre wurden. Mehr noch als die frühere Form der Agglomeration, die durch die räumliche Zusammenballung ähnlicher Branchen und den Vorteil der Economies of scale gekennzeichnet waren, gehört zu den modernen Netzwerken die gemeinsame branchenübergreifende Nutzung moderner Technologien.

Standorte müssen heute eine wettbewerbsorientierte Intelligenz und vorausschauende Fähigkeiten entwickeln, um Trends und neue Bedürfnisse vorwegnehmen zu können. Die Rüstungsindustrie bot den rüstungsabhängigen Gegenden seit 1945 Sicherheit vor Konjunkturzyklen, heute zeigt sich jedoch ebenso deutlich, wie das Leben für sie bei dauerhafter Abrüstung aussehen könnte. Das kanadisch-amerikanische Freihandelsabkommen, das Ende der achtziger Jahre unterschrieben wurde, stellt einen Vorläufer für das Abkommen mit Mexiko dar – gutverstandene Trends, die sich auf Städte und Branchen überall in den USA auswirken. Sowohl kleine als auch größere entwicklungsbezogene Entscheidungen beeinflussen die Standorte. Dafür das folgende Beispiel: Der Futurist John Naisbitt zitiert in *Megatrends 2000* bestimmte Indikatoren, die nahelegen, daß »während der neunziger Jahre die Kunst allmählich den Sport als die primäre Freizeitaktivität der Bevölkerung ersetzt«[17], Wenn er recht hat, kann dieser Wandel enorme Konsequenzen für diejenigen Standorte haben, die ihr Attraktionsportefeuille auf Sportstadien und Sportteams verengen. Die neuen Sportstadien der achtziger Jahre sind dann vielleicht die weißen Elefanten der neunziger.

Ein effektiver Mechanismus, um dem Wandel zu begegnen, ist die Kommunalentwicklungsgesellschaft (im amerikanischen: Community Development Corporation [CDC]). Von der South Bronx bis zum Mississippidelta, von Appalachia bis nach South Central Los Angeles wurden in den letzten zwanzig Jahren mehr über 2000 CDCs gegründet, deren Dienste geographisch auf die niedrigen Einkommensklassen ausgerichtet sind. Diese Non-profit-Gesellschaften gehen häufig Partnerschaften mit Wirtschaftsunternehmen, Regierungen, Stiftungen und lokalen Organisationen ein, um Investitionen in Menschen, Eigentum und Geschäfte in verarmten Gegenden zu fördern. Sie zielen darauf, den Menschen in verarmten städtischen und ländlichen Gemeinden zu helfen, neue Chancen zu ergreifen – sei es durch berufliche Weiterbildung, Wohnungen oder den Erwerb eines Geschäfts. Ihre Bemühungen richten sich darauf, ehemals vernachlässigte Wohnorte oder Stadtviertel zu sanieren, in lokale Arbeitsplatzbeschaffung oder Wirtschaftsaktivitäten zu investieren. Wie ihre größeren geopolitischen Kontrahenten – Städte, Bezirke und Staaten – sind die CDCs eine flexible Antwort auf Probleme, die weder staatlich noch privatwirtschaftlich im Alleingang gelöst werden können; sie sind da gefragt, wo eine geographisch definierte Gegend wirtschaftlich saniert werden muß.

St. Paul: Entwicklung von Kleinunternehmen

Keine mittelamerikanische Stadt hat so konsequent eine Unternehmensentwicklungsstrategie verfolgt wie St. Paul/Minnesota (264 000 Einwohner). Als George Latimer 1976 zum Bürgermeister gewählt wurde, war St. Paul die schwächere der beiden Zwillingsstädte – der »Twin

Cities« –: eine untergehende Arbeiterstadt mit einem hohen Anteil an ethnischen Minderheiten, die im übrigen auch die Hauptstadt des Bundesstaates war. Latimer stellte unternehmerisches Denken ins Zentrum seiner Wirtschaftsentwicklungsstrategie und machte das »Homegrown Economy Project« (das Projekt zur Förderung der einheimischen Wirtschaft) zum Herzstück seines Plans für eine selbständige Stadt. Zu einer Zeit, als andere Städte auswärtige Unternehmen anwarben oder einseitig auf den Erhalt ansässiger Betriebe setzten, wurde in St. Paul die Revitalisierung der Kleinbetriebe mit starker Unterstützung der Banken, Konzerne, Stiftungen und akademischer Institute in den Mittelpunkt gestellt; dieser Ansatz erwies sich als einzigartig.

Die Wirtschaft St. Pauls hatte sich bereits in Richtung Dienstleistungssektor und der High-Tech-Branche bewegt. Doch unter Latimer arbeiteten die Stadtpolitiker nun daran, die Stärken und Schwächen ihrer Aktivitäten aufs neue zu identifizieren und neue Programme und Mechanismen auszuarbeiten, mit denen Schwächen überwunden und Lücken geschlossen werden konnten. Im August 1983 brachte St. Paul sein Strategiedokument, »The Homegrown City« heraus, das analysierte, wie die einheimische Wirtschaft durch Privatinitiativen angekurbelt werden konnte. Der Plan setzte auf Eigentum und Eigeninitiative, die Schaffung qualifizierter Arbeitsplätze, wirtschaftliche Diversifikation, brancheninterne Verflechtung, Vorteile für Arbeiter und Stadtviertel und die Anwerbung von Kapital und Mitteln von außerhalb.

Latimer erwarb sich den Ruf eines Standortentwicklungs-Gurus. Sein Erfolg und der Erfolg seiner Stadt zeigte sich an den Ergebnissen: neue Partnerschaften, Investitionen, Programme und Ventures, die in eine Gesamtstrategie eingebettet waren. Arbeitsplätze, Stadtviertelkonzentration, Bürgerinitiativen, Stiftungen, Banken und Unternehmen unterstützten diesen neuen Ansatz zur Stimulierung der kommunalen Wirtschaft. Es war ein Gewinnspiel statt des Nullsummenspiels der Standorte, die einseitig auf Unternehmensanwerbung setzten oder sich zwischen Stadtkernsanierung und der Stadtteilrevitalisierung entscheiden mußten.

George Latimer wurde im Dezember 1989 zum sechstenmal als Bürgermeister von St. Paul gewählt. Als unternehmerischer Bürgermeister gewann er nationale Anerkennung – ein Pionier, der öffentliche Mittel nutzte, um private Ressourcen zu provozieren. Er machte aus dem Stiefkind St. Paul einen gleichwertigen Partner Minnesotas. Latimer hinterließ das Erbe einer gutorganisierten Regierung, er revitalisierte die Stadtbezirke, führte Innovationen in der Energieersparnis ein, besorgte Wohnraum für Obdachlose und erwies sich damit als der nationale Führer in der Standortentwicklung.

Quellen: Neil Peirce und Robert Guskind, »Hot Managers Sizzling Cities«, *Business Month*, Juni 1989, S. 36–53; und Dorothy Parr Riesen, »Mayor of St. Paul to Head Law School«, *City and State*, 22. Mai 1989, S. 16.

Lösung 7: Standorte müssen unternehmerische Eigenschaften entwickeln und pflegen

Die Standortentwicklung, die von Menschen und Organisationen vorangetrieben wird, kann durch unternehmerisch denkende Regierungen weiter beschleunigt werden. Neil Peirce und Robert Guskind identifizierten auf der Basis von Tom Peters' Bestseller *In Search of Excellence* die zehn am besten verwalteten Städte der Nation. Das Ergebnis war nicht weiter überraschend: Baltimore, Dallas, Indianapolis, Minneapolis, St. Paul, Seattle, Charlotte, Phoenix, San Antonio und San Diego. Diese Städte beteiligten sich aktiv an der wirtschaftlichen Entwicklung. Sie agierten als Bank, als Makler, als Entwicklungsplaner, als Ausbilder und Förderer für die Entwicklung von Betrieben und Immobilien.

Neben ihrer Fähigkeit, einen breitgefächerten Service anzubieten und dabei die Steuern moderat und die Anleihewertungen hoch zu halten, demonstrierten die zehn Städte Unternehmergeist. Ihre Bürgermeister und Führer waren ihren Kontrahenten im Privatsektor in jeder Hinsicht gleichrangig. »Am wichtigsten«, bemerkten die Autoren, »ist, daß sich alle diese durch unternehmerische Führungsqualitäten auszeichnen, die den Boden für wirtschaftliche Vorteile vorbereiten; sie machen die Städte zu den Schöpfern ihres eigenen Schicksals.«[18] Ihre Führer sind risikobewußt. Einige Merkmale von unternehmerischen Standorten und Regierungen zeigen wir in den Abbildungen 12.1 und 12.2.

Abbildung 12.1
Unternehmerische Standorte: Eigenschaften

Wirtschaft	Offen, fließend, wenig Hindernisse für Firmengründungen
Soziale Struktur	Dynamisch, mobil, Auswärtige willkommen
Busineß	Kein dominanter Arbeitgeber, wettbewerbsfähig
Finanzen	Wettbewerbsorientierte Banken, Zugang für Risikokapital
Arbeit	Qualifiziert, professionell
Regierung	Unterstützt Gründung von Kleinbetrieben
Innovationen	Große Universität, Wirtschaftsforschungszentrum
Medien	Aufmerksamkeit für die Unternehmer, neue Betriebe
Beschäftigung	Wachstum neuer Firmen und Kleinunternehmen
Soziales	Gute Lebensqualität, Kultur/Erholung

Quelle: David Birch, »Thriving on Adversity«, *Inc.*, März 1988, S. 80–84;
und Joel Kotkin, »City of the Future«, *Inc.*, April 1987, S. 56–60.

ECON
GRAFIK

**Lösung 8: Standorte müssen sich bei der Bewältigung
ihrer Aufgaben verstärkt auf den Privatsektor verlassen**

Die Geschäftswelt muß aktiv am Plan für die Zukunft ihres Standortes beteiligt sein. In vielen Standorten übernehmen die lokalen Handelskammern oder ähnliche Einrichtungen Führungsaufgaben und agieren extern als Standortwerber und Förderer und intern als Kontrolleure, die Ausgaben und Besteuerung überwachen. In weiten Teilen der Südstaaten übernehmen die Handelskammern politische und wirtschaftliche Führungsfunktionen. Ivan Allen jr., der Atlantas kometenhaften Aufstieg anführte, war zum Beispiel zunächst Präsident der Handelskammer Atlantas, ehe er zum Bürgermeister (1961 bis 1969) gewählt wurde. Dallas identifiziert sich in ganz besonderem Maße mit seiner Geschäftswelt; die »Goals of Dallas« – die Ziele von Dallas – wurden formuliert, um das Wachstum der Stadt durch die sechziger und siebziger und über weite Strecken auch in den achtziger Jahren zu leiten. Es handelt sich hierbei um 86 definierte Zielsetzungen in den Bereichen Ausbildung, soziale Dienstleistungen und städtebauliche Einrichtungen. In Minneapolis stellt der »Five Percent Club« – eine Vereinigung der Großunternehmen, die 5 Prozent Vorsteuer ihrer Gewinne für

---

Abbildung 12.2
Unternehmerische Regierungen: Eigenschaften

Finanzen	Moderate Steuern, hohe Anleihebewertung
Manager	Denker, Visionäre, Politiker, Verkaufsleute
Dienstleistungen	Hohe Qualität, innovativ, wettbewerbsorientiert
Kultur	Starke Bürgerbeteiligung, offen
Stil	Professionell, ergebnisorientiert
Bürokratie	Unternehmerisch, innovativ
Ausgaben	Investitionen, Leistung, Ergebnis
Bürger	Verbraucher, Aktionäre
Planung	Vorausschauend, strategisch, langfristig
Reaktionsvermögen	Gute Zuhörer, Verhandlungspartner, zuverlässig

ECON GRAFIK

---

lokale philanthropische Zwecke stiften – den Kern der privaten Initiativen. In Indianapolis wurde die wirtschaftliche Wende Anfang der siebziger Jahre von der lokalen Handelskammer in die Wege geleitet.

In den sechziger und siebziger Jahren bildeten sich in den Städten öffentlich-private Partnerschaften, die ursprünglich auf die Erneuerung des Stadtkerns zielten, ihre Aktivitäten aber dann auch auf die einzelnen Stadtviertel, das Ausbildungswesen und die sozialen Dienste ausdehnten. Die Partnerschaften breiteten sich Ende der siebziger Jahre und bis ins folgende Jahrzehnt auch regional und staatenweit aus; ihre Ziele waren nun breiter gesteckt und strategisch untermauert. Nehmen wir den Fall des Staates Michigan Anfang der achtziger Jahre: Beobachter sind sich allgemein darüber einig, daß der Entwicklungsplan »Path to Prosperity« (Weg zum Wohlstand) »eine der besten Wirtschaftsstrategien ist, die je in einem Staat entwickelt wurden«.[19] Die Einzigartigkeit von »Path to Prosperity« verdankt sich einer kühnen Abkehr von früheren staatlichen Plänen – und Hinwendung zu modernen Fertigungsmethoden – und dem Engagement, mit dem die Politiker den Empfehlungen, die der Plan formulierte, folgten (die folgende Darstellung beschreibt Michigans »Path to Prosperity«). Auch die Entwicklungspläne anderer Staaten erhielten positive Reaktionen: Pennsylvanias »Choices«, Illinois' »Corridors of Opportunity«, Nevadas »Plan for Economic Diversification and Development« und Indianas »In Step with the Future«.

Von den frühen fünfziger Jahren bis Mitte der siebziger Jahre produzierten die Städte eine endlose Reihe von Plänen zur wirtschaftlichen

Erneuerung, zum Beispiel »Forward Atlanta«, Pittsburghs »Renaissance II« und »Chicago 21«, das Konzept der Stadt Pittsburgh – »Conference on Community Development in Pittsburgh« – war jedoch eines der ersten, das eine Gesamtstrategie zur Wirtschaftsförderung enthielt, die sich über die Sanierung des Stadtkerns hinaus auch auf die Erneuerung der Region erstreckte. Auf der Tagesordnung standen die Verbesserung des Schulsystems, Sparsamkeit in der Gesundheitsfürsorge und Stadtviertelsanierung.

Clevelands Plan »Tomorrow: A Strategy for Economic Vitality«, der »Miami Beacon Councils Plan for Dade's Economic Future« und der »Metro Denvers Strategic Economic Development Plan« sind neue Stadtplanungsentwürfe, die auf wirtschaftlicher Analyse, Standortstrategien und einer Reihe privater/öffentlicher Investitionen bauen; ihr gemeinsames Ziel ist, ihrem Standort einen Platz in der neuen Wirtschaft zu sichern.

Michigans Weg zum Wohlstand

1983 trat das ehemalige Kongreßmitglied James Blanchard die Nachfolge William Millikens als Gouverneur Michigans an, in einer Zeit, als die Stadt durch Rezession und globalen Wettbewerb einen tiefen wirtschaftlichen Einbruch erlebte. In den vorangegangenen vier Jahren war die Industrie um ein Viertel geschrumpft; fast 300 000 Arbeitsplätze wurden vernichtet, die meisten davon in der Automobil- und Stahlindustrie. Wirtschaft und Regierung erkannten, daß der Status quo nicht mehr aufrechtzuerhalten war.

Gouverneur Blanchard kürzte unverzüglich die Etats und erhöhte die Einkommensteuer, um den Bankrott des Staates zu verhindern. Nach sorgfältiger Analyse der wirtschaftlichen Situation Michigans legte Blanchard einen detaillierten Entwicklungsplan vor: »The Path to Prosperity«. Das Konzept sah vor, daß die Fertigungsindustrie auch künftig die wirtschaftliche Basis des Staates sein sollte, da sie nicht nur die Exportfähigkeit sicherte, sondern auch die entsprechenden Dienstleistungsindustrien an sich band. Das Ziel, sich zum Zentrum der Fabrikautomation und neuer damit verwandter Technologien zu entwickeln, basierte auf den folgenden Voraussetzungen:

1. Unternehmer mußten neue Technologien auf den Markt bringen;
2. Forschungsindustrien mit Konzentration auf mechanische und industrielle Technologie;
3. Schaffung neuer gewerkschaftlicher Beziehungen und

4. eine Regierung, deren Finanz-, Steuer- und Rechtssystem die Pläne unterstützt oder zumindest die unausweichlichen Unterbrechungen in der Übergangsperiode abfedert.

Der Bericht skizzierte verschiedene Leitlinien für die einzelnen Aktivitäten und Initiativen, zum Beispiel Konzentration auf die wirtschaftliche Basis; Orientierung auf innovative Firmen, die neue Produkte und Produkttechnologien entwickeln, privatwirtschaftliche Führung, staatliche Investitionen in Ausbildung und Forschung und reduzierte Lohnnebenkosten.

Die Prinzipien repräsentierten eine dramatische Abkehr von früheren Methoden und ein Gegenmodell zu den Antworten, die andere Staaten auf die Rezession von 1980 bis 1983 hatten. Blanchards und Michigans kühne Erneuerer verließen sich nicht einfach auf eine gut ausgearbeitete Strategie, sondern arbeiteten mit politischem Gespür an ihrer Implementierung.

Der Bericht »The Path to Prosperity«, den die Arbeitsgruppe 1984 erarbeitet hatte, gewann die Unterstützung prominenter Unternehmen, führender Gewerkschafter und Politiker. Er vermied die zahlreichen Fallen anderer großer Pläne, die anfangs mit Jubel und Trompeten bekanntgegeben wurden. Der Bericht, der sich auf objektive Prüfung der wirtschaftlichen Gegebenheiten stützte, analysierte sorgfältig, welche Aktionen von staatlicher Seite initiiert werden könnten, vermied die Probleme früherer Konzepte, die zwar von namhaften Persönlichkeiten und voluminösen Tagesordnungen geleitet wurden, aber immer erst moderiert, ausbalanciert und in einen Kompromiß eingebunden werden mußten, damit ein arbeitsfähiger Konsens erzielt werden konnte. Die Autoren des neuen Plans blieben weitgehend anonym.

Die Durchführung erforderte Dutzende spezifischer steuerlicher und ordnungspolitischer Beschlüsse und Investitionsentscheidungen, deren Erfolg davon abhing, daß einflußreiche Gruppen und Führer die Änderungen akzeptierten, anstatt sie, wie üblich, abzulehnen. Blanchards Programm passierte die staatliche Gesetzgebung; die politischen und wirtschaftlichen Hauptakteure konnten nun die langfristige Entwicklung zur Repositionierung der Wirtschaft in die Wege leiten.

Quellen: Charles Bartsch, »Michigan Reaching For Recovery«, *Economic Development Commentary*, 10 (Herbst 1980), S. 8–12; und John E. Jackson, »Michigan«, *The New Role of American States*, Hrsg. R. Scott Fosler (New York: Oxford University Press, 1988), S. 91–140.

Der Nutzen starker öffentlich-privater Partnerschaften zeigte sich insbesondere in den Gemeinden, deren detaillierte Wirtschaftspläne ein oder zwei Schlüsselideen verfolgten, die von der Öffentlichkeit akzeptiert wurden: Tennessees Betonung des Ausbildungswesens, Indianapolis' Konzentration auf Sport und Verbände, Pittsburghs öffentliche Einrichtungen und Konzepte für neue Industrien, Wichitas Diversifikationsprogramm (s. Darstellung), Fairfax Countys/Virginia erfolgreiches Marketing zur Unternehmensgewinnung, Baltimores Plan zur Stadtkernsanierung und Clevelands Konzentration auf Wachstumsbranchen (s. Darstellung S. 403).

Wichitas erfolgreiche Diversifikation

Wichita/Kansas (290 000 Einwohner) ist ein weiteres Modell für die Vision, die Kooperation und die Strategien, mit der eine wirtschaftliche Diversifikation erreicht werden kann. Unternehmensführer, Repräsentanten der Öffentlichkeit und Wirtschaftsplaner erkannten die Notwendigkeit, Wichita aus seiner Abhängigkeit von zyklischen und instabilen Industrien herauszuführen: Landwirtschaft, Öl und Gasgewinnung sowie Flugzeugbau (Boeing Company, Cessna Aircraft Company, LearJet Corporation und Beech Aircraft Corporation). Die Kommune mußte neue Strukturen und Führungsstärke entwickeln und benötigte öffentlich-privates Kapital, um sich gegen andere urbane Gebiete neu zu positionieren, seine Wirtschaft zu diversifizieren und ein neues Image seiner Stadt zu schaffen. 1987 stellte die Wichita/Sedgwick County Partnership die Aktivitäten der Stadt zur Wirtschaftsförderung in die Verantwortlichkeit der Handelskammer und brachte Führer aus der Regierung, den Unternehmen, der Industrie und dem Ausbildungssektor zusammen, die sich auf Strategien und Investitionen besannen, die für das Wachstum und die Gewinnung neuer Firmen notwendig waren. Zu den Aktionen gehörten Projekte zur Sanierung des Stadtkerns, zur Verbesserung des Regionalverkehrs, zur Aus- und Weiterbildung an der Wichita State University und zur Schaffung eines »Center for Creative Capital« und andere Investitionen, um die Attraktivität der Stadt und der Region zu erhöhen. Zwischen 1987 und 1990 erzielte Wichita seine ersten Erfolge: die Expansion ansässiger Unternehmen, die Ansiedlung und Expansion auswärtiger Firmen und den Erhalt der Telemaketing- und Franchisebranchen.
Wichitas Fortschritt resultiert nicht einfach daraus, daß einzelne Teile

zusammengefügt wurden – Organisation, Ausbildung, Infrastruktur, Technologie und Kapital –, sondern daß diese Produkte innerhalb und außerhalb der Gemeinde vermarktet wurden. Wichitas Plan »Blueprint 2000«, der auf einer Studie des Stanford Research Institute basierte, enthielt einen Entwurf zur Entwicklung neuer Technologien, zur Verbesserung des lokalen Schul- und Ausbildungssystems und zur Erneuerung des Stadtzentrums. Die Stadt, der Privatsektor, der Bezirk und die Vorstädte kooperierten und konnten so im Verlauf der nächsten Jahre fast 400 Millionen Dollar in diese umfassende Strategie investieren. Ein Fünfjahresplan mit einem Etat von 4 Millionen Dollar für Marketing-, Werbe- und PR-Ausgaben sowie Direct-mail-Kampagnen sorgte für ausreichende Mediendeckung in den Handelsblättern, Fachzeitschriften und nationalen Zeitungen. Die Aktivitäten haben sich bereits bezahlt gemacht.

Quellen: John T. Bailey, *Marketing Cities in the 1980s and Beyond; New Patterns, New Pressures, New Promise* (Chicago: American Economic Development Council, 1989), S. 41–45; und Todd Sloane, »New Images Paves Way for Wichita«, *City&State*, 13. August 1990, S. 11, 13.

Natürlich muß das, was in den siebziger und achtziger Jahren funktionierte, nicht notwendigerweise auch für die kommenden Jahrzehnte gelten. Die Haushaltskürzungen im öffentlichen Sektor zu Beginn der neunziger Jahre machten viele der Anstrengungen zur Wirtschaftsförderung auf staatlich-lokaler Ebene zunichte. Institutionen wurden geschlossen, Programme gestrichen oder, dem Trend zur Privatisierung der sekundären öffentlichen Dienstleistungen entsprechend, auf die Privatwirtschaft übertragen. Der Trend zur Privatisierung ist ein zunehmend wichtiger Faktor in der Standortentwicklung. Die Utah Economic Development Corporation entstand beispielsweise 1987 aus der Notwendigkeit heraus, die Rechtszersplitterungen zu überwinden, einen Pool öffentlicher und privater Ressourcen zu schaffen und für größere Teilnahme seitens der Wirtschaft zu sorgen. Immer mehr Staaten und Standorte lagern ihre Marketing- und Kommunikationsaktivitäten aus und übergeben sie der Verantwortung privater Organisationen und professionellen Fachkräften: »Advantage Minnesota«, der »Arizona Economic Development Council« und »Enterprise Florida« sind nur einige der großen organisatorischen Änderungen, die diese Verschiebung vom öffentlichen zum privaten Sektor dokumentieren.

Der beschleunigte Trend zur Privatisierung resultiert jedoch nicht allein aus der Desillusionierung oder Verzweiflung über bisherige Ergebnisse; er beruht auch auf Erfahrungswerten und den folgenden vier fundamentalen Faktoren:

- *Ressourcen:* Die Privatisierung wird durch den Imperativ der Kostenersparnis beschleunigt. Die staatliche Economic Development Commission in Utah schlug zum Beispiel vor, anstatt der konkurrierenden Aktionen von Dutzenden öffentlicher Bezirksinstitutionen und Handelskammern die Ressourcen in einer großen Entwicklungsorganisation zu bündeln.
- *Fragmentation:* In den neunziger Jahren wird der Impuls zur Konsolidierung von Entwicklungsinstitutionen und die offene Konkurrenz zwischen den Stadtteilen lokale, metropolitane, multiregionalen oder staatsumfassende Privatorganisationen hervorbringen; diese werden eher als einzelne politische Referate, die unabhängig voneinander arbeiten und miteinander konkurrieren, in der Lage sein, die Wirtschaft voranzutreiben. Auch die globalen Entwicklungen fördern Konsolidierungen und die Bündelung von Ressourcen, denn der internationale Wettbewerb erfordert eine umfassendere breitere Orchestrierung der Märkte über Standorte und Staaten hinaus.
- *Kontinuität:* Die Standortentwicklung hat sich bisher eher durch Diskontinuität als durch Kontinuität ausgezeichnet. Politiker kommen und gehen; Programme werden begonnen und abgebrochen; Strategien ändern sich. Wenn die Verantwortlichkeit für die Standortentwicklung und ihre Finanzierung vom öffentlichen auf den privaten Sektor übergeht, wird dies ein kontinuierlicher Prozeß sein, und zwar sowohl was die Führung als auch was die Programme und Mitarbeiter anbetrifft. Unabhängige Institutionen und Partnerschaften werden wahrscheinlich eher gegen politische Launen und jährliche Haushaltsschlachten gewappnet sein. Der inoffiziellere Status und die Haltung der privaten Organisationen erlaubt einen vertraulicheren Rahmen für Kontakte und Verhandlungen.
- *Know-how des Privatsektors:* Tatsache ist, daß der private Sektor weit mehr Know-how und Erfahrung in den Verkauf, in das Marketing, in die Strategieplanung und Kundenbeziehungen einbringen kann als der öffentliche. Es ist von essentieller Wichtigkeit, daß Unternehmen an der Standortentwicklung beteiligt sind, denn sie

kennen naturgemäß die Faktoren für Standortwechsel, Gründung
und Expansion von Unternehmen besser als die Mitarbeiter im
öffentlichen Dienst. Es muß vielleicht nicht erst betont werden,
daß Firmen am besten an Firmen verkaufen.

Clevelands Suche nach Wachstumsindustrien

Clevelands »Tomorrow«, eine aus vierzig Unternehmensführern bestehende Bürgerorganisation, beauftragte McKinsey & Company, die internationale Unternehmensberatungsfirma, die wirtschaftlichen Veränderungen – eine fünfundzwanzigjährige Talfahrt – zu analysieren, um eine
Antwort auf die entscheidenden Fragen zu finden: Welche grundlegenden und effektiven Maßnahmen können von Cleveland initiiert werden,
um seine wirtschaftliche Vitalität auf breiter Basis wiederherzustellen?
Nach einjährigen Studien, Analysen und einer Untersuchung über andere Städte mit ähnlicher Lage und Problemen legte das Cleveland-
Tomorrow-Komitee sechs langfristige Programm mit dem Ziel auf, »die
Ursachen zu verändern, anstatt die Symptome zu behandeln«. Zwei
Programme dienten der Unterstützung der Basisindustrien, drei der
Förderung der Wachstumsbranchen, und eines zielte auf beides ab.
»Cleveland Tomorrow: A Strategy for Economic Vitality« repräsentiert
einen der durchdachtesten Aktionspläne, die je von einem Standort
erarbeitet wurden; sie umfassen auch die Implementierungen, die auf
die Jahre nach 1981 folgten. Clevelands Wende ist heute fest verankert –
ein Tribut an die Geschäftswelt, der es gelang, die jahrelange Stagnation
zu überwinden und die Bürger Clevelands von den Strategien zur Erneuerung zu überzeugen.
Clevelands Bemühungen, die wirtschaftliche Talfahrt aufzuhalten und
umzukehren und sich als Zentrum für Management, Technologie und
Produktion zu etablieren, enthielt viel mehr als langfristige Strategien,
Investitionen und neue Partnerschaften. Cleveland litt an einem schlechten Image – eine schon heruntergekommene Stadt, deren Politik von
schwacher Führung und widersprüchlichen Strategien geprägt war, eine
Stadt auch, die 1979 ihren Zahlungsverpflichtungen nicht mehr nachkommen konnte. Seit 1981 haben die Stadtführer unter Leitung großer
Unternehmen (Cleveland ist der Sitz von 22 *Fortune-1000*-Hauptquar-
tieren) viel initiiert, um das Image der Stadt zu verbessern, und unter
anderem offensiv um ein besseres Image der Stadt geworben. Die Sa-

nierung des Stadtkerns erfolgt derzeit, das Gesundheitswesen wird verbessert, und neue Technologieunternehmen florieren. Cleveland scheint den Übergang von der herstellenden Industrie zum Dienstleistungsgewerbe geschafft zu haben.

Quellen: Cleveland Tomorrow: A Strategy for Economic Vitality (Cleveland: The Clevelands Tomorrow Committee, Dezember 1981), Zitat aus der Einleitung des Berichts; und John T. Bailey, *Marketing Cities in the 1980s and Beyond: New Patterns, New Pressures, New Promise* (Chicago: American Economic Development Council, 1989), S. 17.

Wir haben gezeigt, daß sektorale Rollen fließend, dynamisch und zeitweise austauschbar sind. Partnerschaften zwischen dem öffentlichen und dem privaten Sektor variieren je nachdem, was beide aufs Tapet bringen. Was der Privatsektor in einer bestimmten Situation in eine Partnerschaft einbringen kann, wird in einer anderen vom öffentlichen Sektor angeboten. Jeder der beiden Sektoren kann zum Beispiel die Infrastruktur durch Bereitstellung von Land oder Kapital ausbauen. Andere Beiträge können sektorspezifisch sein, doch beide bringen verschiedene Ressourcen und Qualifikationen an den Verhandlungstisch.

Der private Sektor kann sein Spezialwissen, seine Informationen und Qualifikationen einbringen, während einzig der öffentliche Sektor die Macht hat, Bauland zu schaffen, Zugang zu Steuerbefreiungen zu gewähren, die öffentliche Planung und Genehmigungen von Projekten abzusichern und die Anreize bereitzustellen, die für die Anlockung privaten Kapitals erforderlich sind. Was und wieviel jeder Sektor beiträgt, hängt von den Zielsetzungen, den Ressourcen und den ökonomischen Umständen ab. Tatsache ist, daß nicht ein Sektor allein – Regierung oder Wirtschaft – handeln kann; ohne die langfristige Zusammenarbeit und gegenseitige Unterstützung ist anhaltender Erfolg und eine wettbewerbsfähige Wirtschaft kaum möglich.

Lösung 9: Jeder Standort muß seinen eigenen Wachstumsprozeß initiieren, der seine spezifischen kulturellen, politischen und wirtschaftlichen Besonderheiten berücksichtigt

Man kann nicht erwarten, daß alle Standorte, die sich Veränderungen anpassen und ihre Zukunft gestalten wollen, dieselben Ansätze entwickeln. Jeder Standort hat eine spezifische Geschichte, Kultur, Werte, Regierung und Geschäftsinstitutionen, Systeme des öffentlichen und privaten Entscheidungsprozesses und Führerschaft. Der strategische Marktplanungsprozeß in Amsterdam ist zwangsläufig anders als in New Orleans. Jeder Standort muß sortieren, welche Innovationen gefördert werden sollen, welche Maßnahmen für den Wandel erforderlich sind, welche Allianzen und Koalitionen gebildet werden müssen. Im Programm von Dallas zwischen 1966 und 1977 waren mehr als 100 000 Menschen in Planungskomitees und Stadtviertelorganisationen beteiligt.

Im Gegensatz zu St. Paul und Michigan – zwei Beispiele für die gelungene Verknüpfung von Vision, Führungskraft und Strategien – gibt es auch viele Beispiele für falsche Entwicklungen und Weichenstellungen. Wir haben zwei davon ausgewählt und in nachfolgender Darstellung beschrieben, Rhode Island und Louisiana, die vieles gemeinsam haben und in den achtziger Jahren eine bedeutende nationale Rolle spielten. Beide setzten auf einen hierarchischen Ansatz der Wirtschaftsförderung; in beiden Fällen sollten Eliteorganisationen den Widerstand der Arbeiter und ethnischer Minderheiten gegen Veränderungen überwinden. Beide verfolgten unter großen Anstrengungen einen einzigen Plan, der dem Elektorat zur Wahl vorgestellt wurde. Und beide Pläne erforderten beträchtliche Steuererhöhungen und scheiterten daran, nicht genügend Wählerstimmen zur Realisierung ihrer Vorhaben erhalten zu haben. Schließlich repräsentierte jeder Plan eine radikale Abkehr von der politischen Kultur des betreffenden Ortes und einen dramatischen Bruch mit der Vergangenheit, ohne daß die Öffentlichkeit die Vorteile und Nutzen einer alternativen Zukunft wirklich verstand.

Fehler: Rhode Island und Louisiana

Im Sommer 1984, nach einer der größten öffentlichen Verkaufskampagnen in der Geschichte der Bundesstaaten, lehnten die Wähler Rhode Islands mit überwältigender Mehrheit einen großen Anleihevorschlag als Teil eines 250-Millionen-Dollar-Wirtschaftsentwicklungspakets ab, mit dem die Wirtschaft des Staates auf Vordermann gebracht werden sollte. Obwohl von den Medien, Bankern, Unternehmen, Gewerkschaftern und gewählten Politikern gestützt, wehrten sich die Arbeiter und die ethnische Bevölkerung gegen die Elite des Staates, die das ehrgeizigste staatlich unterstützte Wirtschaftsförderungsprogramm der Vereinigten Staaten durchsetzen wollten. Der »Greenhouse Compact« war ein tausend Seiten dicker Gesamtplan, der mehr Jobs und höhere Löhne für die Bevölkerung Rhode Islands garantieren sollte. Er rückte den geographisch kleinsten Staat der USA in nationales Licht als ein Test für staatliche Industriepolitik. Rhode Island sollte zum nationalen Modell werden – ein Labor, in dem mit kühnen, frischen ökonomischen Ideen experimentiert werden sollte, um ältere Industrien zu erneuern und neue Betriebe und Technologien zu entwickeln.

Einst der kleinste Riese der Industrie des 19. Jahrhunderts, hatte Rhode Island Jahrzehnte des allmählichen Niedergangs hinter sich; die Folge waren geringe Wachstumsraten, hohe Arbeitslosigkeit, niedrige Löhne und Verschlechterung der Lebensqualität. 1982 ernannte der zum viertenmal gewählte Gouverneur Francis Garrahy eine aus zehn Mitgliedern bestehende Kommission für Strategieentwicklung und beauftragte sie mit der detailliertesten Studie, die je in der Wirtschaft und Industrie eines Staates ausgearbeitet wurde. Um die wirtschaftliche Talfahrt des Staates umzukehren, verlangte der Bericht nach einem 250-Millionen-Dollar-Rettungsplan. Mit der Warnung an die Wähler, daß eine Ablehnung des Plans in einer trostlosen ökonomischen Zukunft enden würde, packten die Kommission und ihre Befürworter Steuererhöhungen und Anleihen in ein einziges Referendum, statt es in allmählichen Aktionen nach und nach vorzulegen. Nach einer intensiven neunmonatigen Werbekampagne, die von Garrahy und vielen der politischen Führer des Staates begleitet wurde, erlitt das vielveröffentlichte Kompaktreferendum eine totale Niederlage. Nicht etwa zugunsten anderer Staaten oder lokaler Politiker, die öffentliche Unterstützung für ihre Wirtschaftsentwicklungsstrategien suchten, sondern weil die Bevölkerung der Versuchung nicht wiederstehen konnte, es der staatlichen Elite einmal zu zeigen; und genau das taten sie mit der überwältigenden Ablehnung des Kompaktprogramms.

Nach fast allen üblichen Standards war das Unternehmensklima in Louisiana weit weniger günstig: hohe Arbeitslosigkeit und Korruption, niedriges Niveau des Ausbildungssektors und der öffentlichen Dienste und ein unausgewogenes Steuersystem. Doch anders als andere Staaten im tiefen Süden hat Louisiana auch viele Schätze: Mineralressourcen, einen gutentwickelten Meereshafen, eine multikulturelle Kultur, die magnetischer Anziehungspunkt für Touristen ist, billige Arbeit und üppige Wasservorräte. Doch die kulturelle, ökonomische und soziale Transformation muß in Louisiana erst noch stattfinden, um für Wirtschaftsunternehmen und den Servicesektor attraktiv zu werden.

Als Ende 1987 Harvard-MBA und Reformer Charles E. »Buddy« Roe-

mer III. zum Gouverneur ernannt wurde, schien sich eine Wende abzu-
zeichnen. Mit einem Erbe von 2 Milliarden Dollar angehäuften Schulden, die nur durch eine Erneuerung des antiquierten Steuersystems
abgetragen werden konnten, sammelte Roemer Unterstützung von den
großen Unternehmensführern, den Medien und einflußreichen Persönlichkeiten für ein Steuer-und-Industriereformpaket, das Umsatz, Eigen-
tum- und Unternehmensteuern senkte und die Einkommensteuer erhöhte. Weil die Verfassung Louisianas für die Erhöhung von Steuern ein
öffentliches Referendum erfordert, mußten Roemer und seine Mitstrei-
ter den Wählern diesen umfassenden Plan verkaufen und mit vergangenen Praktiken brechen. Am 29. April 1989 lehnten die Wähler mit 55 zu
45 Stimmen die vorgeschlagenen Steuerveränderungen ab. Eine popu-
listische Allianz zwischen Antisteuer- und Antifortschrittswählern
brachte Arbeiter, verarmte Weiße und Steuerzahler der Mittelschicht
zusammen, um das zu Fall zu bringen, was Roemer als »die größte
Hoffnung des Staates zur Schaffung von Arbeitsplätzen« bezeichnet
hatte.

Quellen: für Rhode Island: »The Greenhouse Compact« (Bericht im ganzen veröffentlicht), *The Providence Journal Bulletin,* 18. Oktober 1983, S. 1–20; für Louisiana:
Peter Passell, »The Last Laugh of the King Fish«, *New York Times,* 3. Mai 1989, S. 26;
Glenn Simpson, »Voters to Roemer: It's Not Worth It«, *Insight,* 29. Mai 1989, S. 28;
und Robert Suro, »In the Inside and Looking Within«, *New York Times,* 20. Januar
1991, S. 16.

Unterschiedliche Rezepte funktionieren an unterschiedlichen Stand-
orten zu unterschiedlichen Zeiten – Goals for Dallas, der Minneapolis Five
Percent Club, das Chicago Civic Committee of the Commercial Club, the
Hartford Bishops usw. Städte wie zum Beispiel Indianapolis, Baltimore,
Dallas, Atlanta und Raleigh genießen vielleicht eine gewisse politische
Kontinuität, während andere rapiden Wechsel erleben, wenn ihre Unternehmen stagnieren, Personal entlassen oder umsiedeln, so wie es in Hartford,
Chicago, Philadelphia und anderswo geschehen ist. Angesichts der demo-
graphischen Veränderungen und der hohen politischen Risiken, die die
Position als Bürgermeister einer Metropole mit sich bringt, ist die Kontinuität der politischen Führung vielleicht noch weniger gegeben. Anders als in
der Wirtschaft, die ihre Nachfolge oft sorgfältig aufbaut, sind Standorte
demokratische Institutionen, und die Wahl ihrer Führer kann sporadisch,

unprognostizierbar und unerwartet sein. Der Strategieplan und die Innovationsprogramme Michigans in den achtziger Jahren wurden in den neunziger Jahren aufgrund administrativer Veränderungen und Haushaltskrisen zurückgestuft und überarbeitet, doch sie hatten ihre Ziele – die Fertigungsindustrie des Staates wieder wettbewerbsfähig zu machen – erreicht. Die »Ben Franklin Partnerships« in Pennsylvania waren dagegen langlebiger.

Die meisten Standorte müssen mit Barrieren gegen den Wandel fertig werden: Trägheit, Mangel an Visionen, unzureichender politischer Konsens, Ressourcenknappheit und eine unadäquate Organisationsstruktur. Ob diese Hindernisse überwunden werden können, hängt von günstigen Ereignissen, Trends und verschiedenen Katalysatoren ab – eine Wahl, neue politische Führer, die Medien, neue oder entwickeltere Organisationsstrukturen.

Trotz der jeweiligen Standortunterschiede gibt es gewisse grundlegende Imperative, die beachtet werden müssen: Erstens erfordert die Ressourcenknappheit eine gewisse Konsolidierung der Aktivitäten sowohl innerhalb der Regierung als auch zwischen Regierung und Privatwirtschaft. Dadurch können Ressourcen gebündelt, die Standortstrategien verfeinert und fokussiert und eine breitere Beteiligung erreicht werden.

Zweitens muß auf Kontinuität und Konsistenz der Entwicklungsansätze geachtet werden. Durch Konsolidierung, Partnerschaften und führende Organisationen kann die Professionalität der privatwirtschaftlichen und öffentlich-politischen Führer verbessert werden. Oft wird die Entwicklung eines Standortes mit anerkannten Persönlichkeiten assoziiert, die aus den verschiedensten Gebieten kommen können – Bernard Berkowitz, Martin Millspaugh und James Rouse in Baltimore, R. K. Mellon in Pittsburgh, Felix Rohatyn in New York, George Latimer in St. Paul, J. Erik Jonson in Dallas, Richard Lugar in Indianapolis. Ob aus der Industrie, öffentlichen Ämtern – in jedem Fall initiierten sie organisatorische Entwicklungen und Institutionen, die zu mehr Kontinuität beitrugen.[20]

Drittens müssen Standorte bei der Einteilung ihrer Ressourcen über geopolitischen Grenzen hinaussehen, um Probleme gemeinsam zu bewältigen und Vorteile gemeinsam zu nutzen. Im Tourismus- und Tagungsgeschäft werden Aktivitäten in großen Standorten konsolidiert, die Verkehrsplaner forschen nach Möglichkeiten für multimodale Verkehrsknotenpunkte zur verbesserten Anbindung des Bus- und Schienenverkehrs. Die neustrukturierte Handelskammer von Dallas vereinigt unter einer privat finanzierten Dachorganisation sechs Bezirke und 33 Städte. Ihre Aktivitäten zielen auf die Anwerbung und den Erhalt von Unternehmen, die Förderung des Exports, des Tourismus- und Tagungsgeschäfts. Die Kammer ist auch in den Marketingbemühungen der Region beteiligt. Jede der 33 Städte hat eine Person beauftragt, die Informationen für Firmen, die sich für die Region um Dallas interessieren, koordiniert und verarbeitet. Die Firmenanfragen werden zentral von der Marketingabteilung der Kammer geklärt. Wie im Falle Dallas, so umfaßt auch das Metropolitan Economic Development Council von Richmond drei Bezirke sowie die Stadt Richmond/Virginia. Einige der bestverwalteten Städte sind diejenigen, die über ihre Grenzen hinweg versuchten, Probleme im Zusammenhang mit Beförderung, Giftmüllentsorgung und Wasserressourcen zu lösen, die nun auch in der Standortentwicklung eine Rolle spielen.

Lösung 10: Standorte müssen organisatorische und verfahrenstechnische Mechanismen entwickeln, um ihre Entwicklung weiterzuführen und den einstigen Schwung beizubehalten

Strategische Marktplanung erfordert Geduld und Beständigkeit. Es kann Jahre dauern, bis ein Kleinbetrieb schließlich Erfolg erzielt oder neue Technologien und Humankapitalinvestitionen Früchte tragen. Die Gefahr ist, daß eine ungeduldige Öffentlichkeit das Vertrauen verliert, Politiker abwählt und zu Sofortlösungen, die schnelle Problemlösungen versprechen, tendiert. Weil es in der Standortentwicklung keine magischen Allheilmittel und keine Wunderelixiere gibt, können wir nur aus der Geschichte lernen; Standort-Marketing heißt auch, aus vergangenen Erfolgen und Fehlern zu lernen. Historiker wissen seit langem, daß eine Demokratie imstande ist, Krisen zu bewältigen, die Führer zur Führung befähigen und die Macht zeitweilig zu konzentrieren. Doch demokratische Institutionen funktionieren oft schlechter, wenn es keine Krisen gibt. Auch Standorte können in Krisensituationen elektrisiert werden, doch mit der Krise verschwindet manchmal auch der ursprüngliche Schwung. Die Aufmerksamkeit der Öffentlichkeit auf ein einziges Thema hält nicht immer lange an und kann durch drängendere Fragen in den Hintergrund gedrängt werden. Ein klassisches Beispiel für eine Organisation und eine Region, die ihren Schwung beibehalten konnte, ist die Allegheny Converence in Pittsburgh (s. Darstellung).

Die Allegheny Conference

Nach über fünfzigjähriger Erfahrung nahm die Allegheny Conference on Community Development in den siebziger Jahren die Sanierung des Stadtkerns in Pittsburgh in Angriff und initiierte Programme zur beruflichen Weiterbildung und Überwindung der Rassentrennung. In den achtziger Jahren engagierte sie sich in einem regionalen Wirtschaftsförderungsprogramm. Als Orientierungshilfe und im Hinblick auf die globalen Veränderungen lag der Schwerpunkt auf der wirtschaftlichen Diversifikation. Die Strategie ging von fünf Prämissen aus:

- Die Region würde sich in Zukunft nicht mehr nur auf die Metallbranche und Hersteller langlebiger Wirtschaftsgüter verlassen.
- Die wirtschaftliche Diversifikation sollte eine Mischung der produktorientierten und serviceorientierten Branchen sein sowie eine Mischung alter und neuer Aktivitäten.
- Die Region würde nur an längerfristigen Zielen arbeiten.
- Die Problemlösungen sollten auf Privatwirtschaft und Marktorientierung beruhen.
- Die Planung sollte koordiniert statt zentralisiert durchgeführt werden.

In ihrem Bericht *A Strategy for Growth*, der 1984 vorgelegt wurde, wurden drei Zwischenziele formuliert:

1. Unternehmens- und Arbeitsplatzförderung;
2. Verbesserung des ökonomischen Umfelds.
3. Verbesserung der Infrastruktur.

Seitdem wird jährlich ein Bericht erarbeitet, der in der Region um Pittsburgh an die Medien, in den Stadtteilen, in Wirtschaftsorganisationen und Bürgergruppen verteilt wird und die bisher erreichten Fortschritte dokumentiert. 1990 wurde ein Fünfjahresplan vorgestellt, der die Entwicklungen in einer längerfristigen Perspektive zeigte.

Die Methoden der Allegheny Conference zur Aufrechterhaltung des öffentlichen Interesses für die langfristigen Ziele wird als beispielhaft bezeichnet. In Anlehnung an die Jahresberichte der Unternehmen für ihre Aktionäre wird sichergestellt, daß die Bevölkerung weiterhin an dem gemeinsamen wirtschaftlichen Entwicklungsprozeß beteiligt ist.

Quellen: The Allegheny Conference on Community Development: A Strategy for Growth (Pittsburgh: ACCD, November 1984); und *Five Year Economic Development Report: 1984–1989* (Pittsburgh: ACCD, 1990).

Die Kehrseite des ursprünglichen Schwungs ist, daß die Anfangser-
folge sich selbst zum schlimmsten Feind werden können. Es besteht die
Gefahr, daß der erzielte Fortschritt in Selbstzufriedenheit mündet und die
Standorte sich auf ihren Lorbeeren ausruhen. Bald sind die längerfristigen
Ziele vergessen. Der Schwung ist dahin. Hier sind die kommunalen Führer
gefordert, das Interesse der Öffentlichkeit wachzuhalten und sie kontinuierlich über bereits erzielte Erfolge zu informieren. Bedauerlicherweise ist die
Umsetzung der Programme auch der am wenigsten aufregende Teil, bleibt
aber nach wie vor der wichtigste Aspekt der strategischen Planung.[21] Die
Öffentlichkeit muß stets aufs neue davon überzeugt werden, daß die Investitionen Ergebnisse zeitigen, daß Verantwortlichkeit gewährleistet ist und
weitere Fortschritte erzielt werden.

Nehmen wir zum Beispiel Fairfax County/Virginia, einst eine ländliche Gemeinde in unmittelbarer Nachbarschaft zu Washington, D. C.
Praktisch über Nacht entwickelte es sich zu einem High-Tech-Mekka
und zum schnellstwachsenden Bezirk östlich des Mississippi. Die finanziell ausreichend untermauerten Strategien zur Firmenanwer-
bung und die Marketingkampagnen gewannen nationale Anerkennung. Zwischen 1977 und 1985 siedelten sich 800 neue Firmen in Fairfax County an, es wurden Investitionen im Wert von 1 Milliarde Dollar
getätigt und 50 000 neue Arbeitsplätze geschaffen. In dieser Zeit
siedelten sich hier über die Hälfte aller US-High-Tech-Firmen an –
aus den Bereichen Elektronik, Datenverarbeitung, Telekommunikation, Biotechnologie und Biomedizin.[22]
Doch dieser phänomenale Erfolg produzierte eine Reihe neuer Probleme: steigende Grundstückspreise, Verkehrsüberlastung, einen riesigen Infrastrukturbedarf, spekulative Immobiliengeschäfte und eine
erodierende Lebensqualität. Im Jahr 1990 sah sich Fairfax County
mit einer ganz anderen Situation und neuen strategischen Herausforderungen konfrontiert – dem Wachstumsmanagement. Zusätzlich zu
den Ausgaben der Wirtschaftsförderung gelang es den Stadtführern,
die Infrastruktur den neuen Entwicklungen anzupassen, denn nun
lebten fast 700 000 Menschen in diesem Bezirk, und die Anforderungen an die Lebensqualität mußten mit anderen Faktoren ausbalanciert werden.

Das Wachstumsmanagement bezieht sich auf die neuen Herausforderungen, uneingeschränktem Bevölkerungszuwachs Einhalt zu gebieten, indem zum Beispiel die Zuwanderung von Immigranten begrenzt, die Umsiedlungskosten für neue Unternehmen erhöht, die Bedingungen für die Landerschließung erschwert werden. Früher waren Städte und sogar Nationen von Mauern umgeben, die Eindringlinge fernhalten sollten. Heute sind die Standortstrategien nicht nur subtiler, sondern sie stützen sich auch auf Regeln, die das Eigentum und die Bürgerrechte schützen. Als Beispiel ist hier Santa Fe/New Mexico erwähnenswert, das den Bau eines moderneren Flughafens verweigert, um dem Massentourismus und der Flut von Zuwanderern zu entgehen. Santa Barbara/Kalifornien weigert sich, seine Wasserversorgungskapazität zu erhöhen und noch mehr Land zu erschließen. Algonquin/Illinois versuchte die Interstate Commerce Commission zur Schließung seines Bahnhofs zu bewegen, um den Zugang zu erschweren. In den Wachstumsgebieten werden den privaten und kommerziellen Grundstücksbesitzern Kosten für die Infrastruktur – Straßen, Kanalisation und Schulen – auferlegt. Rigide Raumaufteilungen und Landerschließungsanforderungen können ebenfalls zu Wachstumbegrenzungen führen. Manchmal werden die Bürger selbst initiativ – angefangen von unfreundlichen Bemerkungen auf Jackenaufklebern bis hin zu rüdem Verhalten wie beispielsweise in Bolinas, einer Stadt in Marin County/Kalifornien: Hier entfernten die Bewohner wiederholt die Ortsmarkierungen an den Highways, um den Reisenden die Suche zu erschweren.

Warum Standort-Marketing wichtig ist

Standort-Marketing ist eine der vorrangigen Voraussetzungen, um in unserer neuen Wirtschaft wettbewerbsfähig zu bleiben. Die Standorte müssen Produkte und Dienstleistungen produzieren, die heutige und künftige Kunden intern, extern, national und international wollen oder brauchen. Standort-Marketing ist ein kontinuierlicher Prozeß, der den veränderten ökonomischen Bedingungen und Chancen angepaßt werden muß.

Die Aufgabe, Standort-Marketing auf aktuelle und potentielle Kunden abzustimmen, ist eine ständig neue Herausforderung, wenn sich neue Branchen bilden, neue Technologien auftauchen, Firmen expandieren, alte Betriebe schrumpfen, fusionieren oder konsolidieren. Entsprechend den Marktveränderungen und veränderten Kundenbedürfnissen müssen die Produkte aktualisiert und verbessert und neue Produkte für neue Bedürfnisse entworfen werden. New York hat schmerzhaft erfahren müssen, daß es nicht ausreicht, ein Multimillionen-Dollar-Steueranreizpaket aus der Tasche zu ziehen, um eine Industrie zu halten.[23] Doch manche Standorte haben auch Durchhaltevermögen, qualifizierte und geschulte Arbeitskräfte, eine ausreichende Infrastruktur und öffentliche Einrichtungen, gute Schulen und Universitäten und Unterstützung für Forschungs-und-Entwicklungs-Projekte. Doch auch die Qualität der hierzu erforderlichen Instrumente und Programme setzt kontinuierliche Entwicklungen, Neudefinitionen und Anpassung an veränderte Bedingungen voraus.

Angesichts der globalen Märkte wird der Außenhandel stark expandieren. Standorte sind heute offensiver in der Exportfinanzierung und -förderung durch Informations- und Handelszentren und Handelsgesellschaften. Die Gemeinden helfen ihren ansässigen Firmen bei der Entwicklung von Marktchancen auf speziellen nationalen und internationalen Märkten, bei der Suche nach Käufern und Agenten, beim kulturellen und wissenschaftlichen Austausch. Die Gemeinden brauchen die Unterstützung ihrer Banken, ihrer Handelskammern und Handelsverbände und anderer Exportorganisationen. Partnerstädte und Standortbeziehungen wachsen sowohl in ihrer Zahl als auch in ihrer Bedeutung. Der Fremdenverkehr und die Reiseindustrie werden zur wichtigsten Wirtschaftsbranche.

Doch die größte Herausforderung besteht für die Standorte darin, ihre verschiedenen Aktivitäten den eigenen Bewohnern und Wählern zu vermarkten. Europa bietet uns Beispiele in Hülle und Fülle von Ländern, die spezifische Regionen und die Branchen und Unternehmen, die »exportbereit« sind, unterstützen. Doch das Marketing an internationale Verbraucher ist weniger ein technisches Problem oder eine Frage der geeigneten Marketingmethoden, -ziele und -botschaften als ein politisches Problem – die Standortentwicklung muß im Rahmen der gültigen Werte eingebettet sein.

Damit sind wir wieder bei unserem Eingangspunkt angelangt. Alle Standorte sind heute in Schwierigkeiten oder werden es bald sein. Die Globalisierung der Wirtschaft und das immer schnellere Tempo der technologischen Veränderungen sind zwei Kräfte, die von allen Standorten Wettbewerbsfähigkeit verlangen. Standorte müssen lernen, unternehmerischer zu denken, Produkte, Märkte und Kunden zu entwickeln. Diese Verlagerung ist ein wichtiger Beitrag, den Japan und die modernen ostasiatischen Länder – Singapur, Hongkong, Tailand, Südkorea und Taiwan – bereits für unsere neue Wirtschaft und den Standortwettbewerb geleistet haben. Der Nutzen, wenn Wirtschaft und Regierung zusammenarbeiten, die durch unterschiedliche Kulturen, Traditionen und Institutionen geprägt sind, zwingt die Führer auf allen Ebenen, ihre Handlungen erneut zu überprüfen. Wenn sich – wie es zu erwarten ist – der Trend zur Zusammenarbeit über die Landesgrenzen hinaus beschleunigt, werden Wirtschaftsregionen und Standorte politische Grenzen überschreiten. In einer Gesellschaft ohne Grenzen werden sie als neue Akteure auf der Weltbühne auftauchen.

Die zentrale Aussage dieses Buches ist, daß trotz der mächtigen externen und internen Kräfte, die uns bedrohen, Standorte kollektive Ressourcen haben – und die Menschen die Kapazität, ihre relative Wettbewerbsposition zu verbessern. Die Antworten auf die neue Wirtschaftsordnung sollte mit den nationalen Antworten auf die Wettbewerbsherausforderung auf gleichem Boden stehen. Die Perspektive der strategischen Marktplanung liefert den Standorten das Werkzeug und die Chancen, um die Herausforderung zu bestehen.

Anmerkungen

1. Kapitel: Problem-Standorte

1 Rich, Miller, »Financial Gap Plagues Most Cities«, *Chicago Tribune*, 23. Juni 1991, 7. Kap., S. 8b

2 Nationale League of Cities, »News«, 8. Juli 1991, S. 1

3 Marlise Simons, »As Its Problems Nount, Rio Declares Bankruptcy«, *New York Times*, 18. September 1988, 1. Teil, S. 8

4 Die relative Gesundheit oder Krankheit von Standorten wird unterschiedlich definiert. Siehe z. B. U. S. House of Representatives, Subcommittee on the City: »City Need and the Responsiveness of Federal Grant Programs«, 95. Kongreß, 2. Sitzung 1978. Siehe auch Robert W. Burchell u. a., *The New Reality of Municipal Finance: The Rise and Fall of the Intergovernmental City* (New Brunswick, N. J.: Rutgers University Press, 1984).

5 Andrea Stone, »City Verges on Bankruptcy«, *USA TODAY*, 11. Oktober 1990, SD. 8A. Siehe auch Bill Turque u. a., »Cities on the Brink: Philadelphia Is Not the One Going Broke«, *Newsweek*, 19. November 1990, S. 44 f. 1992 ging es mit dem Schicksal Philadelphias nach der Wahl eines neuen Bürgermeisters bergauf, obwohl die Stadt noch immer mit sehr schweren Problemen zu kämpfen hat.

6 William Van Dusen Wishard, »The 21st Century Economy«, *The Futurist*, Mai–Juni 1987, S. 23.

7 David L. Birch, »The Changing Rules of the Game«, *Economic Development Commentary*, Winter 1984, S. 13.

8 Ebd., S. 12.

9 David Osborne, *Laboratories of Democracy* (Boston: Harvard Business School Press, 1988), Kap. 1.

10 David Hale, »For New Jobs Help Small Business«, *Wall Street Journal*, 10. August 1992, S. 10A.

11 Raymond Vernon, »Global Interdependence in a Historic Perspective«, *Interdependence and Cooperation in Tomorrow's World* (Paris: Organization for Economic Cooperation and Development, 1987), S. 14.

12 David L. Birch, »The Rise and Fall of Everybody«, *Inc.*, September 1987, S. 18 ff.

13 Christopher Farrello und Michael J. Mandel, »Industrial Policy«, *Business Week*, 6. April 1992, S. 70–76.

14 Robert B. Reich, »Corporation and Nation«, *Atlantic Monthly*, Mai 1988, S. 76–81.

15 Thomas J. Lueck, »New York Gives Bank a Break: The Return Is Uncertain«, *New York Times*, 13. November 1988, S. 6E.

16 George N. Miller, »Cleveland's Marketing and Communication Program«, *Public Management*, Juni 1986, S. 12.

2. Kapitel: Wie Standorte sich vermarkten

1 Stanley Ziemba, »Indianapolis Lands United Repair Plant«, *Chicago Tribune*, 24. Oktober 1991, S. 4.

2 Interview mit Gerald J. Roper, Präsident des Chicago Convention and Tourism Bureau, am 21. April 1992.

3 Donald Groves, »Who Should Be Marketing Bethlehem?«, *Bethlehem Globe Times*, 10. Dezember 1987, S. A1.

4 David Birch, *Job Creation in America: Our Smallest Companies Put the Most People to Work* (New York: The Free Press, 1987).

5 Bill Powell, »War between the States«, *Newsweek*, 30. Mai 1988, S. 44.

6 Robert Guskind, »Games Cities Play«, *National Journal*, 18. März 1989, S. 635 f.

7 Siehe Richard Kern, »Marketing Indianapolis: Sports and Statistics to Numb the Mind«, *Sales and Marketing Management*, Mai 1987, S. 45 ff. »A Port in a Storm«, *U. S. News and World Report*, 16. Dezember 1985, S. 50 ff. »Neil Peirce und Robert Guskind, »Hot Managers, Sizzling Cities«, *Business Month*, Juni 1989, S. 36–53.

8 Interview mit Bill Chandler, Lions Club, am 13. Januar 1992, und Ken Storey, städtischer Angestellter in St. Mary, am 14. Januar 1992.

3. Kapitel: Wie die Zielmärkte ihre Wahl treffen

1 Leon Festinger und Dana Bramel, »The Reactions of Humans to Cognitive Dissonance«, in *Experimental Foundations of Clinical Psychology*, Ed. Arthur J. Bachrach (New York: Basic Books, 1962), S. 251–262.

2 Tim Urbonya, »Pleasant Prairie, Wis.: A Utility's Industrial Park Grows in the Cabbage and Corn Fields«, *New York Times*, 15. Mai 1988, Abschn. 13, S. 32; und David Young, »Border Bandits' Raid Illinois«, *Chicago Tribune*, 12. Mai 1992, Abschn. 7, S. 2.

3 Kerry Hannon, »There He Goes Again«, *Forbes*, 31. Oktober 1988, S. 130.

4 Interview mit Mike Prendergast, Public Relations, Figgie International, 2. Januar 1992.

5 J. D. Reed, »All Riled Up About Ratings«, *Time*, 11. März 1985, S. 76.

6 Im Winter 1991 untersuchte David Gertner die Methoden zur Standortbewertung an der Northwestern University.

7 Laura Van Tuyl, »City Ratings Confuse, Confound«, *Christian Science Monitor*, 7. November 1989, S. 14.

8 Tom Walker, »What Do Businesses Look for in a City?«, *Atlanta Constitution*, 24. Juli 1989, Abschn. B, S. 1.

9 Siehe Sandra McIntosh, »Antlanta Again Named Crime Capital: Mayor Disputes Report«, *Atlanta Constitution*, 7. August 1989, Abschn. A, S. 1; Charles Seabrook, »Atlanta Flunks EPA Ozone Tests for Smog«, *Atlanta Constitution*, 17. August 1990, Abschn. A, S. 3; Jane O. Hansen, »Georgie Babies Dying at Third Highest Rate in South, Study Finds«, *Atlanta Constitution*, 23. September 1989, S. 1; Robert Levine, »City Stress Index: As Best As Worst«, *Psychology Today*, November 1988, S. 52–58.

10 Reed, »All Riled Up«, S. 76.

11 Ebd.

12 »Chicago 16th Among U. S.'s Best Cities«, *Chicago Tribune*, 24. Juli 1988, S. 6.

4. Kapitel: Standortprüfung und strategische Marktplanung

1 Siehe Milton Kotler, *Neighborhood Government; The Local Foundations of Political Life* (Indianapolis: Bobbs-Merrill, 1969).

2 John S. DeMott, »My Name Is on the Building«, *Time*, 12. Oktober 1987, S. 56.

3 Siehe John T. Bailey, *Marketing Cities in the 1980s and Beyond: New Patterns, New Pressures, New Promise* (Chicago: American Economic Development Council, 1989), S. 14–18.

4 Ebd., S. 15.

5 Ebd., S. 16.

6 Sudhir H. Kale und Katherine Weir, »Marketing Third World Countries«, *Journal of Travel Research*, Herbst 1986, S. 6.

7 Haya El Nasser, »Tinsel Town Has Lost Its Luster«, *USA TODAY*, 3. Januar 1992, S. 2A

8 Siehe Abraham Shama, »Analysis of New Mexico's Strategic Plan for Economic Development« (Referat zur Zweiten Internationalen Konferenz über Marketingentwicklungen, Karl-Marx-Universität, Budapest, Ungarn, Juli 1988).

5. Kapitel: Strategien zur Standortverbesserung

1 Daniel H. Burnham jr. und Robert Kingery, *Planning the Region of Chicago* (Chicago: Chicago Regional Planning Association, 1956), S. 18.

2 Donald J. Olsen, *The City as a Work of Art: London, Paris, Vienna* (New Haven: Yale University Press, 1986), S. 4.

3 Jane Jacobs, *The Death and Life of Great American Cities* (New York: Random House, 1961), S. 3.

4 LeCorbusier, *The City of Tomorrow and its Planning* (New York, Dover Publications, 1987). Das Buch wurde erstmals 1929 in Frankreich veröffentlicht.

5 Allan Jacobs und Donald Appleyard, »Toward an Urban Design Manifesto«, *Journal of the American Planning Association*, Winter 1987, S. 112–120.

6 James Holston, *The Modernist City: An Anthropological Critique of Brasilia* (Chicago: University of Chicago Press, 1989), S. 107.

7 Ruth Eckdish Knack, »Visiting Fireman«, *Planning*, Mai 1987, S. 8–16.

8 Ed Zotti, »Design by Committee«, *Planning*, August 1990, S. 20–25.

9 William Hoffer, »Main Street Revisited«, *Nation's Business*, Januar 1989, S. 10–15.

10 Ruth Eckdish Knack, »Designing Mayors«, *Planning*, August 1990, S. 20–25.

11 Oliver Gordon, »Portland Goes for Broke«, *Planning*, Februar 1989, S. 10–15.

12 Ed Zotti, »River North Urban Design Plan«, *Planning*, April 1988, S. 8 f.

13 David Dillon, Ed Zotti und Tracy Burrows, »Outstanding Planning Process: Arlington Comprehensive Plan; Honorable Mentions; North Philadelphia Plan; San Francisco Rezoning Study; Forsyth County Comprehensive Plan; Oakland County Community Projects Program«, *Planning*, März 1989, S. 10–15.

14 Jack Wynn, »The growing Lure of the Suburbs«, *Barron's*, 8. Juni 1987, S. 75.

15 Emily Lau, »Hong Kong: Don't Hold Your Breath«, *Far Eastern Economic Review* (Hongkong), 4. August 1988, S. 20 f.; Carl Goldstein und Mark Clifford, »Cash from Trash; Choking on Plastic; Arsenic and Oil Waste; Down in the Dump«, *Far Eastern Economic Review*, 21. September 1989, S. 80–85.

16 Bruce McDowell, »Public Works for Tomorrow«, *Intergovernmental Perspective*, Sommer 1992, S. 23..

17 Siehe Samie El-Badry und Peter K. Nance, »Driving into the 21st Century«, *American Demographics*, September 1992, S. 46–53.

18 Siehe Clifford J. Levy, »News $ 100 Million Sensor System to Monitor New York Traffic Congestion«, *New York Times*, 29. August 1992, S. 16.

19 Siehe Matthew L. Wald, »12 States Consider Smog Curb«, *New York Times*, 15. Juli 1991, C1, C3.

20 Steven Vale, »Red Light on Road Traffic«, *Management Today* (UK), März 1990, S. 24.

21 Daniel Machabala, »Cities Try to Link Trains, Buses, Planes«, *Wall Street Journal*, 16. August 1992, S. B1.

22 David C. Couper und Sabine H. Lobbitz, *Quality Policing: The Madison Experience* (Washington, D. C.: Police Executive Research Forum, 1991).

23 Peter Ohlhausen, »Security in Paris: Views of the Rues«, *Security Management* 32, Nr. 6 (Oktober 1988), S. 27 ff.

24 »Education«, *Business Week*, 14. September 1992, S. 70 f.

25 Kathleen Sylvester, »Business and the Schools: The Failure and the Promise«, *Governing*, September 1992, S. 23–29.

26 PHH Fantus, 21. Dezember 1992. Auch Anreize und Infrastruktur spielten eine Rolle bei der Standortentscheidung.

27 Committee for Economic Development, *Investing in Our Children* (New York: CED, 1985).

28 June G. Naylor »Reservations Needed if You're Going to San Antonio«, *Chicago Tribune*, 23. August 1992, Teil 12, S. 9.

29 Carol McGraw, »Wrecking Ball Falls on Famed Schwab's Store«, *Los Angeles Times*, 7. Oktober 1988, S. 3. Interview mit Alan Schwab, Sohn einer der ursprünglichen Besitzer, 10. Januar 1992.

30 Karen Ann Coburn, »The Malling of Downtown Business«, *Governing*, Oktober 1991, S. 31 f.

31 James Rouse, »Festival Marketplaces: Bringing New Life to the Center City«, *Commentary*, Sommer 1984, S. 3–8.

32 Peter Waldstein, »Re-Streeting Revives Oak Park Biz District«, *Crain's Chicago Business*, 27. Juli 1992, S. R3.

33 Siehe Bernard J. Frieden und Lynne B. Sagalyn, *Downtown Inc. How America Rebuilds Cities* (Cambridge, Mass.: MIT Press, 1989); John Fondersmith, »Downtown 2040«, *The Futurist*, März–April 1988, S. 105–114.

34 Siehe Pete Axthelm und Andrew Muir, »RX for Cities; Build a Dome«, *Newsweek*, 28. Dezember 1987, S. 21; William C. Symonds, »Take Me Out to the Cleaners«, *Business Week*, 6. Mai 1991, S. 40.

35 Siehe Christi Harlan und Marj Charlier, »Denver Hopes to Spend into Recovery«, *11 Street Journal*, 18. März 1991, S. 6.

36 Cecile Sorra, »Next Year the Tourists Will Get to Bury City Officials in the Sand«; *Wall Street Journal*, 19. Juni 1989, S. B1.

6. Kapitel: Das Image eines Standortes entwerfen

1 Interview von Mark Rothschild an der Northwestern University im April 1988.

2 Siehe Philip Kotler und Alan R. Andreasen, *Strategic Marketing for Non-Profit Organizations*, 4. Ausgabe (Englewood Cliffs, N. J.; Prentice Hall 1991) S. 202.

3 Des Kilalea, »Marketing to the Affluent: Natural Treasure Attracts Repeat Business«, *Advertising Age 58*, 11. März 1987, S. 12–13.

4 Siehe Kotler, *Strategic Marketing*, S. 169–70.

5 Bonnie D. Davis und Brenda Sternquist, »Appealing to the Elusive Tourist: An Attribute Cluster Strategy«, *Journal of Travel Research*, Frühling 1987, S. 129.

6 Das Material in diesem Abschnitt stammt von Kotler *Strategic Marketing*, S. 203–204.

7 C. E. Osgood, G. J. Suci und P. H. Tannenbaum, *The Measurement of Meaning* (Urbana: University of Illinois Press, 1957). Es gibt noch weitere Methoden zur Imagemessung; über Objektsortierung siehe W. A. Scott, »A Structure of Natural Cognitions«. *Journal of Personality and Social Psychology* 12, Nr. 4 (1969) S. 261–278. Über multidimensionale Bewertung s. Paul E. Green und Vithala R. Rao, *Applied Multidimensional Scaling* (New York: Holt, Rinehart und Winston, 1972), und Itemliste siehe John W. Riley jr., Hrsg., *The Corporation and Its Public* (New York: John Wiley, 1963), S. 51–62.

8 Jack L. Nasar, »The Evaluative Image of the City«, *Journal of the American Planning Association*, Winter 1990, S. 44.

9 John T. Bailey, *Marketing Cities in the 1980s and Beyond: New Pattern, New Pressures, New Promise* (Chicago: American Economic Development Council, 1989), S. 22 f. Das Konzept der Slogans, Themen und Positionen der Standorte wurde von Bailey entwickelt.

10 John T. Grace, »Singapore: The Vision of a Global Image«, *Vital Speeches of the Day*, 15. November 1989, S. 76–79.

11 Interview mit Lisa Dailey vom Welcome Center, einer Abteilung der Handelskammer Johnstown, 13. April 1992.

12 Clare Ansberry, »Johnstown Offers a Lot to the Devoters of Floods This Year«, *Wall Street Journal*, 31. Mai 1989, S. 1.

13 Interview mit Lisa Dailey.

14 Gregory Jensen, »Glasgow – A City Reborn«, *Chicago Sun-Times*, 1. Juli 1988, S. 143.

15 Ebda.

7. Kapitel: Das Image und die Botschaft des Standortes kommunizieren

1 Siehe Sidney J. Levy, *Promotional Behavior* (Glenview, Ill.: Scott, Foresman, 1971), Kapitel 4, zu einigen der folgenden Charakteristika der Werbung, des Verkaufs und der Verkaufsförderung.

2 Thomas L. Harris, *The Marketer's Guide to Public Relations* (New York: John Wiley & Sons, 1991).

3 Anthony R. Pratkanis, *Age of Propaganda: The Everyday Use and Abuse of Persuasion* (New York: W. H. Freeman, 1992), S. 3.

4 Donna Dawson, »Direct Marketing: Home Sweet Home«, *Marketing* (UK), 5. Oktober 1989, S. 55 f.

5 Lisa Gubernick, »Doing the Bellevue Shuffle«, *Forbes*, 24. Oktober 1988, S. 86 ff.
6 Melina Hung, »Boat Races Sail via Satellite«, *Communication World*, November 1988, S. 115–118.
7 Pat Ross, »Low-Cost Marketing Magic«, *Association Management*, November 1988, S. 20–28.
8 Joanne Y. Cleaver, »Regional Profiles: Chicago«, *Advertising Age*, 9. November 1988, S. 20–28.
9 Daniel Drosdorff, »Amnesty International Ends Rock Concert Tour«, *United Press International*, 17. Oktober 1988.
10 »Carson Dedicates Radiation Center«, *United Press International*, 16. Oktober 1988.

8. Kapitel: Den Tourismus und das Tagungsgeschäft anwerben

1 Peter Elsworth, »Too Many People and Not Enough Places to Go«, *New York Times*, 26. Mai 1991, S. F4.
2 Susan Carey, »Tourists Spots Developing ›Green Image‹«, *Wall Street Journal*, 10. Mai 1991, S. A7.
3 Jonathan Dahl, »It Seems that Nothing Is Certain Except Taxes – And More Taxes«, *Wall Street Journal*, 4. März 1991, S. 81.
4 Boom Timi, »Thailand's Economy Surges and Country is Feeling Strain«, *Wall Street Journal*, 4. März 1991, S. B1.
5 Robert Reinhold, »Fearing Recession, Americans Scimp on Vacation Costs«, *New York Times*, 13. August 1990, S. 1, 11.
6 Steven Morris, »The New ›In‹ Vacation: Shorter, Closer to Home«, *Chicago Tribune*, 1. September 1991, S. 1, 5.
7 1988 *Annual Research Report*, Hawaii Visitors Bureau.
8 Cathy Crossman, »More Baby Boomers Find Tours Just the Right Speed«, *USA TODAY*, 2. Mai 1992, S. 4D.
9 Rogers Worthington, »Rural U. S. Courting Tourists«, *Chicago Tribune*, 3. Juni 1990, S. 25.
10 Steven Greenhouse, »Disney's only Fear with European Park Is Too Successful«, *Chicago Tribune*, 17. März 1991, S. 9D.
11 Carey, »Tourist Spots«, S. A7.
12 Marj Charlier, »Troubled U. S. Ski Resorts Hope to Cur Ills with an Infusion of Foreign Tourists«, *Wall Street Journal*, 25. November 1991, S. B1.
13 Carla Marinucci, »San Francisco Pitching Itself as Tourist Utopia«, *Chicago Tribune*, 17. März 1991, S. 9C.
14 Anne Spiselmann, »New York's Woes May Ease Visit Expense«, *Crain's Chicago Business*, 21. Januar 1991, S t8; und Sarah Barlett, »Lag in U. S. Tourists Hurts New York«, *New York Times*, 5. Juni 1991, S. 16.

15 Eine Auflistung häufig gelesener Reisejournale finden Sie in »Newsletters and Magazines to Help You Travel Smarter«, *USA TODAY*, 21. März 1991, S. 13E.
16 Brian Downes, »Remembering Ireland«, *Chicago Tribune*, 17. Mai 1991, Teil 12, S. 17.
17 Bob Dyer, »Blooming Atlanta«, *Chicago Tribune*, 5. Mai 1991, Teil 12, S. 17.
18 Tom Dunkel, »New Sources of Wealth Put Vegas in the Chips«, *Insight*, 5. März 1990, S. 8–19.
19 U. S. Travel Data Center, Washington, D. C., 15. Januar 1991.
20 »Executive Summary«, KPMG, *Peat Marwick Marketing and Impact Study on McGormick Place Expansion* (Chicago: Metropolitan Pier and Exposition Authority, 1989), S. 2.
21 »Meetings and Contentions«, *Crain's Chicago Business*, 14. Juli 1986, S. T1–3.
22 Linda Paustian, »How Some Cities Got Looted«, *Wall Street Journal*, 5. Oktober 1987, S. 22; und N. R. Kleinfield, »The Latest Municipal Malady«, *New York Times*, 24. Februar 1991, S. 10F.
23 Metropolitan Pier and Exposition Authority, »McCormick Place Expansion Site and Concept Plan Overview«, (Chicago: Metropolitan Pier and Exposition Authority, Juni 1990).
24 Anne Spiselmann, »New York's Woes May Ease«, *Crain's Chicago Business*, 21. Januar 1991, S. T8–9.
25 Ebd., T10.
26 Joanne Clever, »Shaking Off All-Work Image«, *Crain's Chicago Business*, 21. Januar 1991, S. T1.

9. Kapitel: Unternehmen anwerben, erhalten und vergrößern

1 Roger Schmenner, *Making Business Location Decisions* (Englewood Cliffs, N. J.; Prentice Hall, 1982).
2 David Birch, »The Changing Rules of the Game«, *Economic Development Commentary* 4, Winter 1984, S. 12–16.
3 Christopher Duerksen, »Industrial Plant Location: Do Environmental Controls Inhibit Development?«, *Economic Development Commentary*, Winter 1985, S. 17–21.
4 *Fairfax Prospectus 6* (Vienna, Va.; Fairfax County Economic Development Authority, Dezember 1985), S. 1 f.
5 Siehe Robert M. Ady, »High-Technology Plants: Different Criteria for the Best Location«, *Economic Development Commentary*, Winter 1983, S. 8 ff.; Ann Markusen, »High-Tech Plants and Jobs; What Really Lures Them?«, *Economic Development Commentary*, Herbst 1986, S. 3–7; und Charles F. Harding, »Location Choices for Research Labs«, *Economic Development Quarterly*, August 1989, S. 223 f.

6 Alan S. Gregermann, *Competitive Strategy* (Washington, D. C., National Council for Urban Economic Development, 1984); S. 7 f.

7 Mark Satterthwaite, »Location Patterns of High-Growth Firms«, *Economic Development Commentary*, Frühling 1988, S. 7–11.

8 Siehe Thomas Stanback, *Services: The New Economy* (Tatowa, N. J; Allenheld, Osmun, 1981).

9 Siehe Helen F. Ladd und John Yinger, *America's Ailing Cities* (Baltimore, Ms.; Johns Hopkins University Press, 1989), Kap. 2.

10 John Case, »The Disciples of David Birch«, *Inc.*, Januar 1989, S. 39–45.

11 John Case »The Invisible Powerhouse«, *Inc.*, September 1989, S. 25 f.

12 M. Ross Boyle, »Corporate Headquarters«, *Economic Development Commentary*, Winter 1990, S. 30.

13 George Judson, »Moving from Greenwich to Georgia with the Employees' Needs in Mind«, *New York Times*, 15. Dezember 1991, S. 15.

14 Urban Land Institute, *Land Use Digest*, 1. Januar 1989, S. 1.

15 Anne Kates, »Dallas on the Rebound: City Lures Firms Seeking Land Bargains«, *USA TODAY*, 29. November 1989, S. B1.

16 Carl Patton, »Jobs and Commercial Office Development«, *Economics Development Quarterly*, November 1988, S. 324.

17 »Office Glut Will Take Years to Work Off«, *Wall Street Journal*, 20. Dezember 1990, S. B1.

18 George Steinlieb und James W. Hughes, »The Demise of the Department Stores«, *American Demographics*, August 1987, S. 31 ff., 59.

19 John Handley, »New Chicago Woodfield Mall Spawned a Revolution«, *Chicago Tribune*, 3. April 1991, Teil 8, S. 18 f.

20 Siehe Richard Corrigan, »The Debate Continues«, in *The National Journal*, Sonderausgabe: »Smokestacks and Silicon«, (1984), S. 10–14.

21 National Governors' Association, *Governors' Roundtable on Industrial Incentives: A Briefing Book* (Washington, D. C.: NGA, Februar 1992), S. 14–19. Die Quellen wurden von der National Association of State Development for Agencies zur Verfügung gestellt: *Directory of Incentives, Business Investment and Development in the United States, A State-by-State Guide*, 3. Ausgabe (Washington, D. C.: Urban Institute Press, 1991).

22 Mei-Mei Chan, »Saturn Race Heads into Final Stretch«, *USA TODAY*, 20. März 1985, S. 1.

23 Kent Gibbons, »States Offer Big Bucks to Land United Hub: A Tale of Many Cities«, *USA TODAY*, 21. März 1991, S. 8E.

24 Nonna Notta, »Trying to Understand The ED Official's Dilemma«, in: *Competition among States and Local Governments*, Hrsg. Daphne Kenyon und John Kinciad (Washington, D. C.; Urban Institute Press, 1991), S. 247–250.

25 »Saturn's Beneficial Fallout«, *Chicago Tribune*, 22. März 1985, S. 30.

26 David L. Birch, *Job Creation in America* (New York: The Free Press, 1987).

27 David Osborne, *Laboratories of Democracy* (Boston: Harvard Business School Press, 1989), S. 43–82; und National Council for Urban Economic Development, *The Ben Franklin Partnership* (Washington, D. C.: National Council for Urban Economic Development, November 1985).

28 Ralph R. Widner, »The Philadelphia Experiment Unifying Economic Development«, *Economic Development Commentry,* Winter 1983, S. 16–19.

29 Osborne, *Laboratories of Democracy,* S. 264 ff.

30 David L. Birch, »The Q Factor«, *Inc.,* April 1987, S. 53.

31 David L. Birch, *The Job Generation Process* (Cambridge, Mass.: MIT Press, 1979).

32 David L. Birch, »Who Survives«, *Inc.,* Juli 1988, S. 22; und Birch, »Live Fast, Die Young«, *Inc.,* August 1988, S. 23 f.

33 David L. Birch, »The Booming Hidden Market«, *Inc.,* Oktober 1987, S. 15; und Birch, »Down, But Not Out«, *Inc.,* Mai 1988, S. 20 f.

34 Siehe Committee for Economic Development, *Leadership for Dynamic State Economies* (New York: CED, 1986).

35 F. Scott Fosler, »Does Economy Theory Capture the Effects of New and Traditional State Policies on Economic Development?«, in: *Competition among States* (Washington, D. C.: Urban Institute Press, 1991), S. 248.

36 William Hamilton, Larry Ledebur und Deborah Matz, *Industrial Incentives: Public Promotion of Private Enterprise* (Washington, D. C.: Aslan Press, 1985); und Douglas P. Woodward und Norman J. Glickman, *The New Competitors* (New York: Basic Books, 1989).

37 Steven Prokesch, »Despite Pact, New York and Regions Spar over Jobs«, *New York Times,* 30. November 1962, S. C6.

10. Kapitel: Den Export ausweiten und Auslandsinvestitionen ankurbeln

1 »Swedish Export Vodka but Frown on It at Home«, *Chicago Tribune,* 6. November 1988, Teil 7, S. 4.

2 Siehe President's Commission on Industrial Competitiveness, *Global Competition: The New Reality,* Bd. 1 und 2 (Washington, D. C.: U. S. Government Printing Office, 1985); und Susan Dentzer, »The Coming Global Boom«, *U. S. News and World Report,* 6. Juli 1990, S. 20–25.

3 Sue Shellenbarger, »Cities and States Help Local Businesses by Matching Them«, *Wall Street Journal,* 7. März 1991, S. B1.

4 Daniel Yankelovich, »The Competitiveness Conundrum«, *American Enterprise,* September–Oktober 1990, S. 43.

5 *Challenges,* Monthly Newsletter of the Council on Comptitiveness, Dezember 1991, S. 7.

6 Stuart Auerbach, »Export the Unexported from America«, *Washington Post National Weekly Edition,* 28. September bis 4. Oktober 1992, S. 9.

7 David L. Birch, »Trading Places«, *Inc.*, April 1988, S. 42 f.

8 William E. Nothdurft, *Going Global: How Europe Helps Small Firms Export* (Washington, D. C.: Brookings Institution, 1992).

9 Michael Mandel und Aaron Bernstein, »Dispelling the Myths that Are Holding Us Back«, *Business Week*, 17. Dezember 1990, S. 66.

10 »Schwab Leads New Era in U. S. Export Promotion«, *Challenges*, Council on Competitiveness, Mai 1991, S. 1, 6.

11 Blaine Liner, »States and Localities in the Global Marketplace«, *Intergovernmental Perspective* 16, Frühling 1990, S. 11–14; Louis T. Wells und Alvin G. Wint, *Marketing a Country; Promotion as a Tool for Attracting Foreign Investment* (Washington, D. C.: World Bank, 1990).

12 *Challenges*, Januar 1991, S. 3.

13 Johnny K. Johansson, »Determinants and Effects of the Use of ›Made in‹ Labels«, *International Marketing Review* (UK), 6, Nr. 1 (1989), S. 47–58.

14 Siehe Warren J. Bilkey und Erik Nes, »Country-of-Origin Effects on Products Evaluations«, *Journal of International Business Studies*, 13, Frühling–Sommer 1982, S. 89–99, u. a.; »A Cross-Cultural Study of ›Made-In‹ Concepts«, *Journal of International Business Studies*, Winter 1982, S. 131–141; und Gary M. Erickson, Johny K. Johansson und Paul Chao, »Image Variables in Multi-Attribute Product Evaluations: Country-Of-Origin Effects«, *Journal of Consumer Research*, September 1984, S. 694–699.

15 Michael Porter, *The Competitive Advantages of Nations* (New York: The Free Press, 1990; dt.: *Nationale Wettbewerbsvorteile*, Droemer Knaur, München 1991).

16 Roff Zolkas, »States Rush to Defend Home Products«, *City and State*, 5. Juni 1989, S. 3 f.

17 Lisa Goff, »States Map Sales Strategies«, *City and State*, 22. Mai 1989, S. 11 f.; und Goff, »Making It Happen Overseas«, S. 11–15.

18 »Local Efforts in States Support Exports«, *Challenges*, Juli 1991, S. 6.

19 Ebd.

20 Liner, »States and Localities«, S. 12.

21 Martin Tolchin und Susan Tolchin, *Buying into America* (New York: Times Books, 1988), S. 53.

22 Ellen Hoffmann, »Overseas Sales Pitch«, *National Journal*, 6. Januar 1988, S. 129–133.

23 »Local Efforts«, S. 6.

24 Tolchin und Tolchin, *Buying into America*, S. 53.

25 Bericht an den Gouverneur, Illinois Economic Board, Dezember 1990.

26 Illinois Department of Commerce and Community Affairs, *International Business Division, 1990 Report*, Springfield, Ill.: DCCA, 1991).

27 Jonathan Kendall, »U. S. Governors Wooing Foreign Investors«, *Wall Street Journal*, 15. Dezember 1988, S. A10.

28 Mark Hornung, »Edgar's Overhauled DCCA«, *Crain's Chicago Business*, 25. November 1991, S. 2.

29 Liner, »States and Localities«, S. 14.

30 Louis Uchitelle, »Blocs Seen Replacing Free Trade«, *New York Times*, 26. August 1991, S. C1; und »The Stateless Corporation«, *Business Week*, 14. Mai 1990, S. 98–104.

31 Craig Forman, »Europe Crossroads«, *Wall Street Journal*, 6. Dezember 1991, S. 1.

32 Hugh O'Neill, »The Role of the States in Trade Development« in: *International Trade: The Changing Role of the U. S., The Academy of Politial Science*, 38, Nr. 1 (1990); Susan Dentzer, »Business without Borders«, *U. S. News and World Report*, 16. Juli 1990, S. 29 ff.; und Robert Reich, »Corporation and Nation«, *Atlantic Monthly*, Mai 1988, S. 76–81.

11. Kapitel: Bewohner anwerben

1 Zu diesen Geschichten siehe Dusan C. Falundi und Marilyn Chase, »Surging Welfare Costs, Struggle to Control Them, Join Health Care Expense as Hot Political Issue«, *Wall Street Journal*, 11. Dezember 1991, S. A18; Daniel Kagan, »Free Acres in Northern Wonderland«, *Insight*, 6. Februar 1989, S. 56; Martin J. Moylan, »Cold Minnesota Offers Warm Welcome«, *Chicago Tribune*, 12. Februar 1989, S. 29; und »Town Solicits Settlers with Success«, *New York Times*, 28. Dezember 1989, S. 13.

2 Allan L. Otten, »Birth Dearth . . . Mr. Wattenberg's Crystal Ball«, *Wall Street Journal*, 18. Juni 1987, S. 17; siehe auch Ben J. Wattenberg, *The Birth Dearth* (New York: Pharos Books, 1987).

3 Joe Schwartz und Thomas Exter, »This World is Flat«, *American Demographics*, April 1991, S. 34–39.

4 Ebd.

5 Charles Langino und William Crown, »The Migration of Old Money«, *American Demographics*, Oktober 1989, S. 28–31.

6 »Elderly Household: Low Income, High Net Worth«, *American Demographics*, April 1991, S. 11.

7 Nina Glasgow, »A Place in the Country«, *American Demographics*, März 1991, S. 24–30; siehe auch Peter Kerr, »Rural Towns to Lure Retirees«, *New York Times*, 22. September 1991, S. 1.

8 Bill Richards »The Influx of Retirees Adds New Vitality into Distressed Towns«, *Wall Street Journal*, 5. August 1988, S. 12.

9 Jeff Ostroff, »An Aging Market: How Businesses Can Prosper«, *American Demographics*, Mai 1989, S. 26 ff.

10 Frederick Day and Charles Jackson, »How to Reach Military Retirees«, *American Demographics*, April 1991, S. 41–44.

11 Peter F. Drucker, »Information and the Future of the City«, *Wall Street Journal*, 4. April 1989, S. A14.

12 Felicity Barringer, »18 % Household in U. S. Moved in '89«, *New York Times*, 20. Dezember 1991, S. A10; siehe auch Larry Long, »Americans on the Move«, *American Demographics*, Juni 1990, S. 46–49.

13 Paula Mergenhagen, »Doing the Career Shuffle«, *American Demographics*, November 1991, S. 42–53.

14 Diane Crispell, »Guppies, Minks and Tinks«, *American Demographics*, Juni 1990, S. 51.

15 Zur Größe der jeweiligen Gruppen siehe *American Demographics*, Oktober 1991, S. 38.

16 G. Scott Thomas, *The Rating Guide to Life in America's Small Cities* (New York: Prometheus Books, 1990).

17 Bruce Hager und Julia Siler, »Podunk is Beckoning«, *Business Week*, 23. Dezember 1993, S. 76.

18 Joe Garreau, »Edge City«, *American Demographics*, September 1991, S. 30; siehe auch Garreau, *Edge City: Life on the New Frontier* (New York: Doubleday, 1991).

19 Zu einem Wirtschaftsmodell, das auf dieser Annahme beruht, siehe Charles M. Tiebout, »A Pure Theory Local Expenditures«, *Journal of Political Economy*, 5. Oktober 1956, S. 416–424.

20 Patrick Reardon, »Suburbs Pressed to Build Affordable Housing«, *Chicago Tribune*, 29. Dezember 1991, Teil 4, S. 1.

21 Jane Gross, »Poor Seekers of Good Life Flock to California«, *New York Times*, 11. März 1991, S. 1.

22 Felicity Barringer, »Census Shows Profound Changes in Racial Make-up of the Nation«, *New York Times*, 11. März 1991, S. 1.

23 James Allen und Eugene Turner, »Where to Find the New Immigrants«, *American Demographics*, September 1988, S. 26 f.

24 »Homeless Shelters Turn Away 1 out of 6«, *USA TODAY*, 17. Dezember 1991, S. 3A.

25 Ronald C. Fisher, »Interjurisdictional Competition: A Summary Perspective«, in: *Competitors among States and Local Governments* (Washington, D. C.: Urban Institute, 1991), S. 261–273.

12. Kapitel: Den Wandel organisieren

1 John Huey, »The Best Cities For Business«, *Fortune*, 4. November 1991, S. 52.

2 Robert Reich, »The Myth of ›Made in America‹«, *Wall Street Journal*, 5. Juli 1991, S. 14; siehe auch Reich, *The Work of Nation; Preparing Ourselves for 21st Century Capitalism* (New York: Knopf, 1991).

3 Lester Thurow, *Head to Hed: The Coming Economic Battle among Japan, Europe and America* (New York: Morrow, 1992).

4 Wilbur Thompson, »Economic Processes and Employment Problems in Metropolitan Areas«, in: *Post Industrial America*, Hrsg. George Sternlieb und James W. Hughes (New Brunswick, N. J.: Rutgers University Press, 1975), S. 192 ff.

5 Edwin S. Mills und John F. McDonald (Hrsg.), *Sources of Metropolitan Growth* (Piscotaway, N. J.: Center of Urban Policy Research, Rutgers, 1992).

6 The President's Commission on Industrial Competitiveness, *Global Competition: The New Reality*, Bd. 1 (Washington, D. C.: U. S. Government Printing Office, 1985), S. 6.

7 R. Scott Fosler (Hrsg.), *The New Economic Role of American States* (New York: Oxford University Press, 1988, S. 319).

8 Committee for Economic Development, *Leadership for Dynamic State Economies* (New York: CED, 1986), S. 28.

9 Der Bericht erscheint vollständig in Donald M. Fraser, »State of the City; Minneapolis as a City for the 21st Century«, *Futurics*, Bd. 14, Nr. 2, 1990, S. 1–13.

10 Timothy J. Bartik, »Tennessee«, in: Fosler: *The New Economic Role*, S. 141–202.

11 David Osborne und Ted Gaebler, *Reinventing Government* (Reading, Mass.: Addison-Wesley, 1992), S. 167.

12 David Osborne, *Laboratories of Democracy* (Boston, Mass.: Harvard Business School Press, 1988), S. 259.

13 Osborne und Gabler, *Reinventing Government*, Kap. 10.

14 Committee for Economic Development, *An America that Works: The Life Cycle Approach to a Competitive Work Force* (New York: CED, 1990).

15 Kevin Kelly u. a., »Hot Spots: America's New Growth Begins are Blossoming Despite the Slump«, *Business Week*, 19. Oktober 1992, S. 80–88.

16 Michael E. Porter, *The Competitive Advantage of Nations* (New York: The Free Press, 1990), S. 73.

17 John Naisbitt und Patricia Aburdene, *Megatrends 2000: Ten New Directions for the 1990s* (New York: Avon Books, 1990), S. 62.

18 Neil Peirce und Robert Guskind, »Hot Managers, Sizzling Cities«, *Business Month*, Juni 1989, S. 38.

19 Osborne, *Laboratories*, S. 171.

20 Siehe R. Scott Fosler und Renee A. Berger (Hrsg.), *Public-Partnerships in American Cities* (Lexington, Mass.: D. C. Health, 1982), Kap. 2–3; und Perry Davis (Hrsg.), *Public-Private Partnerships* (New York: Academy of Political Science, 1986).

21 John Gunther-Mohr und Bert Winterbottom, »Implementation Strategies: Turning Plans into Successful Development«, *Economic Development Commentary*, Sommer 1989, S. 23–31.

22 Fairfax County Economic Development Authority, *Fairfax County: 1985 Annual Report* (Ryson Corner, Va.: FCEDA, 1985); und Wanda Norton, »Interview: John Siddall«, *Virginia Review* 60, September–Oktober 1982, S. 22–34.
23 Stephen Kagann, »New York's Incentives, the Wrong Incentives«, *Wall Street Journal*, 6. Oktober 1992, S. 14.

Personen- und Sachregister

Titel der US-amerikanischen Originalausgabe: Marketing Places. Originalverlag: The Free Press, New York. Übersetzt von Ilse Davis Schauer. Copyright © 1994 by P. Kotler/ D. Haider/I. Rein.

Wenn Sie Fragen, Anregungen oder Beschwerden haben, rufen Sie uns bitte an: ECON Verlagsgruppe, Telefon 02 11/4 35 96, Fax 02 11/4 35 97 68.

Die Deutsche Bibliothek – CIP-Einheitsaufnahme

Kotler, Philip: Standort-Marketing: Wie Städte, Regionen und Länder gezielt Investitionen, Industrien und Tourismus anziehen / Philip Kotler; Donald Haider; Irving Rein. Dt. von Ilse Davis Schauer. – Düsseldorf; Wien; New York; Moskau: ECON Verl., 1994. Einheitssacht.: Marketing places ⟨dt.⟩. ISBN 3-430-15653-X. NE: Haider, Donald; Rein, Irving.

Lektorat: Dr. Wolfgang Stock. Gesetzt aus der Century und Frutiger, Berthold. Satz: Dörlemann-Satz, Lemförde. Papier: Papierfabrik Schleipen GmbH, Bad Dürkheim. Druck und Bindearbeiten: Bercker Graphischer Betrieb GmbH, Kevelaer. Printed in Germany. ISBN 3-430-15653-X.